本书获郑州大学"中原历史文化学科"资助

张旭华 著

魏晋南北朝史文存

中州古籍出版社
·郑州·

图书在版编目（CIP）数据

魏晋南北朝史文存 / 张旭华著. —郑州：中州古籍出版社，2019.2
ISBN 978-7-5348-8498-6

Ⅰ.①魏… Ⅱ.①张… Ⅲ.①中国历史-魏晋南北朝时代-文集 Ⅳ.①K235.07-53

中国版本图书馆CIP数据核字（2019）第040374号

责任编辑　刘　琳
责任校对　张　利
装帧设计　曾晶晶

出　　版　中州古籍出版社
　　　　　地址：郑州市郑东新区祥盛街27号6层
　　　　　邮编：450016
　　　　　电话：0371-65788693
经　　销　新华书店
印　　刷　河南瑞之光印刷股份有限公司
版　　次　2019年11月第1版
印　　次　2019年11月第1次印刷
开　　本　710毫米×1000毫米　1 / 16
印　　张　25.75印张
字　　数　400千字
定　　价　70.00元

本书如有印装质量问题，请与出版社联系调换。

目　录

前言 ………………………………………………………………… 001

上编　魏晋南北朝史专题

魏晋南北朝时期的历史特征与历史地位 ………………………… 002
改革开放以来的魏晋南北朝史研究 ……………………………… 013
　一、魏晋南北朝政治史 ………………………………………… 013
　二、魏晋南北朝经济史 ………………………………………… 030
　三、魏晋南北朝社会史 ………………………………………… 038
　四、魏晋南北历史地理 ………………………………………… 043
魏晋南北朝的门阀士族与门阀制度 ……………………………… 053
　一、门阀士族的萌芽及其发展 ………………………………… 053
　二、门阀士族的形成与门阀制度的确立 ……………………… 061
　三、南朝门阀士族的衰落 ……………………………………… 071
　四、北朝门阀制度的建立及其衰落 …………………………… 082
魏晋南北朝选官制度 ……………………………………………… 097
　一、九品中正制 ………………………………………………… 099
　二、直接入仕 …………………………………………………… 113
　三、察举制度 …………………………………………………… 121

四、皇帝征召 ·· 132

五、公府辟召 ·· 137

六、州郡辟召 ·· 142

七、资荫制 ·· 147

魏晋南北朝时期的河南工商业 ·· 154

一、魏晋南北朝时期的河南官府手工业 ··· 155

二、魏晋南北朝时期的河南民间手工业 ··· 161

三、魏晋南北朝时期河南商业的发展概况 ·· 168

四、魏晋南北朝时期河南境内的商业都会与市场形制 ························· 179

下编　政治制度与历史人物

中国古代选官制度概述 ··· 188

一、以"世袭制"为主要特征的选官制度 ··· 189

二、以"荐举制"为主要特征的选官制度 ··· 192

三、以"考选制"为主要特征的选官制度 ··· 194

试论九品中正制由萌芽到确立的历史演变 ··· 198

一、问题的提出 ··· 198

二、九品中正制萌芽的出现 ··· 200

三、九品中正制萌芽出现以后的发展演变 ·· 211

四、九品中正制萌芽出现的原因及其实质 ·· 215

五、小结 ·· 221

魏晋时期中正品评与考察乡论再探讨 ··· 222

一、问题的提出 ··· 222

二、中正对乡党人士的考察标准 ·· 224

  三、中正考察宗族乡党舆论的方式 …………………………………… 231

  四、中正考察乡论的历史渊源及其变异 ………………………… 240

试论国子学的创立与西晋门阀士族的形成 ……………………………… 243

谈谈南朝清议的发展演变 ……………………………………………… 251

萧梁流内十八班与官职清浊 …………………………………………… 254

南朝后期选官制度的变化及科举制度的萌芽

  ——以萧梁经学生策试入仕制度为中心 ……………………… 268

  一、五馆生策试入仕 ……………………………………………… 269

  二、国子生策试入仕 ……………………………………………… 272

  三、不在学馆的通儒明经者策试入仕 …………………………… 278

  四、经学生策试入仕制度的实质与科举制度的萌芽 …………… 281

北魏孝文帝评传 ………………………………………………………… 287

  一、太后称制，鞠养皇孙 ………………………………………… 287

  二、宫闱之争，幼子登基 ………………………………………… 292

  三、祖孙亲情，共图改制 ………………………………………… 295

  四、实行班禄，整顿吏治 ………………………………………… 299

  五、改革地制，推行均田 ………………………………………… 302

  六、废除宗主，建立三长 ………………………………………… 307

  七、孝文亲政，迁都洛阳 ………………………………………… 310

  八、改变旧俗，提倡汉化 ………………………………………… 317

  九、崇尚儒学，昌明礼乐 ………………………………………… 322

  十、任贤纳谏，励精图治 ………………………………………… 329

  十一、文化艺术，成就斐然 ……………………………………… 336

  十二、三次南伐，病死谷塘 ……………………………………… 341

废后戮相的刘腾 ………………………………………………………… 347

  一、悬瓠告密，一朝发迹 ………………………………………… 347

二、投靠灵后，始干朝政 ……………………………………… 349

　　三、勾结元叉，发动政变 ……………………………………… 351

　　四、挟帝为虐，擅权乱政 ……………………………………… 353

　　五、开棺暴尸，遗臭万年 ……………………………………… 354

蓄谋篡权的宇文化及 ……………………………………………… 356

　　一、家世官宦，隋帝姻亲 ……………………………………… 356

　　二、骄横无赖，秉性难改 ……………………………………… 357

　　三、发动兵变，图谋篡逆 ……………………………………… 361

　　四、挟帝为虐，篡位自焚 ……………………………………… 364

附录　教学、科研体会

开学寄语：学习、继承与创新 ………………………………………… 369

关于本科生教学的一点体会
　　——与历史学院青年教师座谈会提纲 ……………………… 376

谈谈问题意识、学术意识与创新意识 ………………………………… 382

　　一、问题意识 ………………………………………………… 384

　　二、学术意识 ………………………………………………… 387

　　三、创新意识 ………………………………………………… 390

作者主要著述目录 ………………………………………………… 393

前　言

我于1978年考上郑州大学历史系的中国古代史研究生，跟随著名历史学家高敏先生学习魏晋南北朝史。1981年毕业留校，先后在郑州大学历史系、历史研究所，以及新郑州大学成立后的历史与考古系、历史学院从事教学和科研工作，现任历史学院教授、博士生导师。在郑州大学工作期间，自己出版学术著作多部，在《历史研究》、《中国史研究》、《文史》、《文史哲》、《史学月刊》、《史学集刊》和《郑州大学学报》等国家权威期刊、核心期刊发表学术论文80多篇，后来这些论文大多被收入作者的《九品中正制略论稿》、《魏晋南北朝官制论集》和《制度、经济与中原历史——魏晋南北朝史研究文集》3部论文集中。本书所收研究成果18篇，有半数未发表过，已经发表的未及收入上述论文集，故本书以《魏晋南北朝史文存》为名，将上述成果结集出版。

本书所收研究成果18篇，根据编写情况和研究内容可以分为上、下两编：上编为"魏晋南北朝史专题"，共5篇，主要是自己为研究生开设的专业课讲义的未刊稿；下编是"政治制度与历史人物"，包括已刊、未刊的文章10篇。另有"附录"3篇，收录了自己在本科教学与科研方面的一些体会，以下就分别来谈。

上编收入"魏晋南北朝史专题"5篇，即《魏晋南北朝时期的历史特征与历史地位》、《改革开放以来的魏晋南北朝史研究》、《魏晋南北朝的门阀士族与门阀制度》、《魏晋南北朝选官制度》和《魏晋南北朝时期的河南工商业》，这是自己为魏晋南北朝史研究生讲授的专业课《魏晋南北朝史专题》、《魏晋南北朝工商业史》课程的部分内容。由于上述课程的内容比较多，这里只是重点选择了自己的研究成果而已。

例如，以《魏晋南北朝史专题》为例，课程讲授的内容包括绪论、魏晋南北朝的文献资料与出土资料、魏晋南北朝学术史、魏晋南北朝行政体制、魏晋南北朝门阀士族与门阀制度、魏晋南北朝选官制度、魏晋南北朝土地制度、魏晋南北朝的玄学与宗教等等，这些内容都是魏晋南北朝史研究生应该学习和掌握的专业基础知识。但是，就课程讲授的内容来看，其中多数专题是向研究生介绍学术界已有的研究成果，而收入本书的几个专题，则是重点结合作者自己的研究领域，更多地向研究生介绍导师的研究成果和研究心得。如《魏晋南北朝时期的历史特征与历史地位》，是专题课的"绪论"，重点讲述魏晋南北朝时期的历史特征，以及高敏、田余庆先生对该时期历史地位所作的评价。而《改革开放以来的魏晋南北朝史研究》，则是专题课"魏晋南北朝学术史"的一部分，但本书所收内容并非是魏晋南北朝史研究综述，而是有选择性地对魏晋南北朝政治史、经济史、社会史和历史地理这几个分支领域加以评述。并且，魏晋南北朝政治史的重点是对九品中正制、清浊官制两个政治制度的学术梳理与评述，这正是作者长期以来的研究领域。魏晋南北朝经济史则重点介绍高敏先生对魏晋南北朝经济史的研究成果，这也是高敏师精心研究和取得丰硕成果的研究领域。通过上述学术史梳理与研究评述，不仅使研究生了解到国内外学术界的研究现状与学术信息，而且也注重培养研究生的学术传承意识，特别是学习和了解自己的导师以及老一代学者的研究成果，希望他们在以后的学术研究中能够将上述成果发扬光大。由于前来听课的研究生很多，其中也包括中国古代社会史、中国历史地理方向的研究生，所以在编写讲义的过程中，自己对改革开放以来的魏晋南北朝社会史、历史地理的研究状况也作了比较全面的学术梳理，希望对听课的研究生有所帮助。

对于课程其他专题的编写，作者也是在充分吸收学术界研究成果的同时，注意突出自己的研究成果，努力形成自己的学术体系和研究特色。如《魏晋南北朝的门阀士族与门阀制度》专题，是魏晋南北朝史研究的重要课题，其中关于汉魏之际门阀士族的萌芽与发展、西晋门阀士族的形成、门阀制度的确立与士庶区分,以及南朝门阀制度涉及的宋齐清官制度、萧梁官班制度和流内、流外两大任官体系、南朝典签制度与寒人势力的兴起,北朝门阀制度涉及的北魏孝文帝评定姓族和建立门阀制度等等,都是作者长期研究的问题,有着比较丰厚的学术积淀,业已形成自己的学术观点和研究特色。又如《魏晋南北朝的选官制度》专题,也是作者长期从事的研究课题,对此学术界可资参考的成果不多,其中涉及的九品中正制、直接入仕、察举制度、皇帝征召、公府辟召、州郡辟召与资荫制等内容,基本上涵盖了这一时期的选举任官制度。当然,为了更全面地反映这一时期选官制度的全貌,本书又在下编选入了《南朝后期选官制度的变化及科举制度的萌芽——以萧梁经学生策试入仕制度为中心》一文,作为对上述专题研究的补充。通过对萧梁一代五馆生、国子生、不在学馆的通儒明经生的策试入仕及其特点,使读者对魏晋南北朝时期选官制度的发展变化与科举制度的萌芽有更为全面的认识和了解。

此外,在20世纪90年代,作者曾参与高敏师主持的国家"七五"社科规划项目"魏晋南北朝经济史"的编写工作,全书共20章、86万字,1996年由上海人民出版社出版。自己承担了魏晋南北朝的官私手工业(上下)、魏晋南北朝的商业、魏晋南北朝的货币共四章、约20万字的编写任务。课题完成后,自己在上述研究成果的基础上,为研究生开设了"魏晋南北朝工商业史"课程。进入21世纪,随着改革开放和社会主义市场经济的发展,"豫商现象"引起了河南省党政领导的重视和关心,研究豫商发展史,总结豫商经验,弘扬豫商精神成为一项重要的工作。为此,河南省政协组织了专门班子,由政协副主席陈义初主持编写《豫商发展史和豫商案例研究》课题。受历史学院领导委派,让我编写"魏晋南北朝时期的豫商"部分。接受任务后,我和博士生王仁磊共同合作,对以往的研究成果和课程讲义作了压缩精简,以魏晋南北朝时期河南工商业的发展为叙述框架,编写了《魏晋南北朝时期的豫商》一文。文章后来收入《豫商发展史》一书,由河南人民出版社2007年出版。收入本书的《魏晋南北朝时期的河南工商业》，就是在这一成果的基础上改编而来。

我从2006年开始招收魏晋南北朝史博士研究生，并为博士生开设了《九品中正制度研究》课程。课程讲义就是后来在中华书局出版的《九品中正制研究》一书的雏形。为了使博士生对中国古代选官制度有一个基本了解，我对以前编写的《中国古代选官制度概述》讲稿作了修改，作为这门课程的"前言"。因为是"概述"，所以文章只是概要性地提出中国古代选官制度可以划分为"世袭制"、"荐举制"与"考选制"三种类型，并就每一种类型的代表性选官制度作了简要介绍，旨在阐明中国古代选官制度的发展演变与时代特点，进而对九品中正制的历史地位有一个基本认识。

概言之，上述专题研究多与博士生、硕士生课程有关，是自己编写课程讲义的一部分。由于上述讲稿主要是依据自己的研究成果编写而成，可能具有一定的学术价值和参考价值，而且这些讲稿大多没有发表过，所以作者愿意收入本书，希望加强与学术界的相互学习与交流。

下编收入"政治制度与历史人物"论文10篇，研究内容涉及中国古代选官制度、魏晋南北朝的九品中正制度、西晋国子学的创立与门阀士族的形成、南朝清议的发展演变、萧梁流内十八班与官职清浊、南朝后期选官制度的变化及科举制度的萌芽，以及北朝历史人物传记如北魏孝文帝评传、北魏宦官刘腾、隋末奸臣宇文化及，等等。上述文章多数发表过，有的则没有发表。例如《中国古代选官制度概述》，其编写情况已见前述。从写作时间上看，收入下编的最早一篇文章是我的硕士学位论文《试论九品中正制由萌芽到确立的历史演变》，该文写作于1980年，翌年秋天通过毕业答辩，屈指算来已有37年时间。由于这篇学位论文是自己步入史学领域的处女作，在写作上难免稚嫩并带有那个时代的特点，所以尽管敝帚自珍，却始终没有将其收入前面提到的3部论文集，而是一直藏于箱底。不过，这篇论文虽不免稚嫩粗疏，但是其中表现出来的问题意识和创新意识却是自己十分看重的，而且这篇习作对于自己的学术生涯也具有特殊的意义，它不仅是我步入史学殿堂的起点，而且也为日后的学术研究设定了一个明确目标和极具吸引力的研究方向，这就是魏晋南北朝选官制度和职官制度研究，具体来说就是九品中正制度和中古清浊官制研究。这几年大家经常说"不忘初心，方得始终"。如果追根溯源的话，始于1981年通过的这篇硕士学位论文，到2015年中华书局出版拙著《九品中正制研究》，就是由本篇习作开其端绪，历时30多年取得的研究成果。因此，考虑到这篇文章的重要性，我愿意将它收入本书，以期真实地反映自己在学术道路上的蹒跚起步、上下求索与不懈追求的艰辛历程。

"附录：教学与科研体会"所收3篇文章，是自己对本科生、研究生教学工作和历史研究工作的一些体会和感想。近几年来，郑州大学历史学院引进了一大批富有朝气、才华横溢的青年教师，为历史学院的教学工作和学科建设增添了一支生力军。为了使青年教师尽快地熟悉教学工作和科研工作，历史学院领导、学院工会的领导也邀请一些老教师进行"传帮带"活动，如在新生开学典礼上发言，或是参加青年教师学术沙龙，畅谈自己的教学体会和科研经验，为青年教师快速成长、脱颖而出创造条件。作为一名老教师，自己也参加了上述活动。如"附录"所收《开学寄语：学习、继承与创新》，就是我在郑州大学历史学院2014级本科生开学典礼上的发言，重点谈了自己对高等学校历史学科人才培养的三个阶段及不同特点的认识，强调本科生、研究生和博士生在各自的学习阶段，有不同的学习任务和奋斗目标，帮助本科生在进入大学之后对自己的学习任务和奋斗目标有一个明确定位。而《谈谈问题意识、学术意识与创新意识》，则是我在历史学院2014年青年教师学术沙龙上的一个发言，重点谈了遵守学术规范和在历史研究中应该注意培养"三个意识"，即问题意识、学术意识与创新意识的问题。另外，《关于本科生教学的一点体会》是我为历史学院青年教师座谈会写的发言提纲，后来由于情况变化，座谈会没有举行，教学体会也没有谈，但是自己在发言提纲中总结的对本科生教学工作的一些想法，对于青年教师还是有参考价值的，因而也一并收入本书。

本书的出版，获得郑州大学"中原历史文化学科"经费资助。郑州大学地处中原，根植中原文化的博大精深和沉稳厚重。目前，郑州大学已经进入世界一流大学建设序列，学校将"中原历史文化学科"作为建设一流学科的重要目标。本书的出版，既是展示郑州大学中国史学科在历史教学和学术研究方面取得的成就，同时也是为推动学校"双一流"建设做出应有的贡献。由于先前发表的一些文章，在引文、注释方面不太一致，作者对此做了技术处理，力求规范、统一。在书稿整理过程中，我的博士生朱安祥，硕士生薛正阳、张仲胤、韩旭同学帮忙打出了部分文稿，现在河南师范大学图书馆工作的王仁磊副研究馆员帮忙核对了部分文稿，纠正了不少错误。中州古籍出版社副总编马达先生、责任编辑刘琳女士为本书的出版付出了辛勤劳动，在此一并致以最诚挚的谢意！

2018 年 9 月 5 日谨识于
郑州大学西南生活区 33 号楼寓所

上编　魏晋南北朝史专题

魏晋南北朝时期的历史特征与历史地位

在中国历史发展的长河中，魏晋南北朝上承秦汉文明，下启隋唐盛世，恰好处在中国封建社会前期的两大发展高峰之间，是中国历史上一个低谷和乱世，所以在相当长的时间里，人们普遍认为魏晋南北朝是个充满战争和灾难的朝代，是一个大分裂、大动荡、大混乱、大倒退的历史时期。可事实上，魏晋南北朝的历史并非漆黑一团，一无是处。魏晋南北朝时期虽然经历了分裂、动荡和破坏，但社会生产力的发展毕竟不以人的主观意志为转移，它依然在破坏中寻求建设，在黑暗中寻求光明，在分裂中寻求统一。质言之，它在曲折不平的道路上艰难缓慢地向前发展，这就是事物发展运动的最基本原理，也是中国历史发展的总体趋势和基本规律。因此，就宏观而言，魏晋南北朝不仅使秦汉以来的古老文明焕发出新的生机，而且也为恢宏昌盛的隋唐盛世作了历史性的铺垫。那么，与秦汉时期相比，魏晋南北朝时期有哪些历史特征呢？

我们知道，在魏晋南北朝这一历史时期之前，是我国历史上辉煌灿烂的秦汉时期。就整个秦汉时期来看，虽然也有过社会的动乱和残酷的战争，也有过不同政权的更替和社会经济发展的起伏，还有过地方割据势力的存在和少数民族同汉族杂居的情况，等等，但是，秦和汉这两个王朝，作为广大中原地区的政权，其统治形式是单一的，其统治民族是汉族，其国家政权是统一的，因而充分体现出秦、汉时期的书同文、车同轨、政同令、民同俗的伟大气概。然而，当历史的车轮驰入东汉后期特别是魏晋南北朝以后，上述情况开始发生巨大变化，从而显示出魏晋南北朝时期所独具的时代特点和历史特征。

第一，从政治上说，魏晋南北朝是继秦汉帝国之后，我国出现的一个政治分裂、社会动荡和战争频繁的历史时期。这一时期除了西晋有过短暂的统一之外，大部分时间都处在分裂与动荡之中，先后经历了三国鼎立、十六国和东晋的对峙、南北朝对峙，以及北朝后期的齐、周政权东西对峙等几个历史发展阶段。由于政治分裂，南北对峙，进而造成王朝更迭频繁，割据政权林立。其中建立时间较长、影响较大的王朝有14个；建立时间较短、影响较小的王朝有23个，其排列顺序为：

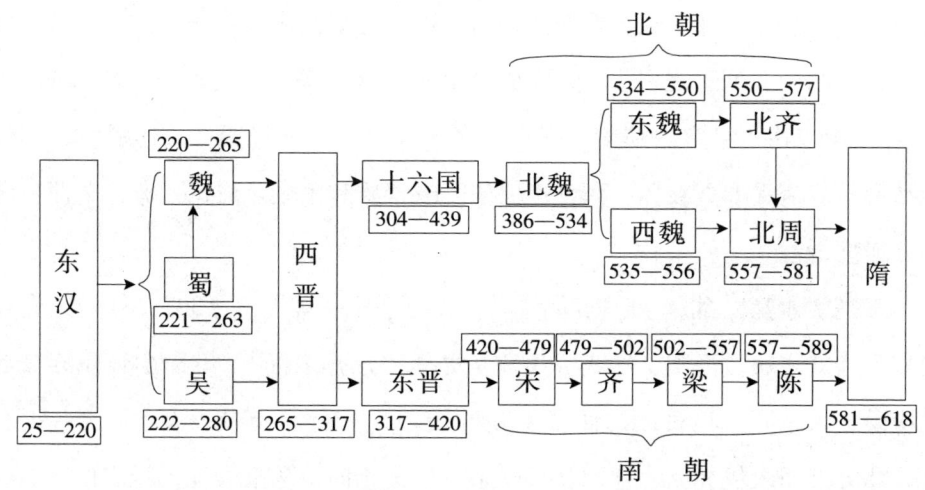

需要说明的是，十六国是由北魏崔鸿所写《十六国春秋》而得名，由于十六国多是匈奴、鲜卑、羯、氐、羌五个少数民族所建，故又称"五胡十六国"。十六国是指一成（汉），一夏，二赵（前、后），三秦（前、后、西），四燕（前、后、南、北），五凉（前、后、南、北、西）。其实，"五胡十六国"只是一种泛称，当时建立政权的既不止"五胡"，也不止"十六国"。如除上述五个少数民族之外，还有汉族（建立前凉、北燕和西凉）、賨族（亦称"巴氐"，建立成汉），所建政权除十六国外，还有冉魏、西燕、辽西（段辽）、代、宇文、仇池、后蜀七个政权，总计7族23个政权。因这些政权存在时间较短，不太重要，崔鸿写《十六国春秋》时未加记载，故后人沿称为"五胡十六国"。

魏晋南北朝时期，由于王朝更迭，战乱频繁，致使社会动荡不安，给广大人民带来无穷的祸害与灾难，其中比较大的社会动乱有以下几次：

一是"汉末丧乱"。从东汉末年董卓之乱开始，到汉献帝建安十三年赤壁之战和三国鼎立局面形成，共计20年（189—208）。在此期间，中原地区成为豪强割据的战场，他们互相攻伐，疯狂屠杀，人民丧亡，岁无宁日，结果出现"民人相食，州里萧条"①，"白骨露于野，千里无鸡鸣"②的凄惨景象。黄河流域的社会经济遭受到严重破坏，旧史称之为"汉末丧乱"。

二是西晋"八王之乱"。从晋惠帝永平元年（291）至永兴三年（306），共计16年。由于皇室内部争权夺利，自相残杀，干戈扰攘，兵连祸结，不仅使社会经济遭受严重破坏，而且也促使阶级矛盾和民族矛盾迅速激化，西晋统治分崩离析。

三是"永嘉之乱"和"五胡乱华"。晋怀帝永嘉年间（307—313），先是匈奴贵族刘曜攻占洛阳，俘获晋怀帝，史称"永嘉之乱"，继而少数民族豪酋又纷纷进入中原，起兵反抗西晋王朝的统治，史称"五胡乱华"。西晋灭亡后，北方五胡政权林立，他们互相厮杀，兵戈相向，茫茫大地，尽成血海。这次动乱的时间更长，对社会的破坏也更为惨烈。史载："自元康（291）以来，王德始阙，戎翟及于中国，宗庙焚为灰烬，千里无烟爨之气，华夏无冠带之人，自天地开辟，书籍所载，大乱之极未有若兹者也。"③

四是"侯景之乱"。东晋南朝时期，虽然先后出现过王敦之乱、苏峻之乱等统治阶级内部的称兵作乱，但持续时间都不长，涉及范围不大。而侯景之乱自梁武帝太清二年（548）爆发，至梁元帝承圣元年（552）被陈霸先平定，历时五年，是江南地区遭受的一次空前浩劫。在侯景乱梁期间，残暴的侯景军

---

① 《三国志》卷一《魏书·武帝纪》注引《魏书》，中华书局1959年版，第14页。
② 曹操：《蒿里》，《曹操集·诗集》，中华书局1959年版，第4页。
③ 《晋书》卷八二《虞预传》，中华书局1974年版，第2144页。

在江东地区烧杀抢掠，社会经济受到严重破坏。史载"千里绝烟，人迹罕见，白骨成聚如丘陇焉"①。侯景之乱也是南朝历史上的一个转折点。从此，南朝在长江中下游以北的土地尽为东魏、北齐和西魏、北周所占有，南朝力量更加衰弱，南弱北强的局面正式形成。

除上述战乱之外，像北魏末年的六镇起兵和豪强纷争，使北方地区又陷于战火和兵燹之中；北魏分裂以后，继之而起的东魏、北齐和西魏、北周等小朝廷，也是战火连绵，烽烟不息。至于说在整个南北朝对峙期间，双方更是南征北讨，兵戎相向，穷兵黩武，兵革不休，战争无比频繁，社会动荡不安。因此，从汉末董卓之乱到隋平江南的 400 年间，可以说是我国历史上战争最多和动乱最烈的时期，这也是魏晋南北朝时期最显著的历史特征之一。

需要指出的是，魏晋南北朝虽然在政治上属于分裂，但在分裂中又酝酿着统一，如晋武帝平定东吴，结束了三国鼎立的局面，使天下复归一统。十六国期间，北方地区也曾有过两次短暂的统一，一是在后赵石勒时期，一是在前秦苻坚时期。下迄北朝，北方地区又有过两次统一，一是北魏拓跋焘统一北方，时间长达 90 余年，为北魏的封建化铺平了道路；再是北周平定北齐，为隋文帝最后统一全国奠定了基础。

第二，从民族关系来说，魏晋南北朝是民族大迁徙和民族大融合的重要历史时期。早在两汉时期，经过夏商周三代以及春秋、战国至秦约 1800 年的酝酿，一个以汉族为主干的多民族国家已经初步形成。在魏晋南北朝的近 400 年间，继春秋、战国之后掀起了又一次更为波澜壮阔的民族大迁徙和民族大融合的浪潮，在中国古代民族发展史上占有极其重要的地位。

魏晋时期的北方各族，除汉族以外，主要有匈奴、鲜卑、羯、氐、羌和乌桓等少数民族。这些少数民族原来大都散居在我国的西北部和东北部边境，过着比较落后的游牧部落生活。汉末丧乱，人口锐减，各地的豪强为了弥补兵源

---

① 《南史》卷八〇《侯景传》，中华书局 1975 年版，第 2009 页。

不足和劳动力的缺乏，纷纷招引或逼迫边境各少数民族人民内迁。有些少数民族统治者，也趁着中原地区军阀混战的机会，主动举族内迁。如董卓军中，就杂有"匈奴、屠各、湟中、义从、八种西羌"①；曹操军中有丁零、屠各、僰、氐、羌，还有号称"天下名骑"的乌桓兵。于是在魏晋时期，便出现了北方各少数民族大规模迁徙的局面。如西晋初年，郭钦就曾指出："魏初人寡，西北诸郡皆为戎居。"② 晋惠帝时，江统在《徙戎论》中也说："关中之人百余万口，率其少多，戎狄居半。"③ 少数民族进入中原之后，一方面与汉族杂居，给北方各族的融合提供了有利条件；另一方面又受到魏晋政府和汉族豪强地主的奴役与剥削，引起他们的不满和反抗。而各少数民族豪酋又利用这种不满情绪，煽动起民族复仇的火焰，挑起一系列的民族仇杀，并在中原地区建立起少数民族政权，使得民族关系空前复杂。如在十六国时期，民族与民族之间，胡汉人民之间，胡汉统治者之间，一个民族内部的统治者与被统治者之间，民族矛盾和阶级矛盾之间，各种矛盾交织在一起，头绪纷繁，错综复杂。但是，各族人民在长期的阶级斗争和生产斗争的实践中，长期交往，关系日益密切，逐渐消除了各民族之间的隔阂、歧视与偏见，他们互相支持，共同战斗，从而开始了各民族间的初步融合。到北魏时期，鲜卑拓跋族在先进汉文化的影响下，封建化进程和民族融合的速度都加快了，特别是北魏孝文帝推行的改革措施和汉化政策，如禁胡服、断北语、改姓氏、通婚姻、改籍贯，等等，更是西、北各族进入中原以后，民族斗争、民族融合的一次总结，它以法律的形式肯定了各族融合的成果，反过来又大大加速了以汉族为主体的民族大融合的历史进程。到隋唐以后，由于受汉民族高度文明的影响，匈奴、鲜卑、羯族等少数民族已逐步消失，最后统一于汉民族，为汉民族的发展注入了新的血液，氐族则逐渐融入了今天的藏族。这样，原来的匈奴、鲜卑、羯、氐等少数民族名称也

---

① 《三国志》卷一六《魏书·郑浑传》注引张璠《汉纪》，第510页。
② 《晋书》卷九七《匈奴传》，第2549页。
③ 《晋书》卷五六《江统传》，第1533页。

就逐渐消失，成为历史上的名词。

魏晋时期的南方各族，除汉族外，主要有越、蛮、溪、俚、僚等族，其中以越族、蛮族最大。东吴时期，越族中的一支称为"山越"，散居于今安徽、浙江、福建、江西等地的深山老林之中，孙权为了补充兵源和劳动力，曾多次强迫山越人下山，"强者补兵，羸者补户"。山越人下山后，由于长期与汉人杂居，到南朝时已融合于汉族之中。蛮族的分布地区更为广泛，支族的名目也很多，如有豫州蛮、荆州蛮、雍州蛮，等等，他们主要居住在长江中游的山林泉水之间，过着氏族部落生活。东晋南朝时期，统治者对蛮族进行武力镇压，掠夺人口及其财物，有时也采取较为缓和的政策，招抚蛮族出山。蛮族人民出山以后，有不少人与汉族人民错居杂处，他们共同劳动，互为婚姻，年深日久，联系密切，这对加速民族融合的进程是非常有利的。《隋书·地理志下》在谈到荆州所属南郡、襄阳、江夏诸郡时说："多杂蛮左，其与夏人杂居者，则与诸华不别。"可见到南北朝后期和隋唐之际，蛮族人民已经基本上融入了汉族。除了越族、蛮族之外，溪族生活于今江西南部和广东韶关一带，俚族生活于今两广、湘南等山地，僚族则分布于今广西、贵州地区。这些民族人数较少，生活习俗也各不相同，但在六朝政府的威逼和利诱下，他们当中的绝大部分人也纷纷出山，与汉族人杂居、通婚，逐渐改变了原来的生活方式。下至隋唐时期，史籍中再也找不到这些少数民族的名称了，他们也已融合到汉族之中。总之，中国历史一进入隋唐，我们的民族面貌焕然一新，这是魏晋南北朝以来长期民族融合的结果。

第三，从经济发展上说，魏晋南北朝时期是自然经济占支配地位的时期，同时也是社会经济重心逐渐南移的孕育期。

我们知道，在中国封建社会里，商品经济发达较早，这是一个显著特征。自战国以来，我国古代的商品经济就已发展到相当高的水平，并引起了当时社会的巨大变革。秦汉时期开创的国家统一局面，为商品经济的进一步发展提供了便利条件。特别是随着当时小农经济的迅速发展，不仅为整个社会的非农业人口提供了剩余粮食，而且也为独立的手工业者提供了原料，在农业、手工业发展的基础上，商品货币经济也获得了长足发展，如国内市场的兴起，大都名城相继出现，一些全国性的大商人也应运而生，以货币为支付手段的范围在迅速扩大，乃至于国家的赋税、官吏的俸禄、国家的赏赐和对外的赠予都以货币充当。因此，与自给自足的自然经济相比，秦汉时期的商品经济明显处于支配地位。但是，到了汉末三国时期，情况却发生了变化。由于东汉末年频繁的战争，使社会经济遭到巨大破坏，商品经济发展的势头也严重受阻。首先是豪强割据，交通阻隔，往日商品交换的繁忙景象不复再现。其次是商业都会、名都大邑被夷为平地，城镇萧条，都市空虚。再次是货币制度遭到破坏，自然经济因素日益增长，使得金属货币的存在和使用也失去了必要性。因此，魏文帝黄初二年（221）曾下令"罢五铢钱，使百姓以谷帛为市"①，即明令取消金属货币，确立谷粟、布帛等实物货币，这是中国货币史上的一个重要法令，标志着货币经济的大倒退。此后在两晋南北朝时期，金属货币流通量减少，实物货币盛行，而国家赋税的征收、官吏俸禄的给予和国家的赏赐，等等，也大都以实物作为支付手段，从而造成了在整个社会经济当中，商品经济的比重下降，自然经济的比重上升，而尤以北方地区为烈。

另外，魏晋南北朝时期，在北方地区的社会经济屡次遭受战乱破坏的同时，江南经济却得到了长足发展，社会经济重心也逐步地由北方转向南方。一般说来，秦汉时期是以关中和关东两大经济区为其根基的，由于这两个经济区在地理上紧密相连，因此又可称为中原经济区，而江南地区则地广人稀，经济相对落后，与中原地区不可同日而语。东汉时期，虽然江南经济得到初步开发，诸如江南人口大量增加，农业、手工业逐渐兴起，商品交换日趋活跃，可是若和同时期的北方相比，仍然瞠乎其后，差距甚大，还只是处于刚刚起步的阶段。六朝时期，经过东吴、东晋、宋、齐、梁、陈历代王朝的持续开发，江

---

① 《晋书》卷二六《食货志》，第794页。

南经济已经进入到全面开发的新阶段。由于江南地区受战乱影响较小，社会环境相对安定，再加上北方人口大量南迁，带来了中原地区先进的生产技术，致使江南经济迅速发展，江南经济区已初步形成。新兴的江南经济区，主要是由三吴、会稽、荆湘和番禺等地方性经济区组成，它们彼此相连而又各有特点，因此，随着江南经济的不断发展，长期以来形成的南北经济发展的不平衡性与悬殊性日益缩小，以中原经济区与江南经济区为标志的南北两大经济区域正式形成。及至唐宋以后，全国的经济重心已由北方转移到南方，经济比重开始发生倒转。下及明清，在经济上完全仰仗于东南，南重北轻之势早成定局。但是，若是追本溯源的话，在全国经济重心逐渐南移的历史过程中，魏晋南北朝时期实为这一历史发展过程的孕育期和胚胎期。

第四，从社会阶层结构来看，具有特殊权益的门阀士族业已形成，门阀制度和门阀政治成为魏晋南北朝时期最具特色的时代特征。春秋战国之际，新兴地主阶级开始登上政治舞台，此后经过历史变迁，在地主阶级中先后出现了以战国及秦代的军功官僚地主、西汉的豪强地主、东汉的世族地主为代表的特权阶层。但是，在战国秦汉时期，地主阶级内部的等级划分及其地位与身份并没有完全凝固化，而是时刻处在一个上升和下降的变化过程中，因而在当时社会的阶级、阶层结构方面，还未形成固定不变的等级阶梯。世入魏晋，东汉以来的世族地主逐渐演变成为门阀士族地主。门阀士族地主是地主阶级中的一个特权阶层，他们在政治上世代为官，把持着朝廷和地方大权；在经济上拥有大量的土地和众多的佃客、部曲等依附农民；在文化上礼学传家，玄儒兼综。因此，门阀士族是指那些经济势力雄厚，具有文化传统，并且世代为官的高门华阀之族。随着门阀士族的形成，门阀制度也随之确立。所谓门阀制度，就是以区别士庶为主要特征的封建等级制度，在这一制度下，门阀士族不仅残酷地压榨和剥削农民阶级，而且还极力排斥和鄙视地主阶级中凡不属于这个阶层的人，即使是寒门庶族地主，在他们看来也是卑贱的和低下的。因此，门阀制度不仅标志着统治阶级与被统治阶级的区别，而且也标志着统治阶级内部不同家族与不同政治集团之间的差别，本质上是封建社会中等级制度在魏晋南北朝时期的一种特殊表现形式及其制度化。由于门阀制度的主旨即在于区分士庶，等其贵贱，因而这种等级制度也日益凝固化和僵化，并具有牢固性和不可变动性。南朝史籍所说"士庶之际，实自天隔"[①]；"士庶区别，国之章也"[②]，即将士庶区别视为天经地义，提高到天理国法的地步。总之，魏晋南北朝时期，门阀士族高居于社会各阶层之上，享有法律规定的政治、经济、文化等各项封建特权，而在此基础上形成的门阀制度和门阀政治，也成为这一时期最主要的历史特征之一。

第五，在思想文化方面，魏晋南北朝是我国历史上第二次"百家争鸣"时期。这一时期，人们已经冲破了两汉时期"定儒学于一尊"的思想束缚，转而更深入的研究和探讨"天人之际"的相互关系。像儒家的伦理济世之学，玄学家的宇宙本源之学，佛教的思辨哲学，道教的养生之学，等等，在意识形态领域呈现出色彩斑斓、纷繁复杂的局面。儒家思想、玄学、佛教、道教均为魏晋南北朝时期广泛流行的思想意识形态，不同思想流派既相互对立，又彼此融合，总的趋势是在碰撞与冲突的过程中，逐步走向吸纳与融合，这是该时期思想意识形态领域最为突出的特点。与此同时，中国传统文化发展步伐加快。作为魏晋思潮的玄学，在宇宙生成说和哲学思辨方面，已大大超越了两汉哲学的藩篱。范缜的无神论思想，更代表着我国封建社会唯物哲学的最高峰。外来的佛教受到了洗礼，使之成为具有中国特色的宗教；原始道教得到改造，建立起比较系统的神学理论和教仪、教规。总之，魏晋南北朝时期，一个以儒学为主体，以佛教和道教为两翼的中国传统文化格局已经初步形成。

在文学、史学、艺术和科学技术方面，魏晋南北朝时期的成就也是十分突出的。像汉末建安年间以曹氏父子（曹操、曹丕、曹植）和聚集在他们身边

---

① 《宋书》卷四二《王弘传》，中华书局 1974 年版，第 1318 页。
② 《南史》卷二三《王球传》，第 630 页。

的"建安七子"（孔融、陈琳、王粲、徐幹、阮瑀、应玚、刘桢）为代表的"建安风骨"及其艺术风格，东晋陶渊明的田园诗、南朝谢灵运的山水诗和梁陈时期出现的"宫体"诗，为唐代律诗的繁荣奠定了坚实的基础。史学已摆脱了经学附庸的地位，成为独立的门类，有关历史著述的各种体裁如纪传体、编年体、方志、谱学、人物传记等，在这时已经具备。在艺术方面，敦煌莫高窟、大同云冈石窟和洛阳龙门石窟，也多开凿于这一时期，成为举世瞩目的中国三大艺术宝库。又如"书圣"王羲之、"画圣"顾恺之，以及地理学家裴秀、郦道元、化学家葛洪、数学家祖冲之、农学家贾思勰等科学家，他们在文化科学技术方面的成就，不仅在中国文化科技史上闪烁着耀眼的光芒，其中的不少发明创造，就是在世界文化史上也因遥遥领先而独放异彩，成为中华民族引以为自豪的伟大象征。

在简略介绍魏晋南北朝时期的历史特征之后，我们再对其历史地位作一评价。传统看法认为，魏晋南北朝是国家的大分裂时期，是社会经济的大衰落时期，是各族人民相互残杀的大混乱时期，也是腐败无能的门阀士族垄断一切和居于支配地位的时期，还是麻醉人民的鸦片——佛教、道教和空洞无物的玄学思潮盛极一时的时期。这种充满大分裂、大衰落、大混乱和大倒退的历史，无疑是中国历史上的黑暗时代。应当承认，上述看法并非子虚乌有，而是客观存在的事实。但是，所有这一切，并没有倒转当时整个历史前进的车轮，更没有造成整个历史的大倒退而形成黑暗时代。我的老师高敏先生曾经指出：魏晋南北朝的历史地位可以概括为四个"伟大时代"，他说："整个魏晋南北朝时期的历史，在我国封建社会的全部过程中，是一个各族人民共同创造中国民族历史的民族融合的伟大时代；是一个上承秦汉，下启隋唐，吸取多民族文化传统和外来思想文化而加以改造、融铸的伟大时代；是中原地区高度发展的封建经济与文化向江南地区与边远落后地区迅速传播的伟大时代；是中华民族的形成历史过程中大放异彩的伟大时代。"① 高敏师的上述评论,大气磅礴,高屋建瓴,至为精辟,我完全赞同他的意见。

另外,田余庆先生在其所著《东晋门阀政治》一书结语当中,对这一时期的历史地位也有很精彩的评述,他说:就东晋南朝和十六国北朝的历史总体来看,"历史运动中的胜利者,不是这一胡族或那一胡族,也不是江左的门阀士族或次等士族。历史运动过程完结,它们也统统从历史上消失了。留下来的真正有价值的历史遗产,是江南的土地开发和文化创造,是北方的民族进步和民族融合。这些才是人民的业绩和历史的核心,而人民的业绩和历史的核心,又要通过历史现象的纷纭变化才能完成,才能显现"。他进而指出:"这种结论,仅从东晋百年历史还难看得清楚。只有当沙石澄清,尘埃落定的隋唐时期到来,我们放眼南北,后顾前瞻,才能把握这一历史进程的脉络。"② 田先生所论,对于我们透过纷繁复杂的历史现象,正确评价魏晋南北朝时期的历史地位,无疑也具有重要的启迪意义。

---

① 高敏主编:《魏晋南北朝经济史·绪论》,上海人民出版社1996年版,第57页。
② 田余庆:《东晋门阀政治·结语》,北京大学出版社1996年版,第362页。

改革开放以来的魏晋南北朝史研究

20世纪是中国史学发展最为显著、变革最为深刻的时期。新时代、新史观、新史料、新方法、新的学术氛围，等等，造就了20世纪的中国史学。20世纪的中国史学大家辈出，学派林立，名著累累，异彩纷呈。就魏晋南北朝史而言，也取得了引人注目的学术成就，产生了不少著名的历史学家，如一代大师陈寅恪先生，以及著名历史学家唐长孺、王仲荦、周一良、何兹全、田余庆、韩国磐、高敏、万绳楠先生，等等。学习和研究魏晋南北朝史，就要了解和精读这些大家、名家的经典论著。改革开放以来，魏晋南北朝史研究更是蓬勃发展，研究队伍不断壮大，研究领域有了新的拓展，研究的深度、广度与整体学术水平有了显著提高。无论在政治史、经济史、民族史、文化史、社会史、思想史等各个领域都取得了突出成就。本书仅选择魏晋南北朝政治史、经济史、社会史、历史地理几个分支领域做简要评述。评述的时间以改革开放以来为主，有的学术史回顾在时间上稍为放宽，评述的成果也包括外国学者。

一、魏晋南北朝政治史

曹文柱、李传军在《二十世纪魏晋南北朝史研究》(《历史研究》2002年第5期) 一文中曾评价说："政治史的研究主要集中在政治事件和政治制度方面，20世纪中国魏晋南北朝史研究在这两个方面取得的成就最多。"进入21世纪以后，政治史研究仍然呈现出蓬勃发展的趋势。就政治事件来说，出版的论著有卫广来《汉魏晋皇权嬗代》(书海出版社2002年版)、章义和《地域集团与南朝政治》（华东师范大学出版社 2002 年版）、李万生《侯景之乱与北朝政局》（中国社会科学出版社 2003 年版）、林校生《"八王之乱"丛稿》（福建人民出版社 2003 年版）、张金龙《北魏政治与制度论稿》（甘肃教育出版社 2003 年版）、柳春新《汉末晋初之际政治研究》（岳麓书社 2006 年版）等。就政治制度而言，出版的论著有阎步克《品位与职位——秦汉魏晋南北朝官阶制度研究》（中华书局 2002 年版）、杨光辉《汉唐封爵制度》（学苑出版社 2002 年版）、张金龙《魏晋南北朝禁卫武官制度研究》（中华书局 2004 年版）、张旭华《九品中正制略论稿》（中州古籍出版社 2004 年版）、胡阿祥《六朝疆域与政区研究》（学苑出版社 2005 年版）、汪清《两汉魏晋南朝州、刺史制度研究》（合肥工业大学出版社 2006 年版）等。

在魏晋南北朝政治制度研究方面，九品中正制和清浊官制是学术界关注较多的两个课题，这里就结合自己的体会，谈谈中外学术界在上述两个领域的研究成果及存在问题。

（一）九品中正制研究

九品中正制度是魏晋南北朝时期重要的选官制度，它上承两汉的察举制度，下启隋唐的科举制度，在中国古代政治制度发展史上占有极其重要的地位。正因为如此，古今中外的学者对这一课题也非常重视，并且取得了丰硕的研究成果。

早在清代乾嘉年间，一些历史考据学家就对九品中正制作了初步探讨，从而开后世专题研究之先河。如赵翼《廿二史札记》（中华书局 1984 年版）列有"九品中正"专条，通过搜集相关史料，归纳考证历史事实，对九品中正制的创立背景、选举程序、中正清议和制度得失作了较为系统的评述。王鸣盛《十七史商榷》（凤凰出版社 2008 年版）也列有"州郡中正"和"九品中正"条目，通过对相关史料的解读和辨析，指出一些文献记载的缺失，并对这一制度的形成发展与制度流弊作了详细考释。进入 20 世纪 30 年代，杨筠如先生出版《九品中正与六朝门阀》(上海商务印书馆1930年版)一书,该书在乾嘉考据学派研究成果的基础上,采取现代史学的研究范式,对九品中正制产生的原因、内容、利弊及其与门阀制度的关系作了系统考察,这是我国现代学者研究九品中正制的开山之作。在稍后一段时间里,许世瑛发表《九品中正的研究》(《清华周刊》1931年第36卷第9、第10期)、谷霁光发表《中正九品考》(《天津益世报》1936年3月31日"史学副刊"第25期)、许同莘发表《论魏晋九品用人之制》(《河南政治月刊》1936年第6卷第10期),从不同角度对九品中正制进行了有益的探讨,由此掀起国内学者研究九品中正制的一个小高潮。到40年代末,严耕望先生发表《北朝政府地方属佐制度考》(前"中央研究院"《历史语言研究所集刊》第19本,1948年)一文,其中"州都与郡县中正"一节,首次明确提出北朝的中正组织有"中央与地方之别",可谓独具慧眼,发前人之所未发。新中国成立以后,唐长孺先生发表《九品中正制度试释》(《魏晋南北朝史论丛》,生活·读书·新知三联书店1955年版)一文,该文通过缜密考证,对九品中正制产生的历史渊源、社会背景、中正的组织、职权与品第、九品中正制与门阀制度的配合等问题作了进一步的深入研究和精辟论述,其学术观点广为国内外学者所称引,堪称研究九品中正制的经典之作。与此同时,日本学者也相继有研究论著问世。如宫川尚志《六朝史研究政治·社会篇》(日本学术振兴会1956年版),就列有《中正制度研究》专章,对九品中正制的发展演变作了较为系统的探讨。而宫崎市定《九品官人法研究——科举前史》(京都大学东洋史研究会1956年版)一书,不仅体系宏大,视野开阔,而且以乡品与起家官品的关系为主线,指出乡品与起家官品间存在着一定的对应关系,且二者的对应差额为四品,此即著名的"乡品与起家官品相差四品说"。宫崎氏此说对日本、韩国及欧美学术界影响甚大,至今仍被一些学者奉为圭臬。这一时期,由于国内外学者的共同努力,将九品中正制的研究不断推向深入,并为后人的持续研究奠定了坚实基础。然而,到60—70年代,日本学者对九品中正制的研究仍方兴未艾,如矢野主税、越智重明、堀敏一等人都有研究论著发表①，而国内学者由于众所周知的原因，见于发表的文章寥寥无几，对九品中正制的研究一度陷于沉寂。

进入80年代以后，随着改革开放时代的到来，上述情况发生了很大变化。

首先，一批研究中国古代选官制度、政治制度的通论性著作相继问世，推动了九品中正制研究的持续发展。如许树安先生《古代选举及科举制度概述》（天津人民出版社1985年版），黄留珠先生《中国古代选官制度述略》（陕西人民出版社1989年版），陈茂同先生《中国历代选官制度》（华东师范大学出版社1994年版），白钢主编、黄惠贤先生著《中国政治制度通史》第四卷《魏晋南北朝》（人民出版社1996年版）等论著，或设专章，或设专节，分别对九品中正制的相关问题进行了有益的探讨。此外，祝总斌先生在《中国通史》第五卷"门阀制度"一章中，对九品中正制与门阀制度的关系也有深刻论述②。

其次，一些专门研究魏晋南北朝职官制度、选官制度的学术专著陆续出版，将九品中正制的研究进一步引向深入。如阎步克先生《察举制度变迁史稿》（辽宁大学出版社1991年版）一书，就对察举制度与九品中正制的关系、察举科目与乡品评定的关系作了深入考察，并对宫崎市定的有关论点提出质疑。陈仲安、王素先生《汉唐职官制度研究》（中华书局1993年版）一书，则对九品中正制的性质、形成与蜕变作了细致研究，其中对九品中正制性质的认定颇为新颖，使人深受启发。汪征鲁先生《魏晋南北朝选官体制研究》（福建人民出版社1995年版）一书，在对魏晋南北朝选官体制进行整体性和宏观性研究的同时，也列有《九品中正体制》专章，且对魏晋南朝九品中正体制的结构、主要机制等问题考订甚详，创获颇丰。特别是书中所附《两晋南北

---

① （日）矢野主税：《魏晋中正制についての考察》，《史学研究》1961年第82期。越智重明：《九品官人法の制定について》，《东洋学报》第46卷，1963年2月。堀敏一：《九品中正制度の成立をめぐつて》，《东洋文化研究所纪要》第45号，1968年。

② 见白寿彝总主编，何兹全主编，祝总斌著：《中国通史》第五卷《中古时代·三国两晋南北朝时期（上）》丙编"典制"第三章，上海人民出版社1995年版，第458—534页。

朝时期各类型中正状况定量分析表》，更是搜罗广博，分类允当，统计精细，嘉惠学林，为学术界提供了极大的方便。胡舒云女士《九品官人法考论》（社会科学文献出版社 2003 年版）一书，则是选择教育史的视角，以专题论述的方式，对九品官人法的性质、制度体系及其特点，九品官人法的创立、实施、地位与作用等问题作了专题考察。

其三，在上述学术论著出版的同时，一些老一辈学者也相继发表了一批堪称精品的学术论文和读史札记。如唐长孺先生《东汉末期的大姓名士》（《魏晋南北朝史论拾遗》，中华书局 1983 年版）一文，通过对史实的细密考证，揭示了曹操统治时期选举制度的发展变化，以及从乡里清议、名士月旦到九品中正制的形成演变过程。周一良先生《两晋南朝的清议》（《魏晋隋唐史论集》第二辑，中国社会科学出版社 1983 年版）一文，则对清议的沿革、内容及其作用等问题作了精辟论述。周先生所著《魏晋南北朝史札记》（中华书局 1985 年版）一书，也有许多与九品中正制相关的条目，如《晋书》札记之"相辈与清谈"、"七第与六品"，《南齐书》札记之"大中正与郡望不合"，《魏书》札记之"北朝之中正"诸条，或旁征博引，或考证精审，对九品中正制研究具有重要的参考价值。

需要指出的是，这一时期，一大批新生代学者在史学界崭露头角，他们继承前辈学者的优良学风，发表了一系列高质量的学术论文，对九品中正制进行了多视角、多层面的深入探讨。如汪征鲁《略论九品中正制在两晋选官实践中的地位与作用》（《学术月刊》1985 年第 6 期）、胡宝国《魏西晋时代的九品中正制》（《北京大学学报》1987 年第 1 期）和《东晋南朝时代的九品中正制》（《中国史研究》1987 年第 4 期）、陈琳国《两晋九品中正制与选官制度》（《历史研究》1987 年第 3 期）、罗新本《两晋南朝的秀才、孝廉察举》（《历史研究》1987 年第 3 期）、阎步克《从任官及乡品看魏晋秀孝察举之地位》（《北京大学学报》1988 年第 2 期）、方北辰《释九品中正制度之一品虚设问题》（《许昌师专学报》1989 年第 1 期）、陈长琦《魏晋南朝的资品与官品》

(《历史研究》1990年第6期）和《魏晋九品官人法再探讨》（《历史研究》1995年第6期），等等，无论在研究的广度和深度方面，都取得了引人瞩目的新成就，并逐渐成为魏晋南北朝政治制度史研究的中坚力量。其间，作者也对九品中正制进行了持续研究，先后撰写和发表了30多篇系列研究文章，对推动这一问题的深入开展作出了自己的贡献，这些文章后来大多收入《九品中正制略论稿》（中州古籍出版社2004年版）与《魏晋南北朝官制论集》（大象出版社2011年版）两部论文集。另外，近年来也有一些青年学者如仇鹿鸣、凌文超等人利用考古发现的新资料，对中正的起源与九品中正制的成立年代，北魏"诠量鲜卑姓族四大中正"等问题进行了卓有新意的研究①。令人欣慰的是，目前这种研究势头仍然保持着旺盛的活力，并在持续推进和不断发展之中。

当然，经过几代史学工作者的不懈努力，对九品中正制的研究已经取得了丰硕成果，但是以往的研究也存在着一些薄弱环节和不足之处。

按照传统看法，九品中正制是一个老课题，是学术界业已深耕熟耘的一块园地，前人在此辛勤劳作，收获甚丰，几近题无剩义，似乎没有必要再对这块园地进行精耕细作，冀望更多的收获了。然而实际情况却并非如此。首先，九品中正制创立于汉末延康元年（220），到隋唐之际被废除，前后沿用了近400百年之久。对于这样一个贯穿于整个魏晋南北朝的选官制度，国内长期以来缺少一部全面系统性的研究专著，这不能不说是一个遗憾。诚然，目前已有汪征鲁先生所著《魏晋南北朝选官体制研究》和胡舒云女士所撰《九品官人法考论》两部论著，但汪著仅列《九品中正体制》一章，且此章对魏晋南朝的九品中正体制考论甚详，但对十六国北朝的九品中正体制则付之阙如，而胡著则是以专题形式对相关问题作了探讨，至于对"九品官人法"本身及其在各个

---

① 仇鹿鸣：《〈司马芳残碑〉考释——以中正成立的年代为中心》，《魏晋之际的政治权力与家族网络》，上海古籍出版社2012年版，第299—311页。凌文超：《鲜卑四大中正与分定姓族》，《文史》2008年第2辑。

历史时期的发展演变，则言之甚少，着墨不多。其次，就国内学术界的研究现状来看，也存在着重视魏晋和忽略南北朝的研究倾向，研究成果很不平衡，即研究魏晋九品中正制的文章较多，涉及内容较为广泛，而探讨南北朝九品中正制的文章较少，重视程度不够。至于对三国时期的东吴，以及对十六国时期的九品中正制，其研究成果更属凤毛麟角，鲜见有专文探讨。复次，在研究九品中正制的过程中，由于资料缺乏和受传统看法的影响等原因，还有许多问题或悬而未决，或存有争议，可谓疑点尚多，余义尚多。如有关九品中正制的名称、性质、官品制度创立时间、乡品与官品的关系、上品与下品的等级构成、九品中正制在选官制度中的地位与作用等问题，都存在严重的分歧与争议。因此，九品中正制虽然是一个老课题，是经过历代学者辛勤耕耘的一块园地，但在这块园地里依然荆棘密布、疑云重重，具有继续开拓和深入挖掘的广阔空间。有鉴于此，对这一传统性研究课题进行重新审视和重新开掘，并对之进行全面系统的深入研究，就不仅有其必要性，而且也具有重要的学术价值和参考价值。作者经过30多年的潜心钻研，陆续撰写了一系列九品中正制研究专题论文，在2004年出版《九品中正制略论稿》论文集的基础上，2015年由中华书局出版了《九品中正制研究》专著，了却了多年来的一个心愿。

（二）中古时期清浊官制研究

中古时期的清浊官制是魏晋南北朝史研究的重要问题。早在20世纪40年代，周一良先生就发表了《〈南齐书·丘灵鞠传〉试释兼论南朝文武官位及清浊》（《魏晋南北朝史论集》，中华书局1963年版）一文，该文通过缜密考证，揭示了两晋南朝三百年间官分清浊的重大问题，是研究两晋南朝门阀政治与职官制度的经典之作，开启了近代学者研究魏晋南北朝官职清浊问题的先河。20世纪50年代，唐长孺先生发表《南朝寒人的兴起》（《魏晋南北朝史论丛续编》，生活·读书·新知三联书店1959年版）一文，文章不仅赞成周先生的上述观点，而且提出了关于清官、浊官的著名论断："清浊之分即士庶之别，官职亦以此为准,凡是士族做的官就是清官,寒人做的官就是浊官。"这一论断契合历史事实,较为准确地概括了清官、浊官的本质特征,对于正确认识魏晋南北朝的清官、浊官具有重要的指导意义。与此同时,日本学者宫崎市定出版《九品官人法研究——科举前史》(京都大学东洋史研究会1956年版)一书,该书是研究魏晋南北朝选官制度、职官制度和门阀制度的力作,书中对于南朝的"清要官"与"寒官","梁武帝的制度改革"与"流内十八班"、"流外七班"、"蕴位、勋位与胥吏的起源","北魏孝文帝的新官制"与"流外勋品入流的问题",都有深入细致的研究和精辟独到的见解,在探索和建构南北朝的官职清浊方面作出了重要贡献。此外,日本学者越智重明所著《南朝の清官と濁官》(《史渊》第98辑,九州大学1966年版),上田早苗《贵族官僚制度的形成——清官的由来及其特征》[《日本中青年学者论中国史》(六朝隋唐卷),上海古籍出版社1995年版],葭森健介《门阀"贵族"支配及"清"的理念》(《文史哲》1993年第3期)等文,也对清官的由来、"清"的理念与"清官"产生及生活方式之关系、南朝的甲族、次门、后门与清官、浊官的关联性等问题进行了详细考察。进入70年代以后,台湾学者毛汉光先生相继发表了《从中正评品与官职之关系论魏晋南朝之社会架构》(台湾《"中央研究院"历史语言研究所集刊》第46本第4分,1975年版)、《科举前后(公元600年∓300)清要官形态之比较研究》(台湾《"中央研究院"国际汉学会议论文集》,历史考古组分册,上册,1981年版)两篇文章,分别对南朝的勋位制度、魏晋南北朝唐代的清要官形态等问题进行了深入探讨,具有重要的参考价值。但是,这一时期国内学者的研究成果较少,相关研究一度陷入沉寂。

自从20世纪80年代以来,国内学者对魏晋南北朝的官职清浊问题又进行了持续而深入的研究。如黄惠贤、聂早英先生《〈魏书·官氏志〉载太和三令初探》(《魏晋南北朝隋唐史资料》第11期,武汉大学出版社1991年版)一文,就对北魏孝文帝颁布的太和前、后《职令》与钦定姓族的《品令》三者的内容、性质作了对比分析和意义阐释。黄惠贤先生还对魏晋时期散骑诸官的设置与发展作了系统考察，撰写了4篇论文，即《散骑诸官初置时期有关问题索引——散骑诸官研究资料之一》、《曹魏中后期散骑诸官的变化——散骑诸官研究资料之二》、《西晋散骑建省及其所领诸官——散骑诸官研究资料之三》、《东晋时期中央决策机构（中书省）的一次短暂变革——散骑诸官研究资料之四》（均载《魏晋南北朝隋唐史研究与资料》，湖北人民出版社2010年版），其中就涉及"黄散清华"、"员外常侍，特为清显"等问题。汪征鲁先生在《魏晋南北朝选官体制研究》（福建人民出版社1995年版）一书中，对南朝的勋位、蕴位问题作了专门探讨。阎步克先生在《察举制度变迁史稿》（辽宁大学出版社1997年版）一书中，也列有"从'黄散'看'清途'的兴起"一节，对"黄散清华"与曹魏时期兴起的清官起家迁转仕途作了精详考证。这一时期，笔者也先后发表了《从孝文帝清定流品看北魏官职之清浊》（《北朝研究》1992年第1期）、《萧梁官品、官班制度考略》（《中国史研究》1995年第2期）、《论魏晋时期的清途与非清途两大任官体系》（《许昌师专学报》1995年第4期）、《南朝勋品制度试释》（中国魏晋南北朝史学会编《魏晋南北朝史研究》，湖北人民出版社1996年版）4篇文章，分别对北魏孝文帝制定的"九流三清"与"勋品流外"之制，萧梁官品制度与官班制度的关系、区别及其作用，魏晋时期兴起的"清途"与非清途以及二者的本质差别，南朝勋品制度的构成、演变与作用等问题进行了初步探讨，提出自己的意见，以便加强与学术界的交流。

进入21世纪以后，国内学术界对魏晋南北朝官职清浊问题的研究得到长足发展，如阎步克先生《南北朝的散官发展与清浊异同》（《北京大学学报》2000年第2期）一文，对南北朝"清浊"观念的异同作了比较研究，对"清官"形成的规律和特点作了归纳与总结，指出由门品、中正品和"清浊"构成了"门品秩序"，它是士族政治的产物。阎先生所著《品位与职位——秦汉魏晋南北朝官阶制度研究》（中华书局2002年版）一书，在相关章节对上述观点又作了进一步的补充与完善,并强调"在本书视角中,南北朝的'清浊'观念,可以看成一种特殊的'品位'"。笔者也发表了《"周氏以降,选无清浊"辨》(《史学集刊》2012年第4期)、《萧梁官班制的渊源、创立原因及性质考辨》(《史学集刊》2015年第3期)、《魏晋清官探源:贵势垄断"秘著"新论》(《史学月刊》2016年第2期)3篇文章,对传统观点认为西魏、北周时期"选无清浊"、"官无清浊"进行了考证辨析,对萧梁官班制的渊源、创立原因及其性质进行了深入探索,对魏晋贵势垄断秘书、著作官职的社会、政治与文化原因进行了深层次探讨。此外,一些中青年学者在新近出版的学术论著中,或设专章,或设专节,对南北朝时期的清官浊官与流内流外官制度也有所涉及,而且在研究的广度和深度上有所突破。如陶新华《北魏孝文帝以后北朝官僚管理制度研究》(巴蜀书社,2004年版)一书,就列有"孝文帝以后北朝的清浊官问题和官吏分途问题",对北魏的清浊官与流内流外官,魏、齐、周、隋流外官分等的基本情况有所论述。叶炜《南北朝隋唐官吏分途研究》(北京大学出版社2009年版)一书,也列有"南北朝隋唐之际'流外'性质的变迁"一节,对萧梁流外七班内的国官、府属、中央事务官诸官,以及萧梁蕴位、勋位诸官在北朝隋唐的品级变迁进行了综合考察,指出南北朝与隋唐流外官差异显著,这一转化过程是南北朝士族政治向隋唐官僚政治回归中的制度变迁。杨恩玉《萧梁政治制度考论稿》(中华书局2014年版)一书,也列有"萧梁官班制度"专章,对官班制的渊源、性质、编制标准以及流外七班、三品勋位、蕴位等问题作了重新审视,取得引人瞩目的新成就。

关于唐代的清浊官制,以往主要集中在对唐代流外官制的研究方面,成果颇丰,如王永兴先生《关于唐代流外官的两点意见》(《北京大学学报》1990年第2期)、任士英先生发表的《唐代流外官制研究》(上、下)(分别刊于《唐史论丛》第5辑,陕西人民出版社1990年版;第6辑,三秦出版社1995年版)、《唐代流外官的管理制度》(《中国史研究》1995年第1期)、《唐代"流外出身人"叙职考》(《烟台师范学院学报》1993年第1期)等系列文章,对唐代流外官制进行了全方位、多侧面的系统研究。但是，关于唐代的清官制度，学术界研究甚少，目前仅见台湾清华大学研究生施淳益的硕士论文《唐代的清官》（台湾清华大学历史研究所，2009 年硕士论文，导师赖瑞和）一文，该文对中古清官的起源与发展、唐初清官的演变、唐代清官制度的建立、中古清官的转变等问题进行了全面研究，其研究成果值得关注。此外，唐史学界在研究唐代政治制度、士族制度和科举文化时，也或多或少涉及唐代的"清望官"、"清官"问题。如陈寅恪先生《元白诗笺证稿》（生活·读书·新知三联书店 2001 年版）、孙国栋先生《唐代中央重要文官迁转途径研究》（上海古籍出版社 2009 年版）、《从〈梦游录〉看唐代文人迁官的最优途径》（《唐宋史论丛》，上海古籍出版社 2010 年版）、李晓路先生《唐代统治集团层次构成析论》（《学术月刊》1989 年第 9 期）、金滢坤先生《中晚唐五代科举与清望官的关系》（《中国史研究》2003 年第 1 期）、叶炜先生《南北朝隋唐官吏分途研究》（北京大学出版社 2009 年版）、赖瑞和先生《唐代中层文官》（中华书局 2011 年版）、陆扬先生《清流文化与唐帝国》（北京大学出版社 2016 年版）等论文、论著，就分别从不同视角关注到魏晋南北朝以来的官职清浊与清浊观念对唐代政治文化产生的重要影响，并且大家已然感觉到唐代的清浊官制和清浊观念就像一条无形的但却是威力巨大的纽带，凭借这条纽带可以将唐代的国家政权组织、政治制度和思想文化现象有机地串联起来，从而为人们更为全面地认识唐代历史提供有益的线索。上述研究成果，无疑为我们深入探讨唐代的清浊官制奠定了基础。

当然，由于资料缺乏，以及传统观点的影响等原因，在以往的研究中也存在着一些不足之处。

首先，以往的研究主要集中在几个"点"和几个"面"上，缺乏全面系统的综合性研究，没有构建起一个完整的有着内在逻辑联系的清官浊官研究体系。几个"点"是指以往的研究大多集中在魏晋时期人们耳熟能详的几个清要官职上，如"西晋尚书郎选极清美"、秘书、著作之职"职闲廪重"、"黄散清华"，等等，但对清官形成时期的共同特点及其规律性则缺乏深度探讨，余义尚多。几个"面"是指以往的研究多集中在南北朝时期影响较大的几个典章制度上，如宋齐勋品勋位制度，萧梁官班制度，北魏孝文帝改革官制及其建立的九流三清与勋品流外制度。至于宋齐时期的清官制度，北齐、北周和隋唐时期的清浊官制，由于资料匮乏，加之史载"周氏以降，选无清浊"，"隋承周制，官无清浊"，所以学术界鲜有关注者和研究者，目前还是研究中的一大缺环。因此，在魏晋南北朝隋唐的各个历史时期，清浊官制主要有哪些表现形式，制度内涵如何，其间的制度传承与发展流变有哪些特点，这些都缺乏一以贯之的论述主题和发展线索，因而也难以做出科学和合理的解释。所有这些，都有待于对中古时期清浊官制进行贯通式的综合研究，构建一个完整有序、有着内在联系的研究体系。只有这样，有关中古时期清浊官制的研究才能得到进一步的推进与发展，相关疑难问题才能得到合理与科学的阐释。鉴于以往的研究主要局限于几个"点"和几个"面"，还有不少研究缺环和空白，因而无论在资料挖掘、文本解读、体系建构、理论阐释方面还有许多问题需要解决，具有比较广阔的研究空间。所以，加强中古时期清浊官制的研究，不仅有其必然性，而且也是学术发展的客观要求。

其次，传统看法认为，魏晋南北朝的官职清浊只是一种"观念"意识，是一种"士族偏好"，也对中古时期清浊官制性质的界定及其研究产生了重要影响。例如，先前有一种意见认为："魏晋南北朝时，时人只论官之清浊，并未见有固定的专称。""两晋南北朝时期的清浊官，并非真有律令将官职划分为两大类。……及至唐代，清望官、清官等才成为法典上的专用名称，有着固定的意义。"[①] 从而将魏晋南北朝的"清官"和唐代的"清官"截然区分开来。再者，对于南朝的官职清浊，学术界也多从"清浊"观念立论，认为

[①] 毛汉光：《科举前后（公元600年±300）清要官形态之比较研究》，收入台湾《"中央研究院"国际汉学会议论文集》，历史考古组分册，上册，1981年，第380—381页。

"江左的'清浊'选例更多地体现了士族的偏好：重清闲而轻吏职，重文翰而轻文法，重文官而轻武号。这'清浊'并不符合行政规律，实际也不是君主的法律规定"①。应该说，南朝"清浊"观念盛行，"重清闲而轻吏职，重文翰而轻文法，重文官而轻武号"，的确是当时"清浊"选例的实情。但是我们也应看到，正像北魏孝文帝建立"九流三清"和"勋品流外"制度一样，南朝的官职清浊并非仅仅是一种士族偏好和观念意识，而是同样来自于专制王朝的顶层设计和制度规定。正因为如此，构建中古时期清浊官制的研究体系和研究框架，除了要进行实证研究，努力恢复历史的本来面目之外，还要突破传统观念及其思维模式的影响，厘清清浊官制与清浊观念的差别，在这方面同样有许多工作要做。

总之，官职清浊问题是中古政治制度史研究的重要内容，也是中古门阀制度的重要表现形式之一。虽然国内外学者对这一问题有所涉及，但其研究成果多是碎片化的，相互之间缺乏必然的联系，未能构建起一个完整有序、有着内在联系的研究体系。因此，加强中古时期清浊官制研究，不仅可以弥补以往学术研究中的缺环，构建中古时期清浊官制的研究体系与分析框架，而且可以极大地丰富中古时期职官制度史的研究内容，加深我们对这一时期职官制度复杂性、多样性的认识，对于推动整个中国古代职官制度史与政治制度史研究的深入发展，都具有重要的学术价值与参考价值。鉴于此，作者对之进行了系统研究，并于2017年在人民出版社出版了《中古时期清浊官制研究》一书。

最后，需要指出的是，自从改革开放以来，有关政治史特别是政治制度史的研究也出现了一些值得注意的新趋向。

首先，关于政治制度史学科属性的界定。"政治史"是一个较为宽泛的学科概念。长期以来，人们一直把政治史视为是中国历史的一个组成部分，也就是历史学的一个分支，一种专门史。但是近年来，一些学者对政治史、特别是

---

① 阎步克：《南北朝的散官发展与清浊异同》，《北京大学学报》2000年第2期。

政治制度史的学科属性提出疑义。

一些学者指出,政治史是政治学的一门基础分支学科,实际上是一门边缘学科。他们认为:"现代科学发展的总趋势,是自然科学与社会科学以及社会科学各学科之间的相互交叉与相互渗透,边缘学科愈来愈繁荣。只要从实际出发,便不难发现,中国政治制度史具有社会科学和人文科学的二重性格。它既是政治学的一门基础分支学科,又是政治学、历史学、法学、军事学、宗教学、民族学、经济学、文化学等多学科有关内容的综合,实际上是一门边缘学科。"①

也有学者指出:"中国政治制度史作为社会科学领域中的一个分支,其特点就在于处在政治学与历史学双重交叉之中,既有政治学的特点,又有史学的性质。也就是说,中国政治制度史既是历史学的一个分支,一种专门史,同时又是政治学领域中的一个重要基础学科。""因此,政治制度史又必然与社会学、法学、军事学、行政管理学、经济学、民俗学、民族学、宗教学、文学艺术、伦理学、心理学等学科有密切的联系。"②

为此,他们对政治制度史的研究范围和内容也作了明确的界定,归纳起来有以下十个方面:

一是皇帝制度。包括皇位与皇权、皇储制度、后宫制度、宗室与外戚制度、宦官制度,等等。主要研究皇帝制度、朝廷决策机构形式及其运行机制。

二是行政管理制度。包括中央行政体制、地方行政体制(含中央派出机构及其机制转换)。无论是中央还是地方行政体制,都要讲清楚机构的设置、编制与人选、职权责的划分与运用、中央集权制与分封制,等等。

三是军事制度。包括军事领导体制、兵种、兵役、编制、装备、官兵的训练与考核、官兵的俸饷与恤赏,等等。

---

① 白钢主编:《中国政治制度史》(上卷)第一章《导论》,天津人民出版社2002年版,第2页。
② 韦庆远、柏桦编著:《中国政治制度史》(第2版)"绪论",中国人民大学出版社2005年版,第4页。

四是立法、司法制度。包括立法、司法机构的设置、人选和各种基本法、立法程序、诉讼程序、审判制度，等等。

五是监察制度。包括言官谏议监察系统和御史台监察系统的机构设置、职权责的划分、编制与人选、权力行使方式、监察标准及监察规则，等等。

六是人事管理制度。包括学校教育、考试与选举、试署与迁转、品级与俸禄、考核与奖惩、休沐与致仕、行政法规，等等。

七是财政制度。包括中央与地方的财政管理体制、机构设置与人选、财政预算与收支分配、奏销审计制度，等等。

八是户籍管理制度。包括基层政权的设置与职能、按比户口、征收赋税、调发徭役与兵役，等等。

九是民族、宗教事务管理制度。包括机构的设置与编制、人选与职权责的划分、民族政策与宗教政策，等等。

十是外国事务管理制度。包括机构设置、职掌、使节差遣与礼仪、对外政策与贡赏制度，等等①。

正因为如此，一些长期从事魏晋南北朝政治制度史研究的学者，也遵从了这一内容及体例安排。如白钢主编、黄惠贤著《中国政治制度通史》第四卷《魏晋南北朝》（人民出版社1996年版），共分为十章，分别对魏晋南北朝时期的皇帝制度、中央决策机构及其运行机制、中央行政体制及其运行、地方行政体制、监察制度、司法制度、军事制度、人事管理制度（含九品中正制、教育体制和仕途、官员任用体制、官员的考核及其他）、魏晋南北朝时期边境的少数民族政权等专题作了论述。

另外，也有学者指出："中国政治制度史是以中国历代政治制度为研究对象的一门学科，是以现代政治理论为指导，以政治制度的历史发展变化为主线，分专题研究中国历史上的职官、行政、法律、军事、监察、经济等各方面

---

① 白钢主编：《中国政治制度史》（上卷）第一章《导论》，第3—4页。

的制度，以及历代颁行的典章法令及其嬗变的专门史，它的内容涵括了官制史、行政制度史、法律制度史、军事制度史、经济制度史、政治思想史、行政管理史等多方面。"① 如果按照上述看法，政治制度史还将包括财政制度、户籍管理制度、经济制度在内，则其研究领域更为广泛。

其次，有学者指出，20世纪中国史学的一大变化，就是从传统的政治史范式向经济史、社会史范式转化。自上而下看历史与自下而上看历史，是20世纪中国史学发展中具有标志性意义的事件。自上而下看历史，人们开始更多地关注普通人的日常生活，关注长期存在的社会深层结构与趋势，把目光投放到更为广阔的领域，并由此带来了史料来源的拓展和研究方法的更新。自下而上看历史，更强调一种立场的调整，它是从民众的角度和立场来重新审视国家和权力，审视政治、经济和社会体制，审视帝王将相，审视重大的历史事件与现象。历史学的发展趋势是，从自上而下看历史发展到自下而上看历史，再发展到整合的历史观。整合的历史观要求我们把一个社会看成一个整体，我们所做的一切就是要了解历史上的社会是如何结成一个整体的，整体内部各个部分之间的关系如何，它们之间怎样调适，才能使社会正常运行，这个整体背后究竟有哪些力量或因素在起作用，等等。这种从传统的政治范式到经济史、社会史，从自上而下到自下而上再到整合的历史观的研究范式的转化，是20世纪史学发展具有根本性的变化②。

与此相适应，20世纪的政治史研究也出现了由关注精英政治到关注基层权力的变化。20世纪80年代以前，史学界较为关注精英人物和上层政治，此后随着计量方法和行为科学进入政治史领域，研究的重点开始转向基层政治和大众行为。20世纪末，越来越多的学者引入社会学、文化人类学的理论，从社会史和文化史的视野来研究民众政治行为、基层权力动作、大众政治信仰以

---

① 韦庆远、柏桦编著：《中国政治制度史》（第2版）《绪论》，第3页。
② 李晓英：《21世纪中国史学学术研讨会纪要》，《史学月刊》2001年第4期。

及核心政治观念的演变,使得政治史研究开辟了新的领域①。如侯旭东《北朝村民的生活世界——朝廷、州县与村里》(商务印书馆2005年版),谷更有《唐宋国家与乡村社会》(中国社会科学出版社2006年版),均是强调国家政权与基层政权、乡村社会的互动这方面的代表作。

以往对政治史与政治制度的研究,虽然取得了不少成果,但也存在一些问题:

第一,对政治制度的概念的理解过于狭窄,束缚了我们的研究视野。在以往的魏晋南北朝政治制度研究中,大多偏重于对职官、选官、行政、司法、军事、监察制度的研究。除了这些传统的课题之外,还应该拓宽政治史的研究范围,如加强对财政制度、文化教育制度、宗教与民族管理制度的研究,以及传统政治文化中那些与政治制度相关的问题,如历代政治家关于政治制度改革的思想与实践等,给予充分地论证。

第二,以往对政治制度的研究,大多只是作静态的研究,缺乏动态的、有立体感的研究。因此,绝不能满足对行政机构的图解和演变过程的简单描述,更重要的是要对其运转方式、管理方式等作出理论上的分析与说明。如刘后滨《唐代中书门下体制研究——公文形态、政务运行与制度变迁》(齐鲁书社2004年版),就从公文运行入手,来考察政治制度的运作。吴宗国主编《中国古代官僚政治制度研究》"绪论"称:"构成官僚政治主要有三个要素,一是政治体制和官僚机构,亦由本书主要加以论述的官僚政治制度。二是官僚机构的运行机制,这将由祝总斌先生所撰《中国古代官僚机器运行机制研究》加以论述。三是官僚,本书将适当加以论述。"(北京大学出版社2004年版)可见,对政治制度及其运行机制的研究已得到关注。

第三,有一些老课题的研究并不到位,还需要进一步地推进。如九品中正制是一个老课题,但是由于资料缺乏和受传统看法的影响等原因,还有许多问

---

① 李剑鸣:《历史学家的修养和技艺》,上海三联书店2007年版,第361页。

题或悬而未决，或存有争议，可谓疑点尚多，余义尚多。如有关九品中正制的名称、性质、乡品与官品的关系、上品与下品的等级构成、九品中正制在选官制度中的地位与作用等问题，都存在严重的分歧与争论。因此，对九品中正制的研究依然具有继续开拓和深入挖掘的广阔空间。再如，官职清浊问题是中古政治制度史研究的重要内容，也是中古门阀制度的重要表现形式之一。虽然国内外学者对这一问题有所涉及，但其研究成果多是碎片化的，相互之间缺乏必然的联系，未能构建起一个完整有序、有着内在联系的研究体系。因此，加强中古清浊官制研究，构建中古时期清浊官制的研究体系与分析框架，也是学术发展规律的内在要求。

二、魏晋南北朝经济史

在中国古代史研究领域，研究社会经济史的重要性是显而易见的。以魏晋南北朝史而言，研究经济史，可以说是研究整个魏晋南北朝史的基础和前提。这是因为，按照马克思主义的唯物史观，社会经济是社会的基础，政治是经济的集中表现。不明白某一社会的经济制度、经济状况和经济生活，不仅这一社会的阶级、阶级结构和政治集团的分野无所依归，而且各种政治主张、政治思想和政治事件产生的根源，也将成为无源之水，无本之木。农民阶级与地主阶级的各种斗争及其变化发展，更将无法理解。至于意识形态领域的变化，虽不如政治、军事直接取决于当时的社会经济状况，但也同它有密切的联系。因此，全部历史的研究都应以经济史的研究为基础。

自新中国成立以来，魏晋南北朝经济史的研究也取得了一定的成就。如唐长孺《三至六世纪江南大土地所有制的发展》（上海人民出版社1957年版），李剑农《魏晋南北朝隋唐经济史稿》（生活·读书·新知三联书店1959年版），韩国磐《北朝隋唐的均田制度》（上海人民出版社1984年版），傅筑夫《中国封建社会经济史》第三卷（人民出版社1984年版），等等。但是，研究魏晋南北朝经济史，也有其特殊的艰巨性。一是由于史料缺乏，以致许多经济方面的问题，根本没有记载，甚至连一些重要的经济制度，或者是前后线索不明，或者是矛盾百出，令人望而却步。二是头绪繁多，社会经济关系非常复杂，这些都给经济史的研究带来种种困难。

自二十世纪八九十年代以后，魏晋南北朝经济史研究取得重大进展，其重要标志就是高敏先生先后出版了《秦汉魏晋南北朝土地制度研究》（中州古籍出版社1986年版）、《魏晋南北朝社会经济史探讨》（人民出版社1987年版）和《魏晋南北朝经济史》（上海人民出版社1996年版）三部论著。这三部论著不仅代表了改革开放以来魏晋南北朝经济史研究的学术水平，而且集中体现了高敏先生在魏晋南北朝经济史方面的学术成就，以下就分别简要述评。

高敏先生《秦汉魏晋南北朝土地制度研究》一书，针对我国封建社会前期的土地所有制形态问题，以及学术界在这一问题上存在的重大分歧，阐述了自己的学术观点。高先生认为，从商鞅变法到唐朝中叶均田制破坏，一直是土地私有制和土地国有制并存的格局，二者互相消长，互相转化，但发展的总趋势是国有土地制度在逐渐减少和破坏，土地私有制则在日益发展和壮大，最终完全取代国有土地制度。高先生不仅详细论述了这一时期封建国有土地的来源、演变及其多种经营形式，而且明确指出地主土地私有制又可以分为世族地主土地私有制、庶族地主土地私有制两种形态。二者的主要差别在于，前者的土地来源于国家的赏赐，后者的土地来源于土地的购买；前者是地主阶级中的特权阶层，即有官位、有特权的世族地主；后者是无官位、无特权的庶族地主。二者的区分萌芽于秦朝和西汉时期，明朗化于东汉时期，定型于魏晋时期，至于世族地主土地私有制向庶族地主土地私有制的转化，则肇端于南北朝时期，基本完成于唐朝前期。高先生运用马克思主义唯物史观，系统论述了中国封建社会土地制度自秦汉确立以来至魏晋南北朝的全部历史过程和发展规律，对推动学术界关于中国封建社会土地制度研究，具有重要的学术价值和理论意义。

《魏晋南北朝社会经济史探讨》一书，则是以专题的形式，对这一时期的社会经济状况进行了更为深入的研究。高敏先生思路开阔，眼光敏锐，不囿于流行的成说和传统的定论，在很多方面填补了魏晋南北朝社会经济史研究的空白。如曹魏屯田制，以往研究者较多，高先生《关于曹魏屯田制的几个问题》一文，则从有限的资料中，提出了几个长期为人们忽视但又颇值得注意的问题：一是曹魏屯田制的始行年代，作者认为是在兴平年间，建安年间的许下屯田，是屯田制的推广；二是曹魏屯田制的剥削方式，经历了记牛输谷与按成收租两个阶段；三是每个屯田民耕种的土地是有定数的；四是曹魏的屯田民也有徭役、兵役等负担，并非完全不服兵役与徭役；五是曹魏的军屯与民屯都始于兴平年间，二者并无产生的先后，从而把曹魏屯田制的研究推向一个新高度。此外，三国屯田，以往学术界大多注意研究曹魏屯田，对吴、蜀两国的屯田则论述不多，高先生《东吴屯田制略论》一文，详细论述了东吴屯田制推行的年代、类别、组织系统、分布地区和特点，并把屯田制与东吴的士家制度、奉邑制度、食客制度结合起来进行考察，深刻揭示了东吴政权的阶级基础是世族地主的这一实质，成为学术界比较全面系统地探讨东吴屯田制的重要论著。又如东晋时期的黄、白籍问题，学术界存在的分歧很大，高先生《关于东晋黄、白籍的几个问题》一文，通过对史籍的认真梳理，指出黄籍是西晋以来的老户籍，也是东晋以后江南的土著户籍，同时还是纳税服役户的户籍。与此相反，白籍则是北方流寓户的户籍，是晚于黄籍出现的户籍，还是不税不役的空虚户籍。两者的本质差别在于，前者要承担国家的赋税徭役，是纳税服役户；后者不承担国家的赋税徭役，是不税不役户。因此，东晋以后的土断，其主要对象也是白籍户。通过土断，最终实现白籍户的黄籍化，不税不役户的役调化，空虚户的实户化，借以增加封建政府的赋税收入和徭役征发。正因为如此，始于东晋初年的白籍，随着土断的不断进行而逐步消失，最后只剩下了黄籍，从而解决了这一历史疑难问题。此外，本书还对东魏、北齐的食干制度，在已有成果的基础上作了重要的补充和推进；对于杂户形成的历史过程作了重新审视与全面考察。本书出版后在学术界深获好评，并荣获全国高等学校社会科学优秀成果二等奖。

《魏晋南北朝经济史》一书，则是由高敏先生主编并集中体现了先生多年辛勤研究成果的结晶。全书共20章，86万字，分别对魏南北朝时期的疆域、人口、户籍、土地制度、赋税制度、徭役制度、阶级关系与阶级结构、农业、畜牧业、手工业、商业、货币制度、经济思想等问题作了全面系统的深入研究。全书体例完备，内容翔实，无论在理论阐发、揭示规律、体系建构方面都有独到之处。特别是先生为全书撰写的"绪论"，不仅总结了魏晋南北朝的历史地位与社会经济总貌，而且指出这一时期社会经济发展有五个值得注意的新动向：一是中原经济区的破坏、衰落与江南、边远地区逐步开发和社会经济迅速发展新格局的初步形成；二是江南农田灌溉的陂塘化、水稻种植技术的进步与北方农业区牧场化倾向的出现；三是地主土地所有制形态的多样化和地主土地经营形态的坞壁化和田庄化；四是直接生产者人身依附性的普遍深化和奴隶制残余因素的明显强化；五是北方商品经济的严重破坏与江南商品经济畸形发展及海外贸易的空前繁荣。透过这些异常纷繁、新旧交替、落后与进步并存的时代特征，给予魏晋南北朝史研究足够的重视并对其历史地位充分的肯定，同时也表明那种认为魏晋南北朝是"历史大倒退时期"、是"中国历史上的黑暗时代"的观点是站不住脚的。此外，"绪论"还对魏晋南北朝时期的历史特征、社会性质、庄园经济、社会矛盾、南北方社会发展道路等重大问题发表见解，提出富有创见的意见。这些意见不仅对指导全书提供了具体的编写思路和指导意见，而且对魏晋南北朝史乃至历史研究，也带有多方面的参考价值和启发作用。

《魏晋南北朝经济史》在结构安排上也有其特色，它以"绪论"为全书总纲，依次叙述魏晋南北朝的疆域与自然环境、人口结构、户籍制度及人口的迁徙，然后深入探讨各种经济关系、经济部门，以经济思想结束全书。全书重视对魏晋南北朝时期的部门经济和区域经济的研究，尤其注意揭示各经济部门的经营管理、技术进步、发展水平和区域布局、区域差异,对这一时期南北方农牧业、手工业、商业贸易有较为深入的论述。《魏晋南北朝经济史》出版之后,在学术界影响很大。中央民族学院的白翠琴先生对《魏晋南北朝经济史·绪论》给予了很高的评价,称其为"大手笔,大制作,气度不凡,显示了高敏先生的广博学识和深厚功力"。中山大学张荣芳先生在《鸿篇巨制,超迈前人——读高敏教授主编〈魏晋南北朝经济史〉》一文中,评价该书"博大精深,超迈前人","是一部自成体系、具有国际学科前沿水平的史学巨著。它的面世标志着魏晋南北朝史研究的一个新高峰的崛起"(《中国史研究动态》1998年第2期)。卢钟锋先生在《回顾与总结:新中国史学五十年》一文中也评价说:高敏主编的《魏晋南北朝经济史》等著作,"将中国经济史研究推向一个新阶段"(《中国史研究》1999年第3期)。

还需指出的是,随着魏晋南北朝经济史研究的逐步深入,高先生越来越感到研究地下出土资料的重要性,于是简牍、帛书、碑刻、墓志等地下出土资料也纳入高先生的研究视野,成为研究社会经济史的重要资料来源。1975年湖北云梦秦简出土之后,高先生就出版了《云梦秦简初探》(河南人民出版社1979年版)及《云梦秦简初探》(增订本)(河南人民出版社1981年版),内容涉及秦的土地制度、租税徭役制度、户籍制度、邮传制度、工商业管理制度、廪食制度,以及秦的赐爵制度、官吏考核制度、法律制度、隶臣妾制度等,内容广博,论述精辟,是国内最早出版的一部综合性研究云梦秦简的学术专著。随着江陵凤凰山、张家山、尹湾汉简的相继发现,高先生又撰写了大量的文章,对秦汉史研究提出值得重视的新问题。1996年,在湖南省长沙市走马楼的古井里发现了大批吴简,这是学术界尤其是魏晋南北朝史学界的一件大事。1999年9月,《长沙走马楼三国吴简》第一卷《嘉禾吏民田家莂》由文物出版社出版,在该书出版以后的短短两年时间里,高先生以按捺不住的激动心情,接连发表了8篇文章,内容涉及对整个吴简的定名,竹简的纪年与所涉及的口钱、算赋、户调制度,余力田、常限田的含义及其性质,州吏、诸吏、复民的身份特征，以及长沙郡一带的民情风俗、社会经济状况，等等。如《论〈吏民田家莂〉的契约与凭证二重性及其意义》一文，指出"田家莂"实际具有土地租佃契约和官府收受吏民租、税、布、钱凭证或收据的双重性质。在《〈吏民田家莂〉中所见的"余力田"、"常限田"等名称的涵义试析》一文，认为"田家莂"所见"余力田"指"二年常限"之外、租率低于"二年常限"的一种熟田（不是荒地）。"火种田"应指宜于采用火耕方法的一种旱田。"余力火种田"则与"余力田"和"火种田"均有区别，"二年常限"指按亩固定收取租米、布、钱的数量在二年之内不变动的田，还对"租田"、"租米"的含义进行了解说。王素先生在《长沙走马楼三国吴简研究的回顾与展望》（《吴简研究》第一辑，崇文书局2004年版）一文中，专门列有"高敏的研究"一节，称"高敏先生作为资深秦汉魏晋南北朝及经济史研究专家，对吴简尤其是《嘉禾吏民田家莂》自然有着浓厚的兴趣"，并对高先生的8篇文章及其主要观点逐一作了介绍。从2005年至2007年，随着《长沙走马楼三国吴简·竹简·壹》的刊布，高先生又撰写了8篇文章，内容涉及孙吴时期的赐爵制度、屯田制度、户等制度、口钱、算赋制度、丁中老小制度，对东吴时期的社会经济研究有重要推进。这些文章和先前发表的8篇文章共同结集为《长沙走马楼三国吴简研究》一书，于2008年5月由广西师范大学出版社出版。高先生重视秦汉简牍与吴简的研究，目的在于运用出土的简牍资料，使之与文献资料相结合，或发现新问题，或解决老问题，以推动秦汉史、魏晋南北朝史研究的深入发展。据章义和先生统计，"在高先生自上个世纪七十年代末至现在的学术论著中，涉及简牍方面的论著约为四分之一强，也就是说，简牍研究是高先生学术体系中的重要组成部分"。章先生对高敏先生的简牍学研究成果也给予了高度评价："高敏先生的简牍学研究内容广泛，著述丰赡，有理论深度，有学科建构"，"在秦简、汉简和吴简方面，高先生的成就可谓是卓越的"①。

　　高敏先生在魏晋南北朝经济史研究领域取得的巨大成就，是与他严谨的治学态度分不开的。研究魏晋南北朝经济史，一般都会碰到两个棘手的问题：一是史料奇缺，许多问题记述零散，矛盾百出，或者根本不见记载。二是各种经济关系纷繁复杂，线索不明，脉络不清。所以，研究这一时期的社会经济问题，首先必须解决弄清基本史实和理顺复杂经济关系两项任务。高先生在研究相关问题时，均是在详尽占有史料的基础上，索隐钩沉，发微阐幽，纠谬考实，正本清源，做了扎实细致和卓见成效的考证与清理工作，订正或补充了前人的谬误或不足。如曹魏租调制，有学者根据《三国志·魏书·武帝纪》的记载，认为其创制于建安九年九月，高先生经过考证认为，曹操创立租调制经历了先有户调制、后定田租制的过程，大体上完成于建安四年八、九月至五年十月，建安九年九月实为平冀州后推行新租调制于袁绍所辖河北地区。又如北魏均田制与三长制，先生根据《魏书·李冲传》等记载，确认均田制始行于太和九年、三长创立于太和十年，订正了三长制始行于太和九年的说法，并且指出，这两种制度都有一个发展过程，而不是形成于一朝一夕。高先生治史，不仅注意广泛搜集和占有史料，而且更加注重理论的运用和分析。先生的许多论著，都是遵循历史唯物主义的基本原理，并运用辩证的方法去分析、考察这一时期的土地制度、赋税徭役制度、阶级结构与阶级关系、直接生产者与人身奴役状况的变化等问题，无不溯本求源，穷其流变，以揭示其形成、确立、发展、消亡的历史条件及其发展规律。由于先生坚持实事求是、论从史出的治史原则，并致力于历史发展内在规律的探求，所以在阐发历史问题时，都能够融会贯通，得出的结论令人折服。也使人在读过先生的论著之后，除在具体问题上获得教益外，在治学方法上也得到有益的启示。

---

① 章义和、张晓东：《高敏先生简牍研究述论》，《高敏先生八十华诞纪念文集》，线装书局2006年版，第34、35、42页。

近些年来，何德章《中国经济通史》第三卷《魏晋南北朝》（湖南人民出版社 2002 年版）、蒋福亚《魏晋南北朝社会经济史》（天津古籍出版社 2005 年版）相继问世。何书分为九章，在总体结构上未能超出高书，但较高书多出自然生态环境与区域经济状况、城市与交通、人口及社会结构、国家的经济管理与经济政策四章，其余绪论、农业与多种经营、手工业、商业、经济思想与经济主张五章，与高书结构大体相同。蒋书则是采取专题综合阐述的形式，分为六章，即新经济中心的形成、北方社会经济的缓慢恢复与发展、内徙少数民族的封建化、地主土地所有制、地主阶级和依附民——封建依附关系的加强、商品经济和传统市场。其中，内徙少数民族的封建化一章，分别对内徙少数民族的人口、经济生活、封建化过程作了论述，为高书所无。

当然，在魏晋南北朝经济史研究方面，也存在一些障碍和不足。主要有两点：

一是有关经济史的史料比较缺少，又缺乏系统地发掘和整理，以致许多有关经济制度的史实，连脉络也不甚清楚，自然更谈不上对其实质和发展规律的探讨。如对魏晋南北朝的租调制度与徭役制度，就存在不少疑团，亟待解决。

以租调制来说，曹魏的租调究竟是怎样演变而来的？魏晋南北朝在租调之外究竟还存在不存在汉代的口钱、算赋征收？曹魏租调制的田租部分，究竟是亩税四升还是亩税四斗？南朝的"三调"究竟何所指？"九品混通"的户调征收方法究竟始于何时？"九品混通"的范围是否同时包括田租与户调二者？汉代的"訾算"（或曰"算訾"）、魏晋南北朝的"计赀"纳课和唐代的"赀课"，是否一脉相承？诸如此类，举不胜举。上述问题，有的连基本的史实都不清楚，有如断线的风筝，既不知来龙，也不知去脉，所有这一切，都需要详细考证和认真研究。

至于徭役制度方面的疑难问题，也同样举不胜举。如曹魏时期的"错役"问题，史料极少，连什么叫"错役"也不十分清楚。魏晋南北朝盛行"吏役"制，然而"吏"的身份、地位、来源、类别和服役的情况等问题，还有不少疑问值得探究。魏晋南北朝世族地主享有不课不役的特权，但对于豁免的范围、对象、条件以及此制所产生的影响和有无变化发展，等等，仍有进一步研究的必要。特别是服役者的年龄问题，有的王朝史书有记载，有的王朝则无记载，综合各代来看，其变化发展究竟如何？南朝后期出现了番役制与和市、和雇制，这种开始只适用于官府手工业作坊的工匠制度，是否也影响到一般的徭役制？它同隋以后租庸调制的"庸"的产生是否有关呢？所有这些问题，显然都有研究的必要。

此外，魏晋南北朝时期畜牧业经济的发展，畜牧业经济与农业经济的比重，各个地区之间经济发展的特征、不平衡性及其具体表现与形成原因，少数民族的经济活动与边境地区的开发，有关各种经济思想的表现、内容和实质等方面，或者很少有人注意，或者已有涉及却未能深入，或者只限于抽象的说教而无具体的说明。凡此种种，也都需要我们作深入细致的研究，切忌一般性、重复性的论述和不着边际的空谈。

二是在研究方法上，过去往往注重定性分析法，而不注重定量分析法，尤其缺乏各种经济数字的统计图表，忽略了计量经济学在经济史研究中的运用。但是，定性的分析，往往离不开定量的分析。要搞好定量的分析，统计的方法和计量的方法就不可缺少。如果我们在历史研究的许多方面，也包括在经济史研究方面，能运用统计数字、图表和比例数法去说明问题，自然会提高研究的科学性和准确性。

三、魏晋南北朝社会史

社会史是20世纪中国史学研究中的一个新兴学科。到目前为止，在社会史研究领域，学者们对社会史的定义、学科定位、研究对象、研究方法等问题仍然存在着不同的理解，主要有"专史说"和"通史说"两种观点。大多数学者持专史说，认为社会史是历史学的一门分支学科，是专门史，与政治史、经济史、思想史、文化史、军事史、外交史等专门史并列，又从各自的研究对象出发，将社会史定义为社会生活史、社会行为史，由此在政治、经济、思想、文化等史学专门领域之外再开拓一个研究领域。而少数持通史说的学者，也并不是主张社会史就是通史，而是倡导好的通史应该是社会史，即通史应该"反映一个过去时代的全部面貌"，应该讨论"社会整体发展的全过程"（陈旭麓：《略论中国近代社会史研究》，《华东师大学报》1989年第5期）。也就是说，这些学者试图摆脱传统政治史的研究模式，一反过去只关注社会精英和政治人物、政治事件的做法，提倡关注民众和社会的变迁，即倡导眼光向下，多多关注社会群体特别是普通民众的社会生活。由此可见，他们其实是在探讨通史编纂的问题，而并非是社会史的概念问题。

在有关社会史的学术讨论中，已经为社会史这一学科规划出一个较为明晰的研究范围，即从社会生活、社会文化、社会风俗、社会群体、社会问题等较为具体的社会史研究领域，再到社会结构、社会变迁、社会运行、社会控制、社会意识、社会功能等更为宏观和抽象的研究范畴，都可以作为社会史的研究对象，这就极大地扩展了社会史的研究领域与对象范围。另外，就研究方法来说，适应着历史研究多学科交叉互补、互相渗透的发展趋势，人们也尝试着借用社会学、民俗学、心理学、经济学、政治学、人类学、地理学、语言学等学科的理论和方法来研究社会史，以便对社会史重新研究、重新审视。

自改革开放以来，魏晋南北朝社会史研究取得了丰硕的成果。如曹文柱主编的《中国社会通史·秦汉魏晋南北朝卷》（山西人民教育出版社1996年版），从社会存在前提、社会结构、社会运行与社会变迁等方面考察了魏晋南北朝的社会发展状况。书中还对魏晋南北朝城市社会的特点进行归纳，认为当时的城市有政治型、军事型、工商业型等类别，与乡村社会比较，城市社会具有建筑群规范、人口集中和数量大、人口异质性强、经济生活活跃、政治生活频繁、文化生活发达等特点。

在社会生活史方面，朱大渭等编著的《魏晋南北朝社会生活史》（中国社会科学出版社1998年版）搜集和整理了魏晋南北朝时期有关社会生活的主要文献资料和考古资料，初步勾勒和论述了这一时期社会生活的轮廓和特征。内容包括衣食住行、婚姻丧葬、宗教信仰、鬼神崇拜、节日庆典、娱乐活动、教育、医药、少数民族的生活，等等。在社会生活史专题研究方面，黎虎主编的《汉唐饮食文化史》（北京师范大学出版社1998年版），对这一时期的饮食构成、饮食模式、饮食习惯、饮食思想和饮食学进行了深入细致的研究，其内容包括食物原料（粮食、肉食、蔬菜、水果）、加工与烹制（粮食加工、米食与面点、菜肴烹饪、调味品）、饮料（酒、茶）、饮食器具（炊具、饮食具、贮存具）、饮食市场与行业（食物原料市场、食肆、饮料店肆）、食制与食俗（日常生活食制、饮食礼仪、养生医疗食俗）、饮食与社会（饮食与社会经济、饮食与社会政治、地主阶级的饮食生活、普通老百姓的饮食生活、饮食与胡汉文化的交流与融合）、饮食学。

在社会风俗史方面，张承宗、魏向东所著《中国风俗通史·魏晋南北朝卷》（上海文艺出版社2001年版），对这一时期的民风民俗进行了深入研究。社会风俗是人类社会普遍存在而又非常独特的一种文化现象，它像一面镜子，生动而具体地反映了一个国家、一个民族、一个地区各个历史时期的社会风貌，具有地缘性、民族性、传承性、社会性和自发性的特征。风俗的内涵极其广泛，涉及物质生活和精神生活诸多层面。该书的内容分为饮食风俗、服饰风俗、居住与建筑风俗、行旅与交通风俗、生育风俗、婚姻风俗、卫生保健与养老风俗、丧葬风俗、生产风俗、信仰风俗、岁时节日风俗、游艺风俗（音乐歌舞、体育竞技、娱乐游戏）、交际风俗（交友、应酬与待客、称谓）、社会组织风俗（家庭、宗族、乡里）等，并揭示了魏晋南北朝时期的风俗特点及其历史地位。钟敬文主编、郭必恒等著《中国民俗史·汉魏卷》（人民出版社2008年版），则从民俗学、人类学、历史学结合的角度，分为物质生产民俗、物质生活民俗、岁时节日民俗、社会组织民俗、人生礼仪民俗、信仰民俗、民间文学、民间戏剧、民间工艺等九章，对这一时期的民俗民风做了系统研究，可与前述《中国风俗通史·魏晋南北朝卷》参照来看。

研究魏晋南北朝家庭和婚姻的论著比较多。家庭是社会生活的基本单位，因此家庭、家族、宗族也一直是社会史研究的主要内容。近年来，学者们借鉴社会学的概念和理论，对魏晋南北朝时期的家庭进行了多方面的考察。如张国刚主编、王利华著《中国家庭史》（五卷本）第一卷《先秦至魏晋南北朝》（广东人民出版社2007年版）第六章"魏晋南北朝时期的家庭"，就对这一时期的家庭结构与家庭规模、亲属关系、家庭生计和生活状况、生儿育女与养老送终、家庭教育与宗教信仰等进行了研究。邵正坤《北朝家庭形态研究》（科学出版社2008年版），则从分析家庭结构入手，对北朝家庭的基本类型做了区分：以家庭规模为标准，可分为大家庭（人口众多，累世同居，关系复杂）与小家庭（结构简单，三至五口，不超三代）；以家庭的代际层次和亲属关系为标准，可分为核心家庭（由夫妻和未婚子女组成的家庭，也包括只有夫妻二人的家庭）、主干家庭（父母和已婚子女组成的家庭）、联合家庭（尊长和多对已婚子女共同生活，或是兄弟成家以后不分财异居的家庭模式）、其他家庭（因种种原因形成的独身家庭、祖父母与孙子女形成的隔代家庭等）。此外，对家庭成员的地位和义务、亲属的拟制（继父母与继子女、养父母与养子女、义父母和义兄弟等）、亲属关系在法律上的效力、家庭的收支与管理、北朝家庭的宗教信仰、北朝的家庭教育分别进行了考察，从各个角度展示出北朝家庭的整体面貌。我的博士生王仁磊对魏晋南北朝时期的家庭规模与家庭结构，父子关系、夫妇关系、兄弟关系和其他家庭关系，家庭与家族、宗族的关系，以及影响这一时期家庭关系的外部和内部因素等进行了探讨，作为其博士学位论文，并于2013年在中州古籍出版社出版了《魏晋南北朝家庭关系研究》一书。

婚姻在人类社会中占有重要地位，对于一直保持血缘纽带联系，并且十分强调宗法血缘关系的中国古代来说，尤其如此。但从社会发展的演变来说，古代的婚姻形态曾出现许多因革变迁，反映着家族关系乃至整个社会结构的改变。所以，研究中国历史，特别是社会史、文化史的学者，无不对婚姻史格外关注。薛瑞泽的《嬗变中的婚姻——魏晋南北朝婚姻形态研究》（三秦出版社2000年版），首先按照朝代顺序，对三国时期婚姻的特点（如不重视门第、多政治婚姻）、两晋南北朝门阀等级内婚制进行了论述，然后按照专题，分别对魏晋南北朝时期的婚姻程序、择偶标准、婚龄的变迁（如三国时女子婚龄为17岁左右，两晋为13—16岁，南北朝为13岁左右；男子三国时15—17岁，两晋为15岁，北朝为14岁左右，南朝更低，为10岁以下，婚龄变化很大）、特殊婚姻类型（赐婚、抢婚、财婚、冥婚）、不和谐的音符（私通、淫乱、纳妾、二妻、离婚、再婚）、婚姻的地域范围、古风遗俗（民族婚俗）、夫妻关系（情侣型、仇敌型、嫉妒型）、婚姻法规、理念中的婚姻（即婚姻思想）等做了全面系统的研究。李金河所著《魏晋隋唐婚姻形态研究》（齐鲁书社2005年版），主要以门阀士族婚姻为重点，对于门第婚姻的形成、发展、演变做了较全面地考察。全书分为门第婚姻形成的轨迹、两晋时期门第婚姻的发展及畸变、南朝门第婚姻的变化及其泯亡、北朝门第婚姻的变异及其覆没、南北朝士族婚姻关系之异同、南北朝谱牒的主要形式和作用，以及隋唐时期的新士族、隋朝新士族官宦婚的兴起、唐朝新士族官宦婚姻的浮沉共九部分，对中古时期门阀士族的婚姻形态及其变迁做了全面系统的研究。谢宝富《北朝婚丧礼俗研究》（首都师范大学出版社1998年版），对北朝的婚姻礼俗，特别是魏、齐、周宗室男性、女性的通婚、鲜卑贵族通婚思想的变化，也均有详细探讨。有关这一时期婚姻、婚俗的文章还有很多，这里不再一一介绍。

民间信仰问题，也是社会史研究的一个重要课题。侯旭东《五、六世纪北方民众的佛教信仰》（中国社会科学出版社1998年版），以造像记材料为主，深入探讨了五六世纪北方人民大众的佛教信仰及其心态、民众佛教修持方式、民众造像活动的特点以及民众信仰的社会影响，对于佛教思想研究由偏重社会精英、社会上层向社会思想、民众思想二者并重的转化，开辟了新途径、新领域。此外，关于区域社会史和国家与社会关系的研究，也成为社会史研究的新课题。

四、魏晋南北朝历史地理

历史地理是历史学的一门二级学科。历史地理的研究阶段是历史时期，而历史时期的地理现象主要是依靠历史文献记载，使用历史学的研究方法，其成果更多地为历史学所利用。因此，历史地理学也具有明显的社会科学和人文科学的特性。

传统的历史地理学主要是指沿革地理，其内容包括政区、疆域、地名、水道的变迁。进入20世纪以后，历史地理学才形成一门现代的学科，并分为历史人文地理和历史自然地理两大部分。历史人文地理是研究人地关系的学科，与历史研究关系密切，这里重点谈谈历史人文地理的研究情况。

改革开放以来，历史人文地理得到蓬勃发展，并开辟了一个个新的分支，如历史政治地理、文化地理、城市地理、社会地理、人口地理、农业地理、科技地理、民族地理、宗教地理、语言地理，等等。这里仅就涉及魏晋南北朝时段的历史人文地理研究略作介绍。

历史政治地理，也就是传统的沿革地理，主要涉及政区、疆域研究和地名研究。我们知道，在二十四史中，十六部有地理志，八部没有地理志，除《史记》外，没有地理志的都集中在魏晋南北朝时期。清代学者虽然对这一时期的正史进行了补表、补志，如谢钟英的《三国疆域表》，毕沅《晋书地理志补正》，洪亮吉《补三国疆域志》、《东晋疆域志》和《十六国疆域志》，洪亮吉之子洪齮孙的《补梁疆域志》，及近人臧励龢《补陈疆域志》，但魏晋南北朝还有北周、北齐没有地理志。因此，为了填补空白，王仲荦先生经历40多年时间（1935—1978），搜集大量资料，经过四次较大修改，完成了《北周地理志》（上、下册）（中华书局1980年版），全书共十卷，70多万字，学者称赞其"承乾嘉余绪而补《周书》无地理志之不足"（葛剑雄语，见《二十世纪的中国历史地理研究》，《历史研究》2002年第3期）。该书不仅对北周时期的疆域、政区和地名做了精详考论，而且书后又附录三篇文章，分别对北魏六镇未撤以前的北方州镇分布情况，东、西魏和北齐、北周侨置州郡问题作了考略（《北魏延昌地形志北边州镇考证》、《魏书地形志营州所统郡县考证》、《东魏北齐北周侨置六州考略》），对早期府兵制度研究有重要参考价值。在《北周地理志》出版近30年后，施和金先生又出版《北齐地理志》（上、下册）（中华书局2008年版），该书"绪言"中说："《北齐地理志》五卷，以叙北齐行政区划沿革为主，兼及山川，如有军事要地，亦加论说，以备国防建设之需。"作者还说："1980年，中华书局出版王仲荦先生的《北周地理志》，填补了一项空白。今天我不揣浅陋，再补《北齐地理志》，以使二十四史地理志成为完璧。这不但是我人生中一大愿望的实现，也是对中国历史作出了一点贡献。"一个历史地理学者的真实情怀，溢于言表。该书主要依据南北朝八史，同时参考了《水经注》、《元和郡图志》、《太平寰宇记》、《读史方舆纪要》等古代地志，以及王仲荦《北周地理志》中搜集的北齐资料，"以实证为主，以推测为辅，旨在力求恢复北齐行政区划之原貌"。

有关政区、疆域和地名研究的论著还有梁允麟《三国地理志》（广东人民出版社2004年版），该书在清人洪亮吉《补三国疆域志》、谢钟英《补〈三国疆域志〉补注》和吴增仅《三国郡县表》诸书的基础上，"列三国郡县及重要地名，叙其疆域、沿革、有关史实，评述诸家意见，并注今地地名"，以补三国地理之缺。陈健梅《孙吴政区地理研究》（岳麓书社2008年版），则在清人钱大昕、洪亮吉、谢钟英、吴增仅、杨守敬等众多学者研究的基础上，沿用传统的历史考据方法，对三国孙吴的疆域变迁、政区设置，以及影响孙吴政区建置沿革的历史地理因素，如自然环境、经济开发、人口数量、交通位置等作了有益的探讨。

在疆域和政区研究方面，值得一提的还有胡阿祥的《六朝疆域与政区研究》（西安地图出版社2001年版，该书《增订本》由学苑出版社于2005年出版)。该书分为上、中、下三编,分别对六朝疆域的变迁、六朝政区制度和相关史料进行探讨。其中,有关六朝政区制度的研究引人注目。该编除了论述六朝时期的地方行政体制如府、州、郡、县、乡、里制度、都督制度和都督区之外,还重点研究了东晋南朝侨州郡县的设置及其地理分布、双头州郡的设置及其原因、南朝的宁蛮府、左郡左县、俚郡僚郡(即南朝的少数民族政区)、六朝政区的增置与滥置,等等,并附有六朝政区建置略图、六朝疆域形势示意图。2007年南京出版社组编第二套《六朝文化丛书》,胡阿祥又在《六朝疆域与政区研究》的基础上,本着简单扼要、通俗易懂的原则,编写成《六朝政区》(南京出版社2008年版)一书,可供参考学习之用。

关于行政区划研究,由周振鹤主编、复旦大学出版社出版的《中国行政区划通史》共13卷,现已出齐。该书研究自先秦至民国时期的中国行政区划变迁史。这一研究不仅是传统的关于历史政区沿革的考证(纵向),而且对同一年代各政区并存的面貌作出复原(横向),在条件许可的情况下相关的复原以详细至逐年为尺度。全书在总论外,分为13卷,依次是先秦卷、秦汉卷、三国两晋南朝卷、十六国北朝卷、隋代卷、唐代卷、五代十国卷、宋西夏卷、辽金卷、元代卷、明代卷、清代卷及中华民国卷。《三国两晋南朝卷》(上、下册,胡阿祥、孔祥军、徐成著)、《十六国北朝卷》(牟发松、毋有江、魏俊杰著)分别于2014年、2016年出版,给学界提供了方便。

需要指出的是,在政区研究方面,特别是区域政治史研究方面,近年来也有不少研究成果问世。例如:章义和《地域集团与南朝政治》(华东师范大学出版社2002年版),汪波《魏晋北朝并州地区研究》(人民出版社2001年版),李文才《南北朝时期益梁政区研究》(商务印书馆2002年版),李万生《侯景之乱与北朝政局》(中国社会科学出版社2003年版),韩树峰《南北朝时期淮汉迄北的边境豪族》(社会科学文献出版社2003年版),陈金凤《魏晋南北朝中间地带研究》(天津古籍出版社2005年版),张灿辉《六朝区域史研究》(岳麓书社2008年版),等等。区域政治史研究,这一区域的政区沿革是首先要考虑的对象，其次作为地方性区域，构成地域的地理诸要素如山脉、河流、地貌、气候等也是研究的重要对象。因为地理因素在一定程度上决定着这一区域所具有的政治价值、经济价值和战略优势等。另外，区域政治和中央政治息息相关，如何从两者的互动关系进行考察，如中央政权对地方的管理和统治，地方政权对中央的影响，等等。并且，这种互动关系主要是通过不同的人群和社会势力来实现的，因此中央委派的官吏群体、本地士族和人士以及各种地方势力，都是区域政治史研究的重要内容。当然，作为区域政治史，也并不是孤立地研究某一地区的政治变迁，而是要将其放入整个魏晋南北朝的历史中加以考察，这样既可以深化区域政治史研究，同时又可以突破区域史的狭隘性，具有一定的全局性，从而提升选题的学术价值，使之与一般的地区史研究著作区分开来。

魏晋南北朝地名、地望研究，主要涉及诸葛亮的躬耕地望是"南阳"还是"襄阳"的问题。据《三国志·蜀书·诸葛亮传》记载，诸葛亮在《出师表》中曾说："臣本布衣，躬耕于南阳。"故有学者认为，诸葛亮所说的"南阳"是指当时的宛县，即今天的南阳市，而且南阳市卧龙岗建有武侯祠，所以诸葛亮的躬耕地应在南阳。但是也有学者指出，东晋史学家习凿齿在《汉晋春秋》中说："亮家于南阳之邓县，在襄阳城西二十里，号曰隆中。"明确提到诸葛亮躬耕地在隆中，此地在"襄阳城西二十里"，在行政区划上属于南阳郡的邓县。谭其骧先生曾对此考证说："诸葛亮说自己'躬耕于南阳'，这个'南阳'不是指南阳郡的郡治所在地，而是指南阳郡所管辖的一块地方。这块地方，就在今天的襄阳西边的隆中，离襄阳城很近，而离南阳郡郡治宛相当远。但在行政区划上，当时隆中属于南阳郡的邓县，所以诸葛亮说自己'躬耕于南阳'。"（《诸葛亮躬耕地望论文集》，东方出版社1991年版，第4页）。谭先生的观点，得到很多专家学者的认可，这就是"襄阳说"的依据和来源。目前隆中也建有武侯祠。其实，这个问题争论已久。南阳武侯祠大殿前有清人顾嘉蘅写的一副对联："心在朝廷原无论先主后主，名高天下何必辨襄阳南阳。"可见在清代已有襄阳南阳之辨。八十年代以后又有两次大争论。一次是1988年邮电部发行《三国演义》系列邮票，围绕第二组"三顾茅庐"邮票引起襄阳、南阳两地之争。当时襄阳和南阳都召开会议，并组织一批专家撰写文章，媒体也展开了激烈争论，互不相让。另一次是2003年人民教育出版社发行新编初中语文课本，其第六册第22课、第23课分别为《隆中对》和《出师表》，在课文注释中，分别将"南阳"释为"在现在襄阳"，将"隆中"释为"在现在湖北襄樊"，结果又引起湖北、河南两地媒体的热炒。目前学术界一般认为，躬耕地应确定为襄阳隆中，但两地的武侯祠可以并存，各自定位，一为遗址名胜，一为纪念名胜，共同作为旅游开发之用。

历史人口地理研究方面，目前尚未见到有关魏晋南北朝断代人口地理专著，主要是葛剑雄编著的《中国移民史》第二卷《先秦至魏晋南北朝时期》（福建人民出版社1997年版），这是一部动态的人口地理专著。该书共十二章，从第八章至第十二章分别论述了三国时期北人的南迁，晋、南北朝时期移民的社会与自然背景，永嘉之乱后的人口南迁，汉族向西北、东北和北方迁移，少数民族的进一步内迁，十六国与北朝的移民等问题，对这一时期的人口移民、起因、迁移对象、迁移时间、迁入地、迁出地、迁移路线及方向、定居过程和产生的影响做了详细研究，是目前最完整、最系统的中国移民史。另外，葛剑雄编著的《中国人口史》第一卷《导论、先秦至南北朝时期》（复旦大学出版社2002年版）共九章，其中第八章论述魏晋南北朝的人口数量，第九章论述魏晋南北朝的人口分布，人口与社会和历史的关系，等等，也可作为断代人口地理史来读。

历史社会文化地理研究，主要集中在两个方面：一是某种社会要素分布的地域背景考察。如卢云《汉晋文化地理研究》（陕西人民教育出版社1990年版），对汉晋时期精神文化领域具有代表性的学术文化区域及其变迁、滨海宗教文化带与汉晋三次宗教浪潮、婚姻形态的地域分布、俗乐中心与雅乐中心四大问题做了深入研究，为我们展示了历史文化地理研究的广阔前景。二是对某一时期宗教地理的研究,如严耕望先生的《魏晋南北朝佛教地理稿》(台湾史语所2005年初版,上海古籍出版社2007年影印版),就是研究魏晋南北朝宗教地理的专著,但此书命名为"稿",实为严氏遗著草稿,由其弟子李启文整理出版。书中对这一时期不同历史阶段佛教的地理分布、佛教大师的宏佛地域、历代高僧的地理分布、驻锡和游锡图、东晋南朝佛教城市与山林、佛教地理中心、佛教教风之地理分布——义解与禅诵、佛教石刻的地理分布(石窟造像与其他石刻)做了全面细致的考察,令人耳目一新。

历史交通地理研究,主要集中在丝绸之路问题上。石云涛《三至六世纪丝绸之路的变迁》(文化艺术出版社2007年版),利用正史资料、行纪著作(如三国孙吴康泰《吴时外国传》和朱异《扶南异物志》、东晋法显《佛国记》、道安《释氏西域记》等)、考古资料(丝路沿线的考古遗址、考古实物如萨桑波斯银币、拜占庭金币等)、西文文献(包括海外汉学成果,如斯坦因、伯希和关于敦煌学、吐鲁番学、西域、中亚和西亚考古学的成果等),对魏晋南北朝时期中国境内丝绸之路的盛衰(如绿洲之路主干线的变化、丝绸之路诸支线的利用等)、葱岭以西丝路的发展与变迁(如与葱岭以西中亚诸国的交通、与南亚之间的交通、中国与萨桑波斯的交通、中国与大秦、拜占庭的交通)、中国境内的丝路城市——文明中介(如线路起点涉及的洛阳、平城、邺城、长安,丝路东段沿线城市武威、张掖、酒泉、敦煌,西域道沿线诸城如楼兰、莎车、高昌、龟兹等)、葱岭以西的丝路名城(中亚诸城、南亚诸城、萨桑王朝诸城、大秦、拜占庭诸城),以及三至六世纪中西海上交通和海上航线的变化,做了全面系统地研究,弥补了学术界的空白。石先生还有一些关于三至六世纪中西交通的论文,收于氏著《中古文史探微》一书(文化艺术出版社2007年版)。

历史军事地理研究,主要集中在赤壁之战、官渡之战等重大战役故址的考证上。张靖龙《赤壁之战研究》(中州古籍出版社2004年版),就对赤壁之战战地、进兵路线、战略地理、气象问题进行了探讨。郑州大学历史学院韩国河院长主编的《官渡之战与原阳历史文化研究》（大象出版社2009年版），是2006年8月在原阳举办的"中国·原阳官渡之战文化学术研讨会"论文集，文集收录了讨论官渡地望的几篇文章，主要分为原阳说和中牟说。笔者有幸参加了这次会议，并做了《官渡之战及其地望考释》的大会发言，我的基本观点是坚持"中牟说"，不同意"原阳说"。因为自南朝裴松之以后，历代文献资料和地理著作都记载官渡之战发生在中牟县东北。而原阳说认为官渡之战的地望应在今原阳县大宾乡马头村附近，主要的依据是这里曾出土了明、清时代的两块石碑，其中清乾隆五十九年（1794）的《重修碑记》中有"阳武县古官渡"字样，并称"原村古官渡，汉建安五年秋九月，袁曹会兵立此高阜……千有余年，遗址犹存"。但是，这块石碑也有可资推敲之处，因碑记题名为"邑庠生员樊向荣撰文"。所谓"邑庠生员"，就是在县学里学习的学生，俗称秀才。这篇碑记出自于一个县学生员之手，其可信程度自然大打折扣。我推测他撰写碑文的资料来源应该是明、清两代由地方官主持、由当地文人撰修的《阳武县志》。因此，无论这部县志出于何人之手，在史料价值上都无法和历代文献资料和地理著作相提并论，也无法从根本上改变官渡地望在中牟的旧说。此外，涉及魏晋南北朝时期的军事地理研究著作有宋杰《两魏周齐战争中的河东》（中国社会科学出版社2006年版）和《中国古代战争的地理枢纽》（中国社会科学出版社2009年版）等。

历史城市地理主要集中在对洛阳、邺城、平城、建康等都城的研究上。20世纪20年代，学术界将西安、洛阳、北京、南京、开封并列为五大古都；20世纪30年代又加入杭州，"六大古都"之说盛行；1982年谭其骧先生提出"七大古都"说，认为安阳作为古都的重要性不在杭州之下，随后陈桥驿主编了《中国七大古都》（中国青年出版社1991年版）一书；近年来又提出"八大古都"说，即加入商代都城郑州。

在八大古都中，涉及魏晋南北朝的主要有洛阳、南京、安阳（邺城）三个都城，而这三个都城都有相关的历史地理学著作。如晋人陆翙的《邺中记》,就记载了曹魏、后赵时期邺城的宫殿建筑与历史地理;北魏杨衒之的《洛阳伽蓝记》,则记载了北魏孝文帝迁都洛阳以后,北魏洛阳都城的建制、佛寺建筑和历史古迹;唐人许嵩的《建康实录》,记述了吴、东晋、宋、齐、梁、陈六朝的历史,因六朝皆建都建康(吴名建邺,晋愍帝司马邺改名建康),故以为名。这些资料对研究魏晋南北朝史及邺城、洛阳、南京地区地理,都具有重要的参考价值。新中国成立后,学术界对上述资料进行了整理校点工作,如张忱石点校《建康实录》(中华书局1986年版),黄惠贤辑校《邺中记》(武汉大学历史系、魏晋南北朝隋唐研究室编《魏晋南北朝隋唐史资料》第九、十期,1988年版),《洛阳伽蓝记》的注本更多,有范祥雍《洛阳伽蓝记校注》(上海古籍出版社1958年版)、周祖谟《洛阳伽蓝记校释》(中华书局1963年版)、香港学者杨勇《洛阳伽蓝记校笺》(台湾正文书局1982年初版,中华书局2006年版)。这些都是研究魏晋南北朝都城史的地理学资料。

有关魏晋南北朝都城研究成果也很多。卢海鸣《六朝都城》(南京出版社2002年版),对六朝时期建康的定都条件,建康的规划、营建与布局,建康的宫城、都城和外郭,建康的城堡军垒和郡县治所,建康的市政建设和礼制建筑,建康的市场、里坊、园林、佛寺、道观、神庙、陵墓,建康的历史地位等做了全面系统的研究。日本学者前田正名著、李凭等译《平城历史地理学研究》(日本风间书房1979年初版,书目文献出版社1994年版),则对北魏时代桑干河流域的自然地理、太行山脉东麓地区居民结构、平城都市景观的发展、以平城为中心的交通网(如平城通往漠北、西域、河北平原、东北地区及自平城南下的交通线)、平城的商业贸易、平城与河北的经济关系等问题进行了深入细致地考察。对魏晋都城洛阳的研究成果也有很多,兹不一一介绍。

有关地理文献学主要集中在《水经注》研究上,据统计,20世纪出版《水经注》研究专著30部、发表论文约270篇(参见郗志群《最近十年来〈水经注〉研究概述》,《中国史研究动态》1996年第5期),涉及郦道元的生平、著作版本、地学（含地理学、地质学、地貌学）、文学、文献学、金石学价值等方方面面，蔚然形成一门显学——郦学。20世纪初的著名郦学家有杨守敬、熊会贞等，20世纪末的郦学家首推陈桥驿，前者有《水经注疏》（江苏古籍出版社1989年版），后者有《水经注校证》（中华书局2007年版）。另外，刘琳《华阳国志校注》（巴蜀书社1984年版）也是作者的精研之作。

作为历史地理学的一个分支，历史自然地理学的发展也很快。历史自然地理包括气候变迁、地貌和植被、水文（黄河、长江、淮河、海河等）、海岸、土壤、沙漠，等等。如竺可桢先生发表的《中国近五千年来气候变迁的初步研究》（《考古学报》1972年第1期），就是一篇关于历史气候的经典论文。又如谭其骧先生对黄河下游河道变迁、史念海先生对黄土高原森林与草原、侯仁之先生对西北地区沙漠变迁，均有非常出色的研究。由于历史自然地理涉及一些自然科学知识，比较专门化，这里不作更多介绍。

总之，与历史学的其它分支相比，历史地理学无疑是最年轻的分支之一。正因为如此，历史地理学的发展方兴未艾，在新世纪有望取得更大的进步。例如，历史地理的一些分支和不少方面还是空白，亟须填补。如有的学者进行的货币地理研究（陈隆文《春秋战国货币地理研究》，人民出版社2006年版和《先秦货币地理研究》，科学出版社2008年版）、边界地理研究（辛德勇《秦汉政区与边界地理研究》，中华书局2009年版），就开辟了历史地理研究的新领域。再就历史产业地理而言，目前还只是局限在农业方面，其实广义的农业（大农业），应该包括农、林、牧、副、渔、果等，历史农业地理自然应该覆盖这些方面，但现在的成果还很少涉及，或者完全没有涉及。再者，历史产业地理也不应只限于农业，还应该有商业、手工业、服务业等。所以，我们有理由期待真正完整的历史产业地理学的出现。

另外，对已有的研究领域，也要注意提高质量，在研究的深度上下功夫。如对传统的沿革地理，亦即疆域政区和地名的研究，虽然研究成果较多，但是也应该注意向更高的层次发展，不要仅仅局限于它们的空间和时间概念，只是简单复原它们存在的时间及所代表的地理坐标和范围,还应探讨它们变化的原因,找出规律。同时,还要立足于现代学术的视野,努力探讨影响政区设置变化的各项地理要素,譬如自然环境、人口数量、经济开发、交通位置、在政治和军事地理方略格局当中所处的地位,等等。引入这些新的视角,必将大大拓展历史行政地理的研究范畴,而透过这些视角,也能够解决一些仅仅依靠传统方法所难以解决的重大问题,深化对传统问题的研究。

魏晋南北朝的门阀士族与门阀制度

门阀士族是魏晋南北朝时期地主阶级中的一个特权阶层,从其形成过程来看,它萌芽于东汉,发展于三国,形成于西晋,东晋时期高度发展,南北朝时期逐渐衰落。这一时期著名的门阀士族集团,按《新唐书》卷一九九《儒学·柳冲传》载柳芳论姓族所说:"过江则为'侨姓',王、谢、袁、萧为大;东南则为'吴姓',朱、张、顾、陆为大;山东则为'郡姓',王、崔、卢、李、郑为大;关中亦号'郡姓',韦、裴、柳、薛、杨、杜首之;代北则为'虏姓',元、长孙、宇文、于、陆、源、窦首之。"大体说来,柳芳所述可以合而为三,即江南士族(含"侨姓"与"吴姓"),北方"郡姓"(合山东与关中两"郡姓"),鲜卑军事贵族(即"虏姓")。

与门阀士族的形成发展相适应,为了维护士庶区别的门阀制度也随之产生。门阀制度是魏晋南北朝时期特有的历史现象,它的特点是按照门户等级区分士庶在政治、经济、文化上的不同社会地位,以确保门阀士族在各方面享有特权。因此,就本质上说,门阀制度是中国封建社会中等级制度在魏晋南北朝时期的一种特殊表现形式及其制度化。

一、门阀士族的萌芽及其发展

门阀士族与门阀制度形成于何时,史学界众说纷纭,迄无定论。一般认为,东汉时期是门阀士族的萌芽时期,而东汉出现的世族地主,则是门阀士族地主的前身。以下就试加说明。

(一) 东汉时期的世族地主——门阀士族的前身

东汉时期是门阀士族的萌芽时期，而东汉时期出现的世族地主，则是魏晋门阀士族的前身。我们知道，世族地主是东汉时期地主阶级中的一个特权阶层，就其来源看，他们大多是从西汉时期的豪强地主发展而来。西汉豪强地主有两个特征：一是在政治上通过"任子制"世袭为官；二是在经济上拥有大量的土地，又经营工商业，成为累代豪富。但是，自汉武帝"罢黜百家，独尊儒术"，并且实行察举征辟制度以后，使得大批被察举为孝廉、秀才、贤良方正和擢为明经、儒学者的地主阶级知识分子进入到官僚行列，成为豪强地主阶层中的成员。这些人以儒学作为仕进的敲门砖，在思想上具有儒家色彩，他们不仅在政治上和经济上占有特殊地位，而且在文化上也以经学传家，号称"儒宗"。东汉以后，由于世为"儒宗"的世族豪强在整个地主阶级中的比重日益增多，因此，在地主阶级的阶层结构上也发生了由豪强地主阶层向世族地主阶层的转化，世族地主开始初步形成①。东汉时期的世族地主有以下四个特征：

第一，在政治上世代为官，参与朝政。刘秀建立的东汉政权，主要是依靠豪强地主的支持。东汉前期，以功臣、外戚为代表，逐渐形成了一批世代把持高官的世家大族，史称"累世衣冠"、"累世公卿"。如《后汉书》卷一六《邓禹传》："邓氏自中兴后，累世宠贵，凡侯者二十九人，公二人，大将军以下十三人，中二千石十四人，列校二十二人，州牧、郡守四十八人，其余侍中、将、大夫、郎、谒者不可胜数，东京莫与为比。"又同书卷一九《耿弇传》："耿氏自中兴已后迄建安之末，大将军二人，将军九人，卿十三人，尚公主三人，列侯十九人，中郎将、护羌校尉及刺史、二千石数十百人，遂与汉

---

① 高敏：《关于汉代"任子"制的几个问题》，《秦汉史论集》，中州书画社1982年版，第291页。

兴衰云。"由此可见，这些家族累世公卿，其兴亡与东汉王朝相一致。邓家、耿家还不是东汉最著名的世族。东汉"累世公卿"首推弘农杨氏、汝南袁氏两家。弘农杨氏自杨震至杨彪"四世太尉"，历经汉安、桓、灵、献四帝，执掌东汉朝政数十年。汝南袁氏自袁安至袁逢，先后为司空、太尉、太傅，号称"世宰相家"、"累世三公"①。故《后汉书》卷五四《杨震传》称："自震至彪，四世太尉，德业相继，与袁氏俱为东京名族云。"同卷注引《华峤书》也说："东京杨氏、袁氏，累世宰相，为汉名族。"这些家族有的与东汉王朝相始终，有的一直延续到魏晋南北朝，成为魏晋门阀士族的前身。

第二，在经济上广占园田，徒附万计。东汉时期，世族地主拥有比一般豪强地主更大的经济力量，他们不仅占有大量的土地，而且控制着大量的依附性农民，占有巨大的社会物质财富。如东汉中期，外戚梁冀占地近千里之广。《后汉书》卷三四《梁冀传》载："西至弘农，东界荥阳，南极鲁阳，北达河、淇，包含山薮，远带丘荒，周旋封域，殆将千里。"东汉时期，随着大土地所有制的发展，世族地主对土地的经营多采取田庄的形式。在规模巨大的田庄中，有农、林、牧、渔各业，还从事某种手工业的生产，或进行一定的商业和高利贷活动，具有极强的自给自足性质。田庄里的劳动者主要是"徒附"，即地主的依附农，其来源为破产的农民。东汉末年，地主田庄已经大量存在，仲长统《昌言·理乱篇》说："豪人之室，连栋数百，膏田满野，奴婢千群，徒附万计。船车贾贩，周于四方；废居积贮，满于都城。"②从这些记载中，可以看出世族地主的雄厚经济实力。

第三，在文化上垄断经学，号称"儒宗"。世族地主是当时封建文化特别是儒学的鼓吹者，他们多数信仰儒家思想，并利用儒学作为维护世族地位的工具。因此，东汉时期的世族地主除了世代为官，操纵朝政外，还以通儒明经相

---

① 《后汉书》卷四五《袁安传》，中华书局1965年版，第1523页。
② 《后汉书》卷四九《仲长统传》，第1648页。

标榜，形成累世专攻一经的家族。如弘农杨氏世代传习欧阳《尚书》，杨震被称为"关西孔子"①。汝南袁氏世代传授孟氏《易学》②，以《易经》为家学。由于通经可以致仕，一些地主阶级知识分子想要做官，只有到他们那里投师受业，以致他们教授的弟子、生徒常常有数百人、数千人之众。这样一来，某一经学不仅成为某个家族的家学，而且也成为世族地主维护其政治地位的工具。

第四，在社会上广招门徒，结为死党。东汉时期仍沿用察举征辟制，士人以察举、征辟出仕为官。但郡国察举时，"率取年少能报恩者"③，征辟的情况也是一样。察举与被察举者称为举主、门生，征辟与被征辟者称为府主、故吏，教授经学和投师受业者被称为宗师、弟子。像弘农杨氏、汝南袁氏世代为三公，又累世传授经学，以致其门生、故吏遍于天下。门生、故吏为了利禄，不惜以君臣、父子之礼对待举主、府主，"至乎怀丈夫之容，而袭婢妾之态，或奉货而行赂，以自固结"④。因此，在举主、府主与门生、故吏之间也形成一个以私恩为纽带的社会集团。他们在政治上共进退，一荣俱荣，一损俱损，一辱俱辱。如桓灵之际发生的党锢事件，凡党人的父子兄弟、门生故吏都遭到免官禁锢，终生不许做官，就是典型的事例。由于这种关系非常牢固，世家大族不仅借助这一集团增加了自己的政治力量，而且也巩固了自己在社会上的特殊地位。

东汉时期的世族地主，就是在政治、经济、文化和社会各方面都具有以上特征的世家大族，而且这些世家大族已经具备了士族的一些基本特征，如世代为官、垄断经学，等等。但是，东汉时期的世族地主虽然也享有种种封建特权，但他们与门阀士族尚存有一定的差距，只能视为门阀士族的前身，或曰"魏晋士族先行阶段的形态"⑤。这是因为，第一，魏晋南北朝的门阀士族是以

---

① 《后汉书》卷五四《杨震传》，第1759页。
② 《后汉书》卷四五《袁安传》，第1517页。
③ 《后汉书》卷三二《樊宏传附子儵传》，第1122页。
④ 徐幹：《中论·谴交》，《诸子百家丛书》，上海古籍出版社1990年版，第32页。
⑤ 田余庆：《东晋门阀政治》，北京大学出版社1996年版，第330页。

家庭门第为资本的家族组织和政治集团,是身份性的大地主,他们所享有的封建特权不仅是习惯性的与世袭性的,而且还得到封建政权有关制度和法律的保证,即具有制度化、法律化、法典化的显著特征。所以,若以制度化和法律化作为衡量标准,东汉时期的世族地主显然还不具备这些特征,只能视为是门阀士族的前身。第二,关于门阀士族的形成,特别是门阀士族与寒门庶族的区别,至少在南朝人看来,两汉时期还不存在,而是应该始于曹魏或是更迟的西晋。如南朝史家沈约就说:"顷自汉代,本无士庶之别";又说:"魏晋以来,以贵役贱,士庶之科,较然有辨。"① 南朝政论家裴子野也说:"迄于二汉,尊儒重道。……士庶虽分,而无华素之隔。有晋以来,其流稍改,草泽高士,犹厕清涂,降及季年,专称阀阅。自是三公之子,傲九棘之家,黄散之孙,蔑令长之室,转相骄矜,互争铢两,所论必门户,所议莫贤能。"② 裴子野认为汉代虽有士人和庶民的区分,但不像后来那样以门户(高门华阀和寒门儒素)来区别政治地位。因此,他认为这种变化始于晋代,或在更迟时才固定下来。总之,沈约、裴子野二人都否认汉代有如同南朝那样的士庶区别,他们的论述都着重在政治上,也就是从选举上的士族特权着眼,而这种特权的获得正是门阀士族形成的重要标志③。换言之,按照南朝史学家的观点,汉代还没有形成以后那样的门阀士族。

(二)汉末三国之际的大族名士及其发展

东汉时形成的世族地主,在史籍中往往被称为冠族、大族、著姓,这些大族、著姓不仅世代为官,广占园田,而且还善于品鉴人伦,臧否人物,因而被

---

① (唐)杜佑撰,王文锦等点校:《通典》卷一六《选举四》"杂议论上"引沈约梁天监中上疏及沈约论,中华书局1988年版,第388页。
② (唐)杜佑撰,王文锦等点校:《通典》卷一六《选举四》"杂议论上"引裴子野语,第389页。
③ 唐长孺:《门阀的形成及其衰落》,原载《武汉大学学报》1959年第8期,收入《唐长孺文集(六)·山居存稿续编》,中华书局2011年版,第7页。

社会上目为"名士"。如汝南大族许劭、许靖兄弟,"俱有高名,好共核论乡党人物,每月辄更其品题,故汝南俗有'月旦评'焉"①。又如人物评论家郭泰,善于评论人物,史载"泰之所名,人品乃定,先言后验,众皆服之"②。东汉后期,大族、名士的活动对于当时政治有很大的影响,对于选举则几乎起着决定性的作用。这是因为,汉代选举注重乡里清议,一个人的道德品行好坏,是否符合儒家提倡的伦理道德规范,主要是要考察和听取乡党舆论的评论,即所谓"乡论"、"乡评",亦即"乡里清议"。而主持乡里清议即操纵乡论的,往往是地方大姓中的名士。士人要想通过察举、征辟入仕,就必须砥砺自己的操行名节,广泛交游士林,甚至不惜矫情饰伪,以博取声名,获得乡党舆论的好评。如史载曹操微时,也曾让许劭为自己做一评语,许劭本来看不起曹操,但受其胁迫,只好为其品评道:"君清平之奸贼,乱世之英雄。"③ 曹操听后大喜而去。由于大族、名士掌握了选举权,不仅地方官府辟召僚属、察举孝秀,要听取他们的意见,就是中央政府机构的公府辟召,也要征求他们的意见。《后汉书》卷六八《符融传》载:"时汉中晋文经、梁国黄子艾,并恃其才智,炫曜上京,卧托养疾,无所通接。洛中士大夫好事者,承其声名,坐门问疾,犹不得见。三公所辟召者,辄以询访之,随所臧否,以为与夺。"据此,晋文经、黄子艾以奖识人物著称,他们对人物的批评,往往会影响到政府用人权。晋、黄二人虽高卧京师,却暗通声气,隐操三公辟举之权,即为著名的事例。

东汉末年,大族名士处于左右政局的重要地位,东汉政权瓦解后,各割据集团为了扩大自己的势力和影响,对于出身显赫的大族、名士极尽拉拢之能事。如曹操一方面从社会的较低阶层网罗才能之士,实行"唯才是举",同时也不遗余力地拉拢大族名士。曹操的重要谋臣荀彧便出自颇有名望的颍川高

---

① 《后汉书》卷六八《许劭传》,第2235页。
② 《后汉书》卷六八《郭太(泰)传》注引《谢承书》,第2227页。
③ 《后汉书》卷六八《许劭传》,第2234页。

门，经过荀彧推荐，许多大族名士也相继加入了曹氏政权，其中有汉末第一流高门的颍川荀氏（彧）、陈氏（群）、钟氏（繇）三家，以及出于"家世二千石"的河内温县大族司马懿，等等，他们均是东汉以来的世家大族。另外，三国政权的上层统治者，也主要是从老一代和年轻一代的大族名士中选拔出来的，他们既是各个政权的核心骨干，同时也是组成魏晋士族的基础。

三国时期，大族名士的势力得到进一步的发展，他们不仅加强了自己的政治、经济、军事地位，而且取得了许多特权。如以曹魏而言，陈群创立的九品中正制，对于门阀士族的形成产生了不可忽视的影响。虽然九品中正制创立伊始，中正定品还比较注重道德与才能，所谓"盖以论人才优劣，非谓世族高卑"，但是到了曹魏末年，已经出现中正定品专门注重家世的弊端，故史称"中间渐染，遂计资定品，使天下观望，唯以居位为贵"①。因此，在魏晋之际，九品中正制保证了世家大族的政治特权，从而大大加速了东汉以来的世族地主向门阀士族地主的转变。与此同时，曹魏末年还实行了"赐租牛客户制"，即曹魏政府把大量的屯田民、屯田客赏赐给各级官吏，即史称"魏氏给公卿已下租牛客户数各有差"②。这一方面直接导致了曹魏屯田制的破坏，另一方面也使得世家大族享有分割和占有屯田客的经济特权。显然，在曹魏时期，大族名士的政治、经济特权得到进一步的发展。

三国时期，江南世家大族的势力也得到长足发展。我们知道，东吴政权是在流寓江南的淮泗大族和江南土著大族的联合支持下建立起来的。淮泗大族的著名代表有彭城人张昭、鲁肃，庐江人周瑜，汝南人吕蒙、吕范，广陵人秦松、陈端，等等。在孙吴建国初期，他们是孙策、孙权依靠的主要力量，为孙氏割据江东出力甚多。到赤壁之战以后，随着周瑜、鲁肃、吕蒙等淮泗集团的杰出人物相继去世，孙权开始广泛地延用江东大族，并委以重任，由此揭开了

---

① 《晋书》卷三六《卫瓘传》，中华书局1974年版，第1058页。
② 《晋书》卷九三《外戚列传·王恂传》，第2412页。

孙吴政权江东化的序幕。到孙权称帝前后，随着吴郡人陆逊为大将军，顾雍为丞相，成为文武当轴人物，孙吴统治集团的核心也发生了由淮泗人物到江东大族的地域性转化，最终实现了孙吴政权的江东化，以"吴郡四姓"为首的江东大族成为东吴政权的中坚力量①。所谓"吴郡四姓"，是指顾、陆、朱、张四姓。《世说新语·赏誉篇》注引《吴录·士林》称："吴郡有顾、陆、朱、张，为四姓，三国之间，四姓盛焉。"如东吴时期，陆氏一门出二相、五侯、十几个将军，吴郡四姓子弟"世仕州郡，常有千数"。故孙皓时陆凯曾说："先帝外仗顾、陆、朱、张，内近胡综、薛综，是以庶绩雍熙，邦内清肃。"②这说明江南大族是东吴政权的主要支柱。

为了扶持江南大族，东吴政权实行了"复客制"和"世袭领兵制"，以维护江南大族的政治、经济利益。所谓"复客制"，就是东吴政权将屯田民、屯田客赏赐给将领、官僚和世家大族，并免除其赋役，"复"即免除之意。所谓"世袭领兵制"，即东吴政权允许领兵将领死后，其子弟可以世袭领兵权，世代统兵。而东吴的士兵不仅打仗，还要替将领种地，服各种杂役，实际上是将领的农奴。因此，"复客制"和"世袭领兵制"，本质上都是封建国家与世家大族之间对劳动力加以再分割的一种制度，也是东吴政权对将领、官僚和世家大族采取的一种变相的、特殊的分封制度。正因为东吴政权的大力扶持，江南大族的势力也迅速膨胀起来，葛洪《抱朴子·吴失篇》对吴末江南大族是这样描述的："势力倾于邦君，储积富乎公室。……僮仆成军，闭门为市。牛羊掩原隰，田池布千里。"可见其政治、经济实力之一斑。后来他们形成吴姓士族，是东晋南朝立国的政治支柱之一。

综上所述，东汉末年的大族名士是三国政权的上层骨干，也是魏晋士族的主要来源之一。但是，并不是所有的汉代大族、名士都能在魏晋时期跻身于士

---

① 田余庆：《暨艳案及相关问题——再论孙吴政权的江东化》，《秦汉魏晋史探微》（重订本），中华书局2004年版，第316—325页。
② 《三国志》卷六一《吴书·陆凯传》，中华书局1959年版，第1406页。

族行列，成为士族。像东汉的著名世家大族汝南袁氏和弘农杨氏，由于政治上的失势，到魏晋时便销声匿迹了。又如东汉末年有许多名士，他们的子孙在魏晋时代也默默无闻，如列为"三君"之首的陈蕃，颍川大名士李膺，都在魏晋士族行列中后嗣无闻，其原因就在于他们的子孙在魏晋时期没有当上高官。与此相反，我们也看到一些汉末时的卑微之家，在魏晋时列于士族。如颍川庾乘少为县吏，出身卑微，但魏晋时他的儿子庾遁，孙子庾峻、庾纯、庾颐，曾孙庾冰，或致位卿相，或出为牧守，故史称颍川庾氏"胤嗣克昌，为世盛门"①。总之，在门阀士族逐渐形成和酝酿的魏晋之际，是否能够跻身士族行列，并不看重两汉时期父祖的地位，而是更看重当代官爵的高卑，亦即不重"冢中枯骨"，而重"当朝位势"②。这是此一历史时期的一大特征。

二、门阀士族的形成与门阀制度的确立

（一）西晋门阀士族的形成

西晋政权是依靠世家大族的拥护和支持建立起来的，司马氏本身就是河内温县大族，晋初的一些开国功臣和高级官吏也多出自于汉魏以来的名门大族，因此，为了满足和维护世家大族的既得利益，西晋统治者在政治、经济、文化上采取了一系列措施，对世家大族倍加扶植，从而加速了东汉以来的世族地主向门阀士族地主的转化，促使门阀士族正式形成。西晋门阀士族的形成有三个标志：

第一，在政治上，自曹魏建立的九品中正制经过发展演变，到西晋时已完全为世家大族所垄断，成为培植门阀势力的政治工具，这是门阀士族形成的政治标志。曹魏末年，九品中正制已为世家大族所把持，选举标准也开始专重门

---

① 《三国志》卷一一《魏书·管宁传》注引《庾氏谱》，第363页。
② 唐长孺：《士族的形成和升降》，《魏晋南北朝史论拾遗》，中华书局1983年版，第60页。

第，不重才能。西晋初年卫瓘在谈到这一转变时曾说："中间渐染，遂计资定品，使天下观望，唯以居位为贵。"① 及入西晋，中正品第中已有一条明显的界线，即"上品"与"下品"。凡列在"上品"者都是高门权势之家，因而被称为"势族"，也就是门阀士族；而列在"下品"者则被称为"寒门"，也就是寒门庶族。故晋武帝时刘毅所上《九品有八损疏》第一条就说："上品无寒门，下品无势族。"② 其时段灼上疏也说："今台阁选举，涂塞耳目，九品访人，唯问中正。故据上品者，非公侯之子孙，则当途之昆弟也。二者苟然，则荜门蓬户之俊，安得不有陆沉者哉！"③ 这表明进入西晋以后，九品中正制注重家世之弊已经暴露无遗，并且受到朝野有识之士的猛烈抨击。当门阀士族控制九品中正制后，士族子弟可以凭借家世、门第而轻获上品，充当那些职务清闲、俸禄优厚的官职，即所谓"清官"；而寒门庶族子弟则沦为下品，去做那些职事繁杂、地位低贱的官职，即所谓"浊官"。这样一来，门阀士族就完全控制了选拔官吏的权力，他们依据门第高低，制定出严格的等级界线，形成了"公门有公，卿门有卿"，"贱有常辱，贵有常荣"④ 的门阀政治。因此，在东汉以来的世族地主向门阀士族地主转化的历史过程中，九品中正制无疑是加速这一转变的重要杠杆和催化剂，同时也是促使西晋门阀士族形成的重要标志之一。

第二，在经济上，晋武帝司马炎在平吴之后颁布了"户调式"⑤，也叫"占田制"，其内容包括赋税制度（户调）、田租制度（课田）、土地制度（占田）及优待士族官僚的按官品占田、荫亲、荫客制度。依照后一制度的规定："其官品第一至于第九，各以贵贱占田。"如一品官占田50顷，二品官占田45顷，以下每品官递减5顷，至九品官占田10顷。"又各以品之高卑荫其亲属，

---

① 《晋书》卷三六《卫瓘传》，第1058页。
② 《晋书》卷四五《刘毅传》，第1274页。
③ 《晋书》卷四八《段灼传》，第1347页。
④ 《晋书》卷九二《文苑列传·王沈传》，第2382页。
⑤ 《晋书》卷二六《食货志》，第790页。

多者及九族，少者三世。""又得荫人以为衣食客及佃客"，作为自己的依附民，所荫衣食客从3人至1人不等，所荫佃户从15户至1户不等，而且所荫亲属、佃客都附籍于主人的名籍之下，免除国家的赋役。此外，在按官品占田、荫亲、荫客制的保护下，那些已经占有大量土地和佃客的士族官僚，无须将超出限额的部分交还官府，而那些尚未占足法定限额的士族官僚，却可以依法占足。因此，西晋颁布的按官品占田、荫亲、荫客制度，实质上是国家通过法律的形式，对长期以来形成的大土地所有制和佃客占有制予以承认，使士族官僚享有分割国家土地和劳动力的法定特权，也就是使门阀士族的经济特权、荫族特权法律化、法典化，这是西晋门阀士族形成的经济标志。

第三，在文化教育制度上，西晋创建的国子学，使门阀士族子弟享有文化教育上的特权，这是门阀士族形成的文化标志。西晋初年，仍沿用汉魏以来的太学，当时太学中既有高门士族子弟，也有寒门庶族子弟。但是，随着士族势力的增长和区分士庶的需要，这种士庶混杂的学制已经无法满足门阀士族的需要了。于是，晋武帝咸宁二年（276）[①]，又在太学之外另立国子学，规定国子学专门教授"国之贵游子弟"，即贵族官僚子弟。到晋惠帝时，又进一步规定"官品第五以上得入国学"[②]，六品官以下子弟只能入太学。从此，国子学成为专门教授门阀士族子弟的最高学府，而太学则成了寒门庶族子弟的求学之所。南朝萧齐时，国子助教曹思文曾指出："太学之与国学，斯是晋世殊其士庶，

[①] 关于国子学的建立时间，史书有三种记载：《晋书》卷三《武帝纪》咸宁二年（276）条，是年五月，"立国子学"。第66页。《宋书》卷一四《礼志一》："咸宁二年，起国子学，盖《周礼》国之贵游子弟所谓国子，受教于师氏者也。"中华书局1974年版，第356页。《晋书》卷二四《职官志》："及咸宁四年（278），武帝初立国子学，定置国子祭酒、博士各一人，助教十五人，以教生徒。"第736页。《南齐书》卷九《礼志上》载国子助教曹思文上表曰："晋初太学生三千人，既多猥杂，惠帝时欲辩其泾渭，故元康三年（293）始立国子学，官品第五以上得入国学。"中华书局1972年版，第145页。吕思勉先生认为："盖屋宇起于二年，官制定于四年，生徒选补之法，实至元康三年而后定，故思文又云立于是年也。"见《吕思勉读史札记》增订本（中）"国子太学"条，上海古籍出版社2005年版，第993页。

[②] 《南齐书》卷九《礼志上》，第145页。

异其贵贱耳。然贵贱士庶，皆须教成，故国学太学两存之也。"① 因此，就文化教育制度而言，西晋创立的国子学，不仅使门阀士族的教育特权得以用法律的形式固定下来，而且也确保了门阀士族的文化优势，这是门阀士族形成的重要标志之一。

总之，西晋通过法律和制度的形式，从政治、经济、文化等方面将世家大族的特权固定下来，促使门阀士族正式形成。而随着门阀士族的形成，士族的门阀等级和身份地位也被固定下来，并得到政府的承认，所以，那时已经出现了记载魏晋士族的"士籍"。如十六国时期，许多少数民族政权为了拉拢汉族门阀，都先后承认门阀制度，恢复魏晋士族旧籍。如后赵石勒统治时期，曾恢复九品中正制，"典定士族，副选举之任"②。前秦苻坚时"复魏晋士籍，使役有常闻"③。后燕慕容宝也曾"定士族旧籍"④。所谓"旧籍"，就是魏晋士族的"士籍"。凡此种种，都表明西晋时期门阀士族已经正式形成，从而对当时及此后的社会产生了重要影响。

（二）东晋门阀政治

东晋是门阀制度发展的鼎盛时期。西晋灭亡后，以琅邪王司马睿为首的西晋残存统治集团又在江南重建汉族地主阶级政权，史称东晋。司马睿得以称帝，南渡侨姓士族，尤其是琅邪大族王导及其族兄王敦功劳最大，史称"（元）帝初镇江东，威名未著，敦与从弟导等同心翼戴，以隆中兴"⑤。故东晋诸帝，一直待王导以殊礼。在权力上，元帝任王导为丞相，掌大权；以王敦为镇东大将军，都督江、扬、荆、湘、交、广六州诸军事、江州刺史，几乎包

---

① 《南齐书》卷九《礼志上》，第145页。
② 《晋书》卷一〇五《石勒载记下》，第2737页。
③ 《晋书》卷一一三《苻坚载记上》，第2895页。
④ 《晋书》卷一二四《慕容宝载记》，第3093页。
⑤ 《晋书》卷九八《王敦传》，第2554页。

括当时东晋全境。所以时人有"王与马，共天下"①的传言，反映出琅邪王氏在晋初的特殊地位，从此开创了东晋时期祭则司马，政在士族的政治格局，使门阀士族势力在东晋发展到了顶峰。

在政治上，门阀士族几乎把持了全部朝政，形成典型的门阀政治②。东晋一代，除琅邪王氏外，先后执政的高门士族还有颍川庾氏（庾亮、庾冰）、谯国桓氏（桓温、桓玄）、陈郡谢氏（谢安、谢石）、太原王氏（王述、王坦之）四族，皇帝只是空有其名，并无实权。史称"晋主虽有南面之尊，无总御之实，宰辅执政，政出多门，权去公家，遂成习俗"③，言简意赅地说明了当时的实际情况。故在东晋一朝，皇权弱小，士族强大，东晋政权不得不对门阀士族采取宽容放纵政策。终东晋之世，不但是"王与马，共天下"，而且是庾与马、桓与马、谢与马共天下。因此，东晋时期既是门阀制度高度发展的时期，也是门阀势力最强大的时期。

在经济上，东晋门阀士族的特权也大大超过了西晋。东晋之初，一些南迁的北方大族纷纷"求田问舍"，他们凭借政治权力，恣意巧取豪夺，在建康附近兴建了许多的田宅别墅。当他们占有江东一带的肥沃良田后，又进一步封山锢泽，把许多山林川泽之地也占为己有，不许劳动人民进入。为了扶持门阀士族，东晋时又扩大品官荫亲、荫客的特权。如以荫客为例，西晋一品官荫15户，东晋增加到40户；西晋九品官荫1户，东晋增加到5户，其余可想而知。因此，东晋门阀士族在政治、经济诸方面的特权都得到进一步的扩大和巩固。

东晋时期，士族内部的等级界限也日益森严。永嘉之乱后，北方士族大量南迁，形成所谓的"侨姓士族"。正是这些侨姓士族构成东晋政权的核心，而江东大族在孙吴政权灭亡后，一直被西晋当作"亡国之余"加以排斥，政治地位下降。当时的西晋政权为了安抚南人，也曾征召一些江南代表人物（如

---

① 《晋书》卷九八《王敦传》，第2554页。
② 田余庆：《东晋门阀政治》"自序"，第1—2页。
③ 《晋书》卷一一七《姚兴载记上》，第2980页。

陆机等）进入洛阳任职，但毕竟为数不多。东晋政权建立伊始，江东士族采取不合作态度，史称司马睿初至建康，"吴人不附，居月余，士庶莫有至者"①。王导建议司马睿拉拢江南士族，又与王敦在上巳节禊会时，带领诸多名流，骑马扈从司马睿的乘舆，表示对司马睿的拥戴，这才惊动了江南士族顾荣、贺循等，使他们渐来归附，司马氏也由此站稳了脚跟。东晋政权虽然是在南北士族共同支持下建立起来的偏安政权，但北方士族是主流，江南士族则居于附属地位。史载北方士族"多居显位，驾御吴人"，因此"吴人颇怨"②。故东晋一朝，吴姓士族在政治上发展不快，以致有学者认为："东晋门阀政治，严格说来，居政而有实权者只限于侨姓士族，吴姓士族只不过是陪衬。"③萧齐时，江南士族丘灵鞠深感江左侨人当政，南士恒被排抑，乃大发感叹道："我应还东掘顾荣冢。江南地方数千里，士子风流，皆出此中。顾荣忽引诸伧渡，妨我辈途辙，死有余罪！"④ 其愤懑之情，溢于言表。此外，在北方士族中，也有渡江早晚之分，渡江晚的北方士族被称为"伧楚"，往往受到歧视，政治地位、社会地位都比较低。因此，东晋一朝皇权同门阀的斗争，门阀内部的斗争，一直也没有停止过，并先后发生过王敦之乱、苏峻之乱两次大的内乱。这种形势，不仅造成东晋政局不稳定，而且也使东晋皇室难以摆脱门阀的控制，在北伐、统一等重大问题上很难有所作为。因此，随着门阀士族势力的高度发展，东晋时期也成为门阀政治和门阀制度的鼎盛时期。

（三）门阀制度与士庶区分

自西晋门阀士族形成以后，门阀制度也随之确立。所谓门阀制度，就是以士庶区别为主要特征的封建等级制度。在这一制度下，门阀士族享有法定的政

---

① 《晋书》卷六五《王导传》，第1745页。
② 《晋书》卷五八《周处传附孙周馥传》，第1574页。
③ 田余庆：《东晋门阀政治》，第347页。
④ 《南齐书》卷五二《丘灵鞠传》，第890页。

治、经济等封建特权，是地主阶级中的特权阶层。门阀士族不仅残酷地压榨和剥削农民阶级，而且还在区分士庶、等其贵贱的原则下，极力排斥和鄙视统治阶级中凡不属于这个最高等级的人，即使是寒门庶族地主，在他们看来也是卑贱的和低下的。因此，门阀制度不仅标志着统治阶级和被统治阶级的区别，而且也标志着统治阶级内部不同家族与不同政治集团之间的差别，本质上是中国封建社会中等级制度在魏晋南北朝时期的特殊表现形式及其制度化。

那么，门阀士族与寒门庶族是如何区分的，其区分标准又是什么？对此学术界曾有不同看法。

台湾学者毛汉光先生将两晋南北朝的士庶等级区分为士族、小姓、寒素。他列举的标准是："累官三代以上及居官五品以上，同时合于这个两条件者，视为士族。……与'士族'相对的名词为'寒素'，寒素的定义，当时人言之甚详。《晋书·李重传》中荀组尝曰：'寒素者，当谓门寒身素，无世祚之资也。'至于介于'士族'与'寒素'之间，即稍有门资，父、祖之一任官，而又未达士族标准者，特以'小姓'称之，以与前两者区别。"[①]

汪征鲁先生则把魏晋南北朝自由民以上的社会等级区分为高门、一般士族、寒门三个等级，具体标准为：三世以上为五品官，或父、祖均为八公者，可划为高门；父、祖官位为二品以下六品以上者，为一般士族即低级士族，简称士族；高门、一般士族之下，则为寒门。如史料上注明其为高门或寒门，亦以之为定。另外，在划分门第等级时，还应参考有关的文化（经学）、地域、时誉等因素[②]。

祝总斌先生则将两晋南朝的士庶等级分为高门、次门、役门三等。其区分标准是：一个家族有几代人反复取得人品（即中正品第，下同）二品和五品以上官品，可确定为高门甲族。其中，其官位长期为一至三品者，可视为第一

---

① 毛汉光：《两晋南北朝士族政治之研究》，台湾商务印书馆1966年版，第5、8页。
② 汪征鲁：《魏晋南北朝选官体制研究》，福建人民出版社1995年版，第68—69页。

流高门；其官位徘徊在四、五品之间，只能算是一般高门。高门之下，则为次门。次门之中也分为门第较高和门第较低者：前者的人品多为三品，官品大约在七、八品官之间；后者的人品为四品以下，所任官职一般是八、九品官。高门、次门为门阀士族，与之相对的则为役门，即"魏晋以来之庶人，亦称寒人，当由无人品、无任何官位，或即便入仕，也只能反复充任不入流寒官的家族固定而成"①。

朱大渭先生则根据门阀士族与寒门庶族在政治、经济、文化地位方面的不同指出："士族地主与寒门地主的区别界限，主要可以划分成三条：第一，前者为上品、清官，后者为下品、浊官；第二，前者有荫客荫族和免除赋役的特权，后者极少有能享受封建特权的，特别是免役的特权绝对没有；第三，前者掌握着封建文化，多数家传经学、名教、玄学，只有北朝后期一部分有武功的士族例外。寒门地主一般缺少封建文化教养。"②

当然，在门阀士族形成以后，由于出身门户的不同，政治权力的大小，以及社会等第的升降等原因所造成的等级高下之别，也必然会在门阀士族之间反映出来，从而使门阀士族表现出一定的等级差异。据杨光辉先生研究，魏晋时期有以官品五品作为区分士庶的惯例，而在居官五品以上的士族当中，又可依照官爵品秩的高低区分为三等：一是官爵品秩为一、二品（特别是一品）者，除个别家族外，都是人们公认的高门甲族；二是官爵品秩为三品者，其门第、权势较高门甲族略逊一筹，可称为次等士族；三是官爵品秩为四、五品者，其仕宦多出为牧守，鲜为朝官，其家族势力主要是在地方而非中央，官爵相对低下，门第自然不显，可称为低等士族。③ 上述分析从官爵品秩这一角度论证了魏晋时期士族内部的等级区分，说明当时决定等级高低的主要是当代冠冕，而

---

① 白寿彝总主编，何兹全主编，祝总斌著：《中国通史》第五卷《中古时代·三国两晋南北朝时期（上）》，丙编：《典志》第三章"门阀制度"，上海人民出版社1995年版，第575—581页。
② 朱大渭、刘驰、梁满仓、陈勇：《魏晋南北朝社会生活史》，中国社会科学出版社1998年版，第25页。
③ 杨光辉：《官品、封爵与门阀士族》，《杭州大学学报》1990年第4期，第97页。

不是冢中枯骨。也就是说，门阀序列的高低，基本上不取决于先世官爵和祖先名位，而是取决于当代官爵和眼前的权势。因此，父祖官爵高者其家族门第自高，反之亦然，这是辨别士族等级高卑的一条重要原则。

　　上述意见各有侧重、各有优长，但是综合起来看，以官品、中正品第以及门阀士族与寒门庶族在政治、经济地位上的差异作为区分士庶等级的标准，可能较之于专门注重某一项指标更为全面一些。就此而言，祝总斌、朱大渭先生注意到"人品"即中正品第在区分士庶等级中的作用，并将中正品第上品、下品及不入品作为确定高门、次门、役门的区分标准，是颇有见地的。一般说来，按照《晋书》卷四五《刘毅传》所说的"上品无寒门，下品无势族"，可知列为上品的就是门阀士族，列入下品的则为寒门庶族。故以上品、下品作为区分士庶的等级界限，应该没有疑义。此外，寒门庶族作为地主阶级中的一个阶层，自然也属于统治阶级。但是，寒门庶族在政治上没有仕宦特权和世袭特权，在经济上没有荫族荫客和免税免役特权，他们多是一些中小地主和富裕商人。即便有一些是地方豪强，在地方上拥有大量的财富和一定的势力，但在政治上往往受到高门大族的压制和排挤，在经济上他们拥有的财产也不太稳定，并经常受到繁重徭役的威胁，法律地位是比较低的。故就士庶区别的观点看，他们仍然受到歧视，被认为是寒门，不能同士族一样享受封建特权。他们虽然可以入仕为官，但所任官职多是郡县属吏或胥吏令史，这些官职也是由中正品第下品之人担任的卑官浊职。如史书所说的"四品吏"、"五品吏"[①]，"三品令史"、"四品令史"、"五品正令史"[②]，以及"七第顽冗，六品下才"[③]之类，这里的"品"都是指中正品第亦即乡品，而非官品，可见寒门庶族的中正品第多为三品至七品，所任官职则为浊官与寒官，这与《刘毅传》所说

[①] 《晋书》卷三六《张华传附刘卞传》，第1078页；《南史》卷七七《吕文显传》，中华书局1975年版，第1933页。
[②] 《宋书》卷八四《邓琬传》，第2138页。
[③] 《晋书》卷一〇〇《陈敏传》，第2617页。

"上品无寒门，下品无势族"的情况正相吻合。

不过，需要指出的是，祝总斌先生所说的"役门"和寒人，我以为是指平民阶层（个体小农、个体手工业者）或是吏役之家，他们属于被统治被剥削阶级，社会地位比寒门庶族更为低下。正因如此，他们中的许多人根本就不入九品，也即没有获得中正品评的资格。如东晋孝武帝时，司马道子辅政，"凡所幸接，皆出自小竖"，左卫领营将军许荣因此上言道："今台府局吏、直卫武官及仆隶婢儿取母之姓者，本臧获之徒，无乡邑品第。"①"臧获之徒"是指出身于奴隶、贱民阶层。可见，一些台府胥吏、低级侍卫武官出身卑微，中正对于他们是不闻不问的，"无乡邑品第"就是没有中正品第，所以不能列入中正名品之中。这也正如唐长孺先生所说："九品论人并非人人有参与被品的权利，获得了品第，纵使是卑品也有做卑官的身分，与绝大多数人民不同。如刘毅所云被品者只是一地极少数的人，本来都可算作士人，这些人不论高门寒门基本上都是统治阶级，而中正乃是从统治阶级中分别高下。因此在历史上所见士庶分别，一方面是统治阶级与被统治阶级的区别，而就九品之中士庶区别而言，乃是统治阶级中的等级表现。"②

要之，随着门阀士族的形成与门阀制度的确立，士庶区分等级森严，若以中正品第作为区分士庶等级标准的话，门阀士族名列上品，寒门庶族位居下品，吏姓寒人不入九品，从而构成严格的等级分野，这就是魏晋时期门阀制度与士庶区分的真实写照。

---

① 《晋书》卷六四《会稽文孝王道子传》，第1733页。
② 唐长孺：《九品中正制度试释》，《魏晋南北朝史论丛》，生活·读书·新知三联书店1955年版，第125页。

三、南朝门阀士族的衰落

（一）南朝门阀制度与士庶区别

南朝时期，门阀士族仍具有雄厚的政治经济实力，士庶等级界限日益严格。在政治上，他们是最高级的官僚；在经济上，他们是全国最大的地主；在社会上，他们更享有优越无比的崇高地位，被认为是最高贵的士族。门阀士族不仅高居于封建金字塔的顶端，而且也雄踞于统治阶级的最高层，从而形成南朝门阀士族的反动统治。

首先，在政治上垄断仕途，把持做官的道路。南朝士族继承两晋以来的发展趋势，在统治政权内部继续占据着高官显位。如宋、齐时都有"限年入仕"之制，规定"甲族以二十登仕，后门以过立试吏"①，即门阀士族子弟20岁就可出仕，而寒门庶族30岁才能做官。由于高门子弟入仕较早，升迁容易，即使是无才无德，毫无政绩可言，也可"平流进取，坐致公卿"②。如刘宋时琅邪王僧达为尚书右仆射，"自负才地，一二年间便望宰相"③。僧达孙王融，在齐武帝时亦"自恃人地，三十内望为公辅"④。由此可见，门阀士族子弟凭借门资跻身高位，其政治地位相当优越。

南朝时期，门阀士族不仅世代做高官，而且世代做清官。南朝士族最注重两件事，一是婚，一是宦。所谓"宦"，就是指官职清浊，尤其是起家官的清浊。魏晋时期，随着门阀士族的形成和门阀制度的确立，一些内侍、台省、东宫、王国官职逐渐被门阀士族所垄断，史籍所载之"清官"、"清职"、"清选"、"清途"等有关"清"的称谓日益增多，成为魏晋职官制度中变幻出来

---

① 《梁书》卷一《武帝纪上》，中华书局1973年版，第23页。
② 《南齐书》卷二三《褚渊王俭传》史臣曰，第438页。
③ 《南史》卷二一《王弘传附子僧达传》，第573页。
④ 《南史》卷二一《王弘传附曾孙融传》，第576页。

的一道亮丽景观。门阀士族之所以对一些官职情有独钟，正像周一良先生所说："贵势垄断秘著之职始于西晋。然其初仅缘于'职闲廪重'耳，无关清浊也。"① 唐长孺先生也说："所谓清官本是在于多由高门为之而清，高门所以多为此种官职，则是由于'职闲廪重'，不仅秘署为然。"② 可见在魏晋时期，"清浊"选例更多地表现为一种士族偏好，是习惯使然，所谓官职清浊也主要体现了门阀士族的清浊观念和价值取向，而不是来自封建君主和专制王朝的制度规定。

宋齐时期，随着门阀制度的高度发展，建立了以"二品清官"、"三品清资官"为主体的清官制度。《南齐书》卷四一《张融传》载：宋孝武帝"大明五年（461）制，二品清官行僮干杖，不得出十"。所谓"二品"，是指中正品第二品，可见门阀士族不仅名列上品，而且所任官职例为清官。就"二品清官"的内涵看，宋齐时期的"二品清官"涉及范围广泛，是一个涵盖了中央、地方、军队等不同清官系列的职官体系。例如，齐武帝时王俭议论皇孙冠礼时称，"其日内外二品清官以上，诣止车集贺"③。所谓"内外二品清官"，既包含"内官"即中央系统的"二品清官"，也包含"外官"即地方系统的"二品清官"，是一个涉及众多中央官与地方官的"二品清官"系列。又《南史》卷七七《沈客卿传》说："以旧制军人士人，二品清官，并无关市之税。"则又涉及了军队系统的"二品清官"。此外，在"二品清官以上"的高级清官群体中，还可以用官品高低作为区分标准，再区分为"三品清资官"等不同的等级层次。因此，宋齐时期建立以"二品清官"、"三品清资官"为主体的清官制度，并非出自于士族偏好和习惯使然，而是出自宋齐二代封建君主和专制王朝的顶层设计和制度规定，所以它也更加集中地体现了统治阶级的根本意

---

① 周一良：《〈南齐书·丘灵鞠传〉试释兼论南朝文武官位及清浊》，《魏晋南北朝史论集》，北京大学出版社1997年版，第118页。
② 唐长孺：《南朝寒人的兴起》，《魏晋南北朝史论丛续编》，生活·读书·新知三联书店1959年版，第99页。
③ 《南齐书》卷九《礼志上》，第146页。

志，并且具有法律化和制度化的显著特征。

及至梁武帝天监七年（508）建立官班制度，分为"流内十八班"和"流外七班"，且以班多者为贵。所谓"流内"与"流外"，主要是以中正品第二品为分界线，只有"位登二品"的高门士族才能进入流内十八班，而"位不登二品"的寒微人士只能列为流外七班。流内十八班多为清官，流外七班则为浊官，此外复有"三品蕴位"、"三品勋位"官班，那些都是由吏姓寒人担任的寒官卑职了。所以，梁武帝建立的官班制度与流内、流外两大任官体系，是与九品中正制度密切结合的产物。官班制度不是官品制度的变体，它是融选举制度与官职升迁制度于一体，以上品、下品为标志，分别为门阀士族、寒门庶族量身定制的仕宦升迁路线图。通过建立流内与流外两大任官体系，一方面确保了士庶区分和清浊分流，一方面则依据官员的个人资历制定出不同的官职迁转晋升路线，致使尊卑有序，等级分明。所以，梁武帝创立的流内与流外体制，具有浓厚的门阀等级色彩，并对南朝后期职官制度的发展流变产生了重要影响。

其次，在经济上，门阀士族垄断了土地、劳动力和山林川泽之地，田庄经济相当发达，这是南朝士族赖以生存的经济基础。南朝时期，士族地主田庄有以下几个特点：1. 这一时期的地主田庄多是以邸、屯、别墅的组织形式和经营形式出现的，而且规模宏大，包含山水，是士族地主在江南地区普遍采取的一种土地经营形式。如会稽士族孔灵符经营的永兴墅，"周回三十三里，水陆地二百六十五顷，含带二山，又有果园九处"①，即为著例。2. 占山锢泽，就是把封建国家所有的山林川泽之地封占起来，据为己有。如萧齐竟陵王、司徒萧子良，"于宣城、临成、定陵三县界（今安徽宣城市、青阳县之间）立屯，封山泽数百里，禁民樵采"②。3. 田庄经济采用多种经营的方式，即以农业为

---

① 《宋书》卷五四《孔季恭传附子灵符传》，第1533页。
② 《梁书》卷五二《止足·顾宪之传》，第759页。

主,兼营园林业、养鱼业、畜牧业,也从事手工业制作及商业活动、放高利贷,形成一个自给自足的自然经济单位,但也具有一定的商品经济成分。
4. 田庄的主要生产者是佃客和部曲,他们的身份比东汉时的依附民还要低下,实际上相当于农奴,故有的学者认为,这种"佃客部曲制"是中国封建社会典型的农奴制时期。这些遍布江南的士族地主田庄,就是门阀士族的物质基础和经济支柱。

再次,在社会上,门阀士族享有优越无比的崇高地位,士族与庶族的等级界限更为森严。这突出地表现在以下几个方面:

第一,士庶之间的等级区别已经凝固。西晋时期,由于门阀士族初步形成,所以一些寒人还偶有跻身于士族行列的机会。如东晋南朝最显赫的世家大族陈郡谢氏,就是在两晋之际上升为高门士族的,被人称之为"新出门户"。到了南朝,由于门阀制度业已确立,由寒门上升为士族的例子就十分鲜见了。南朝士族为了维护士庶等级制度,竭力宣扬"士庶之际,实自天隔"①;"士庶之科,较然有辨"②,甚至认为士庶区别是天经地义,是国家的典章制度。宋文帝时,想让寒门出身的徐爰与士族王球交朋友,王球对宋文帝说:"士庶区别,国之章也。臣不敢奉诏。"③即把士庶区别提高到天理国法的地位,竭力排斥寒门庶族跻身士族。又萧齐时纪僧真为中书舍人,典掌机要,深得皇帝宠信,他曾请求齐武帝说:"臣小人,出自本县武吏,邂逅圣时,阶荣至此。为儿昏,得荀昭光女,即时无复所须,唯就陛下乞作士大夫。"齐武帝说:"由江敩、谢瀹,我不得措此意,可自诣之。"纪僧真便奉旨去拜访江敩,还未坐定,江敩就对左右说:"移吾床让客。"纪僧真丧气而退。回来后他对齐武帝说:"士大夫故非天子所命。"④可见南朝时期,门阀制度的理论已经建立,士

---

① 《宋书》卷四二《王弘传》,第1318页。
② 《宋书》卷九四《恩幸列传序》,第2302页。
③ 《南史》卷二三《王球传》:"时中书舍人徐爰有宠于上,上尝命球及殷景仁与之相知。球辞曰:'士庶区别,国之章也。臣不敢奉诏。'上改容谢焉。"第630页。
④ 《南史》卷三六《江夷传附曾孙敩传》,第943页。

庶区别业已凝固，就是皇帝也无可奈何。

第二，为了标榜自己的家族、郡望，谱牒之学也应运而生。自门阀士族形成以后，历代封建官府就热衷于编修族谱。如西晋的挚虞是著名的谱学家，他认为汉末以来，天下大乱，许多大族子弟不能辨明其祖先事迹与家族由来，于是就编纂《姓族昭穆》一书，献于朝廷。东晋南朝时期，著名的谱学家有贾弼之、贾匪之、贾渊和王僧孺等人。贾弼之在东晋孝武帝太元年间（376—396）任员外散骑侍郎，受朝廷委任编修谱牒，他"广集众家，大搜群族"，撰成《百家谱》一书。这部著作按地域分别记录了各州郡的宗族姓氏，共18州116郡，"该究精悉，当世莫比"①，藏之于皇家秘阁。齐武帝时，琅邪大族王俭又与贾弼之的孙子贾渊改定《百家谱》，使之简繁得体，更臻完善。梁武帝也十分重视谱牒，曾令王僧孺编纂族谱，先后编成《十八州谱》710卷，《百家谱集抄》15卷，《东南谱集抄》10卷②。这些谱牒，不仅是当时社会和封建官府确认士族身份的一种依据，而且对于朝廷选官和士族婚姻都起到很大的作用。史载："于时有司选举，必稽谱籍，而考其真伪。"③ 又说："官之选举，必由于簿状；家之婚姻，必由于谱系。"④ 此外，由于士族不承担兵役和徭役，所以谱牒还具有防止庶族假冒士族、规避赋役的作用。

第三，为了维护士庶等级制度，南朝门阀士族还采取了多种措施，对士庶之间的婚姻、乘坐、交往都有严格的限制。

就婚姻而言，门阀士族为了维护自己家族门第的纯洁性，实行严格的门阀等级内婚制。所谓门阀等级内婚制，就是禁止不同等级之间的婚配，士族只能与士族通婚，严禁与寒门庶族通婚，即使是门阀士族选择婚姻，也特别注重门第，高门望族和高门望族通婚，次等士族和次等士族联姻，等级相当，门户相

---

① 《南齐书》卷五二《贾渊传》，第907页。
② 《南史》卷五九《王僧孺传》，第1462页。
③ 《新唐书》卷一九九《儒学·柳冲传》，中华书局1975年版，第5677页。
④ （宋）郑樵：《通志》卷二五《氏族略一·氏族序》，中华书局1987年版，第439页。

配。如著名的侨姓士族琅邪王氏、陈郡谢氏和陈郡袁氏三家的婚嫁，就全部是在三家内部解决，特别是王、谢两家，通婚最多。这种情况，在出土墓志中也可以得到印证。20 世纪 80 年代，南京司家山发现陈郡谢氏谢攸一支的家族墓地，出土墓志三方，即东晋谢温墓志，东晋谢球、王德光夫妇墓志，刘宋谢琰墓志。就墓志记载看，与陈郡谢氏联姻的士族共有 12 家，即琅邪临沂王氏、陈留尉氏阮氏、颍川鄢陵庾氏、泰山南城羊氏、谯国龙亢桓氏、高平金乡郗氏、陈郡阳夏袁氏、太原晋阳王氏、颍川许昌陈氏、河东安邑卫氏、陈郡长平殷氏、太原祁县温氏。以上 12 家，加上文献上谢氏的联姻家族，几乎涵盖了两晋之际南渡的主要门阀士族。从中可以发现，在近百年四代人中，谢氏的联姻集团是清一色的流寓大族，而没有发现与吴姓士族联姻的迹象，其中与琅邪王氏、同郡袁氏的联姻尤其频繁，连绵数世。而考察琅邪王氏家族的联姻集团后也能发现同样的倾向①。因此可以说，就东晋南朝而言，侨姓士族的联姻基本上只局限于南渡集团内部②，实行的是门阀等级内婚制。而吴郡士族朱、张、顾、陆四姓，也是自择素对婚配，或是和会稽士族虞、谢、孔、魏四姓结亲。据《晋书·陆玩传》载，东晋初年，侨姓大族王导为拉拢吴姓士族，曾主动向陆家求婚。陆玩说："培塿无松柏，薰莸不同器。玩虽不才，义不能为乱伦之始。"可见吴姓士族也有自己的择偶标准和婚姻观念。因此，侨姓士族之间，吴姓士族之间，均是慎择门户素对，然后结好。如果是士族与寒门通婚，则被视为"婚姻失类"，要受到处罚。萧齐时，东海士族王源把女儿嫁给吴郡富商满璋之的儿子，满氏很富有，但门第很低，满氏曾"下钱五万，以为聘礼"。这件事轰动当时，并引起士族的不满。御史中丞沈约上表弹劾王源说，满氏"姓族，士庶莫辨"，"王满连姻，实骇物听"，请求朝廷"免源所居

---

① 南京象山发现东晋琅邪王氏墓群，出土有夏金虎、王兴之、王丹虎、王闽之四块墓志，见罗宗真《六朝考古》，南京大学出版社 1994 年版，第 155—160 页。
② 张学锋：《南京司家山出土谢氏墓志研究》，《南京晓庄学院学报》2004 年第 3 期，第 38—39 页。

官，禁锢终身"①。可见士族与寒门通婚，不仅要受到本阶层人士的责难，而且对以后的政治前途和官职升降也有重要影响。

就乘坐交往而言，门阀士族与寒门庶族之间不相往来。据《文苑英华》卷七六〇引《寒素论》说：南朝之时，"服冕之家，流品之人，视寒素之子，轻若仆隶，易如草芥，曾不与之为伍"。门阀士族看不起寒素之人，甚至不愿与庶族共坐。即使寒人致位通显，上升为贵戚近臣，若是不自量而往见士族，也往往不为士族所礼遇，甚至会受到侮辱。如宋孝武帝时，路太后的侄孙路琼之与琅邪大族王僧达做邻居，琼之的父亲曾为王僧达做过"驺人"，即掌管车马的下人。一天，路琼之坐着豪华的车子，穿着鲜亮的衣服去拜会王僧达，他就坐之后，王僧达"了不与语"，并当面问他："身昔门下驺人路庆之者，是君何亲？"搞得路琼之下不了台。路琼之走后，王僧达又让人把路琼之坐过的床烧掉。路太后听说后，向孝武帝哭诉，孝武帝竟说："琼之年少，无事诣王僧达门，见辱乃其宜耳。"② 反而指责路琼之多事，自取其辱。又刘宋时吴郡士族张敷为中书郎，寒门出身的秋当和周赳是中书舍人，与张敷是同僚，就商量着一道去拜访他。张敷"先旁设二床，去壁三四尺。二客就席，敷呼左右曰：'移我远客。'"表示不愿和寒人共坐。秋当、周赳二人感到很窘，只得"失色而去"③。类似的例子还有很多，通过士族不与寒人交往的例子，充分说明南朝门阀士族所具有的等级性和排他性。

第四，南朝时期，除了在统治阶级内部有士庶区分之外，就是在门阀士族内部，也有侨姓士族与吴姓士族之分。侨姓士族是指流寓江南的北方士族，他们由于侨居江南，故称侨姓；吴姓士族则是指江南土著士族。侨姓士族以琅邪王氏、陈郡谢氏门第最高，属第一流士族；吴姓士族则以吴郡朱、张、顾、陆

---

① （梁）萧统编，（唐）李善注：《文选》卷四〇《沈约奏弹王源》，中华书局1977年版，第563页。
② 《南史》卷二一《王弘传附子僧达传》，第574页。
③ 《南史》卷三二《张邵传附子敷传》，第826页。

为高，但其社会地位与名望都比侨姓士族要低，属于二流士族。萧梁末年，叛投梁武帝的侯景说他想娶王谢之女为妻，梁武帝对他说："王、谢门高非偶，可于朱、张以下访之。"① 侯景十分不满。南朝侨姓士族与吴姓士族的差别，实际上也是等级制度在士族内部的一种表现及其反映。

总之，南朝门阀士族为了将自己封闭起来，竭力排斥和压抑寒门庶族，以便维护士庶区别和等级森严的门阀制度。但是，历史的发展往往不以人们的主观意志为转移，在进入南朝之后，门阀士族的势力开始衰弱，寒门庶族的势力却在不断兴起，正是由于门阀士族与寒门庶族力量的此消彼长，最终促使门阀制度走向了衰落。

（二）南朝门阀制度的衰落

在南朝170余年间，门阀士族长期过着骄奢淫逸的生活，政治上腐化堕落，精神上颓废空虚，政治势力逐渐由盛转衰，而寒门庶族则逐渐控制了军政要职，其势力在不断兴起。因此，就整个南朝的政治形势而论，门阀士族与寒门庶族的势力正在互相转化，彼此消长，这是历史发展的大势。促使门阀制度衰落的原因主要有以下四点。

一是门阀士族自身的腐朽。门阀士族的衰落，从根本上说是其自身的腐朽造成的。一方面，自门阀制度确立以后，士族的政治、经济特权得到了可靠保证，他们无须建立军功事功，单凭其高贵的血统，就可以"平流进取，坐至公卿"②，因而在政治上不求进取，无所作为。颜之推在《颜氏家训·涉务篇》中说："居承平之世，不知有丧乱之祸；处庙堂之下，不知有战陈之急；保俸禄之资，不知有耕稼之苦；肆吏民之上，不知有劳役之勤，故难可以应世经务也。"另一方面，门阀子弟大多是在玄学清谈盛行的氛围中成长起来的，他们

---

① 《南史》卷八〇《侯景传》，第1996页。
② 《南齐书》卷二三《褚渊王俭传》史臣曰，第438页。

虽然身居高位，却以"身在廊庙、心在山林"自居，但求放达，不涉世务，甚至以望白署空为"清贵"，以勤劳吏职为"鄙俗"。陈吏部尚书姚察就说："魏正始及晋之中朝，时俗尚于玄虚，贵为放诞，尚书丞郎以上，簿领文案，不复经怀，皆成于令史。逮乎江左，此道弥扇……宋世王敬弘身居端右，未尝省牒，风流相尚，其流遂远。望白署空，是称清贵；恪勤匪懈，终滞鄙俗。"①而且许多士族还鄙薄武事，"不乐武位"，结果把政治、军事权力拱手让给了寒门庶族。到齐梁之际，由于门阀士族长期养尊处优，腐化堕落，完全成为社会上的寄生虫。《颜氏家训·勉学篇》说：

> 梁朝全盛之时，贵游子弟，多无学术。……无不熏衣剃面，傅粉施朱，驾长檐车，跟高齿屐，坐棋子方褥，凭斑丝隐囊，列器玩于左右，从容出入，望若神仙。明经求第，则顾人答策；三公九宴，则假手赋诗。

同书《涉务篇》也说：

> 梁世士大夫，皆尚褒衣博带，大冠高履，出则车舆，入则扶侍，郊郭之内，无乘马者。……及侯景之乱，肤脆骨柔，不甚行步，体羸气弱，不耐寒暑，坐死仓猝者，往往而然。

由此可见，由于门阀士族的腐朽，他们在实际上已经丧失了统治权。

二是寒门庶族势力的兴起。南朝时期，既然门阀士族盘踞高位，又不涉世务，这就为寒门庶族登上政治舞台提供了机会，形成了"寒人掌机要"的局面。宋齐时期，封建君主一面优容高门士族，任其占据高官显职，一面又引用寒人，让他们担任中书舍人一职，以控制中央机要职权。中书舍人亦称中书通

---

① 《梁书》卷三七《谢举何敬容传》史臣曰，第534页。

事舍人,原是中书省中的一个低级官吏,官品八品,但其职掌起草诏令、参与机密,甚至专断政务,因而地位日益显赫。宋齐的中书舍人多由寒人担任。如宋世戴法兴是商贩出身,以"贩纻为业"。宋孝武帝时,戴法兴为中书舍人,"凡诏敕施为,悉决法兴之手,尚书中事无大小,专断之",而尚书省的长官如左仆射颜师伯等,都拱手受成,并无实权。故民间称戴法兴为"真天子",而把当时新即位的小皇帝称为"赝天子"①。又萧齐时的中书舍人刘系宗、吕文度、茹法亮等皆为寒人,并掌机要。齐武帝曾对人说:"学士辈不堪经国,唯大读书耳。经国,一刘系宗足矣。沈约、王融数百人,于事何用。"② 王俭为太尉,亦对人说:"我虽有大位,权寄岂及茹公(茹法亮)。"由于中书舍人权力极大,以至当时有"宁拒至尊敕,不可违舍人命"的说法③。此外,萧梁中书舍人朱异,陈代中书舍人施文秀、沈客卿等,也均是"权倾天下"。

南朝时期,不仅中央方面由寒人执掌机要,而且地方上也任用寒人为典签。就史籍记载来看,南朝上至王府、公府、开府将军,下至军府、州府以至丹阳尹,类皆设置典签。在各类典签中,尤以军府典签和州府典签权寄最重,举凡府州内部之政务,刺史行事之得失,以及诸王之起居饮食,藩镇之违制谋逆等事,无不综管并伺察之。故史称"一方之事,悉以委之","刺史行事之美恶,系于典签之口⋯⋯于是威行州部,权重藩君"④。由于南朝多以寒人充任典签,因此典签制度的建立,在客观上顺应了南朝寒人势力不断发展的历史趋势,为寒人参掌政权开辟了一条重要途径。总之,南朝门阀士族虽然高踞于统治集团的顶端,但实际权力业已旁落下移,逐渐转移到寒人之手。

三是受到农民起义的打击。东晋末年,孙恩领导的农民大起义席卷吴会地区,使北方大族王、谢两家,以及江南大族张、顾、孔都受到沉重打击。如琅

---

① 《宋书》卷九四《恩幸列传·戴法兴传》,第2302—2304页。
② 《南史》卷七七《恩幸列传·刘系宗传》,第1927页。
③ 《南史》卷七七《恩幸列传·茹法亮传》,第1929页。
④ 《南史》卷四四《巴陵王子伦传》,第1115页。

邪大族王凝之全家被杀，陈郡高门谢邈"合门遇祸，资产无遗"①。而黄门侍郎谢冲一门，中书郎孔道、太子洗马孔福兄弟，以及南康公谢明慧、嘉兴公顾胤等，也相继被起义军所杀②。义军还打败过东晋的王牌军"北府兵"，并杀其主将谢琰。这件事对南朝政局影响也很大，它不仅使得东晋高门大族中将才竭绝殆尽，而且此后直到陈朝，统兵将领绝大多数出自寒门，高门士族几乎完全丧失了对军队的指挥权。因而这次起义被认为是门阀制度由上升走向衰落的标志。另外，萧齐末年发生的唐寓之起义，也在一定程度上打击了门阀士族，促使其进一步走向衰落。

四是在统治阶级内部受到打击。如梁末侯景之乱就沉重打击了以建康为中心的侨、吴高门士族，破坏了行将没落的门阀统治秩序。颜之推称，侯景之乱时，许多门阀士族"肤脆骨柔，不堪行步，体羸气弱，不耐寒暑，坐死仓猝者，往往而然"③。后来梁元帝在江陵即位，不少建康朝士也到了江陵，但是这个政权不久即为西魏所灭，这些士族也被俘虏到关中。颜之推说："自荒乱已来，诸见俘虏。虽百世小人，知读《论语》、《孝经》者，尚为人师；虽千载冠冕，不晓书记者，莫不耕田养马。"④ 所说"荒乱已来"，就是指江陵破灭，那些被西魏俘虏的门阀士族，一部分人被当作奴婢，用于耕田、养马，一部分人像王褒、庾信之流，虽然在魏周受到优待，但却从此脱离了故乡。及至隋朝开皇九年（589）灭陈，又一次把江南士族全部迁入京师。《隋书》卷二一《天文志》载："其九年，平陈，江南士人，悉播迁入京师。"《南史》卷一〇《陈本纪》称后主和百官迁入关中时，"大小在路，五百里垒垒不绝"，可见被迁徙者之众。同书卷二四《王准之传》论曰："及于陈亡之年……曩时

---

① 《宋书》卷五三《谢方明传》，第1522页。
② 《晋书》卷一〇〇《孙恩传》载："于是吴兴太守谢邈，永嘉太守谢逸，嘉兴公顾胤，南康公谢明慧，黄门郎谢冲、张琨，中书郎孔道，太子洗马孔福，乌程令夏侯愔等皆遇害。"第2632页。
③ （北齐）颜之推撰，王利器集解：《颜氏家训集解》（增补本）卷四《涉务第十一》，中华书局1993年版，第322页。
④ （北齐）颜之推撰，王利器集解：《颜氏家训集解》（增补本）卷三《勉学第八》，第148页。

人物扫地尽矣。"经过这几次浩劫，江南士族无论侨姓、吴姓，大都消亡殆尽了。

四、北朝门阀制度的建立及其衰落

（一）北魏孝文帝定姓族

永嘉之乱后，大批士族南渡，其中尤以河南诸州士族为多，而河北关中士族大都留在了北方。在五胡十六国时期，一些少数民族政权为了巩固其统治，曾先后承认过门阀制度，恢复过魏晋士籍，以便争取汉族世家大族的支持。如后赵石勒初起时，还未认识到联合汉族高门的必要性，凡"得公卿人士多杀之"。然而一旦他们需要巩固政权时，就转变了态度，他先是下令"不得侮易衣冠华族"，继而又恢复九品中正制，"清定五品，以张宾领选，复续定九品……典定士族，副选举之任"①，全面恢复士族的选举特权和士庶区别的等级制度。前秦苻坚也曾下令"复魏晋士籍，使役有常闻"②，即恢复魏晋士族的免役特权。后燕慕容宝则"定士族旧籍，分辨清浊"③，和石勒、苻坚分辨士庶、保证士族特权的精神一致。这说明在十六国时期，魏晋士籍仍被认为是区别士庶的主要依据。当时不仅关中、河北几个较大的政权如此，像益州巴氏李氏和凉州的诸凉政权，也同样注重与当地大族势力的合作。因此，留在北方的魏晋士族，即使是在所谓"五胡乱华"的动荡年代里，依然保持着他们的优越地位和基本权力。

北魏建国及统一中原以后，一方面实行宗主督护制度，任命北方地区的汉族豪强为宗主，使其督护广大汉族人民，并行使地方基层政权的职能。另一方面则争取和拉拢汉族世家大族，使其参与到北魏政权中来，以便加强与汉族世

---

① 《晋书》卷一〇五《石勒载记下》，第2735页。
② 《晋书》卷一一三《苻坚载记上》，第2895页。
③ 《资治通鉴》卷一〇八"晋孝武帝太元二十一年六月"条，中华书局1956年版，第3428页。

家大族的合作。如道武帝拓跋珪"初拓中原，留心慰纳，诸士大夫诣军门者，无少长，皆引入赐见，存问周悉，人得自尽，苟有微能，咸蒙叙用"①。及平定后燕，又起用第一流高门崔玄伯，寄以专任，使之制定典章制度。明元帝拓跋嗣即位后，又派遣使者到各地搜访人才，"诏分遣使者巡求俊逸，其豪门强族为州闾所推者，及有文武才干、临疑能决，或有先贤世胄、德行清美、学优义博、可为人师者，各令诣京师，当随才叙用，以赞庶政"②。太武帝拓跋焘时，又下诏征聘北方世家大族，其时范阳卢玄、博陵崔绰、赵郡李灵、河间邢颖、渤海高允、广平游雅、太原张伟等35人应征至平城为官。后来这些汉族士族帮助鲜卑统治者出谋划策，制定政治、法律、礼仪制度，对于巩固北魏政权起到非常重要的作用。但是，鲜卑统治者与汉族世家大族之间也存在着矛盾。如太武帝时清河大族崔浩曾提出要"齐整人伦，分明姓族"③，企图全面恢复门阀体制，为汉族士族争取更多的政治权力，却因此受到鲜卑贵族的反对。崔浩也终以修史"暴扬国恶"的罪名而被杀，与崔浩有姻亲关系的汉族高门如范阳卢氏等均遭杀害，这就是历史上著名的"崔浩之狱"，亦称"崔浩事件"。

北魏前期，由于拓跋勋贵和汉族门阀存在着一定的矛盾，故在孝文帝即位之前，北魏一直是姓族未定，清浊不分。及至孝文帝即位，逐步恢复了魏晋以来的士族特权。迁都洛阳之前，中书侍郎韩显宗在上疏说："朝廷每选举人士，则校其一婚一宦，以为升降，何其密也。"④ 太和十七年，孝文帝"又诏厮养之户不得与士民婚；有文武之才、积劳应进者同庶族例"⑤。但是，鉴于这一时期孝文帝尚未评定姓族和建立门阀制度，也未以法令的形式规定哪些官职是清官，哪些官职是浊官，所以，这时的清浊区分只是对魏晋以来传统习惯

---

① 《魏书》卷二《太祖纪》，中华书局1974年版，第27—28页。
② 《魏书》卷三《太宗纪》，第52页。
③ 《魏书》卷四七《卢玄传》，第1045页。
④ 《魏书》卷六〇《韩麒麟传附子显宗传》，第1341页。
⑤ 《魏书》卷七《高祖纪上》，第173页。

的沿袭，还缺乏制度和法律的保证。

太和十八年（494）孝文帝迁都洛阳，迁都之后开始全面推行汉化，实行了一系列改革，这其中就包括评定姓族和建立门阀制度。评定姓族主要包含两项内容：一是评定代人姓族，二是评定汉族门阀"四姓"。关于确定代人入姓族的标准及其等级，《魏书·官氏志》载太和十九年"定代人姓族诏"有云：

> 代人诸胄，先无姓族，虽功贤之胤，混然未分。故官达者位极公卿，其功衰之亲，仍居猥任。比欲制定姓族，事多未就，且宜甄擢，随时渐铨。其穆、陆、贺、刘、楼、于、嵇、尉八姓，皆太祖已降，勋著当世，位尽王公，灼然可知者，且下司州、吏部勿充猥官，一同四姓。①

据《官氏志》所载，鲜卑诸族凡一百二十姓，其中"宗室诸姓"以皇室元姓为首共十姓，"内入诸姓"以穆姓为首共七十五姓，"四方诸姓"以"东方宇文、慕容氏"首之共三十五姓，合为一百二十姓。在上述诸姓中，由于"宗室十姓"是北魏统治集团的核心，故在鲜卑门阀序列中等级最高。其次为"内入诸姓"中的穆、陆、贺、刘、楼、于，加上"四方诸姓"中的嵇、尉，合称为"勋臣八姓"。由于他们的先世皆自北魏建国以来"勋著当世，位尽王公"，因而被定为鲜卑第一等贵族。至于其他鲜卑勋贵如何入姓族，诏书也作了具体规定：

> 自此以外，应班士流者，寻续别敕。原出朔土，旧为部落大人，而自皇始已来，有三世官在给事已上，及州刺史、镇大将，及品登王公者为姓。若本非大人，而皇始已来，职官三世尚书已上，及品登王公而中间不降官绪，亦为姓。诸部落大人之后，而皇始已来官不及前列，而有三世为

---

① 《魏书》卷一一三《官氏志》，第3014页。

中散、监已上，外为太守、子都、品登子男者为族。若本非大人，而皇始已来，三世有令已上，外为副将、子都、太守、品登侯已上者，亦为族。凡此姓族之支亲，与其身有缌麻服已内，微有一二世官者，虽不全充美例，亦入姓族；五世已外，则各自计之，不蒙宗人之荫也。虽缌麻而三世官不至姓班，有族官则入族官，无族官则不入姓族之例也。①

据此，鲜卑门阀序列除以"宗室十姓"和"勋臣八姓"等级最高外，又具体划分为两个等级，即"姓"和"族"，高者为"姓"，低者为"族"。而确定代人入姓族的标准，一是皇始（396—398）以前是否为部落大人，二是皇始以后所任官位和爵品的高低，以二者平衡，确定何者可入"姓"，何者可入"族"。对于同一姓族之支亲或是有服者，则依照本人先世官位的高卑而受"宗人之荫"，其高者入"姓"，次者入"族"，但只限于五世，五世之外则不在此例。如本人先世无族官，即使是缌麻亲，也不能入姓族。由此可见，决定代人入姓族的标准主要取决于先世官爵及当代官爵的高低，这是决定鲜卑门阀序列和等级高下的重要标志。

孝文帝在定代人姓族的同时，也曾大规模地评定汉人士族，这就是汉族"四姓"。关于确定汉人士族的标准及其等级，前引孝文帝"定代人姓族诏"里曾有"勿充猥官，一同四姓"的话。但何谓"四姓"？怎样入"四姓"？史籍中有两种歧异的记载。一是《资治通鉴》卷一四〇齐明帝建武三年（496，北魏太和二十年）正月条曰：

> 魏主雅重门族，以范阳卢敏、清河崔宗伯、荥阳郑羲、太原王琼四姓，衣冠所推，咸纳其女以充后宫。……又诏以："代人先无姓族，虽功贤之胤，无异寒贱；故宦达者位极公卿，其功、衰之亲仍居猥任。其穆、

---

① 《魏书》卷一一三《官氏志》，第3014—3015页。

陆、贺、刘、楼、于、稽、尉八姓，自太祖已降，勋著当世，位尽王公，灼然可知者，且下司州、吏部，勿充猥官，一同四姓。"（胡注：四姓，卢、崔、郑、王也。）

……

时赵郡诸李，人物尤多，各盛家风，故世之言高华者，以五姓为首。（胡注：卢、崔、郑、王并李为五姓。赵郡诸李，北人谓之赵李；李灵、李顺、李孝伯群从子侄，皆赵李也。）

据《通鉴》以及胡注，所谓"四姓"乃是指卢、崔、郑、王四姓，但时人又有以"赵李"并卢、崔、郑、王合为"五姓"者。二是据《新唐书》卷一九九《儒学列传·柳冲传》载柳芳论氏族曰：

"郡姓"者，以中国士人差第阀阅为之制：凡三世有三公者曰"膏粱"，有令、仆者曰"华腴"，尚书、领、护而上者为"甲姓"，九卿若方伯者为"乙姓"，散骑常侍、太中大夫者为"丙姓"，吏部正员郎为"丁姓"。凡得入者，谓之"四姓"。又诏代人诸胄，初无姓族，其穆、陆、奚、于，下吏部勿充猥官，得视"四姓"。……今流俗独以崔、卢、李、郑为四姓，加太原王氏号五姓，盖不经也。

按柳芳所说，"四姓"是指评定汉族门阀序列的四个等级，即甲、乙、丙、丁四姓。应该说，关于"四姓"的解释，柳芳之说是正确的。唐长孺先生就曾指出，柳芳所述当是"本之太和十八年定四海士族的规定"，但是"由于柳芳不是专记太和之制，《新唐书》所引又必多删节，因此上引这段话，仅只简单地概括而已"①。唐先生还列举了《魏书》卷二四《崔玄伯传附崔僧渊传》载

---

① 唐长孺：《论北魏孝文帝定姓族》，《魏晋南北朝史论拾遗》，中华书局1983年版，第82页。

僧渊称颂孝文帝有云:"分氏定族,料甲乙之科;班官命爵,清九流之贯。"指出"所谓'甲乙之科',即指甲、乙、丙、丁四姓"。他又引《通鉴》卷一四〇齐建武三年条记薛宗起与孝文帝争入郡姓事,称"帝徐曰:'然则朕甲、卿乙乎?'乃入郡姓"。指出:"所云甲、乙亦指甲姓、乙姓。可知柳芳之说确有依据。"① 此外,《通典》卷一六《选举四》引孝明帝时清河王元怿上表论选举事也说:

> 孝文帝制,出身之人,本以门品高下有恒。若准资荫,自公卿令仆之子,甲乙丙丁之族,上则散骑秘著,下逮御史长兼,皆条例昭然,文无亏没。自此,或身非三事之子,解褐公府正佐;地非甲乙之类,而得上宰行僚……斯皆仰失先准,有违明令,非所谓式遵遗范,奉顺成规。

据此,元怿所说的"甲乙丙丁之族"、"地非甲乙之类",也是指的甲、乙、丙、丁四姓,而且在起家官职与门品高下严格对应的规定当中,"甲乙丙丁之族"各以什么样的官职起家,"皆条例昭然,文无亏没",这就更加印证了柳芳所述"四姓"的真实性与可靠性。因此,北魏定汉人士族也有具体的标准,唐长孺先生认为汉人门阀可能也分先朝官爵和入魏后官爵,但柳芳《氏族论》只保留了入魏后的官爵,而无魏晋旧籍的记载②。由此可见,汉人能否入"四姓",同样是依据于官爵的高低,特别是以当代官爵为标准。就此而论,无论是评定代人姓族或是汉族四姓,其评定标准是基本一致的。

北魏孝文帝评定姓族,建立门阀制度,是依靠皇帝的权威和法律的形式来制定的,充分体现出北魏中央集权的强大。在孝文帝定代人姓族的过程中,中央系统的州郡中正制发挥了重要作用。据 2003 年在河南省济源市出土的《北

---

① 唐长孺:《论北魏孝文帝定姓族》,《魏晋南北朝史论拾遗》,中华书局 1983 年版,第 82 页注。
② 唐长孺:《论北魏孝文帝定姓族》,《魏晋南北朝史论拾遗》,中华书局 1983 年版,第 82 页。

魏元苌墓志》记载，元苌在宣武帝永平（508—512）中位列"诠量鲜卑姓族四大中正"①。所谓"诠量鲜卑姓族四大中正"，就是主持评定代人姓族的"四大中正"，这是宣武帝时负责评定代人姓族的评审机构。据考，宣武帝时于忠、元匡、穆绍、元苌四人都曾兼领"河南邑中正"，故上述四人就是墓志所说的"诠量鲜卑姓族四大中正"。不仅如此，孝文帝时期也有类似的"四大中正"评审机构，《魏书·官氏志》载孝文帝定代姓族诏曰："令司空公穆亮、领军将军元俨、中护军广阳王嘉、尚书陆琇等详定北人姓，务令平均。"② 其时主持评定代人姓族的四个鲜卑官员也都兼领中正之职，与宣武帝时期"诠量鲜卑姓族四大中正"具有源流关系③。此外，孝文帝评定汉族门阀"四姓"，亦由各州中正主持。《魏书》卷五七《崔挺传》称："诸州中正，本在论人，高祖将辨天下氏族，仍亦访定。"④ 可见在评定姓族，建立门阀制度的过程中，北魏州郡中正发挥了十分重要的作用。

  北魏孝文帝评定姓族，建立门阀制度，具有重要的现实意义和历史意义。首先，孝文帝评定姓族，建立门阀制度，对于消除北魏前期的民族隔膜，加强胡汉统治阶级在门阀化的基础上进一步合流，曾起到过一定的积极作用。如前引崔僧渊称赞孝文帝即云："分氏定族，料甲乙之科；班官命爵，清九流之贯。礼俗之叙，粲然复兴；河洛之间，重隆周道。"⑤《洛阳伽蓝记》卷二"景宁寺"条载梁朝名将陈庆之语曰："自晋宋以来，号洛阳为荒土，此中谓长江以北尽是夷狄。昨至洛阳，始知衣冠士族并在中原，礼仪富盛，人物殷阜，目所不识，口不能传。"这些赞美之词，反映了评定姓族，建立门阀制度迎合了胡汉统治阶级的需要，因而有利于巩固北魏的统治。其次，孝文帝定姓

---

① 该墓志拓片和录文参见刘莲香、蔡运章：《北魏元苌墓志考略》，《中国历史文物》2006年第2期，第57—66页。该拓片又刊赵君平、赵文成编：《河洛墓刻拾零》，北京图书馆出版社2007年版，上册，第23页。
② 《魏书》卷一一三《官氏志》，第3015页。
③ 参阅凌文超：《鲜卑四大中正与分定姓族》，《文史》2008年第2辑，第105—113页。
④ 《魏书》卷五七《崔挺传》，第1265页。
⑤ 《魏书》卷二四《崔玄伯传附崔僧渊传》，第631—632页。

族、建立门阀制度，是北魏太和改制中的重要组成部分，它不仅加速了北魏的汉化进程，而且也促使北魏社会最终和全面地实现了封建化。因此，我们对北魏孝文帝评定姓族，建立门阀制度的作用实不可低估。

当然，毋庸讳言，孝文帝评定姓族，建立门阀制度也有其消极作用。因为在南北朝后期，门阀制度已是一种腐朽的制度，它严重阻碍着社会生产力的发展，是寄生在封建社会躯体上的一颗赘瘤。正是由于门阀制度本身所具有的这种腐朽和寄生的特性，所以当北魏建立门阀制度之后，南朝士族的种种流弊也不可避免地在北魏后期同样出现，从而促使北魏统治阶级迅速地走向腐朽没落。《洛阳伽蓝记》卷四"开善寺"条称，魏末"帝族王侯，外戚公主，擅山海之富，居山林之饶。争修园宅，互相夸竞"。就是对此的真实写照。与此同时，在评定姓族的过程中，由于"法开清浊而清浊不平"，也激化了统治阶级内部的士庶矛盾，加剧了门阀制度的危机。孝明帝正光末年，戍守北镇的新旧豪强由于"为清途所隔"①，"官婚班齿，致失清流"②，而产生了强烈的不满和反抗。继之而起的北镇各族人民大起义，更加猛烈地冲击和震撼着北魏王朝的统治，从而成为导致北魏政权崩溃的重要原因之一。

（二）北朝门阀制度的衰落

孝文帝建立门阀制度，旨在调和鲜卑贵族与汉族士族之间的矛盾，使胡汉统治阶级上层在门阀化的基础上进一步合流。但北魏末年发生的六镇大起义和尔朱荣之乱，却使孝文帝辛辛苦苦建立起来的鲜卑门阀体制受到沉重打击，处于一蹶不振的境地。在六镇大起义和尔朱荣之乱中，汉族高门尽管受到重创，但他们在政治上、社会上的优越地位没有动摇，而以元氏为首的宗室十姓和以穆氏为首的鲜卑勋臣八姓，则几乎丧失了他们的一切，基本上从孝文帝苦心经

---

① 《北史》卷一六《广阳王建传附孙深（渊）传》，中华书局1974年版，第617页。
② 《北齐书》卷二三《魏兰根传》，中华书局1972年版，第330页。

营的新门阀序列中消失了。他们和南朝高门一样，脱离了本土代京这个根据地，脱离了他们源自拓跋部落的宗族，所以经不起沉重打击，代之而起的则是鲜卑族中另一批新兴的军事贵族。如创立东魏和北齐政权的是以高欢为首的怀朔镇（今内蒙古固阳县北）酋豪，创立西魏和北周政权的是以宇文泰为首的武川镇（今内蒙古武川县西）酋豪。不管是高欢还是宇文泰，他们都无意学习和追随孝文帝，使这批军事贵族门阀化。因此在北魏政权崩溃之后，新建立的东魏和西魏政权虽然还是胡汉贵族的联合统治，但是鲜卑贵族却更换了一批人，在鲜卑、汉族统治者之间的关系也起了一些新变化。

以东魏、北齐而言，东魏、北齐统治集团的核心是出自怀朔镇的鲜卑军事贵族，因而北齐政权也带有浓厚的鲜卑化色彩。高欢自称是汉族渤海高氏，陈寅恪先生指出，高欢虽是汉人，但却是鲜卑化的汉人[①]。高欢的妻子娄氏是鲜卑人，北齐皇帝也一直坚持自己是鲜卑人。如《北齐书》卷二四《杜弼传》载："显祖（高洋）尝问弼云：'治国当用何人？'对曰：'鲜卑车马客，会须用中国人。'显祖以为此言讥我。"高洋之所以"以为此言讥我"，是因为他自认为鲜卑人。又同书卷五《废帝纪》云："文宣（即显祖高洋）每言太子得汉家性质，不似我，欲废之。"同书卷三四《杨愔传》说杨愔死的时候，废帝高殷曾谓："岂敢惜此汉辈！"都是自认为鲜卑人之例。

北齐一代，鲜卑贵族与汉族高门的矛盾时常激化，高齐统治者为了获得鲜卑武人的支持，采取了许多"鲜卑化"的措施，致使北齐政权具有浓厚的鲜卑化特征。在政治上，高齐政权排挤、压制汉族士族官僚，采取打击"汉儿"的政策。史载"于时鲜卑共轻中华朝士"[②]，库狄伏连"不识士流，开府参军多是衣冠士族，伏连加以捶挞"[③]；韩凤是个鲜卑化的汉人，对于中华朝士动

---

① 陈寅恪：《魏晋南北朝史讲演录》，黄山书社1987年版，第293—294页。
② 《北齐书》卷二一《高乾传附高昂传》，第295页。
③ 《北齐书》卷二〇《慕容俨传附库狄伏连传》，第283页。

不动就大骂："狗汉大不可耐，唯须杀却。"① 齐后主在位期间，还重用商人、乐工、保母、巫卜等所谓的"佞幸小人"，他们不仅操纵宫廷政权，而且还控制地方选举，齐后主把州郡县官赏赐给他们，允许其公开卖官，《北齐书》卷八《后主纪》末云："乃赐诸佞幸卖官，或得郡两三，或得县六七，各分州郡，下逮乡官亦多降中旨，故有敕用州主簿，敕用郡功曹。于是州县职司多出富商大贾，竞为贪纵，人不聊生。"自魏晋以来，州郡僚属便由地方长官自行辟任，实际上为地方大族所垄断。齐后主把郡县官赏赐给佞幸小人，并且是以"降中"即以皇帝的名义授职，其意义便不仅仅是反映了北齐政治上的腐败，还表现在它剥夺了地方官的辟举权，也就是剥夺了汉族地方大族操纵地方政治的权利。所以，《通典》卷一四《选举二》在记载这件事时特别指出："自是之后，州郡辟士之权，浸移于朝廷。"即汉族地方大族的选举权受到削弱。在文化方面，北齐时鲜卑语与胡书十分流行，一些士大夫还教授自己的子弟学习鲜卑语和弹奏胡琵琶，以此一伎之长来服侍鲜卑贵族。故有学者指出，与北魏孝文帝锐意汉化的措施相比，北齐统治者反对中华朝士，大刮鲜卑之风，这是对孝文帝汉化政策的反动②。

当然，北齐地处文化昌盛、人士众多的山东，山东郡姓仍具有雄厚的经济基础和宗族基础，所以汉族门阀的政治、经济地位并没有发生根本动摇。如北齐时九品中正制依然存在，是维护山东郡姓的政治工具。北齐也实行均田制，授给露田与永业田，男夫受露田80亩，永业田20亩；妇女受露田40亩，奴婢依良人受田。但对奴婢受田一项，规定亲王300人、嗣王200人，下至八品官60人。这就通过奴婢受田的方式，保证了山东郡姓的经济特权。此外，汉族的门阀等第和礼法门风仍然受到的重视。《北齐书》卷二三《崔㥄传》载："㥄一门婚嫁，皆是衣冠之美，吉凶仪范，为当时所称。娄太后为博陵王纳㥄

---

① 《北齐书》卷五〇《恩幸列传·韩凤传》，第693页。
② 万绳楠：《魏晋南北朝史论稿》，安徽教育出版社1983年版，第297—299页。

妹为妃，敕中使曰：'好作法用，勿使崔家笑人。'"按北齐诸王多娶崔、卢、李、郑诸高门女，事与北魏孝文帝为诸弟婚配略同。娄太后为博陵王纳崔㥄之妹为妃，特别嘱咐操办婚事的中使要遵守礼法，谨慎从事，不能让博陵崔家笑话人。这一方面说明高门大族的家风家教甚严，在诸如吉凶仪礼方面举止有度，有大家风范，另一方面也表达出高齐皇室对汉族高门的尊敬和企羡之意。

总之，尽管高齐政权无意使新兴贵族门阀化，但是从北齐皇室自称"渤海高氏"之日起，就表明汉族高门的社会地位和他们在政治上的力量是被承认的。只是和北魏建立门阀制度相比，汉族高门的特权地位确实被削弱了，因为新兴的鲜卑军事贵族凌驾于他们之上，东魏、北齐的最高统治核心不是汉族高门，而是出于怀朔镇的军事贵族。

以西魏、北周来看，在关中建立与高欢对峙政权的宇文泰，原是南匈奴的后裔，其祖先于北魏初年归附，徙居武川镇，后一直为武川镇下级军官。北魏六镇起义时，他先后在葛荣、尔朱荣、贺拔岳部下任职。当孝武帝以贺拔岳为雍州刺史，镇压关中人民起义时，宇文泰又随贺拔岳入关。公元534年，贺拔岳被其将领侯莫陈悦杀死，宇文泰攻杀侯莫陈悦，遂占据关陇。

西魏统治集团是以宇文泰为首的武川军人集团和关陇汉族地主组成的，宇文泰不仅无意使北镇新贵门阀化，而且还采取了一些措施，对传统的门阀特权进行改革。

首先是通过赐姓、改姓，打破孝文帝时建立的鲜卑贵族与汉族高门合流的门阀体制，另建以新兴武川鲜卑贵族为主体的统治体制。我们知道，北魏孝文帝推行汉化政策，其重要措施之一就是改鲜卑姓氏为汉姓，当时一共改了108姓。但宇文泰和他的创业功臣都是来自未沾染孝文帝改制恩泽而改汉姓的鲜卑人，为了建立新的王朝和新的统治体制，宇文泰进行了赐姓与改姓。

赐姓就是"赐房姓"，亦称"赐蕃姓"，即赐给汉族高门以鲜卑姓。其中以赐姓宇文者最多，而且大都是汉人中的高门旧族，如河东汾阴薛氏、荥阳开封郑氏、博陵安平崔氏、河东解县柳氏、京兆杜陵韦氏、陇西敦煌令狐氏、顿丘临黄李氏，等等。对汉族功臣、高门赐虏姓，其目的是为了扩大鲜卑统治集团的基础，有利于胡汉统治集团的团结，但这只是对少数重要的汉臣表示恩宠和加以拉拢的措施，并不是对所有汉臣一律"以夷变夏"的胡化。

改姓包括两项内容：一是复旧姓，就是将改为汉姓的鲜卑人再改回去。西魏大统十五年（549）五月："初诏诸代人太和中改姓者，并令复旧。"① 如刘氏复为独孤氏，陆氏复为步六孤，穆氏复为丘穆陵，等等。宇文泰此举，主要是为了加强鲜卑族人的团结而采取的措施。因当时西魏鲜卑群臣中，主要的实力派是来自北镇未改汉姓的将士，小部分是随魏孝文帝入关的久居洛阳多已汉化的代人。自孝文帝改制后，北镇将士对洛阳汉化较深的代人多有不满情绪，故宇文泰为消除这两类鲜卑人之间的隔阂，一律用鲜卑旧姓来泯灭这种界限。故这个措施与赐虏姓的目的是不同的。二是改府兵诸将士的姓为鲜卑姓。《周书》卷二《文帝纪下》西魏恭帝元年（554）条记此事曰："魏氏之初，统国三十六，大姓九十九，后多绝灭。至是，以诸将功高者为三十六国后，次功者为九十九姓后，所统军人，亦改从其姓。"这次改姓完全是根据功劳高低，并非是一姓改一姓。如同是杨氏，杨忠为普六茹氏，杨绍为叱利氏，杨篡为莫胡卢氏；同是李氏，李弼为徒何氏，李虎为大野氏；同是王氏，王勇为库汗氏，王雄为可频氏。至于"所统军人，亦改从其姓"，如高宾为大司马独孤信僚佐，李屯为大柱国独孤信士伍，均改姓独孤氏，即从主将之姓。宇文泰将府兵将领改从拓跋部族早期所属部落氏族的"三十六国、九十九姓"之姓，所统军人也改从所隶将领之姓，其目的一是要使北镇军将部落化，再是要使他带来的山东人与关中人混二为一，使汉人与鲜卑人混二为一，在关中地区形成一个新的统治集团——关陇集团。只有这样，才能打破孝文帝时建立的鲜卑贵族与汉族高门合流的门阀体制。

其次是颁布"六条诏书"，取消门阀士族的选举特权。早在西魏大统十六

---

① 《北史》卷五《魏本纪》，第180页。

年（550），苏绰即制定"六条诏书"，其第四条"擢贤良"曰：

> 自昔以来，州郡大吏，但取门资，多不择贤良；末曹小吏，唯试刀笔，并不问志行。夫门资者，乃先世之爵禄，无妨子孙之愚蒙；刀笔者，乃身外之末材，不废性行之浇伪。……今之选举者，当不限资荫，唯在得人。苟得其人，自可起厮养而为卿相，伊尹、傅说是也，而况州郡之职乎。苟非其人，则丹朱、商均虽帝王之胤，不能守百里之封，而况于公卿之胄乎。①

苏绰批评州郡长官选拔人才，一是以门资取人，二是刀笔之吏。关于门资的批评，原本就是西晋以来刘毅等人的老生常谈，但是在孝文帝定姓族之后，却具有新的意义。苏绰制定的六条诏书是以"诏书"的形式颁布的，表明宇文泰意在打破选举的门阀特权。

其三是实行"六官制"。西魏恭帝三年（556），宇文泰又仿照《周礼》建立六官，在中央废除秦汉以来的官职，实行西周的六官制度。所谓六官制，是指天官大宰府、地官司徒府、春官宗伯府，夏官司马府，秋官司寇府，冬官司空府。大宰即大冢宰，为宰相，以大宰总摄五府。宇文泰虽然仿效周礼建立六官，但只是针对中央政府组织系统，地方政府组织依然采用州郡县制，不搞分封制。这看似是毫无意义的复古，却也包含着打破门阀制度下清浊分流的意义。自魏晋门阀制度建立以后，士庶区别日益严格，官职中也有清浊之分。士族的起家官和迁转官都是清官，庶族则只能在浊官中起家迁转，故清浊分途与士庶区别是完全一致的。孝文帝在定姓族、建立门阀制度的同时，也改革了职官制度，制定了"九流三清"与"勋品流外"之官。所谓"九流三清"，就是在九品官中又按照等级高下，区分为第一清、第二清、第三清三等，号称

---

① 《周书》卷二三《苏绰传》，中华书局1971年版，第386页。

"三清";而勋品流外官则是由"小人"充任的浊官,分为七等。故孝文帝曾公然宣称:"我今八族以上,士人品第有九,九品之外,小人之官,复有七等。"① 宇文泰的六官取法于周官,与秦汉以来的中央官制完全不同,属于另一系统,这就使魏晋以来的清浊分途被完全打破了。《通典》卷一四《选举二》称:"自后周以降,选无清浊。"这虽说的是选举,其实也包括自起家以至官职的区分与升迁。从"六条诏书"的颁布到"六官制"的实施,都体现了宇文泰有意在政治上打破或者削弱士庶区别的态度。

上述"赐姓"、"六官制"等复古主义措施,表明宇文泰要打破北魏孝文帝时建立的鲜卑贵族与汉族高门合流的门阀体制,其目的在于另建以新兴北镇武川系贵族为主体的统治体制。这些新兴贵族都是府兵制中最上层的将领,即人所共知的八柱国、十二大将军和二十四军的开府仪同。北镇军将之外,宇文泰又命关中地区的地方大姓豪门,即所谓"当州首望"、"乡望",统率乡兵,也纳入府兵系统之中。正是这些部落化的北镇军将构成了西魏、北周的统治核心,也正是他们冲破并取代了孝文帝建构的门阀体制,而府兵部落化和中央六官制那些貌似荒诞的举措,都是为建立新统治体制服务的。与此同时,北魏孝文帝定姓族,汉族高门多在河北(像清河崔氏、赵郡李氏、范阳卢氏、太原王氏、荥阳郑氏),东魏、北齐时,他们仍保持着优越的社会地位,北齐皇室多和他们联姻。而在关中地区,高门大族的地位在北魏时即逊于河北,但也具有较强的地方实力。宇文泰建立政权,当然需要网罗这份力量,如武功苏氏、河东薛氏,都曾率领乡兵加入府兵系统。但是北周与北齐不同,如北周诸皇后中就没有一个出于关中高门,可见宇文皇族对待关中高门的态度。因此,西魏、北周的汉族士族,包括关中士族和入关河内士族,其地位也不如北齐。

总之,东魏、北齐和西魏、北周时期体现了一个值得关注的历史倾向,这就是门阀制度已逐渐趋于衰落,这一历史趋势与南朝是基本相同的。但是,正

---

① 《魏书》卷五九《刘昶传》,第1311页。

如唐长孺先生所说：南北朝门阀体制也存有差异，即江南士族高门，由于其本身的腐朽和宗族基础的丧失，经过几次沉重打击之后，随着江左入隋他们基本上从江南消失了。而北方士族高门大都有较为深厚的宗族基础，他们大部分也具有雄厚的地方实力，其中还能产生出封建政权所需要的人才。因而，北方士族还具有一定的生命力，他们在历史上的消失还有一个较长的过程①。

---

① 唐长孺：《魏晋南北朝隋唐史三论》之"南北门阀体制的差异"，武汉大学出版社 1993 年版，第 171—178 页。

魏晋南北朝选官制度

魏晋南北朝时期，九品中正制在选官制度中占据主导地位，对此学术界没有异议。但是，魏晋南北朝也继承了两汉以来的选官制度，从而形成了九品中正制与其他选官制度并存的选举任官格局。元代史学家马端临在《文献通考》卷二八《选举一》举士条中按曰：

> 魏晋以来，虽立九品中正之法，然仕进之门，则与两汉一而已。或公府辟召，或郡国荐举，或由曹掾积累而升，或由世胄承袭而用，大率不外此三四途辙。

马端临所说，明确指出魏晋时期除了实行九品中正制外，还沿用了两汉以来的公府辟召、郡国察举、曹掾累升、世胄承袭等传统的选官方式。只是对于九品中正制与这些选官制度的联系，马氏未能作进一步的说明。对此，唐长孺先生在《南北朝后期科举制度的萌芽》一文中指出：

> 魏、晋南北朝选拔官吏的制度即是九品中正制。九品中正制依据门第保证清浊即士庶的分流，从而也就保证了门阀贵族（北朝还包括鲜卑贵族）的政治特权。然而九品中正制只是保证清浊分流，并不等于选举制度的全部，各项选举必须依据中正品第，但出身授职还得通过各条入仕道路。南北朝门阀贵族的出身固然"皆由门庆"，但大体上也还继承两汉以来岁举、辟举、征召的道路（北朝鲜卑贵族和一般鲜卑军人自然不在其

内)。只是被举被召的条件主要在于门第。①

依照唐先生所说,魏晋南北朝时期虽有多种入仕道路,但"各项选举必须依据中正品第",深刻揭示了九品中正制与其他选官制度的关系,堪称"不易之论"。改革开放以来,一些专家学者又在唐先生论断的基础上,对这一问题作了进一步地深入探讨。首先,就两晋南朝的入仕道路而言,罗新本先生把这一时期的入仕途径划分为五类,即直接入仕、察举孝秀、州郡县佐吏积功升迁入仕、国子太学生考试入仕和公府掾属升迁入仕,并对其中的直接入仕、察举孝秀两种入仕道路,分别撰文进行了探讨②。其次,就九品中正制和其他选官制度的关系而言,陈琳国先生将两晋时期的选官方式概括为三个层次:一是吏部铨选和公府(含位从公)辟召;二是州刺史辟召和举秀才;三是郡太守辟召和察孝廉。并认为"两晋选官的三个层次,恰好与统治阶级中高级士族、中级士族、低级士族三个阶层相适应"。他还简要考察了两晋时期的吏部铨选、公府辟召、州郡察举、地方选补缺吏等选官层次与九品中正制的关系,然后指出:"两晋的选官层次与当时社会结构中的阶层之间存在着密切的、本质的联系。这种联系并非偶然,有它的必然性,联系的纽带就是九品中正制,这是魏晋南北朝时期整个选官制度的基础。"③ 由此可见,在唐先生明确提出魏晋南北朝虽然有多种入仕道路,但"各项选举必须依据中正品第"的著名论断之后,史学界又对这一问题进行了持续不断地深入探讨,并取得了一些基本共识。这里拟在自己多年研究成果的基础上,对魏晋南北朝时期的九品中正制、直接入仕、察举孝秀、皇帝征召、公府辟召、州郡辟召、资荫制等入仕途径作较为全面的论述,以见魏晋南北朝时期选官制度的发展变化与时代特征。

---

① 唐长孺:《魏晋南北朝史论丛续编》,生活·读书·新知三联书店1959年版,第124页。
② 罗新本:《两晋南朝入仕道路研究之一——两晋南朝的"直接入仕"》,《西南民族学院学报》1986年第4期;《两晋南朝的秀才、孝廉察举》,《历史研究》1987年第3期。
③ 陈琳国:《两晋九品中正制与选官制度》,《历史研究》1987年第3期。

一、九品中正制

在中国封建社会，实行时间最长，影响最大的选官制度有三：一是两汉时期的察举制度，二是魏晋南北朝时期的九品中正制度，三是从隋唐以至明清的科举制度。其中，九品中正制创始于汉献帝延康元年（220），至唐太宗贞观初年（627）被废除，前后沿用了400年之久。因此，九品中正制上承两汉的察举制度，下启隋唐的科举制度，在中国古代选官制度发展史上占有十分重要的地位。正因为如此，古今中外的学者对这一课题也非常重视，并且取得了丰硕的研究成果。如唐长孺先生的《九品中正制度试释》[①] 一文，就是国内学者研究九品中正制的经典之作。日本著名学者宫崎市定的《九品官人法研究——科举前史》[②] 一书，也在中国学术界产生了重要影响。在这一过程中，作者自己也对九品中正制进行了持续研究，先后撰写和发表了40多篇系列研究文章，这些文章后来大多收入《九品中正制略论稿》与《九品中正制研究》两部书稿。依照个人不太成熟的看法，九品中正制的发展演变大体上可以分为萌芽、确立、成熟、发展、变异、衰亡六个历史时期。每个时期既前后衔接，有着内在的因袭沿革与制度关联，同时又具有鲜明的时代特色，分别代表了九品中正制在不同时期的发展水平、历史定位与时代特征。下面就对九品中正制的发展演变分为六期加以考察。

（一）汉末建安年间九品中正制的萌芽

九品中正制并非突兀而来，而是源远流长，其来有自。我们知道，品分九等，源流甚古。据《尚书·禹贡篇》记载："禹别九州，随山浚川，任土作

[①] 唐长孺：《九品中正制度试释》，《魏晋南北朝史论丛》，生活·读书·新知三联书店1955年版。

[②] （日）宫崎市定：《九品官人法研究——科举前史》，京都大学东洋史研究会1956年版。

贡。"就把九州的土壤、贡赋区分为"上上"至"下下"九个等级。一般认为，《禹贡》是战国时期的作品。这表明自战国以来，人们就知道用九品的方法区分事物优劣了。到了西汉，又用九品之法来区分人物优劣。《史记》卷一○九《李将军列传》评李广从弟李蔡说："蔡为人在下中，名声出广下甚远。"唐人司马贞《索引》注"下中"案曰："以九品而论，在下之中，当第八。"可见西汉时品第人物之风已经开始流行。及至东汉班固著《汉书·古今人表》，又将品第之法推及于古今人物，其所论人物上起伏羲、神农，下至陈胜、吴广，分别按时代先后和九品等级入表。班固采用的九品论人之法，对汉魏之际的人物品评和王朝选官产生了重要影响。魏晋时人孙楚就说："九品汉氏本无，班固著《汉书》序先往代贤智，以为九条，此盖记鬼录次第耳，而陈群依之以品生人。"①

"中正"之官，古已有之。《史记》卷四八《陈涉世家》载秦末农民起义时，陈胜自立为楚王，"以朱房为中正，胡武为司过，主司群臣"。应为"中正"之始。但曹魏所设中正与此无关，却与汉末名士清议及"乡里月旦评"有着密切的关系。所谓名士清议，是指东汉末年出现的品评人物的社会风气。当时善清议者被视为"名士"，在社会上享有极高的声誉。如郭泰是汉末著名人才评论专家、大名士，他对人物的批评以恰当公允著称于世，史称"泰之所名，人品乃定，先言后验，众皆服之"②。又汝南大族、名士许劭，"少峻名节，好人伦，多所赏识……故天下言拔士者，咸称许、郭"③。

汉末名士清议之风的兴起，在很大程度上左右了乡间舆论，影响到士大夫的仕途进退，对后来州郡中正的创立产生了直接影响。如《后汉书》卷六八《许劭传》载："许劭字子将，汝南平舆人也。……初，劭与（从兄）靖俱有

---

① （宋）李昉等：《太平御览》卷二六五引《孙楚集奏》，中华书局1960年版，第2册，第1243页。
② 《后汉书》卷六八《郭太（泰）传》注引《谢承书》，中华书局1965年版，第2227页。
③ 《后汉书》卷六八《许劭传》，中华书局1965年版，第2234页。

高名，好共核论乡党人物，每月辄更其品题，故汝南俗有'月旦评'焉。"所谓"汝南月旦评"，就是由许劭、许靖兄弟主持的乡里清议。这种乡里清议以品评本郡人士为主，并于每月的第一天（旦）举行。他们对人物的评语称为"品题"，每月更换一次，目的在于对乡党人物进行经常性的考察，而不以人之一言一行一时一事而定其终身优劣。后来陈群创立九品中正制，就是遵循此法。故元代史学家胡三省评论许劭、许靖主持"汝南月旦评"一事说："后置州郡中正本于此。"① 一语道出名士"月旦"与州郡中正的历史渊源关系。

曹操统治时期，是九品中正制形成发展过程中的一个重要历史时期。在汉献帝建安年间（196—220），曹操一面大力破除东汉以来崇尚名教所产生的种种弊端，始终不渝地推行"唯才是举"的选举政策，一面又在察举制度遭到破坏的历史情况下，大胆实行选官新法，由此奠定了此后四百年间王朝选官的新格局。曹操统治时期的选官制度大体上可分为两个阶段：

一是自建安元年（196）曹操迎汉献帝都许，到建安十三年（208）平定荆州，曹操用人多是依靠臣下荐举，其特点是注重考察乡论，"用人核之乡间"。如前所说，汉末名士清议是一种品评人物的社会风气，而"汝南月旦评"则是乡里清议的典型。由于名士清议和乡里月旦在很大程度上操纵了乡党舆论，干涉到政府用人权，所以它也代表了地方大族、名士对中央集权的破坏。清代学者王鸣盛说："大约汉末名士互相品题，遂成风气，于时朝廷用人，率多采之，魏武已恨之。"② 就指出名士互相标榜，臧否人物，已经干涉到朝廷用人权，这是曹操绝不能容许的。因此，为了将选举权收归中央，使名士清议与王朝选官相一致，曹操遂让在中央或是霸府任职，而且本人又是当地大族、名士者来推荐本地人才，以便曹操选拔任用。如曹操进用"汝颍之士"，就是依靠颍川大族、名士，且身为朝廷尚书令的荀彧所荐举。建安十三

---

① 《资治通鉴》卷五八汉灵帝中平元年五月条，中华书局1956年版，第1869页。
② （清）王鸣盛撰，陈文和等校点：《十七史商榷》卷四〇"州郡中正"条，凤凰出版社2008年版，第220页。

年平定荆州,进用"荆州之士",则是由荆州名士且身为朝廷大臣的韩嵩所荐举。通过朝臣、名士推荐本地人才,不仅可以将地方选举权收归中央控制,也可以促使名士清议与朝官保举相统一,乡里月旦与政府选举相统一,一言以蔽之,促使"乡里月旦"官方化,借以加强了集权统治。

二是在建安十三年平定荆州之后,曹操不仅让一些朝官、名士荐举乡里人士,而且还采用九品之法来选拔人才,由此出现了九品中正制的萌芽。曹操统治时期是否建立了九品中正制,史籍有不同记载。按照《三国志》卷二二《魏书·陈群传》的记载:"制九品官人之法,群所建也。"则九品中正制为陈群所创建,时间在曹操去世后的延康元年。而南朝史学家沈约在《宋书》卷九四《恩幸传》序中说:"汉末丧乱,魏武始基,军中仓卒,权立九品,盖以论人才优劣,非为世族高卑。因此相沿,遂为成法。自魏至晋,莫之能改。"明确指出曹操在世时已经建立了九品中正制。另据《后汉书》卷七四下《刘表传》的记载,曹操平定荆州之后,曾让韩嵩"条品州人优劣,皆擢而用之",也就是说让韩嵩用品第之法区分人物优劣,作为曹操进用人才的依据,可证沈约之说确有依据。但是,曹操虽然"权立九品,盖以论人才优劣",却没有设置州郡中正。所以曹操采取的这一措施,只能视为九品中正制的萌芽,并非是正式创立的选官制度。在汉魏政治制度史上,九品中正制的萌芽是汉末建安年间选官制度的一种特殊形态,它既是对两汉以来品第人物方法的继承与发扬光大,又是曹操在选官方法上进行的大胆尝试和重要变革。及至曹丕继任魏王,陈群又在"权立九品"的基础上正式建立中正制度,致使"九品"与"中正"合而为一,融为一体,由此开创了行用400年之久的九品中正时代。

(二)曹魏时期九品中正制的确立

汉献帝延康元年(220),颍川大族陈群创立了"九品官人法"。时隔不久,曹丕代汉称帝,建立曹魏政权。唐长孺先生曾指出:在汉魏禅代之际建立的九品中正制,一方面具有排清议、抑朋党的政治色彩,是曹操、曹丕父子致力于使大族、名士操纵的乡里清议纳入到政府选官体制之中的必然结果。另一方面，随着九品中正制的建立，"当中正的既即是大族名士，他们的私家操纵也由此取得了合法地位"。所以，九品中正制的建立，又是"曹魏政权既不能不终于和大族名士妥协"，"是二者协调的重要表现"①。

曹魏时期的中正组织分为州、郡两级，即州置中正，也称州都或大中正；郡置中正，也称小中正。无论州、郡中正，皆选本地人且在中央任职的在职朝官兼领，所以中正并不是正式官职，而是一种兼职。中正的职责是品第人才，向尚书省吏部提供用人依据。中正提供的用人依据有三项：一是家世，即对父祖官职爵位的记录，类似于南朝的家谱、谱牒。二是状，即对本人的道德、才能所作的评语。三是品，即综合家世、德才二项，评定人才等级，分为上上至下下九品。由于班固在《古今人表》中将上上一品定为"圣人"之品（三皇五帝、周公、孔子共14人），所以一品无人能够得到，二品就算最高。曹魏前期，受曹操"唯才是举"选举政策的影响，中正定品还能坚持选贤任能的标准。其时中正综合"家世"、"德才"两项定品，"家世"所占比重较小，"德才"所占比重较大。到齐王芳嘉平以后，由于司马懿发动了"城门之变"，世家大族的势力开始兴起，选举标准也相应地发生了变化。在中正定品的过程中，"家世"所占比重明显增加，"德才"所占比重有所减少。《晋书》卷三六《卫瓘传》在谈到这一变化时说："其始造也，乡邑清议，不拘爵位，褒贬所加，足为劝励，犹有乡论余风。中间渐染，遂计资定品，使天下观望，唯以居位为贵。"深刻揭示了中正定品从注重"德才"到注重"家世"的历史发展趋势。

三国时期，建立于江南的东吴政权也曾经仿效魏制，将九品中正制移植于江南。其异于曹魏者，唯"州中正"最初称为"大公平"，后来则改称为"大中正"，各郡所置仍称"郡中正"。东吴仿效魏制，一是为了维护江东大族特别是"吴四姓"的传统仕宦特权，并使这种仕宦特权合法化和制度化，借以

---

① 唐长孺：《九品中正制度试释》，《魏晋南北朝史论丛》，第97、99页。

争取江东大族对孙吴政权的支持与合作。二是和江南地区同样盛行名士清议之风，以及江南大族、名士同样操纵乡里清议有关。东吴之所以仿效曹魏的九品中正制，就是要借鉴曹魏的成功经验，将江南大族、名士操纵的乡里清议纳入政府选官体系中来，并使之官方化和制度化，从而适应加强集权统治的需要。而随着九品中正制的实行，不仅使江东大族的仕宦特权得到保证，加速了孙吴政权的江东化进程，而且也兼顾到南迁流寓大族特别是淮泗集团的利益，从而对巩固东吴政权发挥了重要作用。

（三）两晋时期九品中正制的门阀化

曹魏创立的九品中正制，进入西晋以后得到进一步的发展与完善。

首先，随着三国鼎立局面的结束和国家重归统一，中正的组织机构也呈现出扩大化、规范化的发展态势，并逐渐形成了州置大中正，郡国设置大、小中正的组织结构和基本格局。其次，定品制度日益完善，司徒府作为中正的上司和领导机构，对中正定品、升品与降品负有审核与监督之责，形成一种较为严格的定品审核机制。其三，两晋时期标榜"以孝治天下"，州郡中正除了铨衡人伦，评定九品之外，还要主持清议，其内容是对违犯丧纪和不遵守孝道的官吏、士大夫进行降品处罚，以维护儒家名教和封建统治秩序。凡此种种，都标志着九品中正制已经日益成熟，并逐渐成为两晋时期占据主导地位的选官制度。

两晋时期，由于门阀士族的形成和门阀制度的确立，九品中正制也更加适合门阀士族的需要，无论是州郡中正的选任，定品标准的确定，上品下品的区分，清官浊官的分流，等等，都已脱离了选贤任能的范畴，充满了家世门第的色彩，从而完全士族化和门阀化了。

我们知道，进入西晋以后，随着世家大族业已控制选举，在中正品第中也有一条明显的界限，这就是上品与下品。晋武帝时刘毅所说"上品无寒门，下品无势族"①，就是指的这种情况。一般来说，所谓"上品"并不包括一品和三品，而是专指二品，自三品以下统属"下品"，也就是"卑品"。由于门阀士族占据上品，寒门庶族莫非下品，不仅造成严格的士庶等级分野，形成"公门有公，卿门有卿"，"贱有常辱，贵有常荣"的门阀政治，而且在选举任官的总体格局上也形成了"上品"与"下品"两大任官体系。在这两大任官体系下，名列上品的门阀子弟可由清官起家，此后一直当清官，而列入下品的寒门庶族只能从浊官仕起，此后一直做浊官，清浊分流，世代不变。至此，九品中正制完全蜕变成维护门阀士族仕宦特权的政治工具。下至南北朝时期，虽然九品中正制也曾有过某些变异，但其基本形式和主要精神大体不出两晋时期奠定的基本格局。因此，纵观九品中正制的发展演变，两晋时期的九品中正制最具典型意义，两晋时期也是九品中正制发展史上最重要的历史时期。

西晋时期，由于门阀士族垄断选举，进而又垄断上品，垄断清要官职，致使九品中正制具有垄断性和封闭性，成为巩固门阀制度的重要支柱。再加上九品中正制本身所具有的种种弊端，诸如中正定品专重门第，不重才能，中正徇私舞弊、贪图贿赂、趋炎附势、公报私怨，等等，致使九品中正制日益腐败。有鉴于此，晋武帝时刘毅在其所上"九品有八损疏"中称："职名中正，实为奸府；事名九品，而有八损。"并大声疾呼"罢中正，除九品"！② 要求废除九品中正制。但是出于维护门阀统治的需要，九品中正制依然实行，并未废除。

（四）南朝九品中正制的发展

自东晋以降，江南地区相继建立了宋、齐、梁、陈四个王朝，史称"南朝"。南朝时期九品中正制依然存在。但是，由于史料匮乏以及传统看法的影响，以往学术界对南朝九品中正制研究较少，有许多问题还不清楚。特别是自唐

---

① 《晋书》卷四五《刘毅传》，中华书局1974年版，第1274页。
② 《晋书》卷四五《刘毅传》，中华书局1974年版，第1277页。

人杜佑在《通典》卷一四《选举二》中提出"梁初无中正"以后,不少学者皆祖述其说,以致史学界盛行"梁代无中正"、"南朝选举专归吏部"、"南朝中正品第只是例行公事,无足轻重"等说法,好像进入南朝以后,九品中正制已是名存实亡,它对门阀制度的配合与维护作用也远不如魏晋时期那样重要了。

事实上,在南朝统治的170余年间,虽然社会政治形势发生了很大变化,但九品中正制依然是占据着主导地位的选官制度,并在维护士庶区别和强化门阀统治方面发挥着重要的作用。这是因为,南朝时期固然是门阀制度已经确立并且高度发展的时期,但同时也是门阀士族与寒门庶族的政治势力开始彼此消长的重要历史时期。随着寒人势力的兴起,门阀士族的统治地位逐渐衰落,西晋以来形成的"上品无寒门,下品无势族"的传统格局也开始发生动摇。因此,鉴于客观形势的发展变化,南朝统治者及时对九品中正制进行了一些调整,使之在新的历史条件下不断发展完善,以便更加适合门阀统治的需要。

首先,南朝中正组织依然是沿袭晋制,分为州、郡两级,但是基于形势的发展,中正制度也有一些变化。如梁武帝天监七年(508),诏令各州郡设置州望、郡宗与乡豪,协助中正搜荐人才,从而扩大了以州郡中正为主体的地方选举组织。而随着标榜郡望和炫耀门第之风的盛行,精通谱牒、详练百氏也成为选任中正的重要条件之一。

其次,在吏部铨选的过程中,中正品第依然是吏部任官的重要依据。特别是在萧梁时期,还专门制定了吏部铨选"皆须中正押上"和"详依品制"的规定,致使定品制度更加严格化和制度化。

第三,进入南朝以后,中正依旧主持清议,而且与魏晋时期相比,中正清议已经不再是一种单纯的道德惩治手段,而是发展成为国家法律,即成为具有法律效力的科条。如梁、陈二代均制定有清议"禁锢之科","其犯清议,则终身不齿"[①]。南朝清议的范围也在不断扩大,除了不遵孝道和有违丧制要受

---

① 《隋书》卷二五《刑法志》,中华书局1973年版,第700页。

到清议处罚外，像赃污淫盗、婚姻失类、破坏家庭伦常的行为（内乱）等等，也均由中正记注清议之目，禁锢终身。随着清议性质的法律化和清议范围的扩大化，南朝清议的威力与作用也大为增强。纵观南朝皇帝在即位诏书中多有"其犯乡论清议，一皆荡涤洗除，与之更始"①之语，表明触犯清议者欲图洗刷清议之污，必须由封建皇帝颁布特赦诏令，才能解除清议禁锢，重新获得做官的机会。

南朝时期，不仅士庶等级森严，流品制度也格外发达。所谓"流品"，最初是指士庶等级差别和门第高下。顾炎武《日知录》卷一三"流品"条称："晋宋以来，尤重流品。"就是此意。但是，"流品制度"不单单是指士庶等级差别，也包含与区分士庶、分辨清浊紧密关联的职官制度与选官制度。如宋齐时期出现的"二品清官"，就是为了重新区分士庶等级分野，为门阀士族量身定制的新的身份标识。换言之，寒门庶族即使能够跻身上品，也只能充当浊官寒官；只有门阀士族，才能同时获得上品二品和充当清官。所以，"二品清官"的出现，堵塞了寒人上升的道路，在选官制度上确保了清浊分流。下至萧梁，流品制度发展到了极盛，其标志就是梁武帝天监七年建立的以流内十八班、流外七班和三品蕴位、三品勋位为名的官班制度，此制为陈朝所沿用。那么，区分流内、流外官的标准是什么？其关键就在于能否取得中正品第二品，也就是上品。《隋书》卷二六《百官志上》说："位不登二品者，又为七班"；"又流外有七班，此是寒微士人为之。从此班者，方得进登第一班。"由此可见，自梁武帝建立官班制以至于陈，只有获得二品的高门甲族才能进入流内十八班，而"位不登二品"的"寒微士人"只能列于流外七班，至于地位低贱的吏姓寒人，只能充当三品蕴位、三品勋位等卑官浊职，而且很难有跻身上品并进入流内为官的机会。因此，在梁陈时期，九品中正制与官班制度密切结合，业已达到登峰造极的地步。它不仅确立了以上品和下品为区分标界的流内

---

① 《宋书》卷三《武帝纪下》，中华书局1974年版，第52页。

和流外两大任官体系，而且依照门阀序列和等级高低，区分出不同的任官层次，致使尊卑有序，等级分明。故与前代相比，南朝九品中正制在选官实践中更具有封闭性、垄断性等时代特征，是维护门阀制度的重要支柱。所以，南朝时期无疑是九品中正制发展史上的一个重要篇章，是魏晋以来九品中正制发展的新阶段，对于南朝九品中正制的地位与作用，自亦不容忽视。

（五）十六国北朝九品中正制的变异

十六国北朝也沿用了魏晋以来的九品中正制，但是略有变化。如十六国时期，后赵石勒先是"清定五品"，后又"复续定九品"①，分两个阶段推行九品中正制。前燕、前秦、南燕政权也都在不同程度上实行了九品中正制度。十六国时期各少数民族政权先后实行九品中正制，不仅加速了胡汉统治阶级的合流，在一定程度上消弭了民族矛盾与民族隔阂，而且对于巩固各少数民族政权也具有重要意义。

北魏是九品中正制发展史上的重要历史时期，其对魏晋之制既有承袭也有变异。所谓变异主要表现于以下两个方面：一是与魏晋南朝相比，北魏的中正组织出现了中央与地方之别，形成了中央与地方两大系统。中央系统的中正组织依旧沿用魏晋之制，分为州、郡两级，由在职朝官兼领，职掌品第人物，为朝廷选官提供依据。地方系统的中正组织则分为州、郡、县三级，即州置州都，郡、县分别设置中正。不论是州都和郡、县中正，皆为地方属佐，由刺史、郡守、县令自行辟任，职主乡里品第，为地方官府辟召僚吏提供依据。北魏中央与地方中正组织的分置，是魏晋以来九品中正制发生的重大变化，并对此后选官制度的发展流变产生了重要影响。自此以后，东魏、北齐与西魏、北周均沿用了北魏九品中正制的制度模式，相继建立起州、郡、县三级地方中正组织。因此，进入南北朝以后，九品中正制便开始分道扬镳，分别朝着两个不

---

① 《晋书》卷一○五《石勒载记下》，第2737页。

同的方向发展，最终演变成组织形式迥然不同的南朝、北朝两大系列。而北魏地方中正组织的建立，实为北朝一系九品中正制形成发展的嚆矢，也是区分南朝、北朝九品中正制的重要标志。

二是就中正的职责来看，北魏中央、地方中正的职责主要是品第人物，除此之外，北魏中正还有一项职责，即分定姓族。分定姓族包含三项内容：一是定代人姓族，即仿效汉族门阀制度，将鲜卑门阀序列区分为姓、族二等。在定代人姓族的过程中，鲜卑"四大中正"发挥了重要作用。据 2003 年在河南省济源市出土的北魏元苌墓志记载，元苌在宣武帝永平年间（508—512）位列"诠量鲜卑姓族四大中正"①之一。据考证，宣武帝时元苌、于忠、元匡、穆绍四人曾兼领"河南邑中正"，鲜卑"四大中正"就是指当时"主持分定鲜卑姓族的四个'河南邑中正'"②。二是评定汉族门阀序列，由州中正按照官职爵位的高低，将汉族士族分为甲、乙、丙、丁四姓。三是评定地方上的"族望"与"民望"，这项工作主要是由地方系统的中正操作完成。总之，在北魏孝文帝推行汉化、建立门阀序列的过程中，中央和地方系统的中正发挥了重要作用，是北魏定姓族中的一个重要环节。从某种意义上讲，在孝文帝推行汉化、实行封建化的过程中，九品中正制发挥了独特的作用。

但是，随着北魏门阀制度的建立，九品中正制也趋于滥恶。如宣武帝时下诏称："中正所铨，但存门第，吏部彝伦，仍不才举。遂使英德罕升，司务多滞。"③孝明帝时刘景安也说："立中正不考人才行业，空辨氏姓高下。"④ 在这种情况下，北魏政府曾两次废除州、郡中正，虽然时间短暂，旋又恢复，但九品中正制已呈现出衰败之势。

---

① 该墓志拓片和录文参风刘莲香、蔡运章：《北魏元苌墓志考略》，《中国历史文物》2006 年第 2 期，第 57—66 页。该拓片又刊赵君平、赵文成编：《河洛墓刻拾零》，北京图书馆出版社 2007 年版，上册，第 23 页。
② 参阅凌文超：《鲜卑四大中正与分定姓族》，《文史》2008 年第 2 辑，第 105—113 页。又见中国人民大学复印资料《魏晋南北朝隋唐朝史》2008 年第 6 期，第 46—51 页。
③ 《魏书》卷八《世宗纪》，中华书局 1974 年版，第 199 页。
④ 《魏书》卷六六《崔亮传》，中华书局 1974 年版，第 1479 页。

东魏、北齐时期，中正组织依然是沿袭北魏旧制，分为中央与地方两大系统。但北齐的中正制度也有一些变化。自魏晋以来，州郡中正照例由中央官兼领，无官品禄秩，是一种兼职。北齐时期，中央和地方系统的州郡中正已列入流内比视官，可以享受到流内正式品官的某些待遇。据《隋书·百官志上》载，北齐官制：诸州大中正，视从第五品；诸州中正、畿郡邑中正，视从第五品；司州州都，视从第七品；诸州州都、清河郡中正，视从第八品；诸郡中正，视从第八品。北齐中正制度的这一变化，是对传统制度的一大变革，它既是高齐统治者对掌管地方选举的高门士族的一种优遇，同时也是魏晋以来中正地位不断提高的真实反映。

西魏、北周时期，中正组织也沿用北魏旧制，分为中央与地方两大系统。西魏大统年间，由于宇文泰、苏绰"罢门资之制"，反对用人不择贤良，在一定程度上扭转了选举专重门第的局面，故史称"自周氏以降，选无清浊"①。但是，我们也要看到，西魏、北周时期，虽然门资限制较之前代有所宽松，但九品中正制依然为门阀士族所控制，是维护门阀统治的重要工具。《资治通鉴》卷一九〇唐高祖武德七年条载："依周、齐旧制，每州置大中正一人，掌知州内人物，品量望第，以本州门望高者领之。"可见北周仍以"门望高者"兼领中正，而其职责则是"品量望第"，也就是根据族望、门第来品评人才等级，下至唐初亦然。所以，西魏、北周时期，九品中正制并没有发生根本性的变革，我们对选举制度的若干变化不能估价过高。

（六）隋及唐初九品中正制的衰亡

关于九品中正制的废除时间，史籍记载颇为歧异。就我所见，至少有四种说法，即隋代罢中正说、隋文帝开皇年间罢中正说、隋代废郡中正而置州都说、唐贞观初年废除中正说。对于以上记载，史学界见仁见智，看法不一。依据前两

---

① 《隋书》卷五六《卢恺传》，中华书局1973年版，第1384页。

种记载，多数学者认为九品中正制废除于隋代，时间在隋文帝开皇年间。依据后两种记载，有的学者认为隋代只是将中正改为"州都"，中正之废应在唐代。此外，也有一些中外学者将隋文帝废止"乡官"与九品中正制的废除联系起来，认为九品中正制经过隋文帝开皇三年（583）"罢郡，以州统县"和开皇十五年（595）"罢州县乡官"两次地方行政制度改革，才最终废除。

  隋文帝废止"乡官"，与九品中正制的废除确实有着密切的联系，但这仅仅是问题的一个方面。要全面考察九品中正制的废除情况，还必须弄清一个关键问题：隋代的中正组织是如何设置的。我们知道，隋文帝杨坚实行王朝禅代，以隋代周，自然也承袭了西魏、北周的九品中正制。换言之，隋代的中正组织仍然分为中央与地方两大系统，前者分为州、郡两级，后者分为州、郡、县三级（隋代州置州都，郡县分置郡正、县正，避隋文帝父杨忠名讳，兼讳"中"字）。这从《新唐书·宰相世系表》等文献资料可以得到证明。隋代的中正组织虽然有中央与地方之别，但就性质而言，它们都属于地方选举组织。正因为如此，中正组织也分别与州、郡、县行政区划相对应。因此，地方行政制度的任何变化，也必然会对中正制度产生直接影响，并使各级中正组织相应地发生变化。所谓"皮之不存，毛之焉附"，就是这个道理。所以，要了解隋代九品中正制是如何废除的，也必须和隋王朝对地方行政制度的改革结合起来，进行综合考察。

  依据史实，九品中正制并非废止于一人一时，而是经历了一个历史过程。概言之，隋代对地方行政制度的改革经历了三个阶段，与此相适应，九品中正制的废除大体上也经历了三个阶段。

  第一阶段，隋文帝开皇三年（583）"罢郡，以州统县"，以及"旧周、齐州郡县职，自州都、郡县正已下，皆州郡将县令至而调用，理时事。至是不知时事，直谓之乡官"[①]。隋文帝"罢郡"之后，由于郡一级行政区划已经不复

[①] 《隋书》卷二八《百官志下》，中华书局1973年版，第792页。

存在，不仅使中央和地方系统的郡级中正同时废止，而且也使尚存的州都、县正"不知时事"，变成了一种闲职。至此，完整意义上的九品中正制已经不复存在，九品中正制从此走上衰亡的道路。

第二阶段，隋文帝开皇十五年（595）"罢州县、乡官"①。隋文帝"罢郡"之后，地方系统的中正组织尚存州、县两级，这在正史和墓志中均可以得到证实。但是随着开皇十五年"罢州县、乡官"，亦即州、县地方属佐制度的废除，自然也涉及了州、县中正。于是，在地方"郡正"被废除十二年之后，州、县两级中正也终于废除。这样一来，由北魏始创，并为东魏、北齐和西魏、北周以及隋朝相继沿用的地方中正组织，也宣告废止。至此，九品中正制只剩下中央系统的州大中正还在勉力维持，九品中正制已经濒临全面废除的边缘。

第三阶段，隋炀帝大业三年（607）重新"改州为郡"②，"罢州置郡，郡置太守"③。隋炀帝下令"改州为郡"，从表面上看依然维持了两级地方行政体制，但是对于摇摇欲坠的九品中正制来说，却是起到釜底抽薪的作用。经过这次改革，由于州级地方政权被取消，中央系统的州大中正也因此失去了州级行政区划的依托，纵使隋廷没有下达废除州大中正的诏令，各州的大中正也会不废自废，从而标志着九品中正制的最终废除。至此，随着隋炀帝"罢州置郡"以及州大中正的自行废止，自魏晋以来的九品中正制也暂时退出了历史舞台。

九品中正制被废除之后，曾于唐高祖武德七年（624）一度恢复，然而仅仅过了数年，又于唐太宗贞观初年再度被废。《唐会要》卷六九《丞簿尉》载："武德七年正月敕：'每州置大中正一人，掌知州内人物，以本州人闻望者兼领，无品秩。'至贞观初废。"那么，唐高祖李渊为何要恢复九品中正制？唐太宗李世民为何又旋而废之？就唐初的政治形势看，九品中正制得以恢复，

---

① 《隋书》卷二八《百官志下》，中华书局1973年版，第793页。
② 《隋书》卷三《炀帝纪上》，中华书局1973年版，第67页。
③ 《隋书》卷二八《百官志下》，中华书局1973年版，第802页。

原因有三：一是隋唐之际门阀势力的存在与门阀观念的盛行，为九品中正制的复活培植了肥沃的土壤。二是隋唐之际门荫制度的盛行，为九品中正制的恢复创造了宽松的环境。三是唐高祖武德元年（618）"改郡为州"①，重新恢复州县二级制，为州中正的设置提供了重要契机。但是，随着社会形势的稳定，唐太宗又对一些"权置州郡"进行了"并省"，在这一过程中，一些新设置的州大中正也随之废止，从而使刚刚恢复的九品中正制又遭到严重削弱并趋于废除。这样，以唐太宗贞观初年为断限，自曹魏创立的九品中正制在沿用了近400年之后，终于退出了历史舞台。从此，科举制取代了九品中正制，中国古代选官制度也由此翻开了新的篇章，进入到一个新的历史发展时期。

二、直接入仕

直接入仕制度，是由吏部铨选直接起家为官的制度，此乃秦汉所无，而为魏晋南北朝所独有的文官选任制度。一般来说，两汉时期，凡正式成为政府官员之前，均需有一定的出身经历，如或经公府辟召，或经孝秀察举，或以父任为官，或由太学策试，此外尚有计吏拜官、特诏征举诸途。徐天麟《东汉会要·选举》所列各种选官仕途，即不见由吏部铨选直接入仕者。及至魏晋时期，由于九品中正制的实行和世家大族势力的发展，一种旨在确保大族官僚子弟入仕特权的选官制度——直接入仕之制，也应运而生。所谓"直接入仕"，是指士族权势子弟无须经过任何选举程序，也无须有任何的出身经历，只需凭借父祖官爵和家世门第，就可由吏部铨选授官，直接步入仕途。

曹魏之世，直接入仕一途已逐渐兴起，其时高门子弟或"弱冠而仕"，或"起家为官"，其仕宦特权亦循此得以保障。如征南大将军夏侯尚之子夏侯玄，

---

① 《旧唐书》卷三八《地理志》，中华书局1975年版，第1384页。

"弱冠为散骑黄门侍郎"①。尚书卫觊之子卫瓘，"弱冠为魏尚书郎"②。尚书令陈矫之子陈骞，"起家尚书郎"③。少府郑袤之子郑默，"起家秘书郎"④。尚书仆射杜畿之子杜预，"文帝（司马昭）嗣立，预尚帝妹高陆公主，起家拜尚书郎"⑤等等。这些士族权势子弟或"弱冠而仕"，或"起家为官"。"弱冠"是不满20岁，不满20岁入仕，自然是初仕。"起家"即征自家中，由吏部直接除授官职。可见自曹魏开始，直接入仕一途兴起，其时大族权势子弟多循此制以为保障，由吏部铨选授官进入仕途。直接入仕一途的兴起，改变了两汉以来传统的选举任官格局。

两晋时期，随着门阀士族的形成和门阀制度的确立，高门权贵子弟由吏部铨选直接入仕已成惯例，史书所载"弱冠而仕"、"起家为官"者俯拾皆是，不一而足。如太傅何曾之子何遵，"少有干能，起家散骑黄门郎"⑥。大司马陈骞之子陈舆，起家"拜散骑侍郎"⑦。司空裴秀之子裴頠，"征为太子中庶子"⑧。司空张华之子张韪，"儒博，晓天文，散骑侍郎"⑨。司空郗鉴之子郗愔，"少不交竞，弱冠，除散骑侍郎，不拜。性至孝，居父母忧，殆将灭性。服阕，袭爵南昌公，征拜中书侍郎"⑩。司徒王导之子王洽，"导诸子中最知名，与荀羡俱有美称。弱冠，历散骑、中书郎"⑪。尚书左仆射王蕴之子王恭，"少有美誉，清操过人，自负才地高华，恒有宰辅之望。……起家为佐著作郎，叹曰：'仕宦不为宰相，才志何足以骋！'因以疾辞。俄为秘书丞。"⑫ 以

---

① 《三国志》卷九《魏书·夏侯玄传》，中华书局1959年版，第295页。
② 《晋书》卷三六《卫瓘传》，第1055页。
③ 《晋书》卷三五《陈骞传》，第1035页。
④ 《晋书》卷四四《郑默传》，第1251页。
⑤ 《晋书》卷三四《杜预传》，第1025页。
⑥ 《晋书》卷三三《何曾传附子遵传》，第999页。
⑦ 《晋书》卷三五《陈骞传附子舆传》，第1037页。
⑧ 《晋书》卷三五《裴秀传附子頠传》，第1041页。
⑨ 《晋书》卷三六《张华传附子韪传》，第1077页。
⑩ 《晋书》卷六七《郗鉴传附子愔传》，第1801页。
⑪ 《晋书》卷六五《王导传附子洽传》，第1755页。
⑫ 《晋书》卷八四《王恭传》，第2183页。

上所引，均为吏部铨选除授官职，直接入仕者。

依据史传，两晋时期由吏部铨叙直接入仕者，主要有以下几类官职：

一是朝廷内侍之官，如给事中、给事黄门侍郎、散骑侍郎、员外散骑侍郎、冗从仆射等。这些内侍官接近皇帝，清华显要，自曹魏以来即由吏部直接铨叙。如齐王芳嘉平年间，司马炎"以贵公子当品"，起家即拜五品之给事中。两晋之时，上述官职已经成为王公贵族、三公子弟的起家官，东晋时还特别规定："晋世名家身有国封者，起家多拜员外散骑侍郎。"[1] 可见名门大族、世袭爵位者，起家即拜员外散骑侍郎，且已成定制。据《太平御览》卷二二一引《束皙集》："员外侍郎及给事冗从，皆是帝室茂亲，或贵游子弟。若悉从高品，则非本意；若精乡议，则必有降损。"因知晋世内侍之职多选"帝室茂亲或贵游子弟"，而其乡品皆为高品，此为吏部铨叙须依中正品第之明证。

二是台省郎吏，如秘书郎、尚书郎、著作郎、佐著作郎等，这些官也都是清官，而且是高门子弟的起家官，两晋时也例由吏部铨叙，直接入仕。如《晋书》卷七六《王彪之传》："初除佐著作郎、东海王文学。从伯导谓曰：'选官欲以汝为尚书郎，汝幸可作诸王佐邪！'彪之曰：'位之多少既不足计，自当任之于时。至于超迁，是所不愿。'遂为郎。"又同书卷七五《王坦之传》："弱冠与郗超俱有重名……仆射江虨领选，将拟为尚书郎。坦之闻曰：'自过江来，尚书郎正用第二人，何得以此见拟！'虨遂止。"可见尚书郎、诸王佐等官皆由吏部拟定候选人，再行铨叙。尤有进者，入晋之后，像著作郎、佐著作郎、秘书郎已为高门子弟所把持，寒门贤俊已难以跻身其间。《晋书》卷四八《阎缵传》载："国子祭酒邹湛以缵才堪佐著，荐于秘书监华峤。峤曰：'此职闲廪重，贵势多争之，不暇求其才。'遂不能用。"又《初学记》卷一二"秘书郎"条："秘书郎，魏官也。……此职与著作郎，自置以来，多起家之选。在中朝或以才授，历江左多仕贵游。"凡由上述官职起家者，也由吏

---

[1] 《宋书》卷五八《谢弘微传》，中华书局1974年版，第1591页。

部铨选直接入仕。

三是东宫和王国官属，如太子中庶子、太子洗马、太子舍人以及诸王师、友、文学，等等。两晋时期，东宫和王国官属也统属清官，而且是膏粱子弟的起家官。上引《阎缵传》就说："每见选师傅下至群吏，率取膏粱击钟鼎食之家，希有寒门儒素。……非但东宫，历观诸王师友文学，皆豪族力能得者。……臣素寒门，无力仕宦，不经东宫。"凡由上列官职起家者，也多由吏部直接铨叙，是士族子弟的例行起家之选。

除上述官职由吏部直接铨叙、是门阀子弟的例行起家官外，他如公府上佐中的长史、司马、从事中郎，以及国子、太学博士，驸马都尉（尚主入仕者的起家官），议郎、郎中、中郎等"散郎"，以及"二品"、"三品"、"四品"三等县之县令长等，也均由吏部直接铨叙，而且必须具备相应的乡品资格。故《晋书》卷四八《段灼传》称："今台阁选举，涂塞耳目，九品访人，唯问中正。"由此可见，晋代吏部铨选必须依据中正品第，这不仅是铨选过程中的一个重要环节，是吏部官员必须遵守的选举程序，而且也是吏部任官的重要依据。

尤需指出的是，两晋时期，由于高门权势子弟多由吏部铨选直接入仕，而某些内侍、台省及东宫、公府中的官职，如黄门侍郎、散骑侍郎、员外散骑侍郎、给事中、秘书郎、尚书郎、中书郎、著作郎、佐著作郎、太子洗马、太子舍人与公府掾属，已逐渐成为高门权势子弟习惯性的起家官职，这些官职或位望清华，或职闲禀重，当时号称"清官"、"清职"、"清选"、"清位"，高门子弟多由此起家为官，并于诸清官中迁转，因此，"直接入仕"，又可称为"清官起家迁转之途"，号称"清途"、"清阶"。如何遵，"少经清职，终于太仆"[①]。何遵子嵩，"少历清官，领著作郎"[②]。东晋琅邪大族、司徒王导之子王荟，"恬虚守靖，不竞荣利，少历清官，除吏部郎、侍中"[③]。宗室子弟司马

---

① 《三国志》卷一二《魏书·何夔传》注引《晋诸公赞》，第382页。
② 《晋书》卷三三《何曾传附子遵传》，第1000页。
③ 《晋书》卷六五《王导传附子荟传》，第1759页。

休之,"少仕清途"①。太原盛族王坦之二子恺、愉,"并少践清阶"②。魏侍中吴质六世孙隐之,"及(韩)康伯为吏部尚书,隐之遂阶清级,解褐辅国功曹"③。可见自魏晋以降,诸如"清途"、"清流"、"清阶"、"清级"等称谓屡见于史籍,已经成为清官起家迁转之途的专有名词。因此,入晋以后,直接入仕已与清途诸官彼此呼应,趋于合流。这不仅确保了高门士族子弟的仕宦特权,为其开辟了一条入仕捷径,而且对于区分士庶和清浊分流,进而维护等级森严的门阀制度,都有着极其重要的作用。

南朝时期,直接入仕更为兴盛。一方面,宋齐时有限年入仕之制,规定"甲族以二十登仕,后门以过立试吏"④。故高门子弟享有入仕优先权,仅依靠门第世资,就可以由吏部直接铨选授官,然后"平流进取,坐至公卿"⑤。另一方面,南朝对直接入仕的起家官也有了明确规定,从而使魏晋以来长期形成的某些惯例更为规范化和制度化了。如"秘书郎有四员,宋、齐以来,为甲族起家之选,待次入补,其居职,例数十百日便迁任"⑥。萧齐时,"王侯出身官无定,准素姓三公长子一人为员外郎。建武中,(萧)子操解褐为给事中,自此齐末皆以为例"⑦。下至梁陈二代,直接入仕已完全制度化,对起家官的规定更为明确。据《隋书·百官志上》载陈代起家官曰:

> 陈承梁,皆循其制官……其亲王起家则为侍中。若加将军,方得有佐史,无将军则无府,止有国官。皇太子冢嫡者,起家封王,依诸王起家。余子并封公,起家中书郎。诸王子并诸王世子,起家给事。三公子起家员外散骑侍郎,令仆子起家秘书郎。若员满,亦为板法曹,虽高半阶,望终

---

① 《晋书》卷三七《宗室列传·谯刚王逊传附休之传》,第1109页。
② 《晋书》卷七五《王湛传附述子坦之传》,第1970页。
③ 《晋书》卷九〇《良吏列传·吴隐之传》,第2341页。
④ (唐)杜佑撰,王文锦等点校:《通典》卷一四《选举二》,中华书局1988年版,第335页。
⑤ 《南齐书》卷二三《褚渊王俭传》史臣曰,中华书局1972年版,第438页。
⑥ 《梁书》卷三四《张缅传附弟缵传》,中华书局1973年版,第493页。
⑦ 《南齐书》卷二二《豫章文献王嶷附子操传》,第419页。

秘书郎下。次令仆子起家著作佐郎，亦为板行参军。此外有扬州主簿、太学博士、王国侍郎、奉朝请、嗣王行参军，并起家官，未合发诏。①

上述记载虽然是指陈代起家之制，但"陈承梁，多循其制官"，故萧梁时期也大体如此。若以陈代起家之制作为参照，则梁陈时期的起家官可以分为七等：亲王及皇太子冢嫡者、皇子封公者、诸王子并诸侯世子、三公子、令仆子、次令仆子、一般士族子弟。依据官班制的规定，上述起家官皆要求"位登二品"之人充任，但是起家官品、起家官班则分为多个层次，请看下表：

陈代起家官及官品、官班、中正品第对照表②

起家等级	起家官	官品	官班	中正品第
亲王及皇太子冢嫡者	侍中	三品	十二班	位登二品
皇子封公者	中书郎	四品	九班	位登二品
诸王子并诸侯世子	给事中	七品	四班	位登二品
三公子	员外散骑侍郎	七品	三班	位登二品
令仆子	秘书郎	七品	二班	位登二品
	若员满，亦板法曹参军	七品	三班	位登二品
次令仆子	著作佐郎	七品	二班	位登二品
	亦板行参军	八品	二班	位登二品
一般士族子弟	奉朝请	八品	二班	位登二品
	太学博士	八品	二班	位登二品
	扬州主簿	九品	二班	位登二品
	嗣王行参军	九品	二班	位登二品
	皇弟皇子王国侍郎	九品	一班	位登二品

---

① 《隋书》卷二六《百官志上》，中华书局1973年版，第741页。
② 表中"官品"一栏主要依据《隋书》卷二六《百官志上》所载陈官品，第742—746页。陈官品基本遵循梁制，但其间也有一些变化，参见拙作：《萧梁官品、官班制度考略》，《中国史研究》1995年第2期，收入《九品中正制略论稿》，中州古籍出版社2004年版，第237—238页。

据此，依照制度规定，梁陈时的起家官略有三类：一是中央台省的正式品官，如侍中、中书郎、员外散骑侍郎、秘书郎、著作佐郎及太学博士、奉朝请等。二是王国侍郎和军府僚佐，如板法曹参军、板行参军、嗣王行参军等。三是大州上佐，如扬州主簿。在上述三类起家官中，除了军府僚佐和大州上佐或由府主"板授"和刺史自辟，即"未合发诏"外，其余多数均由中央除授，即由吏部铨选而直接入仕。因此，梁陈规定的起家官之制，既是对前代通行的直接入仕做法的总结及制度化，同时也对起家官的规定更为明确，范围更加扩大。但是，由于梁陈时期的起家官是以王公贵族和在职士族官僚的爵位官职高低为标准，且明确区分为不同的起家官等级，这就使得直接入仕制度具有鲜明的"任子制"和等级制的性质，实际上是一种变态的任子制度。魏晋以来的直接入仕之制发展至此，可以说是遵循了一条注重家世门第和父祖官爵的基本规律，其旨在确保高门权势子弟仕宦特权的目的及其作用，已是越来越明显了。

北魏建国并进入中原之后，也沿用了魏晋以来的直接入仕之制。由于北魏前期官制胡汉杂糅，在中央官制居主导地位的是"八部大人制"和"内侍官制"等鲜卑官制，所以由直接入仕一途仕进者也主要是拓跋勋贵子弟，所授予的官职则有内侍、内侍长、内行长、内三郎、内博士等职。如太尉穆崇之子穆观，"少以文艺知名，选充内侍，太祖器之"[①]。外朝大人安同之子安颉，"太宗初，为内侍长"[②]。外都大官罗结之子罗伊利，"高宗时袭爵，除内行长"[③]。广阿镇都大将费峻之孙费于，"少有节操，起家内三郎"[④]。和其奴，"代人也。少有操行，善射御。初为三郎，转羽林中郎"[⑤]。而同时期汉族士族子弟由此途入仕者，则较为少见。及至孝文帝推行汉化，改革官制，建立门阀制度，对直接入仕的"门品"和起家官也做了新的规定，成为此后相沿不废

---

① 《魏书》卷二七《穆崇传附子穆观传》，中华书局1974年版，第664页。
② 《魏书》卷三〇《安同传附子安颉传》，中华书局1974年版，第715页。
③ 《魏书》卷四四《罗结传附子罗伊利传》，中华书局1974年版，第988页。
④ 《魏书》卷四四《费于传》，中华书局1974年版，第1003页。
⑤ 《魏书》卷四四《和其奴传》，中华书局1974年版，第993页。

的经制。据《通典》卷一六《选举四》载孝明帝时清河王元怿上表论选举之事说:"孝文帝制,出身之人,本以门品高下有恒,若准资荫,自公卿令仆之子,甲乙丙丁之族,上则散骑秘著,下逮御史长兼,皆条例昭然,文无亏没。"① 可见上至"散骑秘著",下至"御史长兼",都是高门权贵子弟的起家官。并且,北魏以散骑侍郎、秘书郎、著作郎等作为"公卿令仆之子,甲乙丙丁之族"的起家官,与魏晋南朝的惯例、制度正合。如《魏书》卷九〇《李谧传》载"谧以公子征拜著作郎",就是三公之子可起家为"秘著"之证。但孝文帝定制以御史、侍御史作为甲族的起家官,则反映了北魏对御史台的重视,与南朝贵游子弟"不居宪台",轻视御史之职的观念颇不相同。《魏书》卷七七《高道穆传》载其任御史中尉时,"选用御史,皆当世名辈"。《北齐书》卷四五《李广传》载东魏时,御史"中尉崔暹精选御史,皆是世胄"。可见北魏后期世胄名家多起家为御史之职,且此制至东魏亦然。需要指出的是,自孝文帝分定氏族,改革官制以后,北魏的直接入仕制度已与"资荫制"完全合流,成为资荫制度的外在表现形式。就此而论,南北朝前期的直接入仕制度虽各有特色,不尽相同,但最终却趋于一致,并蒙上一层浓厚的"任子"和"资荫"色彩,从而使直接入仕具有鲜明的时代特征。

北魏王朝分裂后,继起的东魏、北齐和西魏、北周也都沿用了直接入仕之制。东魏、北齐由吏部铨选直接入仕者主要是高门士族和当朝新贵子弟,起家官多为员外散骑侍郎、秘书郎、著作郎、侍御史、太学博士、奉朝请、王国文学等职。如柳敏,"年未弱冠,起家员外散骑侍郎"②。司马消难,"幼聪惠,微涉经史,有风神,好自矫饰,以求名誉。起家著作郎"③。裴讞之,"少好儒学,释褐太学博士"④。西魏之时,高门权势子弟的起家官略同东魏、北齐。

---

① (唐)杜佑撰,王文锦等点校:《通典》卷一六《选举四》,第390—391页。
② 《周书》卷三二《柳敏传》,中华书局1971年版,第560页。
③ 《周书》卷二一《司马消难传》,第354页。
④ 《北齐书》卷三五《裴让之传附弟裴讞之传》,中华书局1972年版,第466页。

及至北周，则刻意复古，效仿《周礼》六官之制，因而起家官的名称也迥异于前朝。如宇文神举，"世宗初，起家中侍上士"①。韦寿，"以贵公子，早有令誉，为右侍上士"②。郑译，"周武帝时，起家给事中士"③。韦洸，"有器干，少便弓马。仕周，释褐直寝上士"④。此外，北周的起家官还有纳言上士、司御上士、内史上士、礼部上士、太子宫尹、太子车右中士、夏官府下士、小学下士、麟趾学士等职。在中央则"以吏部中大夫一人掌选举，吏部下大夫一人以贰之"⑤。

综上所述，直接入仕是魏晋南北朝时期最重要的选官制度之一。由于在此制的保障下，高门权势子弟仅凭门第世资，就可由吏部铨选直接除授官职，而无任何科目考察和仕宦经历，从而为门阀士族子弟提供了一条入仕捷径。正因为如此，在魏晋南北朝近400年间，直接入仕一途历久不衰，而且日益规范化和制度化，成为维护门阀士族世袭政治特权的重要工具。同时，由于直接入仕具有鲜明的门阀化和等级化色彩，本质上是以父祖的官职爵位和门品高下为其前提条件的仕进制度，因而在两晋和南北朝后期，直接入仕先是与"清官起家迁转之途"融为一体，继而又与"任子制"和"资荫制"渐趋合流，蜕变成为一种变态的"任子制"和"资荫制"。并且，直接入仕制度的建立及其发展，对魏晋南北朝其他选官制度也产生了重要影响，以致成为州郡察举制度一度衰微不振的主要原因之一。

三、察举制度

察举制度是两汉时期重要的选举制度，而州举秀才、郡察孝廉则是其中最

---

① 《周书》卷四〇《宇文神举传》，第714页。
② 《隋书》卷四七《韦世康传附从父弟韦寿传》，第1271页。
③ 《隋书》卷三八《郑译传》，第1135页。
④ 《隋书》卷四七《韦世康传附弟韦洸传》，第1267页。
⑤ （唐）杜佑撰，王文锦等点校：《通典》卷一四《选举二》，第341页。

为重要的两项岁举性项目,也是当时选拔人才的重要途径之一。东汉一代,孝廉例由郡国荐举,秀才(东汉避光武帝刘秀讳,改为"茂才")则是由州举。被察举的孝廉到京师后须通过策试,方可拜除郎官,经过一定期限,再选补诸府丞、长史、尚书郎等,或外补县令、长、丞、尉,然后以功次迁任刺史守相,或是跻身朝班,致位公卿。故汉代经由察举孝秀入仕,在当时最为荣途。魏晋南北朝时期也沿用了东汉旧制,州举秀才、郡察孝廉,是当时通行的定例。但随着时代的发展,察举孝秀之制也发生了一些变化,并具有鲜明的时代特征。

三国时期,鼎足而立的魏、蜀、吴封建政权均继承了东汉以来的岁举孝廉、秀才之制。如曹丕代汉伊始,即于黄初二年(221)正月诏曰:"初令郡国口满十万者,岁察孝廉一人;其有秀异,无拘户口。"① 黄初三年(222)正月又诏曰:"今之计、孝,古之贡士也;十室之邑,必有忠信,若限年然后取士,是吕尚、周晋不显于前世也。其令郡国所选,勿拘老幼;儒通经术,吏达文法,到皆试用。有司纠故不以实者。"② 上引二诏一方面重申了察举孝秀之制,表明魏文帝对此事的重视,另一方面在察举的人数和标准上也有两点变化:一是按东汉和帝定制,郡国每二十万口岁举孝廉一人。黄初二年诏每十万口举一人,降低了郡国口率贡举的旧法,这大约与汉末战乱,郡国人口锐减有关。二是东汉顺帝阳嘉年间,左雄定制年未四十不得举孝廉,"诸生试家法,文吏课笺奏"③,以"儒学、文吏"二科取人,后由黄琼奏增"孝悌及能从政"二科,合为"四科"④。黄初三年诏则废除了限年之制,察举孝廉复以儒学、文吏二科取人。到魏明帝曹叡即位之后,这一选官标准又有变化。魏明帝太和二年(228)诏曰:"尊儒贵学,王教之本也。……申敕郡国,贡士以经

---

① 《三国志》卷二《魏书·文帝纪》,第77页。
② 《三国志》卷二《魏书·文帝纪》,第79页。
③ 《后汉书》卷六一《左雄传》,第2020页。
④ 《后汉书》卷六一《黄琼传》,第2035页。

学为先。"① 自此儒生、文吏二科又归结为经术一科，表明在察举制度的发展演变中，儒生成了察举的主要对象，而单纯的文法之吏，地位则日益低落。孝廉举后还须到京师通过考试，不通经术者则有不中之虞。齐王芳嘉平年间，魏舒"年四十余，郡上计掾察孝廉。宗党以舒无学业，劝令不就，可以为高耳。舒曰：'若试而不中，其负在我，安可虚窃不就之高以为己荣乎！'于是自课，百日习一《经》，因而对策升第。除渑池长"②。可知当时孝廉试经是非常严格的，只有通明经术并经过策试者才能入仕。此外，东汉改秀才为茂才，"魏复曰秀才"③，并由州刺史察举。如管辂，齐王芳"正始九年举秀才"④。傅玄，高贵乡公时"郡上计吏再举孝廉，太尉辟，皆不就。州举秀才，除郎中"⑤。按汉代察举特重孝廉，州举秀才地位虽高，但就其数量与影响则远不如郡察孝廉重要，这一情况在魏世无大改变。

三国时期，蜀、吴两国也沿袭了州举秀才、郡察孝廉之制。如《三国志》卷四五《蜀书·杨戏传》末附载：李纬南，"郡功曹，举孝廉，临邛令"；王义强，"举孝廉，为符节长"；常播仕县主簿、功曹，"举孝廉，除郪长"。是蜀承汉法，其制犹存。孙吴在汉末建安年间亦遵此制，并以州郡察举为仕进正途。如孙权"年十五，以为阳羡长。郡察孝廉，州举茂才，行奉义校尉"⑥。陆逊在夷陵之战中立有殊勋，虽为上将、列侯，孙权"犹欲令历本州举命，乃使扬州牧吕范就辟别驾从事，举茂才"⑦，以增荣显。孙权赤乌二年（239）正月还下诏："自今选三署皆依四科，不得以虚辞相饰"⑧，重申察举孝廉为郎皆依"四科"取人之法，但事实上诏令并未施行。史载孙吴时"贡举以厚货

---

① 《三国志》卷三《魏书·明帝纪》，第94页。
② 《晋书》卷四一《魏舒传》，第1186页。
③ 《宋书》卷四〇《百官志下》，第1257页。
④ 《三国志》卷二九《魏书·方技·管辂传》，第819页。
⑤ 《晋书》卷四七《傅玄传》，第1317页。
⑥ 《三国志》卷四七《吴书·吴主传》，第1115页。
⑦ 《三国志》卷五八《吴书·陆逊传》注引《吴书》，第1345页。
⑧ 《三国志》卷四七《吴书·吴主传》注引《江表传》，第1143页。

者在前，官人以党强者为右"①；"浮华者登，朋党者进"②。则其时察举滥恶，选官不得其人。

西晋岁举依然是郡察孝廉，州举秀才。但从西晋初年开始，已正式出现了秀才对策制度，这是察举制度的一个重要变化。据《晋令》规定："举秀才，必五策皆通，拜为郎中，一策不通，不得选。"③ 西晋秀才对策可考者有纪瞻、华谭二人，其中华谭的对策正为五策，而纪瞻对策则有六策，较《晋令》规定多一策。④ 其第六策或为加试题，或对策多少，亦时有变通。由于秀才对策须"五策皆通"，"一策不通，不得选"，因知考试有制度化的黜落之法，只有对策合格的秀才，才能按策试等第加以任用。西晋察举孝廉也要经过策试，一如秀才对策之制。据《晋书》卷五九《赵王司马伦传》，司马伦篡位，"是岁，贤良方正直言、秀才、孝廉、良将皆不试"。又同书卷五一《王接传》："是岁，三王义举，惠帝复阼，以国有大庆，天下秀孝一皆不试，接以为恨。"可见正常情况下，秀才、孝廉是必须策试的，西晋末年政局不稳，故常免试以悦人心。凡察举秀孝者，原则上仍以州郡属吏为主要对象，这是汉魏以来相沿未变的成规。如李含，"州刺史郭奕素闻其贤，下车擢含为别驾，遂处群僚之右。寻举秀才"⑤。索充，"司徒王戎书属太守使举充，太守先署充功曹而举孝廉"⑥。史载"郡纲纪并为孝廉，县纲纪为廉吏"⑦，说明应举秀孝者须先仕州郡，修身励行，然后始得察举，与汉魏之制相同。

东晋偏安江左，对察举策试孝秀也有明确规定。《宋书》卷四〇《百官志

---

① （晋）葛洪著，杨明照校笺：《抱朴子外篇校笺》卷三四《吴失篇》，中华书局1991年版，下册，第142页。
② 《三国志》卷六一《吴书·陆凯传》，第1406—1407页。
③ （隋）虞世南：《北堂书钞》卷七九《设官部三一》引《晋令》，天津古籍出版社1988年版，第325页。
④ 分别见《晋书》卷五二《华谭传》，第1449—1452页；《晋书》卷六八《纪瞻传》，第1815—1819页。
⑤ 《晋书》卷六〇《李含传》，第1641页。
⑥ 《晋书》卷九五《艺术·索紞传》，第2494页。
⑦ 《晋书》卷五九《赵王伦传》，第1602页。

下》叙秀才曰:"晋江左扬州岁举二人,诸州举一人,或三岁一人,随州大小,并对策问。"所谓"并对策问",只是制度上的规定,实际上经常荒废。《晋书》卷七八《孔坦传》:"先是,以兵乱之后,务存慰悦,远方秀孝到,不策试,普皆除署。"《宋书》卷三一《五行志二》引孙盛曰:"晋自丧乱以后,风教凌夷,秀无策试之才,孝乏四行之宝。"可知东晋初年庶事草创,百业待兴,察举秀才、孝廉并不策试。晋元帝大兴年间,曾"申明旧制,皆令试《经》,有不中科,刺史、太守免官"。但各州郡所举孝秀,怕试经不中,"多不敢行,其有到者,并托疾"。后尚书孔坦上疏请"崇修学校,普延五年,以展讲习",元帝"听孝廉申至七年,秀才如故"①。不过,自晋元帝同意孝廉策试可延展七年,秀才策试照旧进行之后,"诸州秀才闻当考试,皆惮不行",于是朝廷"遂不复策试"②。因此,东晋一代,策试秀孝之制徒有其名,直到刘裕废晋称帝,才恢复策试制度。

两晋时期,虽然州举秀才、郡察孝廉依然实行,并正式建立了秀才对策制度,但随着九品中正制为门阀士族所垄断,以及直接入仕等选官途径的兴起,州郡察举的地位和作用反呈下降与低落之势,不为士人所重。究其原因,一是在九品中正制下,门阀子弟自可凭借家世门地占据"上品",并由清途诸官直接起家,步入仕途;而察举秀孝者则必须先仕州郡,修身励行,举后又经严格考试,自不及直接入仕简便快捷。二是察举秀孝者多拜为议郎、中郎、郎中等"散郎"之职,而由吏部铨选直接入仕者,则多除授给事中、员外散骑侍郎、秘书郎、著作佐郎、尚书郎及东宫、王国官属等清要官职,显然比"散郎"优越。加之秀孝策试后常有累年不调甚至还家闲居者,因此,高门子弟对由察举入仕自然不感兴趣。据学者考察,西晋时期经秀孝察举入仕者,主要是二、三流官僚士族子弟、普通士人及吴蜀"亡国之余"③。由于高门子弟对察举甚

---

① 《晋书》卷七八《孔愉传附从子孔坦传》,第2055页。
② 《晋书》卷七〇《甘卓传》,第1862页。
③ 阎步克:《察举制度变迁史稿》,辽宁大学出版社1997年版,第186页。

为轻视，多由直接入仕以维护自己的身份和地位，因此察举地位的下降已是大势所趋，不可避免了。及至东晋，不但州郡察举秀孝多非其人，而且策试制度也长期荒废，难以恢复，则察举之地位，较之西晋又趋低落了。

南朝时期，州郡察举有明显的复兴趋势。刘宋王朝建立后，就表现出对察举取士的关切与重视。《通典》卷一四《选举二》云："宋制，丹阳、吴、会稽、吴兴四郡岁举（孝廉）二人，余郡各一人。凡州秀才、郡孝廉，至皆策试，天子或亲临之。"如宋武帝永初二年（421）二月，"车驾幸延贤堂策试诸州郡秀才、孝廉。扬州秀才顾练、豫州秀才殷朗所对称旨，并以为著作佐郎"[①]。孝武帝孝建元年（454）正月诏曰："四方秀孝，非才勿举，献答允值，即就铨擢。若止无可采，犹赐除署；若有不堪酬奉，虚窃荣荐，遣还田里，加以禁锢。"[②] 萧齐时，君主亦常亲临策试。齐武帝永明四年（486）正月，"车驾幸中堂策秀才"[③]。东昏侯永元元年（499）正月，"大赦，改元。诏研策秀、孝，考课百司"[④]。时至梁陈二代，对策试秀孝亦较为严格，策试地点在仪贤堂。如《初学记》卷二〇载有梁《仪贤堂监策秀才连句诗》，作者有刘（到）溉、卢舜、伏挺、王莹、王颙等，时间当在梁武帝天监九年至十五年间[⑤]。又《建康实录》卷一九陈文帝天嘉六年（565）七月"甲申，仪贤堂前架无故自坏"句后附注曰："仪贤堂，吴时造，号为中堂。在宣阳门内路西，七间，亦名听讼堂，每年策孝廉秀才、考学士学业，岁莫习元会仪于此。"可知仪贤堂、中堂乃一堂之别名，南朝历代皇帝常于此策试孝廉秀才，成为定制。

与前代相比，南朝秀才对策制度略有变化。《南齐书》卷三六《谢超宗传》载，宋明帝泰始三年（467），"都令史骆宰议策秀才考格，五问并得为上，四、三为中，二为下，一不合与第"。诏从宰议。按西晋初行秀才对策

---

① 《宋书》卷三《武帝纪下》，第56页。
② 《宋书》卷六《孝武帝纪》，第114页。
③ 《南齐书》卷三《武帝纪》，第51页。
④ 《南齐书》卷七《东昏侯纪》，第98页。
⑤ （唐）徐坚等：《初学记》卷二〇《政理部》，中华书局1962年版，第2册，第478—479页。

时，是"五策皆通，拜为郎中，一策不通，不得选"。骆宰所定泰始制仍为五策，但擢第方法则有变化，改为依及格之策多少，定出上、中、下与不及第四等。《文选》卷三六收有齐永明九年（491）、永明十一年（493）及梁天监三年（504）《策秀才文》三篇，其中永明九年《策秀才文》为三问，或有二问未录。是南朝刘宋时又制定了新的秀才考格之制，且为后世所沿用。南朝孝廉试经方法，史书无载。《通典》卷一六《选举四》记沈约于梁武帝天监中论察举疏，有"假使秀才对五问可称，孝廉答一策能过"语。但依北齐孝廉对策制度，是"射策十条，通八以上，听九品出身"①，其法于江左制度似乎应有所借鉴。又南朝士人以策试为乐，其所试之策亦多为十条，这种社会风气，显然是受到当时考试入仕制度的影响。由此推之，南朝孝廉所试，似乎也当是十条。因秀才对策重文采，五问已足；孝廉试经靠记诵，故十条方可。沈约"孝廉答一策能过"语，"一"或为"十"之讹字。"一策"即能通过，似于情于理不合②。

  南朝察举制度的复兴，一方面使得由察举入仕的人数大为增加，另一方面也使得秀才、孝廉二科逐渐分离，并蒙上一层浓厚的门阀等级色彩。一般来说，南朝秀才只纳士族，表明秀才察举已经士族化了；而孝廉则多揽寒门，是寒人的进身之阶。之所以出现这种情况，是由于察举秀才、孝廉的标准不同。孝廉之举，本重行实。刘宋时即明确规定："孝廉之选，必审其人，虽四科难该，文质寡备，必能孝义迈俗，拔萃著闻者，便足以显应明扬，允将符旨。"③可知孝廉不必才高，关键在于孝义。而南朝士族子弟多优游放纵，唯务吟咏，从原则上讲，他们大多是不够孝廉标准的。《宋书》卷九一《孝义传》附沈约论曰："晋、宋以来，风衰义缺，刻身励行，事薄膏腴。若夫孝立闺庭，忠被史策，多发沟畎之中，非出衣簪之下。以此而言声教，不亦卿大夫之耻乎。"

---

① 《北齐书》卷四四《儒林传序》，第583页。
② 参阎步克：《察举制度变迁史稿》，第231页。
③ 《宋书》卷九一《孝义·潘综传》，第2248页。

士族多不屑修身励行以求进取，所重在文。《文选》卷三六所收三篇《策秀才文》均为辞藻华丽、文句精巧的骈文体。又宋明帝泰始中骆宰议秀才考格新制，谢超宗谓"非患对不尽问，患以恒文弗奇"①，就是指秀才策试只重文辞。当时社会风气雅重文辞，"竞骋文华，遂成风俗"②，其中尤以高门为甚。既然秀才的标准是文才，而士族特别是高门士族在这方面占有优势，加之南朝秀才的主要任官有公府、军府长史、主簿，王国常侍、侍郎、秘书郎、著作佐郎、太学博士、太子舍人、奉朝请等，与同一时期高门子弟的起家官大体相似。所以，高门士族子弟由察举秀才入仕，既可以比较容易地获得高第，也可以由此而步入清途，这是高门趋于秀才一科的主要原因③。

十六国时期，一些在中国北方地区建立的少数民族政权，为了招揽汉族士族为之服务，也沿用了魏晋以来的州举秀才、郡察孝廉制度。如后赵石勒曾"令群寮及州郡岁各举秀才、至孝、廉清、贤良、直言、武勇之士各一人"；并"典定九流，始立秀、孝试经之制"；"又下书令公卿百寮岁荐贤良、方正、直言、秀异、至孝、廉清各一人，答策上第者拜议郎，中第中郎，下第郎中。其举人得递相荐引，广招贤之路"④。前燕时，"辽东内史宋该举侍郎韩偏为孝廉。慕容俊令曰：'夫孝廉者，道德沉敏，供之王廷。'"⑤ 前秦苻坚时也有秀孝对策之制，建元元年（365）正月，"雍州秀才段铿对策上第，拜吏部郎中；孝廉通经者十余人，皆拜令长"⑥。他如南燕有"青州秀才晏谟"⑦ 之例；后凉有宋繇"吕光时，举秀才"⑧ 之事；后秦姚兴时曾令"郡国各岁贡清行孝廉

---

① 《南齐书》卷三六《谢超宗传》，第635页。
② 《隋书》卷六六《李谔传》，第1544页。
③ 罗新本：《两晋南朝的秀才、孝廉察举》，《历史研究》1987年第3期。
④ 《晋书》卷一〇五《石勒载记下》，第2737、2743、2748页。
⑤ （宋）李昉等：《太平御览》卷六五一引《前燕录》，中华书局1960年版，第3册，第2911页。
⑥ （清）汤球辑：《十六国春秋辑补》卷三三《前秦录》，商务印书馆1985年版，第259页。
⑦ 《晋书》卷一二七《慕容德载记》，第3169页。
⑧ 《魏书》卷五二《宋繇传》，第1152页。

一人"①。西凉时也有秀才对策之制。《吐鲁番出土文书》第一册哈拉和卓九一号墓文书中，有一份《西凉建初四年（408）秀才对策文》，是迄今所见最早的秀才对策实物。学者的分析显示，这次策试为五问五答，与晋制正合②。上述事实说明，十六国时期虽然战乱频仍，兵燹不息，但各少数民族政权对察举孝秀非常重视，并且继承了秀孝策试与分等授官之制。

  北魏政权在其建立和发展的过程中，为了消弭胡汉矛盾，罗致汉族士人，也采用了州郡察举制度。太武帝神䴥四年（431）九月，"有诏征范阳卢玄等三十六人，郡国察秀、孝数百人，且命以礼宣喻，申其出处之节"③。这是北魏察举秀孝时间最早和影响较大的一次。自此之后，州郡察举遂为北魏政权的选官常途。孝文帝拓跋宏即位后，锐意改革，推行汉化，秀孝察举也因之大盛。《魏书》卷八四《儒林传序》称：孝文、宣武以降，"州举茂异，郡贡孝廉，对扬王庭，每年逾众"。但是随着孝文帝清定流品和建立门阀制度，秀孝察举的士族化倾向也日益显露。早在延兴二年（472），孝文帝即下诏曰："顷者州郡选贡，多不以实，硕人所以穷处幽仄，鄙夫所以超分妄进，岂所谓旌贤树德者也。今年贡举，尤为猥滥。自今所遣，皆门尽州郡之高，才极乡闾之选。"④ 明确提出门第与才能并重，作为秀孝的察举标准。及至太和年间，秀孝察举已是唯重门第，不重才能。其时韩显宗上言批评察举之弊曰："今之州郡贡察，徒有秀、孝之名，而无秀、孝之实。而朝廷但检其门望，不复弹坐。如此，则可令别贡门望，以叙士人，何假冒秀、孝之名也？夫门望者，是其父祖之遗烈，亦何益于皇家？益于时者，贤才而已。"⑤ 后孝文帝虽然下诏"诸州举秀才，先尽才学"⑥，但察举中的士族化已成为无法扭转的历史趋势。

---

① 《晋书》卷一一七《姚兴载记上》，第 2977 页。
② 阎步克：《察举制度变迁史稿》，第 254 页。
③ 《魏书》卷一〇五之三《天象志三》，第 2402 页。
④ 《魏书》卷七上《高祖纪上》，第 137 页。
⑤ 《魏书》卷六〇《韩麒麟传附子韩显宗传》，第 1339 页。
⑥ 《魏书》卷七下《高祖纪下》太和十五年八月乙亥诏书，第 168 页。

北魏秀才、孝廉策试，大致沿用了两晋南朝的考试程式，即秀才主要考试文学辞采，孝廉则考试经术章句。《魏书》卷六六《崔亮传》记刘景安语曰："朝廷贡秀才，止求其文，不取其理；察孝廉唯论章句，不及治道。"又同书卷六五《邢峦传》："有司奏策秀、孝，诏曰：'秀、孝殊问，经权异策，邢峦才清，可令策秀。'"说明秀才试文而孝廉试经。秀才策试，仍是以五条策问，一同西晋之法。如孝明帝熙平元年（516）二月，"初听秀才对策，第居中上已上，叙之"①。又神龟中，邢臧"举秀才，问策五条，考上第，为太学博士"②。据此，秀才考第大约有上、中上、中、下数等。在孝明帝熙平元年之前，只有上等方能叙官，此后"第居上中已上"皆可叙之。北魏秀孝策试，一般均由中书省策试，而且有时就策于中书省。如孝文帝太和中，邢峦为中书侍郎，受诏"策秀"③。孙惠蔚，"太和初，郡举孝廉，对策于中书省。时中书监高闾素闻惠蔚，称其英辩，因相谈，荐为中书博士"④。《通典》卷二三《职官五》"考功郎中"条载："后魏考功郎掌考第、孝秀。北齐考功郎中亦掌考第及秀孝贡士。"是北魏秀孝虽由中书省策试，而评定等第和叙录授官，则是尚书省事，且此制至北齐循而未废。

北齐对察举孝秀非常重视，君主常亲临朝堂策试秀孝。策试时，"皇帝常服，乘舆出，坐于朝堂中楹。秀孝各以班草对。其有脱误、书滥、孟浪者，起立席后，饮墨水，脱容刀"⑤。秀孝策试，仍是秀才对五策，而孝廉则试经十条。《隋书》卷四二《李德林传》：文宣帝天保八年（557）"举秀才入邺"，时"秀才擢第，罕有甲科。德林射策五条，考皆为上，授殿中将军"。而《北齐书》卷四四《儒林传序》记北齐孝廉之举："射策十条，通八以上，听九品出身，其尤异者亦蒙抽擢。"又同书《儒林·马敬德传》谓其"依秀才策问，

---

① 《魏书》卷九《肃宗纪》，第223页。
② 《魏书》卷八五《文苑列传·邢臧传》，第1871页。
③ 《魏书》卷六五《邢峦传》，第1438页。
④ 《魏书》卷八四《儒林列传·孙惠蔚传》，第1852页。
⑤ 《隋书》卷九《礼仪志四》，第188页。

唯得中第，乃请试经业，问十条并通。"可见孝廉试经十条，乃是经制。秀孝殊问，射策不同，盖以时务答策重理解，故五条亦足验其才识；经学较为刻板重记忆，自然以多为胜。北齐察举又有员额限制。当时州有三级，分别为上州、中州、下州，下州三岁举一人为秀才。《北齐书》卷四五《樊逊传》记梁州刺史举逊为秀才，"尚书按旧令，下州三载一举秀才"，而梁州先举秀才未满三年，复举逊，与制度不合，"逊竟还本州"。知州举秀才不依年限，则朝廷不予策试，且其法甚严。北齐秀孝策试分别在中书省和集书省。《隋书》卷九《礼仪志四》云："后齐每策秀孝，中书策秀才，集书策考贡士，考功郎中策廉良。"按，"集书策考贡士"句，台湾学者严耕望谓应作"集书策孝廉"之讹①。北齐虽由中书省策秀才，集书省策孝廉，但他们只负责现场组织及策文拟制，擢第授官仍由尚书省负责掌管，一同北魏旧法。

北周对察举孝秀也有明确规定，并有员额之限。周宣帝大成元年（579）八月"诏制九条，宣下州郡"，其第八条为"州举高才博学者为秀才，郡举经明行修者为孝廉，上州、上郡岁一人，下州、下郡三岁一人"②。由于周制察举秀孝以"高才博学"和"经明行修"为准则，加之西魏时宇文泰命苏绰为"六条诏书"，明确宣布"今之选举者，当不限资荫，唯在得人"③，打破了以"门资"选官之法，所以北周采用察举取士制度，确实也选拔了一些人才。但是，北周统治者是一个尚武的军功官僚集团，王朝官僚多以功臣武将担任，史载"周室尚武，贵游子弟咸以相矜，每共驰射"④，即指出北周风气。因此，北周统治者虽然承袭了察举孝秀之制，但从维护其自身利益出发，他们对采用文辞经书策试选官的传统察举入仕制度不感兴趣，甚至抱有疑忌态度。故在北

---

① 严耕望：《中国地方行政制度史·魏晋南北朝地方行政制度》（下），上海古籍出版社2007年版，第659页。
② 《周书》卷七《宣帝纪》，第116页。
③ 《周书》卷二三《苏绰传》，第386页。
④ 《隋书》卷五一《长孙览传附长孙晟传》，第1329页。

周一代，察举规模渐趋低落，给人以停滞之感①。这种情况一直延续到隋朝前期，此后逐步有所回升。

四、皇帝征召

皇帝征召是汉代选用人才的一种制度。征召是指皇帝采取特征和聘召的方式，选拔某些有名望或品学兼优的人士，或到朝廷以备顾问，或任以官职、参与政事。凡被征召者，当时称为"征君"。对于德高望重的老年学者，常用安车蒲轮迎进朝廷，以示优待；较次一等的，则用公车；而一般被征之士，赴朝廷就职时则须自备车马。汉代皇帝下诏征聘，对被征聘的人不具强制力，而是一种礼请，故被征召者可以应聘，也可以托辞不就。因此，汉代士人若能受到皇帝的征召，被视为最为尊荣的仕途。

魏晋南北朝时期，虽然九品中正制是占据着主导地位的选官制度，但皇帝征召之制依然实行。三国时期，魏、蜀、吴各政权为了搜求隐逸，延揽人才，也继承了汉代以来的皇帝征召之制。其时皇帝征召，多出于大臣举荐。如魏文帝黄初中，司徒华歆举隐逸高士管宁，"帝以安车征之"，宁固辞不受。此后"自黄初至于青龙，征命相仍"。齐王芳正始二年（241），太仆陶丘一等复荐管宁，"于是特具安车蒲轮，束帛加璧聘焉"②。又齐王芳正始中，尚书黄休、郭彝、散骑常侍荀顗、太仆庾嶷等表荐隐士胡昭"玄虚静素，有夷、皓之节。宜蒙征命，以励风俗"。时"朝廷以戎车未息，征命之事，且须后之，昭以故不即征"。后荀顗、黄休、庾嶷复荐之，侍中韦诞也上疏称："礼贤征士，王政之所重也……昭宿德耆艾，遗逸山林，诚宜嘉异。"于是"至嘉平二年，公车特征"③。东吴也有征聘之事。吴郡陆瑁好学笃义、闻名乡间，州郡辟举，

---

① 阎步克：《察举制度变迁史稿》，第281页。
② 《三国志》卷一一《魏书·管宁传》，第360页。
③ 《三国志》卷一一《魏书·管宁传附胡昭传》及注引《高士传》，第362、363页。

皆不就。孙权嘉禾元年（232），"公车征瑁，拜议郎、选曹尚书"①。

西晋初年，晋武帝为招揽草野遗贤，屡有征聘之举。惠帝时李重上疏称："昔先帝患风流之弊，而思反纯朴，乃咨询朝众，搜求隐逸。咸宁二年，始以太子中庶子征安定皇甫谧，四年又以博士征南安朱冲，太康元年，复以太子庶子征冲，虽皆以病疾不至，而朝野悦服。"② 此后惠帝、怀帝在位期间，也常有公车特征之事。如庐江杜夷，"世以儒学称，为郡著姓"③；会稽虞喜，"少立操行，博学好古"，及怀帝即位，并"公车征拜博士"④。

东晋偏安江左，世事动荡，隐遗风盛，故皇帝下诏征聘隐遗高士和草野遗贤者甚多。如明帝太宁三年（352），"征处士临海任旭、会稽虞喜并为博士"⑤。成帝咸和八年（333），"以束帛征处士寻阳翟汤、会稽虞喜"⑥。咸康元年（335），"束帛征处士翟汤、郭翻"⑦。康帝建元元年（343），"又以束帛征处士寻阳翟汤、会稽虞喜"⑧。据《晋书》卷九四《隐逸传》载，临海任旭、广陵韩绩、寻阳翟汤、武昌郭翻、谯国戴逵、武陵龚玄之，都是由皇帝下诏公车特征过的隐士。东晋统治者之所以特别推崇隐逸，屡加征聘，既是为了标榜"礼贤征士，王政所先"，也是为了"美其高尚之德"，"峻其贞白之轨"，故"征聘之礼贲于岩穴，玉帛之赘委于窒衡"⑨。而晋代隐士多不应皇帝征召，则是由于朝廷多故，政局不稳，故志尚隐遁，辞疾不行，遂成为一时风气。

南朝时期，皇帝征召之制依然盛行。其时被征聘者既有栖身岩穴的隐逸高

---

① 《三国志》卷五七《吴书·陆瑁传》，第1337页。
② 《晋书》卷四六《李重传》，第1312—1313页。
③ 《晋书》卷九一《儒林列传·杜夷传》，第2353页。
④ 《晋书》卷九一《儒林列传·虞喜传》，第2348页。
⑤ 《晋书》卷六《明帝纪》，第163页。
⑥ 《晋书》卷七《成帝纪》，第177页。
⑦ 《晋书》卷七《成帝纪》，第179页。
⑧ 《晋书》卷七《康帝纪》，第185页。
⑨ 《晋书》卷九四《隐逸传》序，第2425页。

士，也有通明经史的硕学名儒。如刘宋初年，雁门人周续之隐居庐山，以儒学著称，武帝"征诣京师，开馆以居之。高祖亲幸，朝彦毕至"①。豫章人雷次宗，"笃志好学，尤明《三礼》、《毛诗》，隐退不交世务"②，文帝元嘉中"征次宗至京师，开馆于鸡笼山，聚徒教授，置生百余人"③，后又"为筑室于钟山西岩下，谓之招隐馆"④。此后宋明帝、后废帝时，也屡有"举贤聘逸，弘化之所基"⑤，"虚轮伫帛，俟闻嘉荐"⑥ 的诏书。为了搜罗隐逸，地方官府甚至有"逼以王宪，束以严科"者。如寻阳翟法赐"违避征聘，遁迹幽深。寻阳太守邓文子表曰：'奉诏书征郡民新除著作佐郎南阳翟法赐，补员外散骑侍郎。法赐隐迹庐山，于今四世，栖身幽岩，人罕见者。如当逼以王宪，束以严科，驰山猎草，以期禽获，虑至颠殒，有伤盛化。'乃止"⑦。下至齐、梁、陈三朝，皇帝下诏举贤聘逸之事亦多。如齐武帝永明三年（485），荆州刺史庐陵王萧子卿上表推荐江陵刘虬、宗测、宗尚之、庾易、刘昭五人，"请加蒲车束帛之命。诏征为通直郎，不就"⑧。齐恭王萧昭文隆昌元年（494）诏："处士濮阳吴苞，栖志穹谷，秉操贞固，沈情味古，白首弥厉。征太学博士。"⑨ 梁初陶弘景隐于庐山，梁武帝"手敕招之，锡以鹿皮巾。后屡加礼聘，并不出"⑩。陈文帝天嘉初，马枢博极经史，隐于茅山，"文帝征为度支尚书，辞不应命"⑪。在《宋书·隐逸列传》、《南齐书·高逸列传》、《梁书·处士列传》及《南史·隐逸列传》中，被皇帝下诏指名征召，或被朝臣举荐和郡国旌举

---

① 《宋书》卷七三《颜延之传》，第1892页。
② 《宋书》卷九三《隐逸列传·雷次宗传》，第2292—2293页。
③ 《宋书》卷九三《隐逸列传·雷次宗传》，第2293页。
④ 《宋书》卷九三《隐逸列传·雷次宗传》，第2294页。
⑤ 《宋书》卷八《明帝纪》，第159页。
⑥ 《宋书》卷九《后废帝纪》，第178页。
⑦ 《宋书》卷九三《隐逸列传·翟法赐传》，第2286页。
⑧ 《南齐书》卷五四《高逸列传·刘虬传》，第939页。
⑨ 《南齐书》卷五四《高逸列传·吴苞传》，第945页。
⑩ 《南史》卷七六《隐逸列传·陶弘景传》，第1899页。
⑪ 《陈书》卷一九《马枢传》，中华书局1972年版，第264页。

而被征召的隐士俯拾皆是，史不绝书。因此，皇帝征召作为搜扬隐逸、举贤聘能的一种途径，在当时确有其独特的功效和不可忽视的作用。

北魏初年，由于鲜卑拓跋族入主中原，民族矛盾与民族隔阂较深。为了拉拢汉族世家大族，参与北魏政权，在太武帝拓跋焘统一北方之后，曾以皇帝征召的方式大规模地网罗汉族高门。神䴥四年（431）九月，太武帝下诏说："今二寇摧殄，士马无为，方将偃武修文，遵太平之化，理废职，举逸民，拔起幽穷，延登俊乂，昧旦思求，想遇师辅，虽殷宗之梦板筑，罔以加也。访诸有司，咸称范阳卢玄、博陵崔绰、赵郡李灵、河间邢颖、勃海高允、广平游雅、太原张伟等，皆贤俊之胄，冠冕州邦，有羽仪之用……尽敕州郡以礼发遣。"① 据《魏书》卷一○五之三《天象志三》载此事："是月壬申，有诏征范阳卢玄等三十六人，郡国察秀、孝数百人，且命以礼宣喻，申其出处之节。"同书卷四八《高允传》录其于献文帝时所作《征士颂》，其文详细记载了神䴥四年同应征命者三十五人的籍贯、姓名、官职，并盛赞太武帝说："亲发明诏，以征玄等。乃旷官以待之，悬爵以縻之。其就命三十五人，自余依例州郡所遣者不可称记。尔乃髦士盈朝，而济济之美兴焉。"据此，这次应征入朝为官者共35人，同时由州郡察举秀才、孝廉数百人。这样大规模地征聘汉族高门，乃是出于笼络汉族士族和巩固北魏政权的需要。其时应征入朝者多授中书侍郎、秘书郎和中书博士等职，他们帮助北魏统治者出谋划策，制定政治、法律、礼仪等制度，对于加速北魏社会的封建化起了非常重要的作用。太武帝在位期间，太子拓跋余还曾"启世祖广征俊秀"②，以延揽人才。献文帝时，博陵崔辩"学涉经史，风仪整峻。显祖征拜中书博士"③。孝文帝太和十九年（495）十月，"诏州郡诸有士庶经行修敏，文思遒逸，才长吏治、堪干

---

① 《魏书》卷四上《世祖纪上》，第79页。
② 《魏书》卷五三《李孝伯传》，第1172页。
③ 《魏书》卷五六《崔辩传》，第1250页。

政事者，以时发遣"①。但是到北魏后期，随着鲜卑贵族与汉族士族日益合流，皇帝征召的次数与数量也越来越少了，有时还具有明显的强制性色彩。如节闵帝普泰元年（531）三月，"诏天下有德孝仁贤忠义志信者，可以礼召赴阙，不应召者以不敬论"②。这种强制性的做法，说明北魏末年政局动荡，制度紊乱，故皇帝礼贤聘士已是徒具形式，不为时人所重。

东魏、北齐和西魏、北周时期，皇帝征召之制犹存，其时被征召者多是儒术高明、名重当时的耆学硕儒。如东魏高欢辅政，大兴儒学，"征中山张雕、渤海李铉、刁柔、中山石曜等递为诸子师友。及天保、大宁、武平之朝，亦引进名儒，授皇太子诸王经术"③。沈重为一代儒宗，名重江左，萧梁时为五经博士。及北周平江陵，沈重留事梁主萧詧。周武帝"以重经明行修，乃遣宣纳上士柳裘至梁征之"，并致书曰："知卿学冠儒宗，行标士则……爰致束帛之聘，命翘车之招。"又敕"襄州总管、卫公直敦喻遣之，在途供给，务从优厚。保定末，重至于京师"④，后授露门博士。又熊安生博通《五经》，尤明《三礼》，北齐时为国子博士。及周武帝平定北齐，入邺，乃亲幸其第，"又诏所司给安车驷马，随驾入朝，并敕所在供给"⑤。至京，授露门博士。故《周书》卷四五《儒林传》序称："世宗（周武帝）纂历，敦尚学艺……其后命辖轩以致玉帛，征沈重于南荆。及定山东，降至尊而劳万乘，待熊生以殊礼。是以天下慕响，文教远覃。"可见周武帝征召沈重、熊安生，对北周文化教育事业的发展起到推动作用。

纵观魏晋南北朝时期的皇帝征召，虽系承袭汉制而来，但也因时因事屡有变化，以致被征聘的对象时有不同。大体言之，魏晋南朝时，由于政局不稳，隐逸风盛，被征召者多是草野遗贤或隐逸高士，故南朝皇帝诏书中常见"举

---

① 《魏书》卷七下《高祖纪下》，第178页。
② 《魏书》卷一一《前废帝纪》，第276页。
③ 《北齐书》卷四四《儒林列传》序，第582页。
④ 《周书》卷四五《儒林列传·沈重传》，第809—810页。
⑤ 《周书》卷四五《儒林列传·熊安生传》，第813页。

贤聘逸，弘化所基"，"虚轮伫帛，俟闻嘉荐"之语。梁时裴子野也说："有晋以来，其流稍改，草泽高士，犹厕清涂。"① 北魏前期的皇帝征召，则是拉拢北方汉族高门的一种手段，被征召者主要是声闻州邦、世代冠冕的世家大族。其中，太武帝神䴥四年征召范阳卢玄等三十五人入朝为官，堪称魏晋南北朝时期皇帝征召人数最多、影响最大的一次，并对加速北魏的封建化进程，消除胡汉矛盾和民族隔阂起到积极作用。东魏、北齐和西魏、北周时期，皇帝征召的主要对象是当世儒宗和耆学硕儒，其弘扬儒学、昌盛文教的用心至为明显。此外，在魏晋南北朝的选官制度中，皇帝征召并非是定期举行，而是根据朝廷对某种人才的特殊需要，具有临时性和随机性。并且，与皇帝征召相辅而行的，常可见到一些大臣以个人的名义上书表荐，或是由几个人联名共荐，然后由皇帝予以征聘。如前揭曹魏时司徒华歆举荐管宁，尚书黄休、郭彝、散骑常侍荀颉、太仆庾嶷等联名表荐隐士胡昭，就是显例。由臣僚向皇帝举荐人才，再由皇帝征聘的做法，实际上是对察举制度的一种补充。故与其它选官仕途相比，皇帝特征具有更多的灵活性。

五、公府辟召

公府辟召是魏晋南北朝时期又一重要的选官途径。辟召又称辟举、辟除或辟署，本是汉代高级官吏自行辟任僚属的一种制度。魏晋南北朝时期仍沿用不废，是选拔任用官吏的重要途径之一。辟召的主要表现形式有公府辟召和州郡辟召，这里先谈公府辟召。

东汉时期，朝廷置太尉、司徒、司空为"三公"。所谓"公府"，就是指"三公"府，又简称"三府"。其时三公皆开府置佐，且可自行辟召公府掾属。

---

① （唐）杜佑撰，王文锦等点校：《通典》卷一六《选举四》"杂议论上"引裴子野语，第389页。

被公府辟召者或为布衣，或为州郡吏，或为孝廉，或为郎官，个人资历多种多样。由于公府掾属职权较重，升迁快捷，"或期月而长州郡，或数年而至公卿"①，故时人竞以公府辟召为荣。

汉末建安年间，曹操自立丞相，罢"三公"之官。曹魏黄初元年（220），文帝曹丕复置三公，以贾诩为太尉，华歆为司徒，王朗为司空。以后又增置太傅、太保为上公，位在三公上。曹魏时期，虽然"三公无事，又希与朝政"②，诸公已经成荣誉头衔，但依照制度，三公仍开府置佐，并可自行辟召掾属。如傅嘏"弱冠知名，司空陈群辟为掾"③。阮籍"旷达不羁，不拘礼俗，性至孝……太尉蒋济闻而辟之，后为尚书郎"④。此外，三国时孙吴曾置太尉、司徒、司空等"三公"，蜀汉也曾以许靖为司徒，并沿袭了东汉以来的公府辟召之制。

西晋初年，晋武帝司马炎有感于世家大族的拥戴之功，特置"八公"，以表示对世家大族的优遇与恩宠之意。《晋书》卷二四《职官志》曰：

> 世祖武皇帝即位之初，以安平王孚为太宰，郑冲为太傅，王祥为太保，司马望为太尉，何曾为司徒，荀𫖮为司空，石苞为大司马，陈骞为大将军，世所谓八公同辰，攀云附翼者也。

与此同时，晋初又规定："骠骑、车骑、卫将军、伏波、抚军、都护、镇军、中军、四征、四镇、龙骧、典军、上军、辅国等大将军，左右光禄、光禄三大夫，开府者皆为位从公。"⑤ 因此，凡"八公"及"位从公"者，皆可开府设置官属。一般来说，公府中的长史、司马、从事中郎职位较高，为公府上佐，

---

① （隋）虞世南：《北堂书钞》卷六八《设官部二〇》引崔寔《政论》，第280页。
② 《三国志》卷二四《魏书·高柔传》，第685页。
③ 《三国志》卷二一《魏书·傅嘏传》，第622页。
④ 《三国志》卷二一《魏书·王粲传》注引《魏氏春秋》，第604页。
⑤ 《晋书》卷二四《职官志》，第726页。

由中央直接除授。其他如公府主簿、公府参军、东西阁祭酒、诸曹掾属等，则由府主自行辟任。但是，无论是中央除授或是府主自辟，都须有相应的中正品第为其入仕资格。前者如"从事中郎缺，用第二品"①。后者如张轨"为二品之精。卫将军杨珧辟为掾"②；"昔中朝助教，亦用二品。颍川陈载已辟太保掾，而国子取为助教"③。均是以乡品二品辟为公府掾属之例。此外，阎缵"复品"后为太傅杨骏舍人，温峤以"灼然二品"为司徒辟东阁祭酒④，也都是著名的例子，兹不复述。

西晋时期，随着门阀制度的确立，公府辟召逐渐为高门大族所把持，以致出现了公府掾属"非世家不召"的发展趋势。据《晋书》卷四九《光逸传》载，光逸出自寒门，为郡县吏，"（胡毋）辅之时为太傅越从事中郎，荐逸于越，越以门寒而不召。越后因闲宴，责辅之无所举荐。辅之曰：'前举光逸，公以非世家不召，非不举也。'越即辟焉。书到郡县，皆以为误，审知是逸，乃备礼遣之。"下至晋末"八王之乱"，由于皇权旁落，政局动荡，参战诸王各自为政。他们为了壮大声势，提高威望，莫不竞相辟署高门子弟以为掾属，致使自辟佐史之风骤长，而高门权贵子弟由公府辟召入仕也一时大盛。据陈琳国先生统计，其时高门子弟如卫恒、卫玠、荀邃、荀闿、卢志、傅宣、郗鉴、应詹、王承、王廙、谢鲲、顾众、陆晔等14人，都是在这一时期应辟入仕的⑤。因此，随着皇权的旁落，公府辟召也成为西晋诸王扩充自己势力的工具。

下至晋室东渡，门阀政治业已形成，所谓"王与马，共天下"，皇权衰微，士族专权，故高门子弟由公府辟召入仕者更众。如王述，"少袭父爵。年

---

① （隋）虞世南：《北堂书钞》卷六八《设官部二〇》引《晋镇东大将军司马伷表》，第279页。
② 《晋书》卷八六《张轨传》，第2221页。
③ 《宋书》卷六〇《范泰传》，第1617页。
④ 《晋书》卷四八《阎缵传》，第1350页；《晋书》卷六七《温峤传》，第1785页。
⑤ 陈琳国：《两晋九品中正制与选官制度》，《历史研究》1987年第3期。

三十，尚未知名，人或谓之痴。司徒王导以门地辟为中兵属"①。殷浩，"弱冠有美名……三府辟，皆不就。征西将军庾亮引为记室参军"②。谢安，"少有重名。初辟司徒府，除佐著作郎，并以疾辞"③。由于辟召者多是大权在握的强臣，他们可以随心所欲地辟署从中央到地方的各级官吏，即便是吏部铨选也要经其授意认可，所以经由公府辟召入仕，充当权臣的佐吏，自然也是地位显赫，前程优越，以致成为高门子弟起家仕宦的荣途④。当然，高门子弟是否愿意应辟公府，也要视府主的位望高低而定。《晋书》卷六六《陶侃传》载其出自寒门，后察孝廉，除郎中，"时伏波将军孙秀以亡国支庶，府望不显，中华人士耻为掾属，以侃寒宦，召为舍人"。按伏波将军为位从公，得以开府置佐，自行辟任掾属。但孙秀为"亡国支庶，府望不显"，故中原士族子弟都不愿应辟其府，孙秀只能辟召地处"寒宦"的陶侃，为其公府舍人。陶侃出自寒门，乡品不高，后来江州大中正羊晫"举侃为鄱阳小中正，始得上品也"⑤。

南朝宋、齐仍以太尉、司徒、司空为三公，"凡诸将军加'大'字，位从公。开府仪同如公"⑥。三公及位从公开府置佐，一如晋制。梁制有"丞相、太宰、太傅、太保、大将军、大司马、太尉、司徒、司空、开府仪同三司等官。诸公及位从公开府者，置官属"⑦。陈依梁制，"而又置相国，位列丞相上。并丞相、太宰、太傅、太保、大司马、大将军，并以为赠官"⑧。因此南朝诸公多开府置佐，自辟僚佐之制犹存。而陈时除"三公"之外，其余诸公并为赠官，不开府置佐。一般来说，南朝前期，公府辟召仍是高门子弟入仕的

---

① 《晋书》卷七五《王湛传附孙王述传》，第1961页。
② 《晋书》卷七七《殷浩传》，第2043页。
③ 《晋书》卷七九《谢安传》，第2072页。
④ 陈琳国：《两晋九品中正制与选官制度》，《历史研究》1987年第3期。
⑤ （南朝宋）刘义庆著，余嘉锡笺疏：《世说新语笺疏》下卷上《贤媛篇》注引王隐《晋书》，中华书局1983年版，第690页。
⑥ 《南齐书》卷一六《百官志》，第313页。
⑦ 《隋书》卷二六《百官志上》，第720页。
⑧ 《隋书》卷二六《百官志上》，第741页。

重要途径之一。如宋时琅邪大族王微,"起家司徒祭酒,转主簿"①。陈郡大族谢惠连,"元嘉七年,方为司徒彭城王义康法曹参军"②。萧齐时,谢朓"少好学,有美名,文章清丽。解褐豫章王太尉行参军"③。济阳蔡撙,"为司徒法曹行参军。齐左卫将军王俭高选府僚,以撙为主簿"④。及至梁陈二代,由于中央集权制度加强,且正式制定了王公贵族和高门权势子弟的起家官之制,加之陈代诸公多为赠官,不开府置佐,因此高门子弟多由吏部铨选直接入仕,公府辟召稍显沉寂,不如前代之盛。

北魏前期,朝仪典制还不完备,设官分职胡汉杂糅。孝文帝太和年间改革官制,颁布《前职员令》,以太师、太傅、太保为"三师";大司马、大将军为"二大";太尉、司徒、司空为"三公"。北魏"三师"不开府,无官属。"二大"及"三公"开府置佐,有长史、司马、谘议参军、从事中郎、主簿、录事参军、诸曹行参军、掾属等。如太和末年,"京兆王愉开府辟召,高祖妙简行佐,(高)谅与陇西李仲尚、赵郡李凤起等同时应选。稍迁太尉主簿"⑤。孝明帝时,"太尉、清河王怿辅政,以(宋)维名臣之子,荐为通直郎,辟其弟纪行参军"⑥。及至神龟末年,"清河王怿领太尉,辟(阳)固从事中郎。……正光二年,京兆王继为司徒,高选官僚,辟固从事中郎"⑦。又孝庄帝永安中,杨津为司空,"于时府主皆引僚佐,人就津求官",津不允⑧。可见公府辟召之盛。但是自孝文帝改革官制、建立门阀制度以后,公府辟召也蒙上一层浓厚的门阀色彩,成为汉族高门和拓跋勋贵子弟入仕的重要途径。史载"孝文帝制,出身之人,本以门品高下有恒,若准资荫……或身非三事之子,解褐

---

① 《宋书》卷六二《王微传》,第 1664 页。
② 《宋书》卷五三《谢方明传附子谢惠连传》,第 1525 页。
③ 《南齐书》卷四七《谢朓传》,第 825 页。
④ 《梁书》卷二一《蔡撙传》,第 332 页。
⑤ 《魏书》卷五七《高祐传附高谅传》,第 1263 页。
⑥ 《魏书》卷六三《宋弁传附子宋维传》,第 1416 页。
⑦ 《魏书》卷七二《阳尼传附阳固传》,第 1611—1612 页。
⑧ 《魏书》卷五八《杨播传附弟杨津传》,第 1302 页。

公府正佐；地非甲乙之类，而得上宰行僚"①。就是对这一情况的真实写照。

东魏、北齐多循北魏旧制，所置"三师"、"二大"、"三公"均开府置佐，公府僚佐由府主自行辟召。如东魏羊烈"释巾太师咸阳王行参军"②，许惇"清识敏速，达于从政，任司徒主簿"③。北齐时，卢思道"解褐司空行参军"④，李孝贞"释褐司徒府参军事"⑤，均是公府辟召之例。北周以太师、太傅、太保为"三公"，又置少师、少傅、少保以为三公之副，称为"三孤"。但北周"三公"不开府，故公府辟召已是名存实亡，徒有虚名而已。

六、州郡辟召

两汉时期，地方州郡长官也有辟除掾属的权力，被辟召者通过察举孝廉、秀才等途径，或迁任地方长吏，或跻身朝班，是士人入仕的重要阶梯。汉末三国之际，由于战乱频繁，地方不宁，刺史郡守有加将军号领兵者，除州郡佐吏之外，也间置长史、司马，由朝廷派遣官员参其军事，但当时均非定制，更没有形成系统。东晋以降，军府之制逐渐形成。其时，除单车刺史仅置州吏如汉制外，凡刺史加军号者皆得开府置佐，其组织且有定形。郡守加军号者亦然。于是，州郡僚佐和军府属佐并置，逐渐形成了府州僚佐双轨制体制。在这一制度下，州吏、郡吏仍由刺史、太守自行辟召本土人士为之，与汉制无异。而军府属佐自长史、司马以下至于主簿、功曹，皆由中央除授，且无籍贯限制，府主只有推荐权而无任命权，与州郡吏的选任形成鲜明对照。这里仅就州郡辟召佐吏之制论之，军府属佐的选任不属论述范围之列。

魏晋南北朝时期，州郡皆置佐吏，佐刺史、郡守处理地方行政事务。其州

---

① （唐）杜佑撰，王文锦等点校：《通典》卷一六《选举四》，第390—391页。
② 《北齐书》卷四三《羊烈传》，第575页。
③ 《北齐书》卷四三《许惇传》，第574页。
④ 《隋书》卷五七《卢思道传》，第1397页。
⑤ 《隋书》卷五七《李孝贞传》，第1404页。

佐系统有别驾、治中、主簿、功曹书佐、记事书佐、录事、门亭长，又有诸曹从事、祭酒从事、议曹从事等员；郡吏系统有功曹史、五官掾、主簿、主记室掾史、录事掾史、门下督、门下掾史、诸阁祭酒、诸曹祭酒掾等。凡州郡佐吏，皆由刺史、郡守自行辟召，且有籍贯限制，例用本地人士为之。

东汉时期，州郡掾属即多辟大族子弟，已成惯例。三国时期，成长中的门阀士族仍有赖于州郡辟举，并以此为进身之阶。如孙吴陆逊在彝陵之战中立有大功，官拜右将军、镇西将军、封娄侯，孙权"嘉逊功德，欲殊显之，虽为上将军列侯，犹欲令历本州举命，乃使扬州牧吕范就辟别驾从事，举茂才"①。又朱治为吴郡太守，"然公族子弟及吴四姓多出仕郡，郡吏常以千数"②。魏晋之际，大族子弟由州郡辟召入仕，其后平步青云，跻身士流中亦多。如王祥曾为徐州别驾，后为西晋"八公"之一；山涛辟郡主簿、功曹，入晋后官至吏部尚书；庾峻由郡功曹举上计掾，官至侍中。甚至地位显赫的司马氏子弟如司马望，也从郡上计掾出身，后居太傅之职。

进入西晋，随着门阀制度的确立和直接入仕之途的兴起，为高门士族子弟入仕另辟捷径，他们不必借助州郡辟召，就可步入清途，获致高位，因而州郡辟召在选官诸途中的地位也日益下降，不为高门所重。据史籍记载，两晋时期高门子弟起家州佐者仅温峤（司隶都官从事）、刘琨（司隶主簿）和王献之（东晋扬州主簿）等寥寥数人。即使是一些中级士族也自视颇高，不愿由州佐起家。《晋书》卷六〇《索靖传附子綝传》载："綝字巨秀，少有逸群之量，靖每曰：'綝廊庙之才，非简札之用，州郡吏不足汙吾儿也。'"索靖敦煌人，"累世官族，父湛，北地太守。靖少有逸群之量，与乡人氾衷、张甝、索紾、索永俱诣太学，驰名海内，号称'敦煌五龙'"③。因此，索靖所言实际上反映了西晋时期世家大族的入仕观念，"廊庙之才"可以理解为中央台省或内职近

---

① 《三国志》卷五八《吴书·陆逊传》注引《吴书》，第1345页。
② 《三国志》卷五六《吴书·朱治传》，第1305页。
③ 《晋书》卷六〇《索靖传》，第1648页。

侍之官，也可引申为公卿台辅，旨在与州郡辟召的私属吏——州郡吏相区别。前者位高权重，后者地位轻贱，表明这一时期州郡辟召前景暗淡，州郡吏已经成为低贱的职位。

正因为如此，两晋时期由州郡吏起家者多为地方豪族或寒门子弟。如西晋刘沈，"世为北州名族，少仕州郡"①。王沈，"少有俊才，出于寒素，不能随俗沈浮，为时豪所抑。仕郡文学掾，郁郁不得志"②。东晋陈頵出身寒贱，"仕为郡督邮……州辟部从事"③。高崧之父高悝，出身贫寒，"值岁饥，悝菜蔬不餍……寓居江州，刺史华轶辟为西曹书佐"④。在门阀制度下，寒门庶族不仅多从州郡佐吏入仕，而且仕途艰难，备受压抑，能够在仕途中上升者极少。如孙铄，"少乐为县吏，太守吴奋转以为主簿。铄自微贱登纲纪，时僚大姓犹不与铄同坐"⑤。易雄，"少为县吏，自念卑贱，无由自达，乃脱帻挂县门而去。因习律令及施行故事，交结豪右，州里稍称之。仕郡，为主簿"。后易雄"举孝廉，为州主簿，迁别驾。自以门寒，不宜久处上纲，谢职还家"⑥。窦允，"出自寒门，清尚自修。少仕县，稍迁郡主簿"⑦。故在两晋时期，州郡辟召已失去往日的荣光，成为地方豪族和寒门子弟的入仕途径。

南朝宋齐时，地方大族由州郡辟召者仍多。如永嘉张进之，"为郡大族，少有志行，历郡五官主簿"；龚颖，"少好学，益州刺史毛璩辟为劝学从事"⑧。萧齐初年，齐武帝之子萧长懋为雍州刺史，"所辟皆取名家，（康）绚特以才力召为西曹书佐"⑨。梁武帝天监元年（502），杨公则为湘州刺史，"湘俗单家

---

① 《晋书》卷八九《忠义·刘沈传》，第 2306 页。
② 《晋书》卷九二《文苑·王沈传》，第 2381 页。
③ 《晋书》卷七一《陈頵传》，第 1892 页。
④ 《晋书》卷七一《高崧传》，第 1894—1895 页。
⑤ 《晋书》卷三三《石苞传附孙铄传》，第 1009 页。
⑥ 《晋书》卷八一《忠义·易雄传》，第 2314 页。
⑦ 《晋书》卷九〇《良吏·窦允传》，第 2332 页。
⑧ 《宋书》卷九一《孝义·张进之、龚颖传》，第 2242、2249 页。
⑨ 《梁书》卷一八《康绚传》，第 290 页。

以赂求州职，公则至，悉断之，所辟引皆州郡著姓，高祖班下诸州以为法"①。可见在齐梁两代，州佐之职或取当地名家，或辟州郡著姓，并已形成定制。此外，由于宋文帝元嘉二十七年（450）有"父祖伯叔兄弟仕州居职从事"，即可列入士族，享有免于征发的特权的规定②，所以州从事一职也成了确定士族起家官的一个标志。《南史》卷四九《庾荜传》："初，梁州人益州刺史邓元起功勋甚著，名地卑琐，愿名挂士流。时始兴忠武王憺为州将，元起位已高，而解巾不先州官，则不为乡里所悉，元起乞上籍出身州从事，憺命荜用之，荜不从。憺大怒，召荜责之曰：'元起已经我府，卿何为苟惜从事？'荜曰：'府是尊府，州是荜州，宜须品藻。'憺不能折，遂止。"从州从事已经变成"名挂士流"的起家官，即已成为区分士庶的身份性标志，可见南朝州佐辟召士流为之已相当普遍，并为出身寒微者所艳羡。后来邓元起不知通过何种方式达到了自己的目的，改变了出身经历。《梁书》卷一〇《邓元起传》称其"起家州辟议曹从事史，转奉朝请"。这样邓元起就名正言顺地跻身"士流"了。梁陈时期，扬州主簿也是士族子弟的起家官，已见前述。因此，南朝时期，门阀士族子弟由州郡辟召入仕明显增多，从而使州郡辟召具有一定的士族化倾向。

北魏时期，州郡佐吏略同魏晋南朝，例由刺史郡守自行辟任。如宋辅，太祖时"州辟别驾"③；王宝兴，"州辟治中从事、别驾"④；白建，"诸子幼稚，俱为州郡主簿，新君选补，必先召辟"⑤。孝文帝锐意汉化，建立门阀制度，州郡辟召多选当地"著姓"、"右姓"子弟，并有数岁应辟为州府上佐者。如博陵崔逞，"世为北州著姓。父穆，州主簿"⑥。王子直，京兆杜陵人，"世为

---

① 《梁书》卷一〇《杨公则传》，第196页。
② 唐长孺：《南朝寒人的兴起》，《魏晋南北朝史论丛续编》，第110—111页。
③ 《魏书》卷三三《宋隐传附弟宋辅传》，第774页。
④ 《魏书》卷三八《王慧龙传附子王宝兴传》，第877页。
⑤ 《北齐书》卷四〇《白建传》，第533页。
⑥ 《北齐书》卷三〇《崔逞传》，第403页。

郡右族……正光中，州辟主簿"①。又傅叔伟，"九岁为州主簿"②；袁聿修，"九岁，州辟主簿"③；郭思恭，"弱冠，州辟为主簿"④。州主簿位在别驾、治中下，为乡选之极品，辟署此职者或由察举秀才，或由其他途径释褐，多除授秘书郎、著作佐郎、奉朝请、中书博士、太学博士等清要之职。如薛聪"未弱冠，州辟主簿。太和十五年，释褐著作佐郎。于时，孝文留心氏族，正定官品，士大夫解巾，优者不过奉朝请，聪起家便佐著作，时论美之"⑤。至于郡佐吏，也照例辟召当地大族子弟。如赵郡李曾，"郡三辟功曹不就，门人劝之，曾曰：'功曹之职，虽曰乡选高第，犹是郡吏耳。北面事人，亦何容易。'"⑥又宋隐临终前谓其子侄曰："苟能入顺父兄，出悌乡党，仕郡幸而至功曹史，以忠清奉之，则足矣，不劳远诣台阁。"⑦可知郡功曹史称为"乡选高第"，非大族子弟无以任之。需要指出的是，北魏亦承晋宋之制，州刺史多带将军号，佐吏因之有府佐、州佐两大系统。以两者比较，州佐由刺史自行辟用本州人士，地位较低；府佐则由中央除授，地位较高，且无籍贯限制。州佐、府佐本来是分治军民事务的，但因府佐职高权重，渐浸州佐之职，而夺其民政事权。于是州佐唯为地方士人禄养之所，以致无所事事。有鉴于此，孝文帝太和十七年（493）迁都洛阳之际，曾一度罢诸州从事，依府设置参军，由中央任命，借以提高州佐的地位，恢复军民分治之旧，再者也欲消除地方大族的势力，以收省官减政之效。但是，由于此项改革触及地方大族的利益，引起他们的强烈不满。时任幽州刺史的高闾，即"以诸州罢从事，依府置参军，于治体不便，表宜复旧"⑧。从以后的史实看，虽然孝文帝对高闾之议颇为

---

① 《周书》卷三九《王子直传》，第700页。
② 《魏书》卷七〇《傅永传附子傅叔伟传》，第1555页。
③ 《魏书》卷八五《文苑列传·袁跃传附袁聿修传》，第1870页。
④ 《魏书》卷六四《郭祚传附子郭思恭传》，第1427页。
⑤ 《北史》卷三六《薛辩传附薛聪传》，第1332—1333页。
⑥ 《魏书》卷五三《李孝伯传》，第1167页。
⑦ 《魏书》卷三三《宋隐传》，第773—774页。
⑧ 《魏书》卷五四《高闾传》，第1209页。

"不悦"，但迫于压力，亦终不能不依从高闾之议。北魏后期，诸州仍置从事。北齐因之，亦参军、从事并置。这表明北魏地方大族势力很大，孝文帝的此项改制，终因其激烈反对而中途夭折。

北齐、北周时期，州郡佐吏仍由刺史、郡守自行辟召。《隋书》卷二八《百官志下》云："旧周、齐州郡县职，自州都、郡县正已下，皆州郡将县令至而调用，理时事。"《周书》卷二三《苏绰传》载其奏事也说："今刺史守令，悉有僚吏，皆佐治之人也。刺史府官则命于天朝，其州吏以下，并牧守自置。"如裴矩，"齐北平王贞为司州牧，辟为兵曹从事"①，时在北齐；崔儦，"齐亡，归乡里，仕郡为功曹，州补主簿"②，时在北周。但至北齐后主统治时期，州郡辟召制度开始发生变化，其时州郡佐吏，下至乡官，"多降中旨，故有敕用州主簿、郡功曹者。自是之后，州郡辟士之权，浸移于朝廷"③。北齐中央任用权力的扩大，一方面反映了北朝后期地方大族势力的削弱，门阀制度正逐步走向衰退，另一方面也适应了中央集权日益发展和强大的历史趋势，实开隋代吏部除授州郡佐吏之先声。

七、资荫制

资荫制又称门荫制或荫任制，是一种依凭父祖官爵和家世门第而荫任其子弟为官的制度。资荫制度是在汉代任子制的基础上发展演变而来，本质上是一种变相的世卿世禄制度。在魏晋南北朝时期，资荫制的表现形式虽不尽相同，但却一直是高门权势子弟入仕的重要途径之一，并对维护门阀士族的世袭政治特权起到重要作用。

三国时期，魏、吴政权均继承了汉代以来的任子为官之制，借以确保在职

---

① 《隋书》卷六七《裴矩传》，中华书局1973年版，第1577页。
② 《隋书》卷七六《文学·崔儦传》，第1733页。
③ （唐）杜佑撰，王文锦等点校：《通典》卷一四《选举二》，第341页。

官僚子嗣的仕宦特权。如李丰，"故卫尉李义子也。黄初中，以父任召随军"①，后转骑都尉、给事中。尚书仆射杜畿之子杜恕，"少与冯翊李丰俱为父任，总角相善"②，太和中为散骑黄门侍郎。孙权统治时期，以"父任"为官者亦多。如朱才，"少以父任为武卫校尉，领兵随从征伐，屡有功捷"③。朱绩"以父任为郎，后拜建忠都尉。叔父才卒，绩领其兵"④，均是其例。又丞相顾雍之孙顾谭，官至选曹尚书，雍尝因事责之曰："汝之于国，宁有汗马之劳，可书之事邪？但阶门户之资，遂见宠任耳。"⑤可见孙吴不仅承袭了汉代的任子为郎之制，而且更加注重"门户之资"即家世门第，这标志着任子制正逐步向资荫制度转变。

西晋时期，随着门阀制度的确立及九品中正制为世家大族所垄断，任子制逐渐发展形成资荫制度，并具有以下特征：第一，与任子制相比，资荫制除注重父祖官职外，更加注重体现门阀等第的"世资"和"门资"。如晋武帝时张载著《榷论》云："今士循常习故，规行矩步，积阶级，累阀阅，碌碌然以取世资。"⑥王沈著《释时论》也说："英奇奋于纵横之世，贤智显于霸王之初……故有朝贱而夕贵，先卷而后舒。当斯时也，岂计门资之高卑，论势位之轻重乎！今则不然。……百辟君子，奕世相生，公门有公，卿门有卿。"⑦故时人抨击门资入仕制度为"户调门选"。第二，在资荫制下，无论是荫任为官的官职，还是所荫成员的范围，都更为扩大了。汉代享有任子特权者限于父兄二千石以上的在职官僚子嗣，且所任之官多为郎官，西晋资荫制则不限于此。只要是高门权贵，上品家族或祖上官爵灼然可知者，其子弟皆可依门资入仕，其起家官多为皇帝内侍、中央台省以及东宫、王国、公府中的清要官职，如散骑

---

① 《三国志》卷九《魏书·夏侯尚附子夏侯玄传》注引《魏略》，第301页。
② 《三国志》一六《魏书·杜畿附子杜恕传》注引《杜氏新书》，第498页。
③ 《三国志》卷五六《吴书·朱治传附子才传》引《吴书》，第1305页。
④ 《三国志》卷五六《吴书·朱然传附子绩传》，第1308页。
⑤ 《三国志》卷五二《吴书·顾雍传附孙谭传》注引《江表传》，第1227页。
⑥ 《晋书》卷五五《张载传》，第1518页。
⑦ 《晋书》九二《文苑列传·王沈传》，第2382页。

常侍、散骑侍郎、黄门侍郎、尚书郎、秘书郎、著作郎、太子舍人、洗马、诸王师、友、文学及公府掾属等。《太平御览》卷二二一引《束晳集》曰："员外侍郎及给事冗从，皆是帝室茂亲，或贵游子弟。"又同书卷二一五引《山公启事》曰："旧选尚书郎极清望，号称大臣之副，州取尤者以应。"《晋书》卷四八《阎缵传》亦载："国子祭酒邹湛以缵才堪佐著作，荐于秘书监华峤。峤曰：'此职闲禀重，贵势多争之，不暇求其才。'遂不能用。"后来阎缵上书理愍怀太子冤时也说："每见选师傅下至群吏，率取膏粱击钟鼎食之家，希有寒门儒素。……非但东宫，历观诸王师友文学，皆豪族力能得者。"① 因此，依靠门资、世资荫任为官，乃是汉代任子制度在门阀专政条件下的新发展，它是适应门阀政治的需要而出现的，并具有"贵者恒贵，贱者恒贱"的世袭制特征。

东晋时期，资荫范围更形扩大，凡依凭家世门第、父祖官职及绍封爵位者，皆可从容入仕，荫任为官。如太原盛门王述，"年三十，尚未知名，人或谓之痴。司徒王导以门地辟为中兵属"②。元帝时卞壶上书自陈："亡父往为中书令，时壶蒙大例，望门见辟。"③ 又史载"晋世名家身有国封者，起家多拜员外散骑侍郎"。如晋安帝义熙初，谢弘微袭爵建昌县侯，"拜员外散骑"④。谢灵运袭封康乐郡公，"以国公例，除员外散骑侍郎"⑤。是东晋高门子弟依照资荫入仕已成定例。史称权贵门阀子弟"阶藉门荫，屡登崇显"⑥，"凭藉世资，超蒙殊遇"⑦，就是对这一情况的真实写照。

南朝宋齐时期，资荫制度续有发展。一方面，门资、门第仍是荫任为官的重要条件。如萧齐时琅邪大族王骞曾告诫其子说："吾家本素族，自可依流平

---

① 《晋书》卷四八《阎缵传》，第1350页。
② 《晋书》卷七五《王湛传附孙王述传》，第1961页。
③ 《晋书》卷七〇《卞壶传》，第1867页。
④ 《宋书》卷五八《谢弘微传》，第1591页。
⑤ 《宋书》卷六七《谢灵运传》，第1743页。
⑥ 《晋书》卷九一《儒林·范弘之传》，第2362页。
⑦ 《晋书》卷八五《刘毅传》，第2210页。

进，不须苟求也。"① 即所谓"贵仕素资，皆由门庆，平流进取，坐至公卿"②。另一方面，宋齐时对依凭父祖官职荫任为官也有明确规定。萧齐初年，"王侯出身官无定，准素姓三公长子一人为员外郎"；齐明帝建武中，豫章王萧嶷第三子操"解褐为给事中，自此齐末皆以为例"③。是宋齐时规定三公长子一人可起家为员外散骑侍郎。检之史传，其例甚多。如王锡，"少以宰相子，起家为员外散骑"④。褚蓁，其父褚渊为司空、录尚书，蓁"解褐为员外郎"⑤。王骞，"以公子起家员外郎"⑥。下至梁陈二代，对以爵级、官位荫任其子弟为官的规定更加明确和制度化了。《隋书》卷二六《百官志上》载：陈承梁，皆循其制官，"其亲王起家则为侍中。……余子并封公，起家中书郎。诸王子并诸侯王世子，起家给事。三公子起家员外散骑侍郎，令仆子起家秘书郎。若员满，亦为板法曹，虽高半阶，望终秘书郎下。次令仆子起家著作佐郎，亦为板行参军"。至此，梁陈政权依照王、公、侯及三公、令仆、次令仆等爵级官位的高低，分别对荫任其子弟为官及其对应的起家官职做了明确而详细的规定。这不仅标志着资荫制度日趋完善和制度化，而且对于维护王公贵族和高门权势子弟的世袭政治特权也有着重要作用。

北魏前期，拓跋勋贵子弟以资荫入仕者亦盛。其时资荫入仕者主要有两种情况：一是以"父任"荫任为官，这种情况多见于太武帝拓跋焘时。如长孙平成"少以父任为中散"⑦；屈道赐"少以父任，内侍左右"⑧；王椿"少以父任拜秘书中散"⑨。二是以"父功"、"父勋"荫任为官，此种情况自太武帝拓

---

① 《南史》卷二二《王昙首传附曾孙王骞传》，第596页。
② 《南齐书》卷二三《褚渊王俭传》史臣曰，第438页。
③ 《南齐书》卷二二《豫章文献王萧嶷传附子萧子操传》，第419页。
④ 《宋书》卷四二《王弘传》，第1323页。
⑤ 《南齐书》卷二三《褚渊传》，第432页。
⑥ 《梁书》卷七《太宗王皇后传》，第158页。
⑦ 《魏书》卷二六《长孙肥传》，第653页。
⑧ 《魏书》卷三三《屈遵传》，第778页。
⑨ 《魏书》卷九三《恩幸·王叡传》，第1992页。

跋焘到孝文帝拓跋宏迁都洛阳之前较为常见。如太武帝时，于洛拔"少以功臣子，拜侍御中散"①。文成帝时，皮喜"以其名臣子，擢为侍御中散"②。高谧"以功臣子召入禁中，除中散"③。献文帝时，吕文祖"以其勋臣子，补龙牧曹奏事中散"④。孝文帝迁都洛阳之前，仍循此制而未改。如陆琇"以功臣子孙为侍御长"⑤，陆龙成"少以功臣子为中散"⑥，等等。北魏前期的资荫制有两个特点：一是无论以"父任"或是以"父功"、"父勋"荫任为官者，大多是拓跋勋贵子弟和内附各族的军功官僚子弟，汉族高门子弟由此仕进者较为少见。二是所荫官职多为内侍、中散、侍御史等内朝机构官职。这些官职或侍从皇帝，拾遗应对，或典掌枢密，司职秘阁，可见任用之重。及孝文帝迁都洛阳，分氏定族，并效仿魏晋南朝建立门阀制度之后，北魏的资荫制度也以门资和官职高卑为标准，正式确立了门品与官位兼重的"资荫"之制。《通典》卷一六《选举四》载清河王怿上表称："孝文帝制，出身之人，本以门品高下有恒，若准资荫，自公卿令仆之子，甲乙丙丁之族，上则散骑秘著，下逮御史长兼，皆条例昭然，文无亏没。"到宣武帝统治时期，为优宠五等诸侯，又分别对拓跋贵族、归附异族及汉族高门享有封爵者，依照其爵位高低，对荫任子弟为官作了新的补充规定。《魏书》卷八《世宗纪》载宣武帝永平二年（509）十二月诏曰："五等诸侯，比无选式。其同族出身者：公正六下，侯从六上，伯从六下，子正七上，男正七下。异族出身：公从七上，侯从七下，伯正八上，子正八下，男从八上。清修出身：公从八下，侯正九上，伯正九下，子从九上，男从九下。可依此叙之。"至此，北魏的资荫制度又增加了爵位的内容，成为一种依凭父祖官职、爵位和门第高低皆可荫任其子弟为官的政治制

---

① 《魏书》卷三一《于栗䃅传》，第737页。
② 《魏书》卷五一《皮豹子传附子皮喜传》，第1132页。
③ 《魏书》卷三二《高湖传附子高谧传》，第752页。
④ 《魏书》卷三〇《吕洛拔传》，第732页。
⑤ 《魏书》卷四〇《陆俟传附孙琇传》，第905页。
⑥ 《魏书》卷四〇《陆俟传附子龙成传》，第916页。

度。此外，北魏边州刺史也可荫任子弟一人为官，且为定制。孝明帝时，房亮为东荆州刺史，"时边州刺史例得一子出身，亮不言其子而启弟子超为奉朝请。议者称之"①。由于北魏的资荫制度是通过朝廷的权威并用法律的形式颁布施行的，且资荫的对象、所荫官职的范围都比南朝更为扩大了，故清代徐松曾谓"魏晋以还，相矜族望，江左犹不失门材，北朝则只重门荫"②。

东魏、北齐仍行北魏资荫之制。如东魏时，"中尉崔暹精选御史，皆是世胄"③，当是沿用北魏"自公卿令仆之子，甲乙丙丁之族，上则散骑秘著，下逮御史长兼"之制而来，是御史之职皆以"世胄"充任。又北齐樊逊出自寒门，父祖"并无官宦"④，右仆射崔暹欲荐为大司马元旭行参军，"逊曰：'家无荫第，不敢当此。'"⑤后"左仆射杨愔辟逊为其府佐。逊辞曰：'门族寒陋，访第必不成，乞补员外司马督。'愔曰：'才高不依常例。'特奏用之"⑥。据此，北齐确有资荫之制，如公府行参军、令仆府佐之职，皆须"家有荫第"者方可任之。樊逊虽"学富才高"，举秀才对策及尚书擢第"当时第一"，但出身寒陋，欲应辟府佐，只有打破"常例"，并由皇帝特别恩准才能加以辟用。

西魏、北周时期，选官制度也发生了一些变化。西魏宇文泰欲改革时政，苏绰为其作"六条诏书"，其第四条"擢贤良"云："夫门资者，乃先世之爵禄，无妨子孙之愚蒙……今之选举者，当不限资荫，唯在得人。苟得其人，自可起厮养而为卿相，伊尹、傅说是也，而况州郡之职乎。苟非其人，则丹朱、商均虽帝王之胤，不能守百里之封，而况于公卿之胄乎。"⑦又《通典》卷一四《选举二》载，北周"惩魏、齐之失，罢门资之制"，"自后周以降，选无

---

① 《魏书》卷七二《房亮传》，第1621页。
② （清）徐松撰，赵守俨点校：《登科记考》，中华书局1984年版，上册，第1页。
③ 《北齐书》卷四五《文苑列传·李广传》，第607页。
④ 《北齐书》卷四五《文苑列传·樊逊传》，第607页。
⑤ 《北齐书》卷四五《文苑列传·樊逊传》，第608页。
⑥ 《北齐书》卷四五《文苑列传·樊逊传》，第614页。
⑦ 《周书》卷二三《苏绰传》，第386页。

清浊"。似北周已废除了资荫制度。事实上,西魏、北周之时虽然强调废除"门资"之制,但以父祖功勋荫任为官制度依然盛行。如李伦"以功臣子,少居显职"①;王庆远"弱冠以功臣子拜直阁将军"②;独孤善"以父勋,封魏宁县公。魏废帝元年,又以父勋,授骠骑大将军、开府仪同三司,加侍中,进爵长安郡公"③;王谦"性恭谨,无他才能。以父功,累迁骠骑大将军、开府"④。可见西魏、北周仍行资荫之制,只是其制唯重功勋,不重门第,因而对当朝新贵和军功官僚集团更为有利。此外,作为资荫制的表现形式之一,西魏、北周时尚有世袭刺史、郡守、县令之职者。如阳雄,"世为豪族"⑤,"世袭邑阳郡守"⑥。泉企,"世雄商洛"⑦,其曾祖景言、父安志及企,"世袭本县令"⑧;后泉企为洛州刺史,卒官,其子元礼"拜卫将军、车骑大将军,世袭洛州刺史"⑨。至周武帝保定三年(563)九月,"初令世袭州郡县者改为五等爵,州封伯,郡封子,县封男"⑩。据此,西魏、北周时期的刺史、郡守、县令不仅例以地方豪族担任,且可子孙相袭,世代罔替。所有这些,都表明苏绰的"六条诏书"及其罢资荫之议仅是从理论上对门荫之制进行了否定,而在实际上资荫制度仍在实行,并未废除。故西魏、北周的资荫制度虽在表现形式上与前代不尽相同,但其本质却并无二致。

---

① 《周书》卷一五《李弼传》,第 242 页。
② 《周书》卷一八《王罴传附子王庆远传》,第 293 页。
③ 《周书》卷一六《独孤信传附子独孤善传》,第 267 页。
④ 《周书》卷二一《王谦传》,第 352 页。
⑤ 《周书》卷四四《阳雄传》,第 796 页。
⑥ 《周书》卷四四《阳雄传》,第 797 页。
⑦ 《周书》卷四四《泉企传》,第 785 页。
⑧ 《周书》卷四四《泉企传》,第 785 页。
⑨ 《周书》卷四四《泉企传附子泉元礼传》,第 788 页。
⑩ 《周书》卷五《武帝纪上》,第 69 页。

魏晋南北朝时期的河南工商业

魏晋南北朝上承秦汉文明，下启隋唐盛世，是我国历史上一个政治分裂、社会动荡和民族融合的时期。在这一时期的 400 年间，地处中原的河南遭到了汉末丧乱、西晋八王之乱、永嘉之乱等多次战乱的巨大破坏，但是，这一时期的河南经济也并未出现历史性的大倒退。曹魏、西晋以及北魏后期，王朝的都城均建在洛阳（今河南洛阳东），河南作为当时全国的政治和经济中心，在相对安定的短暂时期里，社会经济还是得到了一定程度的发展。这里仅就魏晋南北朝时期河南工商业的发展状况做一简要说明。

魏晋南北朝时期的河南手工业，是在东汉末年极其凋敝的基础上逐渐恢复和发展起来的。东汉末年的社会动乱对河南社会经济的破坏是巨大的，而手工业又首当其冲。在战乱中，手工业工匠或死或逃，尤其是官营手工业内工匠的流散更为严重，这使得魏晋南北朝时期封建官府对自给自足的手工业生产机构的迫切需求超过了汉代。在政权林立、战乱频仍、社会经济惨遭破坏的情况下，这一时期官府手工业的发展重点与平常年代相比有着比较大的差异，其中尤以兵器、农具制造业和城市（特别是宫廷）建筑业最为发达，这适应了战时经济对官府手工业的特殊需要。同时，这样的环境也对民间手工业产生了一定的影响。魏晋南北朝时期统治阶级奢侈的消费理念，对当时的社会经济，尤其是对手工业经济的影响也很大。魏晋南北朝时期的河南手工业，较秦汉时期有一定程度的发展，尽管这一时期的手工业部门基本上没有什么变化，但是手工业产品的品种有了明显的增加，产量也有了提高，手工业生产技术也有一些新的改进与发明创造。

秦汉时期，河南地区的商品经济达到了一个较高的发展水平。特别是在东汉时期，河南作为全国的经济和商业中心有近200年的时间。然而，汉代以来河南商品经济发达的势头并未持续多久。到了魏晋南北朝时期，黄河流域屡遭战乱，致使河南地区的商品经济发展严重受挫，自然经济比重明显上升。在这种情况下，河南的社会经济一再遭受惨重破坏，商业的恢复与发展也陷入极度的困境之中。但是，在魏晋南北朝的400年间，河南的社会经济也并没有倒退到纯粹的自然经济时代，商业活动也并不是完全消失或停滞不前的。大体说来，魏晋南北朝时期河南地区的商业发展经历了"三起三落"，即魏晋时期的恢复与发展，十六国时期的破坏与重新恢复，北朝时期的恢复与发展。魏晋南北朝时期，河南地区的城市屡遭战乱的破坏，比如当时河南地区的中心城市洛阳，就像一个全国兴亡的晴雨表，随着国家大局的变化而数度兴衰，大起大落。在北魏后期，洛阳的城市发展达到了其在魏晋南北朝时期的鼎盛阶段。另外，值得注意的是，在魏晋南北朝时期，特别是在西晋和北魏后期，官僚经商也在河南盛行一时，在官僚贵族中还盛行着斗富的风气，这对当时的社会及后世都产生了深远的影响。

一、魏晋南北朝时期的河南官府手工业

魏晋南北朝时期的河南手工业同秦汉时期一样，可以分为官府手工业和民间手工业两大类别。

（一）官府手工业的经营与管理

1. 官府手工业的经营范围与种类

所谓官府手工业，是指封建国家直接经营、管理和所有权属于国家的手工业。魏晋南北朝时期，官府手工业在手工业经济中占有极其重要的地位。在这400年的历史进程中，尽管国家长期处于分裂割据的状态，但由于官府手工业与各个王朝统治者的关系极大,因而受到高度的重视,所以在某些方面比前代还有较大的发展。

官府手工业的经营范围比较广泛,且门类众多,根据生产的性质,官府手工业大致可以分为以下三种类型。

第一种是略似现代意义的重工业,如各种采矿业、冶铁业、铁器制造业、冶铜业、铜器制造业、煮盐业、酿酒业等。这一类手工业制品,按产品的性质和用途的不同又可分为两种:一种是民用产品,如盐、铁等,用来满足广大人民群众的日常生活需要;另一种是军用品,以满足封建国家和各割据政权的军事需要。由于魏晋南北朝是一个战争频繁的时期,因而这一时期的军用品需要激增。

第二种是略似现代意义的轻工业和各种器物制作业,如丝织业、造纸业、制陶业、衣服制作业、金银器制作业、漆器制作业等。此类手工业产品按性质和用途也可以分为两种:其一是供应宫廷所需的各种高级奢侈品;其二是制作封建朝廷和官府机构的公用物品。这两种产品同样都种类繁多,数量庞大。如宗庙郊祭的祭器礼器,朝廷官府的法物仪仗,公卿百官的服装鞋帽,以及车辇乘舆、旗幡幢盖和日用的笔墨纸砚及杂物,等等。

第三种是建筑业。大凡官府兴办的土木建筑工程及其所用的建筑材料,比如砖瓦竹木之类,大多由官府调集备办或自行制造。

总之,在魏晋南北朝时期,建都于河南境内的曹魏、西晋及北魏等王朝,其官府手工业经营的范围都相当广泛。但是,像封建社会的其他大部分时期一样,这一时期的官府手工业生产的产品绝大部分是为了供应宫廷和各级官府所需,并不是商品生产。即便也有盐和铁等产品是为了售卖而生产,但售卖的目的也并不是为了扩大再生产。因此,魏晋南北朝时期的官府手工业经营,主要是为满足封建统治集团的消费和需要服务的,在本质上是统治阶级的御用手工业。

2. 官府手工业的管理机构

官府手工业的管理制度创始于西周,而发展和完善于秦汉。两汉时期,从中央到地方,有一套完整和庞大的官府手工业的管理机构。魏晋南北朝时期,官府手工业的管理机构虽不尽相同,名称也不一致,但基本制度大体上仍沿袭秦汉之旧,其职掌和作用则始终如一。

随着三国鼎立局面的形成,供给统治者奢侈享受的宫廷作场很快也恢复了。在曹魏都城洛阳的朝廷中有少府,少府统管三上(尚)方,即中、左、右三个作场,负责生产宫廷御用器物。在地方上,曹魏政府在河内郡(治今河南沁阳)淇县设置司竹监,管理那里的竹林。因为在冷兵器时代,竹不仅是建筑及制造器物的材料,而且还是箭材,在军事上有着重要的用途,所以曹魏政府要对竹子加以严格的管制。

西晋时,官府手工业管理机构也是基本沿袭秦汉制度,而又有所改革。如西晋中央政府机构中设有少府、卫尉和将作大将三个系统,分别掌管一些重要的手工业生产部门。在地方,西晋政府和先前的曹魏一样在淇县设置有司竹监。

十六国时期,各少数民族政权为了保障对军用物品和奢侈用品的需求,大都沿袭了魏晋制度,建立起各种官府手工业作场和管理机构。后赵在石勒称王时,就已经设立了尚方、御府等令。到石虎称帝后,又设置了典将少府这个官职,并且迫使刑徒到丰国冶和渑池制造兵器。

北魏孝文帝迁都洛阳以后,洛阳朝廷中的官府手工业管理机构也非常健全。孝文帝将管理官府手工业的少府改为太府,并设置了将作大匠,掌管土木工程。这一制度被后来的北齐所沿用,这使得我们可以根据《隋书·百官志》中记载的北齐太府寺的职掌来推知北魏太府的职掌。北魏太府所统辖的范围非常广泛,大致有金帛府库,左、中、右三尚方,左藏、司染、诸冶、黄藏、右藏、细作、左校、甄官等官署及其令丞。大凡矿冶、纺织、印染、金银器制作及各类器物营造、土木工程归太府和将作大匠掌管。

(二) 河南官府手工业的类别及其状况

魏晋南北朝时期,河南的官府手工业主要有冶铁业、冶铜业和丝织业等生产门类,以下分别来谈。

1. 冶铁业的发展及其技术成就

冶铁业是官府手工业的一个重要种类,包括采矿、冶炼、铸造等许多专业化的生产部门。魏晋南北朝时期,在生产规模、冶铸设备、锻造工艺及炼铁、炼钢技术等方面,都比前代有显著的进步,并取得了一些引人注目的新成就。

河南地区自秦汉以来就是冶铁业的重要基地,汉代曾长期设有铁官进行管理,魏晋时期继承了前代已经发现的铁矿产地。根据《水经·谷水注》,魏晋时期曾引谷水为水冶,在缺门(山名,在今新安铁门)东冶铁。新安在汉代属弘农郡,弘农郡设置有铁官,驻在渑池,管理渑池、新安两个官营铸铁作坊。魏晋时新安仍是全国重要的官冶之一。1974年在渑池发现了一个汉魏时期的铁器窖藏,共出土各类器形达六十多种,计4195件(块)。窖藏是北魏(386—534)时期的遗留。从铁器铭文看,它们出自十多个铸铁作坊,而且大部分是官冶作坊所在地。其中比较明确可靠的地点有5处,3处都在今河南境内:渑池、新安和阳城(今登封告城)。这些铸铁作坊在汉代都已经设有铁官进行管理,魏晋以后又长期立冶鼓铸,并且取得了一定的发展。

十六国北朝时期,官府对采矿冶铸业亦十分重视,除魏晋原有官冶外,又有一些新的设置。例如后赵的石虎就曾在丰国和渑池立冶,继续设置官营冶铁作坊。北魏前期,国家常常处于战争状态,在恢复社会经济的同时,官府将最好的资源首先用于了军事手工业的生产。在这种情况下,河南冶铁业有了进一步的发展。在各地的官冶作坊中,相州牵口冶(在今安阳附近)锻炼的军刀最为著名。刀是冷兵器时代最重要的战斗武器之一,牵口冶锻炼的军刀都被送进了北魏的武库,为北魏统一北方地区做出了军事上的贡献。

魏晋南北朝时期的冶铁技术,在汉代成熟的基础上又有一定的发展,所有生产过程的每一个环节，包括鼓风设备、冶铁燃料、冶炼生铁、铸造工艺，等等，都有新的改进和提高。在鼓风设备方面，据记载，在安阳县城西北 40 里的地方产铁，据《水冶图经》，北朝时期曾经在这里引水鼓炉，用水排鼓风冶铁。这种水排是一种用水力鼓风的机械，它深一尺，宽一步半，由仆射高隆之在这里进行监造。这种水排并非北朝时期才出现，其最早是由东汉时南阳郡太守、汲郡（治今河南卫辉市西南）人杜诗发明的。三国时期，曹魏监冶谒者韩暨在此基础上进一步改进，使其生产效率提高了 3 倍，从而大大推动了冶铁业的发展。在冶铁燃料的使用上，魏晋南北朝时期也有进一步的发展。在汉代个别冶铸作坊中，已有用煤来作冶铁燃料的。如巩义铁生沟和郑州古荥冶铁遗址，都已经试图用煤来炼铁了，但毕竟在冶铁作坊中所占的比例还很小。魏晋以后，人们在生产生活实践中逐渐熟悉了煤这种矿物所具有的可燃功能，并把煤作为生活和冶铁生产中广泛使用的燃料。魏晋南北朝时期，冶铁铸造技术已经相当成熟。例如渑池出土的汉魏时期的铁器，不仅数量大，品种多，而且包括丰富的技术内容。经过对其中一些典型样品进行金相考察和化学分析，结果表明，除过去曾发现过的白口铸铁、灰口铸铁、麻口铸铁、展性铸铁（亦称可锻铸铁）和熟铁以外，还首次发现了类似现代球墨铸铁的球墨组织。如其中的一个铁斧，大部分组织相当于含碳 0.4% 的碳钢，组织中没有展性铸铁常见的团絮状石墨，显然是铸造后经过脱碳退火处理制成的。经过金相检验，发现安装斧柄的孔的周围部位有相当于现代球墨铸铁中的球状石墨，直径约 20 微米，分布在平均厚为 3.2 毫米的 U 形截面上，约有 30 颗，外形比较规整。这种在世界冶金史上罕见的技术，对研究现代球墨铸铁的形成和生产工艺，有着不可忽视的意义。

2. 冶铜业和铜器制造业

魏晋南北朝时期，铜一直是各个王朝用以铸造货币的主要原料，对国计民生的影响很大，因而铜矿的开采和冶炼也受到历代统治者的重视，在官府手工业中占有极为重要的地位。当时，河南是北方铜矿的主要产地。如北魏后期，恒农（治今河南三门峡西）发现了三处铜矿，其中铜青谷矿含铜量最高，一斗矿石可冶炼出五两四铢铜，苇池谷矿一斗可冶炼出五两铜，鸾帐山矿一斗可冶炼出四两铜。河内郡发现了含铜量更为丰富的王屋山铜矿，一斗矿石便可以冶炼出八两铜。

铜在当时除了铸币以外，还用于铜镜的生产，洛阳是北方铜镜的主要铸造地，担任铜镜制作的是右尚方。其所铸铜镜种类有方格规矩镜、内行花纹镜、首镜、夔凤镜、盘龙镜、鸟纹镜、双头龙凤纹镜等，其式样和制作风格凝重古朴，和东汉的旧式镜相近。曹魏时有一种新铸的"位至三公镜"，这种镜的背面两侧是双头龙凤，但上下分别铸有"位至"、"三公"字样，到西晋时特别流行。

南北朝时佛教盛行，庙宇林立，当时铜的最大消耗就是用来铸造佛像。现存南北朝时期的金铜造像，大多是用铜铸造而以金饰之。铜还大量被用于寺院建筑的装饰上，北魏洛阳永宁寺塔上就有大量的铜宝瓶、铜铃等装饰物。

此外，在魏晋南北朝时期，铜还广泛地被用于制造农具及宫廷和贵族富家的装饰品、日用器物等。各种鎏金铜器大都制作精美、工艺考究，反映出当时铜器制造的工艺技术已达到相当高的水平。

3. 丝织业

魏晋南北朝时期，河南的官营纺织业与两汉时期一样，仍以丝织业为主。官营丝织业的组织形式主要有两种：一种是由官府设立宫廷丝织作坊或工场，通过招募工匠，或是将没入罪犯的家属及工巧婢隶分配给少府所属的尚方、御府和织室，按照官府所要求的品种、花样进行织造，以满足皇帝后妃的奢侈生活及挥霍享用。如曹魏时就在洛阳设置有宫廷丝织作坊，织造各种丝织品。另一种组织形式，是将民间有织造手工技艺的人注籍为匠户，使他们以服徭役的形式，专门为官府制造定额的丝织品。

由于官府丝织业是为满足宫廷和官府的需要建立起来的，所以它不仅规模庞大，织造精良，而且品种繁多。如曹魏时，统治阶级豪纵淫逸，常穿着锦绣罗纨等丝织优美之物。北魏孝明帝在位时，国库中的丝织品不计其数，固然其中有农民缴纳的调绢，但官府经营的丝织业，其产品当也不在少数。

另外，魏晋南北朝时期河南境内还有一些其他的官营手工业。如北魏曾在恒农郡建立造船工场，制造船舶以供运粮等使用。北魏在洛阳烧制的御用陶瓷器也很有名气，当时称之为"洛京陶"。

二、魏晋南北朝时期的河南民间手工业

（一）河南民间手工业的发展状况与经营方式

魏晋北朝时期河南的民间手工业，无论在生产部门和工艺技术方面，都比秦汉时期有所扩大和提高。但是，由于这一时期社会动荡不安，加之手工业生产关系中封建依附关系的强化，也给河南民间手工业的发展带来了种种限制。尤其是从魏晋到南北朝前期，民间手工业的发展速度是比较缓慢的，但自北魏后期以来，又呈现出逐渐发展的趋势。与官府手工业相比，河南民间手工业经历的发展过程较为曲折和艰难。

1. 发展状况与趋势

魏晋南北朝时期的河南民间手工业，在生产门类上较前代有所增加，除了传统的丝织业、麻织业、棉织业、毛纺织业、造纸业、造船业、漆器制造业之外，酿酒业、青瓷制造业也蓬勃发展，这些都反映出了当时河南手工业部门增加和生产分工发展的情况，是民间手工业发展的标志。

河南民间手工业的生产技术和工艺水平，也在前代的基础上有显著提高，并取得了前所未有的新成就。以纺织业为例，三国时马钧改进织绫机，省工省事，织物精美；晋代发明的脚踏纺车，把我国古代的纺纱技术提高到一个新的水平。北朝后期，河南地区烧制出了白瓷，原料加工工艺更为进步，并发明了釉中挂彩技术，后来唐代的制瓷业在这一基础上进一步发展，烧制成了闻名中外的"唐三彩"。民间手工业的发展，主要是因为其生产部门与广大人民群众

的日常生活密切相关，并在民间有着广泛的基础和传统的技术。但是，由于以下不利因素的限制，也在一定程度上延缓甚至是窒息了河南民间手工业的发展。

首先，三国鼎立、十六国割据和南北朝对峙的政治分裂局面，造成了战乱频繁。河南地处中原腹地，遭受战乱的时间也较长。河南民间手工业受社会动乱的影响，遭到破坏或陷入停滞状态是屡见不鲜的。社会动荡不安是影响和阻碍河南民间手工业发展的一个重要因素。

其次，手工业生产关系中封建依附关系的加强，也给河南民间手工业的发展加上了又一重限制。从魏晋到南北朝中叶，封建国家对民间工匠的控制较严，致使民间手工业队伍日益缩小，从而极大地阻碍了河南民间手工业的发展。直到南北朝中后期，官府对民间工匠的控制才逐渐放宽，这在一定程度上解放了生产力，为河南民间手工业的发展提供了有利条件。

魏晋南北朝时期河南的民间手工业虽然受到社会动乱的影响，以及手工业生产关系中封建依附关系的种种限制，但总的说来还是表现出了一种逐渐发展的历史趋势。特别是广大劳动人民在手工业生产中发挥出的聪明才智及所取得的技术成就，不仅标志着当时河南民间手工业的生产技术水平是很高的，在许多方面都超过了前代，而且也为隋唐时期河南民间手工业的进一步发展奠定了基础。

2. 经营方式

魏晋南北朝时期，河南民间手工业的经营方式主要有三种：一是同农业相结合并作为它的副业的个体小农经营的家庭手工业；二是独立的私营手工业者所经营的个体手工业；三是具有一定规模和资金的作坊手工业。下面就分别予以介绍。

（1）家庭手工业

在我国封建社会，民间手工业分布最广和从业人数最多的，就是个体小农经营的家庭手工业。家庭手工业虽然是一种农村副业，但却是农民生活的一个重要补充，绝不是可有可无的。在家庭手工业中，纺织业是这种手工业生产的主要部门，而担负这项生产任务的主要是女子，因而其组织形式就是传统的男耕女织。魏晋南北朝时期，由于自然经济日益强化，河南民间的家庭纺织业也显得格外发达。

（2）个体手工业

个体手工业者经营的手工业生产，也是民间手工业的一种表现形式，并广泛存在于河南民间。这些独立的手工业者，一部分是从农村中分化出来的个体手工业劳动者，另一部分则是由官府放免的官工匠。他们具有制造某种手工业产品的生产技能，拥有简单的生产工具，却没有足够的资金来雇用工人开办作坊，只能进行个体经营。民间个体手工业者的经营方式又有三种情况。

一是手工业者自己进行加工生产，依靠出卖制成品维持生活。据《洛阳伽蓝记》载，北魏洛阳城聚居有各种个体手工业者，市西有退酤里和治觞里，这二里居住的人大多是以酿酒为职业的；市北有慈孝里和奉终里，这二里居住的人大都以卖棺椁为职业；而在洛阳城北有上商里，只有造瓦者居住在这里，洛阳城建筑工程所需的瓦器大都出自这里。洛阳城的这些酿酒者、卖棺椁者和造瓦器者，同类相聚，都是根据城中消费者的需要，先制造成品，然后出售，他们都是依靠出卖产品为生计的个体手工业者。

二是出卖技术和劳动力，依靠获取劳动报酬为生的个体手工业者，他们没有资金和原料，只能在顾客提供的原料的基础上进行加工以获取报酬。进行这样的加工活动，又有两种方式：其一，手工业者在自己的家中等待顾客送来原料，然后按照顾客的要求进行加工。如洛阳及各郡县城中的补鞋匠就属于这一类的手工业者；其二，手工业者携带工具，周游到各地去寻觅雇主，当时的人称这一类手工业者为"流佣"或"佣工"。他们都具有某种技术，但因家贫等原因，没有资金开办作坊进行生产和销售，只能转徙流动，到处找人而受雇，以获取当时被称为"散夫价"的计件工资。

三是官工匠在不服役期间，在民间从事个体手工业生产活动。这种情况主要出现在南北朝中叶之后,那时手工业中封建依附关系逐渐松弛,番役制开始实行,一些不在服役期的百工技巧有了自己支配的时间,可以在民间从事一些手工业生产活动。如《洛阳伽蓝记》卷二记载:孝义里东洛阳小市北面的殖货里,有一个叫刘胡的太常民,他们兄弟四人以宰杀猪等牲畜为业。太常民就是配给太常为官工匠而不属于州县的杂户,但他们在服官役之余,可以拥有一部分为自己劳动的时间。

(3) 作坊手工业

作坊手工业本是河南民间手工业的一种传统组织形式。秦汉时期就有采矿、冶铁、炼铜、煮盐等作坊手工业部门,然而,在汉武帝实行盐铁官营之后,这些与国计民生有重大关系的手工业生产部门都被封建国家所垄断,因而作坊手工业在整个民间手工业中的比重也大为下降。到魏晋南北朝时期,这种状况在很长一段时间里依然没有大的改变。到了南北朝后期,封建官府才对盐铁业的垄断有所松弛,私营的冶铸业也开始兴盛起来,但作坊手工业在整个河南民间手工业中所占的比重是不大的,且多操纵在王公贵族和豪强大族的手中,无论其规模与数量,都远比不上秦汉时期。

(二) 河南民间手工业的类别及其技术成就

魏晋南北朝时期,河南的民间手工业类别主要有纺织业、制瓷业和酿酒业等,这些行业均较前代取得了显著的技术进步,并为以后河南民间手工业的发展奠定了一定的基础。

1. 纺织业的发展

魏晋南北朝时期,纺织业是河南民间最普遍和从业人数最多的手工业。纺织业根据其原料和产品的不同,又可分为丝织业、麻织业、棉织业和毛纺织业4个不同的专业部门。魏晋南北朝时期河南的纺织业主要是丝织业。

自战国秦汉以来,河南就是重要的产丝地区,中原地区的蚕桑养殖业是比较发达的。西汉时曾在陈留郡襄邑(今河南睢县)设有服官,掌管高级丝织衣物的织作，以供封建统治者使用。魏晋时期，襄邑这一久负盛名的丝织业中心仍然保持了其传统地位和精湛的技术。同时，一些其他地方的丝织业也得到了很快的发展。如西晋左思的《魏都赋》中，就有"锦绣襄邑，罗绮朝歌"的句子，除称赞襄邑的织锦，又提到了朝歌（今河南淇县）的罗绮。此外，洛阳的白绮、许昌（今河南许昌东）的缣也都是西晋时期新出现的河南名优特产。北魏时期，河南的纺织业也很发达，孝文帝延兴三年（473），太上皇帝拓跋弘打算进行南伐，下诏河南六州（这里的河南包括今河南及山东两省的大部分地区和安徽及江苏两省的部分地区）之民每户上交绢 1 匹，棉 1 斤，租 30 石。可见这些地区的丝织业在家庭手工业生产中，甚至是在整个封建国家的国民经济中占据着非常重要的地位。

另外，北魏时河南荆州（治今河南鲁山）、郢州（治今河南信阳）等地的麻织业也具有一定的规模。

2. 制瓷业的发展及其成就

瓷器是我国劳动人民发明创造的，英文的"中国"（China）一词的本义就是瓷器，可见中国的瓷器对世界影响之大，以及瓷器在中国手工业品中对世界影响中所占有的特殊地位。中国瓷器的起源，最早可以追溯到 3000 多年前的商代，那时的瓷器被称为"原始瓷器"。从战国到汉代，瓷器烧制技术又有发展，但这一时期的青釉器制作技术还不够成熟，因而陶瓷史研究者将其定名为"早期瓷器"或"早期青瓷"。在我国瓷器发展史上，这是由原始瓷器到瓷器的过渡阶段，是魏晋瓷器形成的基础。

魏晋南北朝时期是我国瓷器发展史上的一个重要阶段。魏晋时期，瓷器烧制技术经过不断提高，已经达到了成熟阶段。当时瓷器的代表作品是一种通体施以青釉的青瓷，其特点是胎质纯、硬度高、釉料匀、通体晶莹，造型多样而美观。在我国瓷器发展史上，这种青瓷已经发展到了完全瓷器阶段，所以被人们称之为"真正的瓷器"或"青瓷"。随着青釉瓷器的出现，魏晋南北朝的瓷器制造业也进入到了一个新的时代，成为手工业生产中的一个重要部门。

河南各地出土的一些魏晋南北朝时期的青釉瓷器，为我们认识和研究这一时期制瓷业的发展与成就提供了可靠的实物依据。安阳北齐范粹墓和濮阳北齐李云墓都出土有青釉瓷器。其中在安阳范粹墓出土的一个黄釉扁壶上，有一个杏仁形边框内模印出的5人一组的乐舞场面，这是迄今所见北朝瓷器上最为生动的人物形象。范粹墓还出土有青釉瓷器以及我国现在能见到的最早的白瓷，更反映出当时制瓷业的技术成就。范粹墓出土的瓷器上有白釉挂绿彩的情况，李云墓出土的陶器上有淡黄釉挂绿彩的装饰。这说明制瓷工匠不但能在原料中排除铁元素，还能加进铜元素做出绚丽的彩饰。到了唐代，这种工艺出现了一个新的飞跃，在同一器物上，黄、绿、白或黄、绿、蓝、赭石等多种基本颜色同时交错使用，这就是我们常说的闻名中外的"唐三彩"。

3. 酿酒业

酿酒的起源，在我国可以追溯到很早的年代。据考证，我国新石器时代的先民们就已经掌握了酿酒技术。魏晋南北朝时期，政权林立、战争频仍，社会动荡不安、百姓流离失所，处于这种环境中的曹操首先发出了"对酒当歌，人生几何"的感叹，饮酒成为当时社会上层和知识分子阶层的一种时尚，是所谓"魏晋风度"的表现形式之一。"何以解忧，惟有杜康"，借酒消愁、以酒遁世，成为当时一些知识分子的处世方式。在这种情况下，社会上酒的消费需求量非常大。这种强劲的社会需求，为魏晋南北朝时期酿酒业的发展提供了良好的机遇。

虽然魏晋南北朝时期的历代官府都曾实行过榷酒（政府专卖制）或禁酒政策，但是在榷酒和禁酒的年份之外，大都还是开放酒禁的，允许私人自酿自卖，因此民间酿酒业还是普遍存在的。西晋时就曾取消过酒类的专卖制，允许民间酿酤。在京师洛阳就有许多酒店，多是自酿自销性质的，大多采取的是当时比较盛行的前店后坊式的经营模式。在北魏时，除了临时禁酒以外，大部分时间都允许民间酿酤。如《洛阳伽蓝记》卷四记载：洛阳市西有退酤、治觞二里，里内的人多以酿酒为职业。这说明在北魏后期，以酿酒为业的民间手工业者相聚在一起形成了市场,因此可以看出当时河南民间的酿酒业还是相当发达的。说起北魏河南的民间酿酒业,就不能不提到洛阳酿造的"骑驴酒",这在当时是一种非常著名的酒。据《水经·河水注》,河东郡(治今山西永济西)有一个姓刘名堕(《洛阳伽蓝记》中称之为刘白堕)的人,擅酿酒,由于是在桑落的季节取水酿酒,所以取名为"桑落酒"。后来,他来到京师洛阳,在退酤、治觞二里继续以酿酒为业。他采取先进的工艺,精心酿制出了"骑驴酒"。这种酒质量很好,即使在盛夏时节,把这种酒放在烈日下暴晒 10 天,也不会变味儿。骑驴酒喝起来十分香美,度数也较高,据说醉酒后好多天都不会醒来。它的保质期较长,可以长期存放,因而能够远销千里之外,从而使得这一名酒的市场大大地扩张了。洛阳的皇室贵族离开京城到外地去,常常携带这种酒以馈赠远方的亲友。由于它能够被带到很远的地方,所以也被称为"鹤觞酒"。孝武帝永熙年间(532—534),南青州(治今山东沂水)刺史毛鸿宾带了一些这种酒回州里,不巧在路上遇见了盗贼,这些盗贼喝了鹤觞酒之后就都醉倒了,全被毛鸿宾的随从擒获,故而这种酒又被称为"擒奸酒"。于是在当时的游侠中广为流传这样一句话:"不畏张弓拔刀,惟畏白堕春醪。"在游侠看来,刘白堕的骑驴酒比弓箭和大刀等武器都厉害,足见这种酒的威力。

魏晋南北朝时期,酿造葡萄酒的技术也已逐渐传入中原地区。在曹魏时,中原地区就已经栽培葡萄,并已经试酿葡萄酒了。

除了以上几种较大的手业类别以外,河南民间还有禽畜饲养业。西晋时期,为了满足洛阳城市居民的生活需要,家禽饲养业的规模不断扩大,洛阳人祝鸡公就是其中的一个典型代表。养鸡专业户祝鸡公家有着 100 多年的养鸡历史,他家养的鸡有 1000 多只,规模庞大,而他就靠卖鸡肉和鸡蛋赚钱,赢利颇多。像祝鸡公这样大规模的养鸡专业户,在我国整个古代历史上都是很少见的。北魏时,由于拓跋鲜卑是游牧民族入主中原,他们对马匹的需求量特别多,在河南民间,养马业也很兴盛,许多地方还设有马市,进行牛马等大牲畜的交易。另外,在曹魏时,名列"竹林七贤"的嵇康和向秀,曾经在嵇康家中的一棵大柳树下私自锻铁，以卖钱营利。这是河南民间冶铁业的一个例子。

总之，魏晋南北朝时期河南的民间手工业不但种类繁多，而且在生产技术上也不断取得了进步，因而虽然经历了多次社会动乱的影响，但还是得到了一定程度的发展。

三、魏晋南北朝时期河南商业的发展概况

在我国封建社会里，商品经济发展较早，这是一个显著特点。所谓商品经济发达，主要是指商品生产和与之相辅而行的商品流通——商业的发达。其中，商业既是构成商品经济的重要组成部分，又是引导商品经济发展的前提条件。因为一切产品，不论是手工业产品还是农副产品，只有当它进入流通领域后才能真正体现出交换价值并具备商品形态。因此，商业是否发达，不仅是商品经济发展的直接标志，而且对促进和扩大商品生产也具有重要意义。

（一）魏晋南北朝时期河南商业发展概况与趋势

秦汉统一的政治局面，为河南的商品经济发展提供了有利条件，商品经济达到了一个较高的发展水平，特别是东汉时期，河南是全国的经济和商业中心。然而，汉代以来河南商品经济发达的势头并未维持多久。到了魏晋南北朝时期，由于黄河流域屡遭战乱，城镇衰落，人口凋零，生产废弛，市场萎缩，致使河南商品经济发展严重受挫，自然经济比重显著增强。在这种情况下，河南的社会经济一再遭受惨重破坏，商业的恢复与发展也因社会的激烈动荡而陷入极度的困境之中。但是，在汉末丧乱到隋统一中国的400年间，河南的社会经济也没有倒退到纯粹自然经济的时代，商业活动也并不是完全消失或停滞不前的。大体说来，魏晋南北朝时期河南地区的商业发展经历了"三起三落"，即曹魏与西晋时期的恢复与发展，十六国时期的破坏与重新恢复，北朝时期的恢复与发展。

1. 曹魏时期河南商业的恢复与发展

魏晋时期，是河南商业在遭受汉末丧乱的严重破坏之后，逐步走上恢复与发展的第一个高涨时期。

从黄巾起义失败到三国鼎立局面形成的这一段时间里，河南地区一直是豪强争斗的主要战场，人口丧亡、生产停滞，社会经济遭到了巨大的破坏，商业的凋敝也是显而易见的。首先是豪强割据导致交通阻隔，昔日商品交换的繁忙景象不复再现。其次，河南地区的商业城市遭到严重破坏，都邑空虚、城镇萧条。如东汉首都、商业中心洛阳，在董卓西迁时被烧成一片焦土，城内扫荡殆尽。又如南阳，在汉代曾是商业繁华的城市，但经过汉末战乱也衰落了。再次是货币制度遭到破坏，严重影响了商品交换的进行。

三国鼎立局面形成后，北方地区的社会秩序日趋安定，农业生产也得到了较快的恢复和发展。在洛阳地区，流民还乡进行生产，逐渐改变了那里荒残破败的面貌。淮河流域也由于屯田兵民的辛勤垦殖，农业生产日益兴复。到曹魏末年，自寿春（今安徽寿县）到京师洛阳，又呈现出一派欣欣向荣的景象。曹魏对手工业生产也很重视，无论是官营冶铁业，还是民间纺织业，都具有相当的规模。在农业和手工业生产发展的基础上，河南的商业日益复苏，城市经济也逐渐活跃起来。公元220年，曹丕代汉建魏，定都于洛阳，在汉宫的遗址上重建宫殿，洛阳的城市人口逐渐增多，商业也得到了恢复与发展。曹魏时期的洛阳，既是北方的政治文化中心，也是北方的商业中心。

随着商业的恢复，曹魏政权也采取了一些有利于商业发展的措施和政策。汉末豪强割据，各地区纷纷加重关税，漫无章法。曹丕即位后就下令减税，这大大有利于贩运贸易的发展和各地区之间的物资交流。另外，货币流通与商品流通也有密切关系。魏明帝太和五年（231），五铢钱被恢复，在商品流通中使用，这大大便利了商品的流通。

在国内商业日趋活跃的同时，曹魏时的民族贸易与对外贸易也有较大的发展。西域各族、北方的鲜卑以及朝鲜半岛诸国和日本，都与曹魏有贸易往来。

这些贸易都在一定程度上繁荣了河南特别是曹魏都城洛阳的经济。

总之，经过曹魏一代的治理，河南地区的经济日益发展，商业有了起色，经济实力大为增强。

2. 西晋时期河南商业的进一步发展

太康元年（280），晋武帝灭吴，全国又以黄河流域为中心完成了统一。随着国家的统一、社会的稳定和经济的复兴，河南地区的商业也随之进入到了一个新的发展阶段。

首先是南北两地的交通阻隔被打破，商路通畅、关梁无阻，地区间的贩运贸易日趋兴旺。其次是城市商业日益繁荣。西晋统一后，首都洛阳再度成为全国的政治中心和商业中心，在曹魏城市经济发展的基础上，与南部中国的经济交往又趋密切，商业活动繁盛。西晋时洛阳有三个较大的市场，其中最大的叫金市，在大城中，此外，城东有马市，城南有羊市。这时洛阳商业区的建置与规模，都已远远超过了曹魏时期。洛阳市场内的交易活动也十分热闹，既有列肆贩卖各种商品的，也有叫卖茶粥与饼一类风味食品的。西晋时，饮茶之风在南方已经盛行，而在河南这样的北方地区，一般人还不知道饮茶的好处。据傅咸的《司隶校尉教》记载，有一位四川地区来的老太太改变了茶的吃法，在西晋都城洛阳的市场上卖茶粥，以供人们品尝食用，但管理市场的官吏却对此少见多怪，将她的器物打碎，不准她继续出售茶粥。无奈之下，这位老太太只好又转而以卖饼为生。西晋时，在市场中交易的经纪人，仍和汉代时一样被称为"侩"，如牛侩、马侩、市侩等，他们的社会地位很低。《晋令》规定，侩卖者都应当戴着头巾，额头题写其姓名及所卖的物品，并且要一只脚穿白鞋，一只脚穿黑鞋。在洛阳以外的河南其他城市里，也都有大大小小的商人在从事商业活动。再次是由于商业的发展，弃农经商与官僚经商日渐盛行。西晋时，弃农经商的小商贩很多，囤积居奇、手握巨资的大商人也非常活跃，他们积累了巨额资财，生活非常奢侈。最后是由于国家统一，政治影响扩大，对外贸易也得到了较大的发展。西晋与东南亚的林邑、扶南等国及朝鲜半岛诸国和日本，以及中亚诸国和天竺、安息、大秦等国，都有着贸易往来。当时洛阳不仅是全国的政治、经济和文化中心，也是对外经济交往的中心和各国朝贡贸易的聚会城市。

总体看来，西晋虽然统一全国的时间并不长，但也为河南商业的发展提供了一个难得的机会，由于这一时期社会安定、生产发展，河南地区的商业也因之而日益繁荣。

3. 十六国时期河南商业的破坏与重新恢复

西晋末年永嘉之乱以来的一个时期里，匈奴、鲜卑、羯、氐、羌等族纷纷南下，建立了许多割据政权，北方地区又形成了分裂割据的混乱局面。这次动乱的时间比汉末豪强割据更长，因而河南地区社会经济的破坏程度也更加惨烈。在西晋八王之乱和十六国混战中，河南地区的许多城市被夷为平地。如洛阳，在八王之乱中已经遭到破坏，永嘉五年（311）又被刘曜攻破，将城内洗劫一空，此后洛阳便长期荒废而不能恢复。历经魏晋两朝而发展起来的河南经济，在战乱中大受摧残，百姓流亡、城镇萧条，生产废弛、阡陌荒芜，河南商业的发展再一次停滞和趋于衰落。

在十六国分裂割据的年代里，尽管社会动荡和战乱频繁，社会经济复苏的生机并没有完全丧失，河南商业也不是停滞不前的。事实上，当时各族的割据政权出于保境安民而实施的鼓励生产、促进经济复兴的政策和措施，使各区域的地方经济得到了不同程度的恢复。如后赵石勒时，在社会相对安定的时间里，生产有了发展，商品流通亦日渐活跃。在后赵全盛时，与南方东晋政权的经济交往也时有发生。因此，在后赵统治的一段时间里，残破的河南社会经济稍有转机，商业也得到一定程度的恢复。前秦统一北方以后，河南商业的发展一时又呈现出了兴旺繁荣的新气象。随着商业的恢复与发展，前秦时还出现了不少家累千金的富贾大商。

总之，十六国时期的后赵和前秦时期，是整个魏晋南北朝时期河南商业的第二次回升与发展期。只可惜好景不长，这样一种繁荣景象加起来也不过一二十年的时间。

4. 北朝时期河南商业的恢复与发展

北魏太延五年（439），太武帝统一了黄河流域，北方的社会经济日渐复苏，河南地区的商业也稍有起色。到孝文帝即位以后，北方地区的经济经过几十年的休养生息，已经有了明显的发展。尤其是太和年间（477—499）实行的一系列改革，如整顿吏治、实行班禄、推行均田制与三长制，以及改革鲜卑旧俗、迁都洛阳和进一步推行汉化等，把北魏的社会经济推向了一个新阶段，河南地区的商业也因此出现了新的发展与繁荣。

自孝文帝迁都洛阳以后，这个几经波折的昔日名都，又成为北方的商业中心，户口殷实，市场繁荣。据《洛阳伽蓝记》记载：北魏后期的洛阳有200多个里，10.9万余户居民。城内外建立了许多商业区，有金市、马市、大市、小市等，又有通商、达货、调音、乐律、退酤、治觞、慈孝、奉终、准财、金肆10里，这10里多居住着工商业者。在城南特定的区域内，北魏政府还专门设置了金陵、燕然、扶桑、崦嵫4馆和归正、归德、慕化、慕义4里，以安置四方的"附化之民"和域外的商人。洛阳与外国的经济往来也颇为频繁，大批外商胡客纷至沓来，成群结队的商贾络绎而至。当时的洛阳不仅是中国北方的商业中心，还是国际性的大都市。

孝文帝改革以来，北魏与西域各族及北境各族的贸易也有较大的发展，与南朝的通商互市也十分活跃。北魏与周边各国的经济联系亦相当密切，如京师洛阳即为各国商人的荟萃之地。北魏与日本及朝鲜半岛上的高丽、百济和新罗等，以及中亚诸国和天竺、波斯、大秦等国，都经常有贸易往来。通过国际贸易，不仅丰富了北魏的国内市场，而且对加强中外文化交流也起到了积极作用。

随着商业的发展，农村中的商品交易活动也逐渐兴盛。在均田制推行以后，自耕农经济相当活跃，农民有一些剩余生产物要出售，也有一些购买能力换回所需要的生活和生产资料，这也加强了农村与市场的联系，促使农村中的商品交换活动发展起来。至于那些大田庄主，也有一部分自给有余的产品要投入市场，从事交换活动。商业的发展，必然会带来贩运贸易的发达与商业资本的膨胀。在洛阳的通商、达货里中，就居住着许多资财巨万的商人，他们南北穿行，足迹遍及全国。

总之，从孝文帝迁都洛阳（495）到孝明帝孝昌元年（525）之前的30多年间，由于北魏实行了一系列改革措施，促进了民族的融合和生产的发展，商业也因之呈现出一派兴旺发达的景象，这是魏晋以来北方商业的第三次回升与发展时期。

但是，如同前两次一样，北魏商业发展的势头也未持续下去。自孝昌以后，北魏政治日益腐败，阶级矛盾不断激化，终于爆发了魏末各族人民大起义，使北魏王朝迅速衰亡。不久，北魏分裂为东、西魏两个对峙的政权。繁华的洛阳城在东魏孝静帝迁都邺城（今河北临漳西南）时又遭到了巨大的破坏，城墙坍塌，宫室倾覆，寺观被夷为灰烬，墙体被艾蒿所覆盖，街巷里长满了荆棘，一派凄惨荒凉的景象。后来，高洋废东魏建立北齐，宇文觉废西魏建立北周，北方又形成北齐、北周东西对峙的局面。在这一时期，黄河流域又一次陷于动乱和破坏之中，尤其是河南地区，成为东西政权交战的主要战场。经过战乱，刚刚恢复的河南经济又遭摧残，河南商业的发展也停滞不前和趋于衰落。

（二）商品的类别与贸易方式

1. 商品的类别

魏晋南北朝时期，虽然自给自足的自然经济居于支配地位，但是，为了交换目的而进行的生产即商品生产，还是广泛地存在着，只是规模不及两汉时期那样大而已。

魏晋南北朝时期，河南市场上出售的商品主要有两种类型：一是名类繁多的手工业品。如《洛阳伽蓝记》中所载通商、达货里内的"工巧"，就是从事商品生产的手工业者。手工业品的商品范围很广，有锦、绫、绢、布等纺织品，有帽、帻、履、屐等穿戴用品，有笔、墨、纸、砚等文化用品，有酒、盐、醋、酱等生活必需品，有席、扇、斋、帚等日杂用品，还有广大人民群众普遍使用的铁器、铜器、漆器、瓷器制品以及车、瓦、棺椁，等等，这些手工业产品都投入市场，是市场交换中常见的商品。二是非商品生产者生产的产品，这些产品也大量投放市场。像农民生产的产品，一般来说是为了满足自身的需要，而不是为了交换的目的，但是由于种种原因，这些产品也常常转化为商品。例如，农民为了生产和生活的需要，常常出售一些剩余的农产品或家庭织妇的手工业品，以换购农具、耕牛、食盐和其他生活日用品。有时为了完纳赋税，也不得不出售一些农副产品以应征课。

魏晋南北朝时期，地主田庄经济的自给自足性十分突出，并一直占据着主导地位，但在田庄内部也有一定程度的商品经济化倾向。如田庄主在满足自己的消费之外，常常将大量的粮食投放市场出售。两晋南北朝时，官僚地主们多种有果树。西晋大官僚、"竹林七贤"之一的王戎，家里种有好品种的李树，他常常将李子投放市场出售以赚钱，但他又怕买者得到他家这种好李子的种子，便在出售之前，将李子的核穿坏。北魏广陵王元欣喜好经营产业，在洛阳种有许多果树，当时洛阳城里所出售的名果大都出自他的果园。此外，蔬菜也是大小田庄的必种之物，而且是消费量大、市场流通快的商品。

如果把广义的商品生产包括在内，魏晋南北朝时期河南市场上流通的商品则是更加丰富。像人们日常生活的必需品和各种消费品，形式多样、品种繁多，归纳起来大致可以分为以下三大类。

第一类商品是生产资料。主要有铁制、木制或铁和木共同制成的各种农具、手工业生产工具以及耕牛等。如北魏太武帝时，河内郡太守赵柔曾与儿子在市场上出售别人送给他的数百枚犁铧，这种铁制农具很受顾客的欢迎，他也因此而盈利很多。又如西晋和北魏后期的洛阳均设有马市，是专门进行牛马等牲畜交易的场所。

第二类商品是人们的日常生活资料。包括食品、纺织品、日用品三大项，也就是人们通常所说的吃、穿、用等生活必需品。此类商品是全社会各阶级、各阶层都需要的消费品，种类繁多，其销售对象比较广泛，市场也较为广阔。如在北魏后期，首都洛阳市场上经营的食品种类就非常多。据《洛阳伽蓝记》记载，当时洛阳有专门出售鱼、鳖、肉、酒的市或里。如四通市，又叫永桥市，伊河、洛河中所产的鱼，多在这里出售，鱼味鲜美，但价格很高，当时在洛阳有"洛鲤伊鲂，贵于牛羊"之说。再如通商、达货二里所住的屠贩，以宰羊贩羊为业；退酤、治觞二里之人，以酿酒卖酒为生。洛阳一些寺院种植的蔬菜、水果，也面向市场出售。如宝光寺的蔬菜，白马寺的葡萄和石榴，文觉寺、三宝寺和宁远寺的含消梨等。北魏孝庄帝时，官府曾将国库中的绢帛等纺织品在洛阳市场上出售，每匹绢仅售200钱，比平时的市场价还要低100钱。在日用品方面，有金属制作的各种装饰品，还有铜或铁制作的日用器物器皿，其中以铜镜最为著名，在河南民间十分流行。魏晋南北朝时期是制瓷业大发展的时期，也是河南民间普遍使用瓷器的时期。像日用器皿碗、盘、钵、壶、罐、坛、瓶、盆、痰盂、香薰炉等，制作精良，美观实用，是当时河南市场上畅销的商品。在日杂用品中，席、扇、畚、扫帚、皂荚、瓦器等，也是市场上常见的商品。如前秦著名宰相王猛在年少时，就因家里比较贫困，曾在洛阳市场上以卖畚为业。北魏洛阳有上商里，那里居住有造瓦器的人，洛阳的瓦器大都是那里制造出来的。

　　第三类是高级消费品和奢侈品。这类商品的来源有二：其一是国内手工业作坊制作的高级精美的手工业品，是专门供统治阶级挥霍享受的高级消费品；其二是通过民族贸易或对外贸易，由少数民族或其他国家输入的珍奇物品。

　　总之，就上述三类物品的构成来看，人们的日常生活资料是最主要的商品，因而种类最多，流通量也最大。其次是生产资料类的商品，因为在当时自给自足的自然经济占统治地位，农民所需要的原料多来源于自己的个体生产，扩大再生产的进程又十分缓慢，加之个体手工业者也很少需要通过购买来更新生产设备，所以，在全部商品中，这类商品的数量也明显少于前者。至于高级消费品和奢侈品数量的多少,一则取决于城市手工业与对外贸易的发展水平,再则也取决于统治者购买力的大小。大致在豪强势力膨胀,统治阶级特别奢侈和腐化时,市场上对这种商品的需求量就显得迫切异常,并在很大程度上造成了商业的畸形发展。但是就总体而言,这一时期日常生活商品增多,生产资料的交易也占有一定的地位,奢侈品在整个社会商品总量中所占的比重是不大的。

2. 贸易方式

魏晋南北朝时期,商品是通过不同的渠道进入流通过程的。除了生产者和消费者的直接交换外,一般的商品流通都必须以商人的资本为中介,即通过商人的各种贸易活动,使生产者的产品进入流通领域,成为商品,再销售到消费者手中。

河南民间商业最普遍的形式之一,是小商小贩从事的商品贩卖活动。这种商贩活动又有两种情况:一种是直接生产者兼营商贩的。他们把自己的手工业品或农副产品运到农村集市或城镇上出售,换取货币,以购买所需要的生活资料和生产资料。这些小商贩实际上并不是专业商人,其交换活动也不是经常的。个体生产者进行的商品交换,不是为了取得利润,而是为了取得他们所需要的生活、生产资料。因此,这种商品交换没有商人资本活动的余地,不存在产生利润的客观条件,只是一种商品交换的低级经营形式。另一种则是专门从事小商品贩卖活动的职业商人。他们的特点是本小利微,流动性较大,所经营的商品种类比较单一,但他们所贩卖的商品都不是自己生产的,而是把已经生产出来的商品进行单纯的贩运,自己在贱买贵卖的不等价交换中获取利润。如年少时曾在洛阳卖畚的前秦宰相王猛,即是小商贩出身。虽然他们所贩卖的商品数量较少,利润也不大,但他们的活动已经是专业性的商业活动,这就使商品生产者的产品通过贩运而成为商品,也就是说,流通过程与生产过程已经通过商人资本的中介而结合在一起了。魏晋南北朝时期,从事这种经营活动的小商贩在商人中占有相当大的比例,他们是专门的商业劳动者,也是商品流通职能的实际承担者,在农村集市、城镇市场以及交通线上,常常可以见到他们的身影。

　　河南民间商业的另一种重要形式是贩运贸易,从事贩运贸易的既有中小商人,也有为数甚多的富商大贾。自秦汉以来,就有"富商大贾周流天下"的情况。魏晋南北朝时期,尽管社会动荡不安,国家统一的时间不长,但贩运贸易并未衰落。如西晋统一全国以后,社会安定、商路通畅,为贩运贸易的发展创造了有利条件。特别是西晋的首都洛阳,与全国各地区间的经济联系和贸易往来都明显得到了加强。北朝的贩运贸易也相当普遍,如北魏洛阳的大商人刘宝,在全国每个州郡都建有办事处,并且养有马匹,这样,他就在全国建立起了一个能够及时获得准确商业信息的网络系统,同时还具有便捷的交通运输途径。凡是交通能够到达的地方,都有他贩运的足迹,全国各地的商品,诸如食盐、粮食等,都在他的贩运之列。刘宝凭借他的生意,能够富拟王者,主要是因为他垄断了食盐和粮食这些人民大众日常生活必需品。他的商业涉及了一些由封建国家控制的关系国计民生的手工业部门,所以他能够得以从中牟取暴利,这种情况在之后的历史中是很少见的。刘宝的商业具有规模优势明显、价格垄断等有利条件,这是一般的小商贩所无法比拟的。在商人贩运的各种商品中,高级消费品与奢侈品占有相当大的比重。因为这类商品体轻价昂,只在卷握之间,便于远程异地贩运,所以一些富商大贾常常以此来营利。比较著名的土特产品,因产地与销地之间有较大的差价,也是商人们喜欢贩运的商品。除了奢侈品和土特产品之外,城市消费所需的粮食、布帛、柴炭、鱼肉、食盐等生活必需品,也离不开商人的贩运贸易。这些商品均需通过商人长途贩运而来,然后批发给城市中的坐贾或店铺零销出售。所以,城市经济的发展与繁荣,是离不开这些贩运商人的辛勤劳动的。贩运商将农村中的部分生产物转运到城市,又促使这一部分农产品商品化。因此,贩运商在城市和农村交换中起到了重要的媒介作用,而且使城市居民和农村分散的农户都离不开他们,这也是贩运贸易发展与繁盛的历史条件。应当注意的是,贩运贸易是独立于生产以外的流通过程,这也正反映了自然经济仍占统治地位,商品经济发展水平还不高,商业资本还未参与生产,更没有从属于生产。但贩运贸易的发展,与过去社会经济更为落后的状态相比,也未必不是经济发展的产物。尤其是一般的生活必需品在贩运贸易中所占比重的增加,与过去以贩运奢侈品为主要内容的情况相比,不能不说是一个历史的进步。

从事贩运贸易的商人是行商,与行商相对的则是坐贾。魏晋南北朝时期,坐贾贸易也是河南民间商业的一种重要形式。坐贾一般都是有市籍的商贾之户,他们长期固定地在城市的市场内营业,或是收购个体生产者的商品,或是成批购买贩运商人从外地运来的商品。然后通过设在都市或城镇上的店铺零售给消费者。因此,坐贾贸易是零售商业的性质,与贩运商经营的转运批发贸易是不同的。为了方便顾客,市内店铺均按商品种类区别,经营同类商品的,各自排成行列,这种行列称为"列"、"肆"、"列肆"或"市列"。如西晋时洛阳市内有帽肆、酒肆等,北魏时洛阳市内有金肆、书肆等,都是经营某一种商品的专门化店铺,类似于现在的专卖店。有的店铺还有女子坐在那里贩卖以吸引顾客的。如在西晋时期的洛阳城里,阮籍邻居家的媳妇有漂亮的容貌,就在自家开设的酒店里卖酒。名列"竹林七贤"的阮籍和王戎常常到这个酒店里喝酒,阮籍喝醉了以后就睡在这个漂亮女人的身边。这个女人的丈夫起初十分怀疑阮籍,所以常常在暗中观察阮籍的行为,但发现阮籍始终没有别的什么不良企图,只是酷爱喝酒而已。像这种城市手工业者自己开设的店铺,是自产自销的作坊店铺,当时的人们普遍采用了这种前店后坊的经营方式。北魏后期洛阳的退酤、治觞、慈孝、奉终、通商、达货、上商等里,那里居住着很多工商业者,其中的酿酒者、制棺椁者、造瓦者以及屠贩为生者,也都设有店铺,自制自售、工商兼行。坐贾贸易的发展,反映了社会分工水平的提高,地区间贩运贸易的活跃,也为坐贾贸易的发展创造了有利条件,城市零售商业日趋繁荣。通过坐贾的整购零销,不仅促进了商品流通,而且也满足了消费者的不同需求,从而对城市商业的发展与繁荣起到了重要作用。

另外，封建政权直接经营或垄断的官营商业也是一种重要的商业形态。官营商业的主要任务是实行盐、铁、酒的专卖，其办法是由政府设置专门机构，控制盐、铁、酒这几种重要商品的生产和流通，以便从中获取大利，增加财政收入。这类官营商业虽然也是统治者剥削劳动人民的一种手段，而且所获商业利润非常大，但是这一部分商业利润是从商人资本的利润中分割出来的，特别是历代官府采取的盐铁专卖制度，在一定程度上抑制了豪强大贾对盐铁之利的垄断及其对小生产者的剥削，对于增加中央集权和封建国家的物质力量，维持和发展农业生产都是有利的。官营商业还有一种重要的形式——和市。和市是封建政府出资向编户齐民购买实物的商贸关系，它的基本特点是"事须两和"①，即它是买卖双方都情愿进行的交易。从调节经济、顾及生产者利益上看，官府和市的初衷是有其积极意义的，而且它也对后代产生了重要影响，如隋唐时期和市、和籴的完善和制度化，就是对南北朝和市、平籴的继承和发展。但和市也存在着一些问题，一些官员损公肥私，使和市产生了一些弊病，造就了一些负面的社会影响。

四、魏晋南北朝时期河南境内的商业都会与市场形制

（一）河南境内的商业都会

两汉时期，一些商业性的都会多分布于黄河流域，以洛阳（今河南洛阳）和长安（今陕西西安）为中心。魏晋南北朝时期，河南地区的城市屡遭破坏，比如当时河南地区的中心城市洛阳，就像全国兴亡的晴雨表，伴随着国家形势的变化而数度兴衰，大起大落。

自古以来洛阳就号称"居天下之中"，其地理位置十分优越。东汉时，洛阳作为全国政治、经济、文化的中心长达160余年。这种多中心的统一，使洛

---

① 《旧唐书》卷四九《食货志下》，中华书局1975年版，第2124页。

阳在全国各都会中处于独占鳌头的地位，城市经济繁荣，对外经济交往频繁，不但是全国最大的商业都会，也是当时世界上最著名的经济中心之一。自汉末董卓之乱，洛阳遭到了严重的破坏，当然也就不可能再有商业活动。

公元220年，曹丕代汉称帝，建立魏国，定都于洛阳。历经数十年的经营与发展，洛阳的人口又大大增加，商业也得以恢复。西晋灭吴后，四方商客大量汇集于洛阳。随着都市商品交换的活跃，洛阳市场的规模也不断扩大。西晋时洛阳设置有3个较大的市场。大市又名金市，在大城中，马市在城东，羊市在城南，是专门进行商品交易的场所。在各商业区内，店肆林立，物品杂陈，买卖交易荟萃于此，洛阳的商业呈现出一派欣欣向荣的景象。到西晋末年的永嘉之乱，洛阳又遭摧残，此后衰败不堪之局面达100多年。

从北魏孝文帝太和十九年（495）迁都洛阳起，到东魏孝静帝天平元年（534）迁都邺城止，洛阳又从荒败的废墟上发展成为中国北部的政治、经济、文化中心，其商业的兴盛与繁荣也远远超过了魏晋时期。据《洛阳伽蓝记》所载，北魏时洛阳城东西长20里，南北宽15里，城中居民多达10.9万余户，共有220个里坊。由于城市规模的扩大和都市经济的发达，洛阳的商品交易市场也比西晋时增多。在城东建春门外有马市，系在西晋马市旧址上所建，是进行大牲畜买卖的交易场所。西晋的金市已废，北魏时在凌云台西千秋门外另立了一个金市（在西晋金市之北），是小本经营的小商贩和小手工业者的营业场所。洛阳城南的归正里，民间称之为"吴人坊"，从南方"投化"而来的人们多居住在这里，有3000多户。由于这里临近盛产鱼类的洛河和伊河，加之这些从南方来的人不喜欢吃羊肉、酪浆，而喜欢吃鱼、鳖等水产品，因而在他们自立的巷市中，所出售的商品也多是水产品，当时的人们称之为"鱼鳖市"。在商业上占有重要地位，并且最为繁华的，则是这时新设的洛阳大市和四通市。洛阳大市坐落在城西，周围有8里长，市内满布商业和手工业的店肆，沽贩云集，商品繁多。为了便于贸易，当时的工商业者也集中居住在大市的周围，形成一个规模很大的工商业贸易区。如大市的东面有通商、达货二里，那里的人多以屠贩为生，资财上万；大市南边的调音、乐律二里有许多能歌善舞的歌伎；大市的西面是退酤和治觞二里，那里的人多以酿酒为业；大市北面慈孝、奉终二里的人们以卖棺椁为业；在大市的东北角，还有准财、金肆二里，这里居住着许多富豪。以上10个里的人们大都是工商业者。就连这10个里的名称也无不与工商业有关，反映了其各自的经营范围，真是名副其实的工商货殖荟萃之地。这些工商业者多以经商致富，拥有巨万的资财，其生活奢侈、居所豪华，令人眩目。经营工商业者的人数之多，财富之厚，反映出了洛阳市场内商品交易之繁盛。四通市位于城南宣阳门外的洛河南岸，因市场附近的洛河上有一座浮桥叫永桥，故民间又称之为"永桥市"。四通市靠近外国商客、使臣及四方归附之人居住的四馆四里（即金陵、燕然、扶桑、崦嵫四馆与归正、归德、慕化、慕义四里），这里有从四面八方而来的"附化之民"一万多家，但凡天下难得到的货物，在这里均可以买到，所以四通市实际上是与各国的商旅、使臣、归附者市易的国际贸易市场，像南方来的珍奇异物，西北来的牲畜毛皮，西域及中亚各国以及大秦、波斯等地出产的金银饰物、水晶钵、玛瑙杯、赤玉卮等高级工艺品和香料、石蜜、琉璃、宝石等，纷然陈列于这里的店肆中出售。可见洛阳不仅是北方地区的商业贸易中心，也是当时中外贸易的总汇和国际性的商业大都市，其繁华程度已超过了同时期南朝的都城建康（今江苏南京）。

但是，北魏洛阳城的繁荣只维持了不到40年的时间。公元534年，高欢挟魏帝迁往邺城，连洛阳宫殿建筑的木材也被拆下一同运往邺城。在随后的东西魏及北齐北周对峙时期，洛阳一带又成了双方争夺的战场，昔日繁华的洛阳城又变成了一片废墟。

除了洛阳以外，在北朝后期，地处黄河下游的汴州（今河南开封）也逐渐发展起来，成为新兴的商业都会。隋文帝杨坚在隋初曾"恶其殷盛"，因而命刺史令狐熙在汴州"禁游食，抑工商"①。这说明汴州的游食商贩不少，工商业比较发达，可见当时的汴州已是一个民户殷盛、商业繁华的重要城市了。

（二）城市市场的组织与管理

市场是和商品经济相联系的一个经济范畴。只要存在着商品生产，就必然有市场和商品交换。魏晋南北朝时期河南商业的发展，首先表现在城市的繁荣上，而城市经济的发展，又是与城市市场的繁荣与稳定分不开的。因此，要了解这一时期河南商业的发展面貌和市场的活跃情况，就必须对当时市场的组织与管理等进行一定的了解。

魏晋南北朝时期，城市市场的内部结构与组织形式，仍沿用前代的列肆制度，即经营同类商品的店铺，各自排成行列，这种行列称为"列肆"或"市列"。同类商品陈列在同一行列内称为一"肆"，与后世的一个店铺称为一"肆"，含义是不同的。即使是小商贩也要按商品分类，依次摆摊，进行贸易。在各列肆中间的人行道称为"隧"，市中的空地则称为"廛"。在大小城市中，各种商品皆以类相从，集中在一肆出售。如西晋时洛阳有马市，是专门进行牛马交易的场所。卖酒的店铺相聚成列称为"酒肆"，还有屠贩货鬻者以类相从称为"屠肆"。

城市中的市场，其开市、罢市都有规定的时间。我国自古以来就有"日中为市"的做法，因为城外的农民运送农副产品来城里交换，清晨需要赶路，所以交市的高峰一般是在中午。魏晋南北朝时期，这一情况也一直没有改变。上市时，市场上满满的都是商品和来购物的人们；傍晚散市时，市场上又空荡无人。比如北魏后期的洛阳市场，仍然是这种情况，交易聚散有时，而这个时间得听市官的统一号令。在洛阳城东建春门外的建阳里，官府设有一个高3丈的大土台，土台上设有钟和鼓，由市吏击钟、鼓以开市、罢市，这一制度一直

---

① 《隋书》卷五六《令狐熙传》，中华书局1973年版，第1386页。

被后代所沿用。

历代官府所设市官，主要是运用行政、法律和经济等手段，通过制定各种措施，对商品经营者、市场秩序、市场交易及商业税收等几方面进行管理，以加强对工商业者的监督与管制，确保城市市场各种商业活动的正常进行，进而达到增加官府商业税收和巩固封建政权的目的，这是自秦汉以来一贯奉行的政策。

魏晋南北朝时期，封建官府对市场的管理主要有以下几个方面。首先是对商品经营者的管理。这主要是对城市市场上从事商品交换活动的私营工商业者和买卖经纪人的管理，它包括严格维护里市分设制度、列肆贩卖制度等内容，是市场管理的一个重要方面。在魏晋南北朝时期的城市里，和汉代一样，实行里市分设制度。在这种制度下，人们的住宅区（里、闾里）和商业区（市）的四周都建有围墙。里中的住宅，市中的店肆，都设在各区的围墙之内。各住宅区四面都有供人们进出的总门，除总门外，各家都不得当街破墙辟门。如《晋令》中就明确规定：市场内不准住家，店肆中不得住人，严禁在列肆从事贩卖的商人留宿市场内，以维护里市分设这一严整的制度。除商人之外，西晋时对买卖经纪人的管理也很严格。在市内进行交易的经纪人称为"侩"，如牛侩、马侩、市侩等，他们传统的经营方法是介绍买卖双方，说和价格，鉴定质量，核实数量，间接或直接收买某些货物，充当商人的角色。两晋时规定，侩卖者须穿着特殊的服装，双足异履，即一只脚穿白鞋，一只脚穿黑鞋。这一方面是表明侩卖者身份的低贱卑微，另一方面也便于市政官吏和消费者的辨别与监督，是官府对其采取的管制措施之一。封建政府对商品经营者实行严格管理的限制措施，虽然有利于保持市场的稳定，但却不利于商人的自由经营。其次，维护市场治安和市场秩序，也是市场管理的重要内容。官府会对一些扰乱市场秩序者和个别欺行霸市者进行打击，以保护大部分商人的合法权益，维护市场的正常秩序。再次，为了确保城市市场上各种交易活动的顺利进行，减少贸易纠纷，这一时期还加强了对度量衡、入市货币及交换契约的管理。除了以上职能外，封建政府设置各级市官，更重要的是为了征收商税，因此，对商业税收的管理，也是封建官府进行市场管理的一项重要内容。

（三）盛行一时的官僚经商

1. 官僚经商盛行的原因及其表现

官僚、地主、商人、高利贷四位一体，是我国古代商业资本发展的特点，到魏晋南北朝时期尤为突出。

在三国鼎立、各守境界的情况下，交通阻隔、关税烦苛，普通商人的活动范围大受限制，唯有官僚权势者才便于经商，以图巨利，从而开启了魏晋南北朝时期官僚经商之风大盛的先河。在曹魏时，贵族官僚经商就已经日渐活跃，有时甚至还得到朝廷的允许和鼓励。曹魏管理屯田的各典农机构，即可以公开役使所辖吏民，趁空闲时营求商利。

西晋时期，作为财富象征的金钱，日益成为夸富竞侈的权贵们贪婪追逐的目标。金钱崇拜意识，已经渗透于社会生活的各个方面，其结果势必促使官僚显贵去寻求各种途径赚钱牟利，而经营商业，正是他们发财弄钱的最好门径。于是，商业经营更多地为大贵族、大官僚所垄断，兴生求利、殖货聚敛，成为王公贵族、军将官僚普遍从事的活动。如义阳王司马望之子司马奇，曾派人到交广（今广东、广西和越南北部）一带进行贸易。"竹林七贤"之一的大官僚王戎，身为大名士，却挖空心思以牟取商利，其贪鄙面目，比起那些贪贾佞商来毫不逊色。统治集团经商之风盛行，竟引得愍怀太子司马遹也在宫中设立市场，学做商人的样子，卖葵菜、篮子、鸡、面等物品，从中赢利。可见当时整个统治集团都已极度腐败，牟取商利，不顾廉耻，致使贪鄙之风日甚一日，直至西晋灭亡。

北魏后期，宗室藩王、公卿百官以至文武官僚等，经商的大有人在，而且比之西晋时期尤有过之。北魏咸阳王元禧，在全国各地都有田业和盐铁生意，并让他的臣吏僮隶去经营。孝明帝的司空大宦官刘腾，也热衷于经营商业，每年获利数以万计。到了北魏末期，政治日益腐败，王公牧守，更是竞相经商。

由于官僚经商之风的极度盛行，造成了官吏经商活动的多样化。首先，由于他们财力雄厚，又有手中所掌握的权力可以调动一切，以至于规模较大和获利丰厚的长途贩运业，几乎为官僚所垄断。如北魏司空刘腾，就利用职权通过舟车大搞贩运贸易从中获利。其次是在所任职的城市公开开设店铺经营商业。如北魏孝文帝时任西兖州刺史的荥阳郡开封人郑羲，史称他"政以贿成"，一面受贿，一面又将所收受的物品出售以赚取钱财。再次是经营邸舍，或以之作为旅舍，或以之出租，或以之囤积居奇。最后是将经营所获通过邸店放高利贷。此外还有其他形式的经商活动，如有些贵族官僚贩卖自己田庄园圃里的农副产品、水果、竹木以及手工业制品等。

2. 官僚经商的作用及其影响

魏晋南北朝时期的官僚经商，开始于三国，发展于西晋，大盛于南北朝。其时的官僚权势凭借着职权、地位、机会或特权，以超经济的强制力量进入商品流通领域，破坏了商品交换原则，阻碍了河南民间商业的正常发展，对社会生产力的进步及封建统治秩序的稳定起了阻碍和破坏作用。

魏晋以来，官僚权势已逐渐控制了重要的商业阵地，掌握了商业上的大权。他们的商业活动是与权力和暴力结合在一起的，从而严重阻塞了河南民间商业的正常发展道路。官僚对商业广泛深入的渗透，阻碍了普通商人贸易求利的途径，更多的商人只能作为小商贩而进行一些获利微薄的小本经营，难以进一步发展。只有那些腰缠万贯的富商大贾，依凭权门、结交势家，才能得到贵族豪门的庇护，以拼命扩展自己的势力。

官僚经商不仅阻碍了民间商业的正常发展道路，而且也阻碍了社会生产力的进步，造成了商业的畸形发展。官僚经商赚取的巨额利润，很少用于扩大再生产，而主要用于其奢侈生活和高级消费的需要。追逐奢侈生活本来就是官僚经商的诱发因素，而经商的结果，又进一步加剧了其贪鄙之风。二者互相促进，使统治阶级奢侈糜烂达到了空前的程度。如西晋皇室和门阀士族集团，便是中国历史上出名的荒淫奢侈的腐朽集团。王公贵族之家，骄奢淫逸，比阔斗富蔚成风气。大官僚石崇与外戚王恺斗富的故事便是人人皆知的例子。而北魏后期的宗室贵族连石崇也不放在眼里，如河间王元琛就发出了"不恨我不见石崇，恨石崇不见我"的感叹。可见其奢靡程度与西晋时的石崇、王恺相比，真是有过之而无不及。当时的商业，就为这些丧心病狂的统治阶级提供了斗奢争侈的奇珍异物。奢侈生活、奢侈风气和由此而来的奢侈品贸易的兴盛，又造成了商业的畸形发展和奢侈性商业的格外发达。如西晋时的奢侈性、浪费性的商业就超过了东汉时期，达到了一个新的高峰。对于国计民生来说，奢侈性商业过度的畸形发展有百害而无一利。

此外，官僚经商往往是利用职权，损公肥私，严重败坏了吏治，侵蚀了封建政治的肌体。他们或贪污受贿，或放纵部属肆行劫掠，为官唯图聚敛贪污，不亲政事，吏治由此日坏，封建统治秩序日趋混乱。更有甚者，一些边境将领也大肆贩贸，影响到了边防安全。

总之，魏晋南北朝时期的官僚经商，对社会所起的消极作用是非常大的，而且对后世也产生了深远的影响。如官僚与商贾联结为弊之习，传至隋朝末年而愈演愈烈。唐代贵族官僚地主经营邸店业，也与南北朝时相同。这些官僚经商的活动方式及其内容，都和魏晋南北朝时期有着一定的历史渊源关系。

下编　政治制度与历史人物

中国古代选官制度概述

中国古代的选官制度是当时社会上层建筑领域的一个重要组成部分,是历史上奴隶主阶级和封建地主阶级关于选拔和任用官吏的重要政治制度。由于官吏是一个国家或政权行使其管理职能的代表,所以我国历朝历代的统治者一直把官吏的选拔置于特别重要的地位,予以高度的重视。他们制定出种种的选官规程,建立起名目繁多的选官制度,借以保证国家机器的正常运行和维护统治阶级的阶级基础。历史上有不少学者对我国古代选官制度的发展演变进行过总结,如宋代苏轼指出:"三代以上,出于学。战国至秦,出于客。汉以后,出于郡县吏。魏晋以来,出于九品中正。隋唐至今,出于科举。"[①] 南宋学者章俊卿也说:"选举之法,一变而为辟举,再变而为限年,三变而为中正,四变而为停年,五变而为科目。"[②] 上述总结虽然对我们了解中国古代选官制度史的发展脉络不无裨益,但却难以揭示选官制度在不同历史时期的时代特点及其发展规律。为此,本文拟将中国古代选官制度归纳为世袭制、荐举制和考选制三种类型,并对其中的五种重要表现形式——世卿世禄制、任子制、察举制、九品中正制和科举制作重点探讨,以明中国古代选官制度史的嬗变是随着时代的发展而发展,并经历了一个由低级到高级、由简单到复杂、由不合理到比较合理的历史发展演变过程。

[①] (宋)苏轼:《苏轼文集》卷五《论养士》,中华书局1986年版,第140页。
[②] (宋)章俊卿:《山堂考索续集》卷三八《选举》,广陵书局2005年版,第1096页。

一、以"世袭制"为主要特征的选官制度

"世袭制"亦称"世官制",其表现形式主要有我国奴隶社会的"世卿世禄制"和汉初的"任子制"。

我们知道,在原始社会里,实行氏族民主选举制,无论氏族、部落的酋长或军事首领,都由氏族、部落成员选举产生。酋长在当时没有什么强制的权力手段,他的权力只是像恩格斯在《家庭、私有制和国家的起源》一书中所指出的那样:"是父亲般的,纯粹道德性质的。"到了原始社会末期,部落之间的战争已经具有掠夺奴隶和财富的特点,掠夺来的东西首先是归部落首领所有,变成他们的私有财产。于是,随着掠夺战争的频繁进行,部落首领所拥有的私有财产日益增多,他们的权力和地位也日益显赫。久而久之,首领职位已不再由部落成员民主选举产生,而是由首领利用职权,把占有的职位当作私产直接传给自己的儿子,从而固化为某一家族的世袭权力。恩格斯在指出这一历史性转变时曾说:"掠夺战争加强了最高军事首长以及下级军事首长的权力;习惯地由同一家庭选出他们的后继者的办法,特别是从父权制确立以来,就逐渐转变为世袭制,人们最初是容忍,后来是要求,最后便僭取这种世袭制了;世袭王权和世袭贵族的基础奠定下来了。"① 可见,随着阶级压迫的国家权力机构的出现,王权世袭和贵族世袭已取代了氏族民主选举制,这标志着选官制度已初步萌芽。

自夏禹传位夏启,建立我国第一个奴隶制王朝开始,世袭的国王就已出现,并建立了专门进行阶级压迫的国家官僚机构。商代的国家机构,在夏代的基础上进一步发展,且更趋完善。进入西周,随着奴隶制经济的高度发展,奴

---

① 恩格斯:《家庭、私有制和国家的起源》,《马克思恩格斯全集》第 21 卷,人民出版社 1964 年版,第 188 页。

隶制的政治制度也日益健全和成熟。于是，在分封制和宗法制的基础上，西周奴隶主贵族正式建立起历史上第一个选任官吏的制度——世卿世禄制。西周的国家政体是以周王为首的贵族制政体。周王的王位是世袭的，各级奴隶主贵族的职位和财产也是世袭的。周王通过分封制，把土地和奴隶分封给周姓王族，建立起许多诸侯国；各诸侯又把封国内的土地和奴隶分给卿大夫，建立起许多封地。分封的原则主要是根据血统，嫡长子世袭，庶子受分封。在官职方面，西周中央和地方政府的高级行政长官多由王族、诸侯、卿大夫充任，各官职都有"采邑"作为俸禄，其官职、俸禄均由嫡长子世代继承，世袭罔替。故《孟子·梁惠王下》说"仕者世禄"，史称之为"世卿世禄"。通过世卿世禄制，奴隶主贵族不仅把持了各级官僚职位，而且享有世代管理国家的政治权力。因此，世卿世禄制本质上是以世袭制——即嫡长子继承制为基本特点的权力分配制度，是建立在宗法血缘关系基础上的用人制度。这一制度之所以盛行于西周，正是由于当时的奴隶制经济基础所决定的，是为奴隶主阶级的统治服务的，并体现了奴隶主贵族子弟"无功受禄"的原则和特点。

东周春秋时期，仍然实行"世卿世禄"制度。下及战国，随着奴隶社会的崩溃和封建制的确立，新兴的地主阶级逐步登上了政治舞台。在各国相继变法和普遍推行郡县制的过程中，旧的分封制也随之废除，代之而起的是新的官僚制度，并确立起君主的集权统治。在君主集权制下，除了国君和一部分封君外，从中央到地方的官吏都由国君任免，概不能世袭，这就势必要打破奴隶主贵族垄断官职的局面，否定奴隶制下的世卿世禄制。商鞅变法后在秦国实行的量功赐爵制，就是适应着新兴地主阶级的要求，在政治上和经济上扶植地主阶级的政治制度。量功赐爵制的主要精神在于废除旧的世卿世禄制，实行按军功大小授官、赐爵。军功爵比较高的，除授较高的官职外，还赐予封邑、田宅和庶子（奴隶），从数十家到数百家不等，获爵者可以衣食租税。由于赐爵任官的根本条件是立有军功，即便是宗室贵戚而无军功者，也不能取得官职和爵位。因此，通过量功赐爵制的实行，不仅使奴隶主贵族的政治特权受到猛烈冲击,否定了奴隶制下的分封制和世卿世禄制,而且为新兴地主阶级掌握政权开辟了道路。

但是,和历史上一切剥削阶级一样,新兴地主阶级虽然登上了政治舞台,并依靠量功赐爵制获得了官职、爵级、土地和庶子,成为有权有势的军功官僚地主阶层,但他们并不以此为满足。他们幻想把自己的政治特权永远保持下去,传之子孙,万世不绝。于是,适应着军功地主和封建官僚的这一要求,一种新的选官制度——"任子制"遂应运而生。

任子制是由秦国的"葆子制"发展而来的。"葆子"是云梦秦简里出现的一个名词。当代学者认为:"葆,通保。葆子疑即任子。"[①] 确证秦国已实行保任子弟为官的制度。到了汉初,任子制复与郎官制紧密结合,发展成为在职官吏可以保任其子弟做郎官的选官制度。按照汉初规定:"吏二千石以上视事满三年,得任同产若子一人为郎。"[②] 也就是可以保任子弟一人为郎。事实上,任子的类别有以父任、以兄任、以姊任、以宗家任、以外戚任等多种形式,并非专指以父任一项。而任子的数量也无严格限制,有兄弟二人并以父任为郎,和兄弟多人以父任为郎者。由此可见,任子制的主要精神在于保持和延续封建官僚的政治特权。因为通过任子为郎的途径,凡二千石以上的在职官吏子弟,都可以依靠父任而获得做郎官的优待,一旦做了郎官,就可以宿卫宫廷,接近皇帝,其官职也可以很快升迁。当郎官成为大官吏之后,他们的子弟又可以通过任子制而为郎官,于是地主阶级官吏的政治特权就这样一代一代沿袭下去。所以,若从这一角度着眼,汉代的任子制无疑是保障封建地主阶级既得利益的政治制度,是使在职大官僚的政治权力世袭化的用人制度,本质上是奴隶社会世卿世禄制的残余形态。后来南北朝和唐代的门荫、荫任制度,也都属于世袭制的不同表现形式。

---

① 睡虎地秦墓竹简整理小组:《睡虎地秦墓竹简》,文物出版社1978年版,第86页注11。
② 《汉书》卷——《哀帝纪》注引应劭《汉仪注》,中华书局1962年版,第337页。

二、以"荐举制"为主要特征的选官制度

"荐举制"或称"选举制",这是一种只注重考察而不注重考试的选官形态。其表现形式主要有两汉时期的察举制度和魏晋南北朝时期的九品中正制度。

汉初实行的任子制度既然由父任得官,非以才能选士,因而不能广泛地延揽人才,也难以适应日益加强的专制集权的需要。所以,到汉武帝"罢黜百家,独尊儒术"之后,一种以考察士人道德品行为选举标准的察举制度也随之产生。所谓察举,就是州郡地方长官根据政府的需要,定期或不定期地向朝廷荐举各种人才的制度。察举按其性质可分为两种:一种是岁举,是定期的,属常科性质,其科目主要有孝廉、秀才(东汉避光武帝刘秀讳,改为茂才)。孝廉由郡国守相荐举,其办法是按照二十万人口举一人的比例,每年保荐若干人到朝廷。被举的孝廉,以在郎署供职为常例,在内由尚书郎迁任尚书、侍中等职,外则出为县令长,再迁任刺史、郡守。秀才一科亦始于汉武帝时,但当初并非岁举,而是偶尔举之。到了东汉,秀才亦变为岁举,与孝廉性质相近,因而孝、秀可以并称。不过,东汉一代,秀才自州刺史以上方能察举,被举的秀才,一般的任用原则是除为县令,较孝廉为重。从察举员额上看,由于孝廉是郡举,秀才是州举,故秀才数目自较孝廉为少。在常科之外,另有一些科目是不定期,属特科性质。如西汉时有贤良方正、贤良文学、直言极谏等数种。东汉以后又增加了敦朴、有道、独行、武猛、高节、清白诸科。这些察举科目虽非岁举,但在两汉也较为常见。至于像兵法、阴阳灾异等科,则是偶尔举之,不经常进行。因此,汉代经由察举孝、秀入仕,就成为士大夫做官的主要途径。

汉代察举制的实行,在一定程度上改变了汉初大官僚子嗣垄断官职的局面,有利于从地主阶级下层选拢人才。特别是汉代为了考察士人的道德品行,

即是否符合儒家的伦理道德规范，还必须征访乡党舆论的意见，作为朝廷选官的重要环节。因此之故，州郡察举又被称为"乡举里选"。但是，到了东汉末年，由于宦官专权，政治黑暗，察举制度也日趋腐败。故时人语曰："举茂才，不知书；察孝廉，父别居。寒素清白浊如泥，高第良将怯如鸡。"① 及至汉末豪强割据，动乱不息，人士流移，考详无地，察举制度也因遭到严重破坏而无法正常进行。在这种情况下，曹魏政权在察举制度的基础上又建立了另一种选官新制——九品中正制。

九品中正制又称九品官人法，由"中正"、"九品"、"官人"三个要素组成。即由政府在州郡设立专掌评选人才之官，称为"中正"；中正区别所管人物，定为九等，称为"九品"；"九品"用以官人，故称九品官人法。但是，九品中正制的主要精神仍是沿用汉代乡举里选的旧传统，因为就大者而言，中正制度就是由政府委派本地人且在中央任职的官吏来担任本州郡的大小中正，主持人物评定。大小中正必须熟悉本地士人的道德品行，负责访询乡党舆论的意见，并将士人的德、才优劣评定为九品，作为吏部选拔官吏的依据。所以，从这个意义上讲，无论是汉代的察举制度，还是魏晋南北朝的九品中正制度，都是只注重考察而不注重考试的选官制度。只不过到魏晋之际，由于门阀制度的确立，家世门第已经成为定品的唯一标准，所谓"上品无寒门，下品无势族"②，就是对此的真实写照。南北朝时期，门阀士族为了严格士庶区别，防止混淆伪冒，大修包括姓氏、地望、世系、官爵以及婚姻关系等内容的族谱，使得谱牒之学盛极一时。在这种情况下，中正定品"不考人才行业，空辨氏姓高下"③，结果造成"公门有公，卿门有卿"，"高门华阀有世及之荣，庶姓

---

① （晋）葛洪撰，杨明照校笺：《抱朴子外篇校笺》（上）卷一五《审举》，中华书局1991年版，第393页。
② 《晋书》卷四五《刘毅传》，中华书局1974年版，第1274页。
③ 《魏书》卷六六《崔亮传》，中华书局1974年版，第1479页。

寒人无寸进之路"① 的选举格局，九品中正制已完全成为门阀士族控制的工具。

总之，从中国古代选官制度的发展趋势上看，以荐举制代替世袭制乃是历史的必然，具有合理和进步的积极因素。由于荐举制注重考察，其选举标准也偏重于道德和才能，所以，当察举制和九品中正制初行之时，也都不同程度地打破了以血统、世官为标准的铨选格局，选拔人才不拘一格，从而对扩大封建政权的阶级基础和加强中央集权统治起到了积极作用。但是，正像任何事物无不具有两重性一样，无论是察举制和九品中正制，它们都缺乏一个固定的考察标准，也没有严格的考核制度，因而极易被少数大族所利用，出现种种弊端，以致最后发展成为只注重门第和家世的所谓"门选"，成为维护世家大族政治利益的工具。所以，自隋唐以后，以考选制为主要特征的科举制度遂适时而生，成为中国封建社会中后期占主导地位的选官制度。

三、以"考选制"为主要特征的选官制度

"考选制"是以科举考试为主要特征的选官制度，其表现形式就是自隋唐一直沿用至明清的科举制度。

南北朝后期，基于寒门庶族势力的兴起，在选官制度上也发生一些变化。如西魏时"罢门资之制"②，北周以降"选无清浊"③，都表明以门第选士的限制有所放松。特别是当时业已出现的投牒自进，州郡考试于前，朝廷策试于后的做法，可以说是隋唐以后科举考试的萌芽。到隋文帝即位之后，为了进一步打破门阀士族垄断官职的局面，扩大封建政权的阶级基础，遂逐渐废除了九品

---

① （清）赵翼著，王树民校证：《廿二史札记校证》卷八《九品中正》，中华书局1984年版，第167页。
② （唐）杜佑撰，王文锦等点校：《通典》卷一四《选举二》，中华书局1988年版，第341页。
③ 《隋书》卷五六《卢恺传》，中华书局1973年版，第1384页。

中正制。隋炀帝即位后，又进一步设置进士科，开科举考试之先河。进士科的创置，标志着科举制度的奠定，也标志着用考试方法来选拔官吏制度的正式形成。

科举制度虽然开创于隋朝，但是它的确立和完善却在唐代。所谓科举，就是分科取士的意思。唐朝科举有常举和制举两种。常举每年举行考试，分为秀才、明经、进士、明法、明字、明算等科。应考者有两种来源，一是国子监和州、县学馆的学生，称为"生徒"；二是不在学馆的人，自己向所在州、县报考，即"投牒自试"，考中以后，再被举送参加朝廷考试，称为"乡贡"。主持考试的机关，起初是尚书省的吏部，唐玄宗以后改为礼部。应考者主要是争趋明经、进士两科，尤其是进士科。明经考贴经，重在对儒家经典的背诵记忆，考试较易；进士科主要考诗赋，须有真才实学，故考试较难。当时明经的取中率为十分之一二，进士的取中率不过百分之一二，所以时人有"三十老明经，五十少进士"①之语。由于进士科最为难考，进士科出身者的仕途也优于明经。但是，考中进士以后，只是取得做官的资格，要想取得国家正式委任的官职，还须再经过吏部考试，称为"释褐试"。以后各朝的选举，主要就是继承隋唐的进士科。常举而外，唐代皇帝也临时下诏举行考试，称为"制举"。制举与汉代察举中的特科性质接近，考试的科目、日期均系临时决定，不是经常举行，因而这是一种网罗非常人才的手段，不是仕进之正途。

宋代继承了隋唐的科举制，但又有一些发展。第一，由于宋代官僚机构膨胀，录取进士的名额也随之增多。唐代一科进士最多不过三四十人，故唐人诗称"桂树只生三十枝"，而北宋科举取士达五六百人，有时一科多过千人。第二，考中进士后，一经录用，立即授官。第三，确定了殿试制度，由皇帝亲自控制选举。第四，宋初科举考试的年限不固定，或一年，或两年，至英宗时正式规定为每三年开科一次，成为定制。

---

① （五代）王定保：《唐摭言》卷一《散序进士》，上海古籍出版社1978年版，第4页。

元朝不重科举，在其统治的九十多年间，只举行过七次进士考试。因为元朝官吏多由蒙古人和色目人的上层分子担任，他们只靠荐举和特权做官，不从科举出身，因此科举制度的作用仅在拉拢汉族地主，所以很少举行。然有一事值得一提，即从元朝开始，科举考试用朱熹的《四书集注》出题，从此程朱理学便和科举取士结合在一起，这对禁锢和毒害人民的思想起了很坏的作用。

发展到明清，科举制度达到鼎盛时期，科举考试的程序在前朝的基础上更趋严密和完备。特别是自明代以后，科举考试的内容与前朝有一个很大的不同，这就是制定了一种以八股文取士的办法。八股取士，不仅在内容上有许多清规戒律的束缚，如以四书、五经的文句命题，解释要以朱熹的注为依据，而且在格式上也有非常刻板的限制，即每篇文章必须包括破题、承题、起讲、入手、起股、中股、后股和束股八个部分。因而写出来的东西多是废话连篇，空洞无物。清代的科举考试，基本沿袭明制，无大改变。只是清初为了优宠满人，把科举分为满、汉两榜。雍正时为了缓和反满斗争，麻痹人民，才改为旗人、汉人一体考试。但从有清一代的情况看，满人做官多不靠科举，只靠特权，汉人做官不由科举考试的仅属例外，由此可见清代实行民族压迫政策之一斑。到了清末，以康有为、梁启超为代表的资产阶级维新派，曾奋力抨击科举制，提出废除八股取士制度。但是随着"百日维新"运动的失败，这一要求也化为泡影。1904年，清政府举行最后一科进士考试。不久，随着武昌起义的轰轰炮声和辛亥革命的胜利，这一沿袭了一千三百年之久的科举制，终于被革命人民所废除。

如果说荐举制取代世袭制是一种历史进步的话，那么，隋唐以后实行的科举制度，则是我国古代选官制度的一大变革。因为科举制最显著的特点就在于不注重考察而注重考试，而且在选举过程中将学校教育、科举考试、选官任职三者密切联系在一起，充分做到了寓人才于教育，拔官吏于科举，从而适应了古代选官制度发展的历史趋势，较之荐举制具有更多的优越性。特别是科举制建立以后，对唐代官僚政治影响甚巨，它不仅选拔了大量的人才，而且对促进唐代文化的发展也起到了重要的作用。但是，随着科举制的发展，其本身又为新的官僚集团所把持，从而具有许多不可克服的弊端。尤其明显的是，科举制在本质上是笼络知识分子，禁锢人们思想的重要手段。一些知识分子为了猎取功名，步入仕途，无不皓首穷经，埋头诗赋，醉心于写空洞的八股文章，于一切有用的知识概不留心。居官后不谙吏事，才能庸劣，结果是文不能安邦治国，武不能临阵杀敌，不仅使学风急剧颓坏，而且也严重阻碍了古代科学文化的发展，成为封建君主禁锢人们思想和加强文化专治的工具。科举制发展至此，也不得不随着社会的发展而退出历史舞台，成为历史的陈迹。

综上所述，中国古代的选官制度先后经历了世袭制、荐举制、考选制三个不同的发展阶段，并经历了一个从低级到高级、从简单到复杂、从不合理到比较合理的历史演变过程。今天，在我们建设有中国特色社会主义的历史时期，看看前人在选拔任用人才方面有哪些成功的经验和失败的教训，这对于正在进行的人事制度改革，以及更好的选贤任能，合理使用人才，也具有一定的借鉴意义和现实意义。

试论九品中正制由萌芽到确立的历史演变

九品中正制是我国中古时期创立的一种选举制度,它确立于东汉延康元年(220),废止于隋开皇(581—600)中。其间,历代选举之法虽互有损益,但九品中正制沿用不废达四百年之久。关于九品中正制度,古今学者研究者不少,已属剩义无多。本文仅就九品中正制创立前如何萌芽和发展演变的历史过程,作些粗略的探讨,错误之处,希望同志们批评指正。

一、问题的提出

关于九品中正制的创立时间,一般认为是延康元年。《三国志》卷二二《魏书·陈群传》曰:

> (魏)文帝……及即王位,封群昌武亭侯,徙为尚书。制九品官人之法,群所建也。

又《太平御览》卷二六五引《傅子》曰:

> 魏司空陈群始立九品之制,郡置中正,平次人才之高下,各为辈目。

此外,《通典》卷一四、《文献通考》卷二八、《册府元龟》卷二六九、《资治通鉴》卷六九记述略同。陈寿、傅玄都是魏晋时人,他们的记载当然没有疑问。再是检诸史籍,有关州郡中正主持地方选举的史料,均在魏文帝以后,在此以前不见记载,这也证明此制创立于延康元年之说是可信的。

但是,对九品中正制的创立时间并非没有歧说。《晋书》卷四六《李重传》载其于晋武帝时上疏说:

> 九品始于丧乱,军中之政,诚非经国不刊之法也。

李重之意,是说九品中正制始行于汉末战乱之时,是曹操在军中施用的一种选举之制,对已经统一天下的西晋统治者来说,不应作为经邦治国的选举成法加以沿用。李重是晋初人,曹操大将李通的重孙,他"弱冠为本国中正",又曾任吏部郎,参与铨选之事,所以他的议论不至于和事实有太大出入。又沈约在《宋书》卷九四《恩幸传》序中说:

> 汉末丧乱,魏武始基,军中仓卒,权立九品,盖以论人才优劣,非为世族高卑。因此相沿,遂为成法。自魏至晋,莫之能改。

据此,沈约更明确地把九品中正制的创立时间提前在曹操时,其意与李重正同。

李重与沈约关于九品中正制始行于魏武帝曹操之说,同此制创立于延康元年之说存在明显的差异。可是,古今学者对这一情况并未给予充分注意。大多数学者将其视为互相孤立、互相矛盾和其间不存在任何联系的两种史料,以致仍拘泥于延康元年始有九品中正制之说,对李重、沈约的说法或回避不提,或提之则予以否定。但也有一些学者力求用事物发展的观点解释这一分歧,并指出其间的联系,试图得出一个较为接近历史实际的结论,如谷霁光先生就是如此。谷先生在其所著《九品中正考》一文中,即据李重、沈约之说,认为"曹操已行九品之制",并推测"大约魏武始用之于军中,魏普行于郡县,而陈群又本为之制。"① 谷先生不拘于九品之制为陈群独创于延康元年一说之旧囿，明确提出此制的创立乃是有着一个发展变化过程的看法，是正确的和符合历史实际的。但是，谷先生也未能作出进一步的论述与证明。这样一来，他的推测之说就不免使人产生了一系列的疑问：既然"曹操已行九品之制"，那么它究竟始行于何时，其制度本身的情况如何？既然陈群又"本为之制"，那么曹操所实行的九品之制在事物发展过程中处于什么样的发展阶段，与后者的关系如何，它们之间有哪些相同点和不同点，这些不同点又是怎样发展演变的，它对后者产生了什么影响，在当时起了什么作用，其产生的原因又是什么？所有这些问题，谷先生都未能予以解释。

既然上引史料对九品中正制的始行时间存有分歧，而人们对这一分歧之说的解释又有不清楚之处，那么，我们对这一问题进行探讨与说明就更有必要。本文之主旨，即在论述九品中正制既非确立于一朝一夕，又非为陈群一人所独创，而是经历了一个发展变化过程。大体说来，它萌芽于建安十三年（208）曹操平定荆州之时，发展和扩大于曹丕继任魏王之前，最终确立于魏初延康元年。兹据汉魏之际的史料，试加说明。

二、九品中正制萌芽的出现

探讨九品中正制的萌芽，首先应注意到它的某种形式及方法在东汉末年已经逐渐显现。这正如前辈学者业已提到的，汉末名士主持的乡间评议，应为以后设置中正的历史渊源。

一般认为，中正的名号虽然始见于曹魏，但在州郡地方官之外以少数人主持乡间评议的办法，却在汉末就已出现。汉末名士专以臧否人物，奖拔士人为己任，其时善于鉴别人物者，谓之善人伦，被目为天下名士，于社会中有着极

---

① 谷霁光：《九品中正考》，载《天津益世报》1936 年 3 月 31 日《史学副刊》第 25 期。

高的声望。他们对人物的扬抑褒贬，不仅得到乡党舆论的赞同，也往往能够左右政府的选举用人，从而影响到士人的仕途进退。如《后汉书》卷六八《郭泰传》注引《谢承书》曰："泰之所名，人品乃定，先言后验，众皆服之。"同卷《许劭传》也说："许劭字子将，汝南平舆人也。少峻名节，好人伦，多所赏识。若樊子昭、和阳士者，并显名于世。故天下言拔士者，咸称许、郭。"

汉末名士不仅善于评论人物，而且他们评论的对象大都以自己所熟悉的本州郡人物为主，如上引《许劭传》说：

> 初，劭与（从兄）靖俱有高名，好共核论乡党人物，每月辄更其品题，故汝南俗有"月旦评"焉。

据郭泰本传，经他识拔的本州郡士人达六十之多，其中不少官至州刺史、郡太守，更有位至三公者。由此可见，诸如郭、许等人，虽无中正的名义，却有着中正的威权。所以《资治通鉴》卷五八胡三省注许劭、许靖主持"汝南月旦评"一事说："后置州郡中正本于此。"正是指出了这一历史渊源。

另外，从人物评论方法上也可以说明这一渊源关系。所谓"月旦评"者，指其评论乡党人物是因时褒贬，不以人之一言一行而定其终身优劣，故而"每月辄更其品题"，这与魏晋以后中正每三年一定品的方法在原则上是一致的。再是汉末名士对人物所作的评语十分简练，大多七八字或十数字，如郭泰传注引《谢承书》载他对袁阆、黄宪二人的评语是："奉高之器，譬之泛滥，虽清而易挹；叔度之器，汪汪若千顷之陂，澄之不清，挠之不浊，不可量也。"这种高度概括人物品行、才能的品题，发展到后来就成为中正所作之"状"。

上述传统看法，正确指出了后来中正的设置不仅在形式上而且在评论人物的方法上都与汉末名士主持的乡间评议有着渊源关系，从而使我们了解到九品中正制的因袭演变之迹。但是，汉末乡里月旦虽然掌握在少数名士之手，却并非官方设置的选举机构。如《晋书》卷六二《祖逖传附兄纳传》云：

> 纳尝问梅陶曰："君乡里立月旦评，何如？"陶曰："善褒恶贬，则佳法也。"纳曰："未益。"时王隐在坐，因曰："《尚书》称'三载考绩，三考黜陟幽明'，何得一月便行褒贬！"陶曰："此官法也。月旦，私法也。"

晋时之月旦，犹汉末汝南月旦评之遗法，可见它是私家的评议，是作为"官法"的对立物而出现的。唐长孺先生在其所著《九品中正制度试释》一文中也指出："乡里月旦即使由一二人主持，毕竟不是政府机构，而中正虽不算正式官吏，却是受政府委任的兼职，所以形式上虽沿袭旧传统，而在制度的精神上却有所不同，甚至是旧传统的破坏。"① 即已明确提出了这一问题。

然则，乡里月旦评是如何从"私法"变为"官法"的？这一形式上对旧传统的沿用与精神上对旧传统的破坏，其萌芽又始于何时？我以为魏武帝曹操实开其端。建安十三年九月曹操平定荆州，使荆州名士韩嵩品第州人优劣，以此作为选拔官吏的依据，标志着这一萌芽的出现。据《三国志》卷一《魏书·武帝纪》载曹操平定荆州之事曰："公进军江陵，下令荆州吏民，与之更始。乃……引用荆州名士韩嵩、邓义等。"可是，曹操"引用荆州名士韩嵩"做什么，纪文没有讲，对此《后汉书》卷七四下《刘表传》则有较为详细的记载，其文曰：

> 及操军到襄阳，（刘）琮举州请降。……乃释（韩）嵩之囚，以其名

---

① 唐长孺：《九品中正制度试释》，《魏晋南北朝史论丛》，生活·读书·新知三联书店1955年版，第90页。

重，甚加礼待，使条品州人优劣，皆擢而用之。以嵩为大鸿胪，以交友礼待之。

此后司马光《资治通鉴》卷六五亦引此说，文字略同。为说明问题起见，兹将《后汉书·刘表传》有关韩嵩的一段史料摘抄如下：

及曹操与袁绍相持于官度，绍遣人求助，表许之，不至，亦不援曹操，且欲观天下之变。从事中郎南阳韩嵩、别驾刘先说表曰："……今之胜计，莫若举荆州以附曹操，操必重德将军，长享福祚，垂之后嗣，此万全之策也。"蒯越亦劝之。表狐疑不断，乃遣嵩诣操，观望虚实。谓嵩曰："今天下未知所定，而曹操拥天子都许，君为我观其衅。"嵩对曰："嵩观曹公之明，必得志于天下。将军若欲归之，使嵩可也；如其犹豫，嵩至京师，天子假嵩一职，不获辞命，则成天子之臣，将军之故吏耳。在君为君，不复为将军死也。惟加重思。"表以为惮使，强之。至许，果拜嵩侍中、零陵太守。及还，盛称朝廷曹操之德，劝遣子入侍。表大怒，以为怀贰，陈兵诟嵩，将斩之。嵩不为动容，徐陈临行之言。表妻蔡氏知嵩贤，谏止之。表犹怒，乃考杀从行者。知无它意，但囚嵩而已。

综合上引有关韩嵩的史料，我们不难发现他的身份特征及其"条品州人优劣"的做法，同陈群建议创立的九品中正制有着颇大的一致性。

首先，韩嵩具备的身份特征与以后中正人选的基本要求相同。关于中正的人选要求，《通典》卷一四《选举二》曰：

延康元年，吏部尚书陈群以天朝选用不尽人才，乃立九品官人之法，州郡皆置中正，以定其选，择州郡之贤有识鉴者为之。……州郡县俱置大小中正，各取本处人任诸府公卿及台省郎吏有德充才盛者为之。

据此，中正人选的基本条件有二：一是本地人，且在乡里负有声望及贤有识鉴者；二是他们必是现任中央官，即自"诸府公卿"至于"台省郎吏"。证以《刘表传》所载韩嵩事迹可知，他的身份正符合上述两项基本要求。

韩嵩是荆州南阳人，号称"楚国之望"，不仅名重乡党，善于鉴识人物，而且还是现任中央官。他在出使许都之前，虽然任刘表从事中郎，但在出使之后，即被汉献帝拜为侍中，成为"天子之臣"。及至曹操平定荆州，又拜其为大鸿胪，因而韩嵩是在具备了荆州名士和中央官双重身份的同时，才为曹操"条品州人优劣"的。由此而论，魏晋以后中正人选的基本条件，或即萌芽于此？

不过，韩嵩具备的身份特征，是否与后来中正人选的条件偶然巧合呢？回答是否定的。曹操之所以选定韩嵩，一方面是由当时的历史条件所促成。我们知道，东汉崇尚名节，乡间评议对于士人无异于第二生命。但汉末人士流徙，乡举里选已不能照常进行，其时士人求名多访之名士，而名士对人物的评价又博得乡间舆论的赞同。基于此，曹操遂让荆州名士韩嵩主持本地区的选举事宜，这样不仅士人出仕有名，符合两汉注重乡议的传统旧例，而且曹操选拔官吏也有所依据。另一方面，曹操之所以选中韩嵩，根本原因还在于他是现任中央官。一般而言，汉末名士清议之风代表了世族、名士对集权政治的破坏，而曹操的现实政策则是抑制世族和排斥清议的。如清人王鸣盛在《十七史商榷》卷四〇《州郡中正》条里曾说："大约汉末名士互相品题，遂成风气，于时朝廷用人，率多采之。魏武已恨之。"就已指出名士的互相标榜和臧否人物业已干涉到政府用人权，这是曹操所不能容许的。韩嵩虽是荆州名士，但其实际身份又为现任中央官，这样不仅易于中央掌握，也便于和政府协调，从而在选举精神上与政府保持一致，防止私家操纵选举和干涉政府的用人权。所以，曹操让韩嵩主持荆州地方选举，而他的身份又恰为荆州名士和现任中央官，就不是偶然的巧合了。等到陈群创立九品中正制，一则由于人士流徙的状况依然存在，再则因为魏文帝曹丕继承了其父抑朋党、排清议，旨在加强中央集权的一贯主张，所以关于中正的人选条件仍本之于曹操时的规定。要之，不论从韩嵩的身份特征看，还是从产生这一人选要求的历史条件和政治原因分析，魏晋以后中正人选的基本条件正是萌芽于曹操使韩嵩"条品州人优劣"之时。

其次，曹操委派韩嵩主持荆州地方选举，与以后中正的选任权限和组织系统之隶属于司徒（府）授理，及中正不算政府正式官吏的基本精神也相同。

魏晋南北朝时期，吏部虽为主持铨选的总机关，但中正在组织系统上属于司徒（府）直接统辖，其职任为司徒所监督，中正人选的确定及选任也在司徒（府）。两晋以后，中正例由司徒选授，郡中正虽有经过州中正荐举者，但必须司徒（府）通过和认可，此类史料很多，兹不列举。那么，曹魏时期中正如何选任？关于这个问题说法不一，或说中正由地方长吏来任命，或说"郡中正由各郡长官推选"①。我认为后一种解释虽然正确，但中正由地方长官推选，选任之权大概还在司徒。这是因为，两晋时期中正例由司徒选授，而依《通典》卷一四《选举二》所说："晋依魏氏九品之制。"据此，晋制实依魏制而来，所以两晋之世中正例由司徒选任的作法，也应是对曹魏成例的袭用。但是，如果进而探讨魏晋以后中正例由司徒（府）授理之始，或许就在曹操为丞相而委任韩嵩之时。

众所周知，丞相与司徒其名虽异，而职务实属相通。考汉高祖刘邦承秦制置丞相，汉哀帝时改为大司徒，东汉光武帝去"大"字称"司徒"。汉献帝建安十三年六月，曹操为独揽大权，又废司徒自任丞相，此后至黄初元年，魏文帝曹丕再改丞相为司徒。魏晋南北朝时期虽有丞相，但并非定制，此职多由权臣充任，所以中正的选任及组织统属实际上归司徒（府）掌握。由此观之，司徒府犹丞相府，司徒亦丞相之别称，故魏晋以后司徒府掌握选举，及中正例由司徒选授，实始于曹操为丞相而委任韩嵩之时。

---

① 唐长孺：《九品中正制度试释》，《魏晋南北朝史论丛》，第102页。

需说明的是，魏晋以后中正虽由政府任命，却不算政府的正式官吏，而是由政府委任中央官同时负责本州郡地方选举的一种兼职。因此之故，《晋书·职官志》、《宋书·百官志》、《南齐书·百官志》和《魏书·官氏志》中均未提及中正。曹操让韩嵩"条品州人优劣"，也是委派他以中央官的身份主持荆州地方选举，实际上也是一种兼职，这不仅与名士主持的乡闾评议有着颇大的差异，而且同两汉察举例由地方州郡长官主持的情形也不相同。由此我们又不难发现，魏晋以后中正不算正式官吏，而是由政府委任现任中央官同时兼负本州郡地方选举的做法，也同样是滥觞于曹操委任韩嵩之时。

其三，韩嵩之"条品州人优劣"与以后中正的职权大体相同。关于中正的职权，《通典》卷一四《选举二》载：

> 州郡县俱置大小中正……区别所管人物，定为九等……是以吏部不能审定核天下人才士庶，故委中正铨第等级，凭之授受。

据此，中正的主要任务是品第人物，以备吏部选用，而韩嵩"条品州人优劣"实开其端。简言之，所谓"条品州人优劣"，与沈约所说"权立九品，盖以论人才优劣"其意正同。亦即韩嵩用九品之法来区别本州士人优劣，以此作为曹操选拔官吏的依据。所以，其时虽无中正的名义，却已有中正的实权，因此中正用九品之法评论人才优劣的开端，即在其时。又如《三国志》卷九《魏书·夏侯尚传附子玄传》曰：

> 正始初……太傅司马宣王问以时事，玄议以为："夫官才用人，国之柄也，故铨衡专于台阁，上之分也，孝行存乎闾巷，优劣任之乡人，下之叙也。夫欲清教审选，在明其分叙，不使相涉而已。……自州郡中正品度官才之来，有年载矣，缅缅纷纷，未闻整齐，岂非分叙参错，各失其要之所由哉！"

齐王芳时，九品中正制已实行了二十多年。当时中正之权过重，以致出现了"中正干铨衡之机天下"的情况，夏侯玄的议论便是对此而发。他主张吏部的用人和州郡中正的举人要各自"明其分叙，不使相涉"，以避免"分叙参错"，"上下交侵"。那么中正的职权是什么呢？即"品度官才"，也就是"优劣任之乡人，下之叙也"。这虽是稍后的例子，但我们可以清楚地看到，从韩嵩的"条品州人优劣"到以后中正的"优劣任之乡人"，其职权是完全一样的。这也充分证明，沈约所说"魏武始基，军中仓促，权立九品，盖以论人才优劣，非为世族高卑。由此相沿，遂为成法。自魏至晋，莫之能改"，并非无稽之谈。由此可见，中正的主要任务在于品第人物，以备政府用人根据之开端，即在韩嵩为曹操政权"条品州人优劣"之时。

其四，曹操根据韩嵩对士人的品第以选拔官吏的做法，与魏晋以后士人做官必经中正品第的基本原则也大体相同。

魏晋南北朝时期，士人出身授职除掉皇帝以特权处理之外，必须经过中正的品第，所以《通典》卷一四说："若吏部选用，必下中正。"两汉时期士人做官与品第无涉，此乃众所周知，可以不必讨论。但前引李重与沈约之说，则已明确指出魏武之世士人做官已按品第。当然，李重与沈约没有说明"权立九品，盖以论人才优劣"，是否即曹操使韩嵩"条品州人优劣"。不过，韩嵩既有"条品州人优劣"之事，其时又在曹操之世，故李重、沈约所云，很可能系指此而言。因而士人做官依靠品第之始，应在其时。

但是这里有一个问题，即曹操时有无品第人物的方法和他是否用这种方法为自己选拔官吏呢？对此，前人曾提出过否定的意见。《太平御览》卷二六五引《孙楚集·奏》曰：

> 九品，汉氏本无，班固著《汉书》，序先往代贤智，以为九条，此盖记鬼录次第耳，而陈群依之以品生人。又魏武拔奇决于胸臆，收才不问阶

次，岂赖九品而后得人。

孙楚的这段话有两层意思：一是说用九品的方法来评品时人是始于陈群，其渊源是班固的《汉书·古今人表》，换言之，陈群之前没有品第人物的方法；二是孙楚认为曹操主张唯才是举，不重门第，而魏晋以后品第高低的制定专以门第为资，由此否定了曹操用品第的方法为自己选拔人才。

我们认为，孙楚所说曹操"岂赖九品而后得人"的立论是站不住脚的。诚然，自陈群创立九品中正制之日起，品第高低的制定便已参考家世，如《太平御览》卷二一四引《晋阳秋》曰："陈群为吏部尚书，制九格登用，皆由于中正。考之簿世，然后授任。"据唐长孺先生考证，"簿世"亦即家世①。这说明魏时家世已成为制定品第高低的一个标准。魏晋之际，家世更变成制定品第高低的唯一标准，所以史称"上品无寒门，下品无势族"，这的确是历史的真实情况。但是，任何一个事物在其发展过程中都有着不同的发展阶段，其间情形又往往不同，所以我们对具体问题要具体分析，不可一概而论。曹操在世时品第高下的标准，沈约已经讲得很清楚，即"盖以论人才优劣，非为世族高卑"，这和孙楚所谓"魏武拔奇决于胸臆，收才不问阶次"并不矛盾。从曹操委任韩嵩"条品州人优劣"的史实来看，也证明沈约之说是正确的。另外，《晋书》卷三六《卫瓘传》载其论述九品中正制有着不同的发展阶段时也说："其始造也，乡邑清议，不拘爵位，褒贬所加，足为劝励，犹有乡论余风。中间渐染，遂计资定品。"即指出品的高低完全以门第为标准乃是魏晋之际才发生的事，这反映了即使当时人也看到品第与家世的合二为一是有着一个发展变化过程的。所以，孙楚用魏晋之际已完全为门阀世族控制的九品中正制，来否定曹操用品第的方法选拔人才，是不足以说明问题的。

再者，孙楚称九品的方法是因袭班固的《汉书·古今人表》，用品第的方

---

① 唐长孺：《九品中正制度试释》，《魏晋南北朝史论丛》，第106—107页。

法评定时人，是始于陈群等说法，同样是不能成立的。按西汉时期，已用品第之法来分别人物。如《史记》卷一〇九《李将军列传》："初，（李）广之从弟李蔡与广俱事孝文帝。……（武帝）元狩二年中，代公孙弘为丞相。蔡为人在下中，名声出广下甚远。"司马贞注"蔡为人在下中"曰："以九品而论，在下之中，当第八。"以此言之，则司马贞认为此时已有分人才优劣为九品之法。又李广传末载太史公曰："余睹李将军悛悛如鄙人，口不能道辞。及死之日，天下知与不知，皆为尽哀。"考李广死于汉武帝元狩四年，李蔡死于次年，是司马迁与李蔡为同时人。孙楚称"九品汉氏本无……陈群依之以品生人"云云，似乎有些欠妥。至于东汉时班固作《汉书·古今人表》，仍是西汉以来品第方法的继续沿用，他不过把品第的高低与儒家的伦理道德标准结合起来，并具体地用于对古今人物加以评定罢了，所以孙楚之说还是不能成立。

总之，品分九等渊源甚古。两汉时期，不论对时人、古人，用品第高低来区分人物优劣已是一种流行的方法。曹操使韩嵩"条品州人优劣"，正是两汉以来流行的品第方法的继续和沿用。曹操只是把它作为衡量人才优劣的一个标准，以此作为选拔官吏的依据。这样一来，士人出仕遂于品第发生了联系，成为魏晋以后士人做官必经中正品第的开端。

其五，韩嵩对"州人优劣"作的评语，与以后中正所下评语称为"状"并依之定品的方法也基本相同。

魏晋以后，中正为政府用人提供的资料有三：状、家世和品。状是中正对士人德才所作的评语，品的高低最初就是依据于状，然后再参考家世而加以评定的。曹操时品第的高低不参考家世，已如上述，故定品只论"人才优劣"，亦即依据于对"人才优劣"作的评论。中正之"状"渊源于汉末名士的题目，而非汉代举谣言及三府典选之行状，对此唐长孺先生已有论证[①]，兹不赘述。但是，汉末名士所作题目与定品高下无关，前引郭泰之论袁闳、黄宪即是如

---

① 唐长孺：《九品中正制度试释》，《魏晋南北朝史论丛》，第107页。

此。所以，根据对人物作的评语而定其品第高下的做法，也应始于韩嵩。

汉末名士类能臧否人物，韩嵩自然亦不例外。如《三国志》卷六《魏书·刘表传》注引《傅子》记韩嵩对曹操的评语为"曹公至明，必济天下"，就是一例。据此，韩嵩在"条品州人优劣"时照例也应作一评语，然后依之铨定九品，分其优劣。这一评语发展到后来，就成为中正依之定品之"状"。如《三国志》卷一四《魏书·刘放传附孙资传》注引《晋阳秋》曰：

> 楚乡人王济，豪俊公子也，为本州大中正。访问关求楚品状，济曰："此人非卿所能名。"自状之曰："天才英博，亮拔不群。"

中正属员"访问"征询孙楚品状，王济就先作其状，然后再依之定品，这也可以看出状与品的关系。再是王济所作之状与韩嵩对曹操下的评语，都是十分简练且高度概括的八个字，完全一样，这也说明在方法上是一脉相承的。所以总的来说，"状"的渊源虽始于汉末名士对人物作的评语，但魏晋中正根据所作之"状"以定品第高下之始，却在韩嵩"条品州人优劣"之时。

综上所述，表明陈群创立的九品中正制，无论其组织形式、基本精神、基本原则乃至具体方法，实萌芽于曹操平定荆州，使韩嵩"条品州人优劣，皆擢而用之"之时。这一萌芽，从组织形式来说，是属于地方选举组织；从主持地方选举之人的人选条件来说，为本地人且贤有识鉴者与中央官二者的结合；从其基本精神来说，一方面人选的任命权统于中央，一方面主持地方选举之人如同中正那样不算政府的正式官吏，而是中央官受政府委任的兼职；从选授权限的范围和组织系统的隶属上来说，与以后中正的选授权限及组织统属归于司徒（府）授理基本相同；从主持地方选举之人的主要任务来说，是品第人物，以备曹操政权用人的根据；从选拔官吏的基本原则来说，也是士人出身授职必经品第之途；从定品的根据来说，则依据对人物才德所作的评语——以后中正所下评语称为"状"者。总之，无论从其所包括内容的各个方面来作具体分析，抑或视为一种制度较完备的最初形态来作一般考察，九品中正制的萌芽，实出现于曹操平定荆州之时。及至陈群创立九品中正制时，上述各个特点都更为明朗化了。因此，陈群不过是在韩嵩做法的基础上将其进一步制度化，并定名为"九品官人法"而已。

此外，我们之所以把韩嵩"条品州人优劣"看作是九品中正制的萌芽，除了上述的相同点之外，还在于它与此一制度相比较，有着以下的一些差异，而这些差异又明显地反映了"汉末丧乱，魏武始基，军中仓促，权立九品"时期的时代特点：（一）曹操使韩嵩"条品州人优劣"，只是"权立九品，盖以论人才优劣"，并非正式确立的一种选举制度；（二）依据品第，被举之人由曹操亲自授受官职；（三）选举范围限于州；（四）无明确的"中正"名号。等到陈群创立九品中正制时，由于北方基本统一和此一萌芽出现之后的继续发展和演变，上述四点遂变化为：（一）正式确立为一种选举制度；（二）魏国各项制度渐次完备，用人权统归吏部；（三）范围有州郡县三级；（四）主持地方选举之人称为"中正"。

基于上述事实，我们便不难明白：（一）为什么关于九品中正制的始行时间问题，在历史上存有分歧之说；（二）李重与沈约的说法是有着充分根据的。

三、九品中正制萌芽出现以后的发展演变

曹操使韩嵩"条品州人优劣"，标志着九品中正制萌芽的出现。但以后的情况如何，这种选拔官吏的办法是否在其他地区普遍推行并渐至形成一种制度，因史书记载甚少，面貌已不十分清楚。我们只能依据现有的史料，对此做出一些近于推测的解释。

首先，曹操使韩嵩"条品州人优劣"之后不久，这种以品第来选拔官吏的办法，似乎已经在曹操所控制的北方地区推广开来。据《三国志》卷五四

《吴书·鲁肃传》：

> 鲁肃字子敬，临淮东城人也。……会（孙）权得曹公欲东之问，与诸将议，皆劝权迎之，而肃独不言。权起更衣，肃追于宇下，权知其意，执肃手曰："卿欲何言？"肃对曰："向察众人之议，专欲误将军，不足与图大事。今肃可迎操耳，如将军，不可也。何以言之？今肃迎操，操当以肃还付乡党。品其名位，犹不失下曹从事，乘犊车，从吏卒，交游士林，累官故不失州郡也。将军迎操，欲安所归？愿早定大计，莫用众人之议也。"

《资治通鉴》卷六五系此事于建安十三年十月。

鲁肃之劝孙权，是在赤壁战前。当时曹操新得荆州，军队号称八十万，正欲自江陵顺江而下，一举逼迫孙权投降。其时孙权集团内部以张昭为首的一批北方大族，因慑于曹军声势，也竭力劝说孙权投降曹操。鲁肃之劝孙权，在于驳斥主降派和坚定孙权抵抗曹操的决心。但统观全文，鲁肃并未作慷慨激昂的长篇大论，而只是冷静地指出当时一个最简单的事实，以此来提醒孙权：即像鲁肃这样流徙江东的北方士人如果投降曹操，曹操还可将其送还乡党，品评第等，先给个小吏做，然后慢慢升做州郡官，而孙权的处境则完全不同。因为事实胜于雄辩，在事关孙吴生死存亡的抉择关头，唯有严酷的事实才能打动孙权，并坚定他抵抗曹操的决心，鲁肃正是懂得这个道理的。同时，鲁肃也很注意与主降派斗争的策略，他对孙权的一段话，表面在讲自己，实则在影射以张昭为首的一批北方大族，从而暗示出这些人之所以劝孙权投降曹操的真实用心所在。所以，鲁肃劝孙权的一番话，不仅充分说明当时在他的家乡业已实行以品第之法来选拔官吏，更反映出这种办法在曹操控制的北方地区似已得到普遍的推广实行。

同时，鲁肃上面的一段话还向我们表明了以下几点：（一）从时间上看，它反映的史实在韩嵩"条品州人优劣"之后不久,这说明由于当时客观形势发展的需要,在北方各地建立同样的地方选举组织已成为刻不容缓的事情。(二)鲁肃称"操当以肃还付乡党,品其名位",显然不是指私家主持的乡间评议。因为曹操既能将鲁肃直接送还乡党,予以品第,就表明后者与政府之间有着一定的联系。所以主持鲁肃家乡选举之人的身份及其品第人物的任务,都应与上述韩嵩相同,其他地区大概也不例外。(三)从当时士人出仕的情况来看,无论留居本籍的士人,或是流徙异乡的士人,其出身授职都必须经过主持地方选举之人的品第。这又说明,其时士人依靠品第做官已成为选拔官吏的一个重要途径。(四)鲁肃是临淮东城人,文称"还付乡党,品其名位",显系指郡邑而言,这又反映出选举范围已由州而普及推行于郡邑。总之,不论从时间的前后衔接上,还是从主持地方选举之人的身份及主要任务的相互一致上,都表明韩嵩"条品州人优劣"的方法似已在北方各地区迅速地推广实行,并有了初步的发展。

其次,从九品中正制萌芽以后的发展过程来看,截止于曹操之世,一直有如同中正式的人物在主持地方选举,并且士人依靠品第做官已接近形成一种较固定的制度。《三国志》卷二一《魏书·王粲传附吴质传》注引《魏略》曰:

> 质字季重,以才学通博,为五官将及诸侯所礼爱。……出为朝歌长,后为元城令。……始质为单家,少游遨贵戚间,盖不与乡里相沉浮。故虽已出官,本国犹不与之士名。及魏有天下,文帝征质,与车驾会洛阳。到,拜北中郎将,封列侯,使持节督幽、并诸军事,治信都。太和(227—233)中,入朝。质自以不为本郡所饶,谓司徒董昭曰:"我欲溺乡里耳。"

按吴质出任县长、令的时间在建安十九年(214)。《吴质传》注引《魏略》载世子曹丕与元城令吴质书曰:"(建安)二十三年,太子又与质书曰:'岁月易得，别来行复四年。'"说明吴质出任元城令最迟不超过建安十九年，至二十三年则已历四年之久。

吴质是兖州济阴人，出身贫寒，他因文才而颇受曹丕赏识，故自幼交游于诸侯贵戚间，其品行不为宗族乡党所了解，所以他在建安十九年虽已出仕，而"本国犹不与之士名"。"本国犹不与之士名"，是指吴质虽已仕进但没有乡里品第这件事而言，与上引鲁肃所说"还付乡党，品其名位"其意正相反。前已谈到，平定荆州之后，北方士人经过乡里品第做官已有较严格的规定。吴质出任县长、令，显然是凭借与世子曹丕接近的关系。这种不经品第而出仕的情况，在当时应该只是特例，所以他仕进之后如能得到本郡的品第，则他做官的资格尚能得到宗族乡里的承认。无奈吴质"虽已出官"，仍然没有得到应得的品第，这无异于乡党舆论不承认他所取得的官位，亦即不承认他仕进的资格，因而吴质对此非常恼火，以致事过多年之后，仍然耿耿于怀，欲对主持本郡选举之人加以报复。由此可见，其时士人做官照例经过主持地方选举之人的品第，这在现实生活中已接近形成为一种较为固定的制度，所以无论社会舆论还是士人，都将其视为仕进之正途。

再是从上引史料中我们还可以明确一点，即自建安十九年到魏明帝太和年间，始终有人主持吴质家乡的选举并将乡里士人加以品第。考吴质入朝为侍中在太和四年，其时距他出任县长、令已有 16 年之久，但吴质"自以不为本郡所饶"，是统指他做官以后一直未得到品第而言。可是，自魏文帝曹丕时就实行了九品中正制，此后主持济阴郡选举的为郡中正，这是不必讨论的。但从建安十九年到延康元年的这一段时间里，这个人又是谁呢？很明显，这就是如同以后中正式的人物。他们之所以始终未予吴质品第，是因为他们对政府负有一定的责任。吴质自幼远离本郡，对其品行已无从考察，所以他虽然仕进并做了高官，但宗族乡党一直不予承认。由此我们还可以知道，截止曹操之世，不仅有如同中正式的人物在主持各地的地方选举，而且他们的任务就在于品第人物，以备政府用人的根据，与中正职掌完全相同。

总之，每当一个新事物出现之后，总是有着一个发展变化过程的，九品中正制萌芽出现后也是如此。虽然史料缺乏，我们还是可以从中观察到它的一些演变之迹：从以品第选拔官吏的方法在曹操控制的北方地区得到推广的情况来看；从选举范围由州而普行于郡邑的情况来看；从截至魏武之世一直有如同中正式的人物在主持地方选举及士人做官必经其品第的事实来看，都反映出它已初步具备了一种选举制度的规模。尽管当时的统治者还未以制度的形式将其明令颁布，但九品中正制的萌芽及其发展演变，已为此制的正式创立奠定了基础。

四、九品中正制萌芽出现的原因及其实质

综上所述，陈群创立的九品中正制有着一个逐渐萌芽和形成演变的历史过程，并非瞬息之间突然呈现在人们面前。既然曹操平定荆州，使韩嵩"条品州人优劣"标志着此一制度萌芽的出现，那么它出现的原因又是什么呢？

九品中正制萌芽的出现，既有其历史的必然性，也与现实的统治政策有着密切的关系。汉末豪强相竞，对人才的需求极为迫切，各割据集团为了扩充实力，都在极力延揽人才，以为己用。纵观曹操集团的选举用人，大致可分为两个阶段。曹操于汉末异军突起，势力逐渐发展。在豪强纷争、连年混战的非常时期，谋士和武将的选用具有举足轻重的地位，它直接关系到曹操集团的命运。因此，在平定荆州之前，曹操对人才的选用也多偏重于武将和谋士。当时用人的途径主要有二：其一是曹操自己临时辟用。如《三国志》卷一《魏书·武帝纪》注引《魏书》说："（操）知人善察，难眩以伪，拔于禁、乐进于行阵之间，取张辽、徐晃于亡虏之内，皆佐命立功，列为名将；其余拔出细微，登为牧守者，不可胜数。"其二是依靠荀彧所荐举。《三国志》卷一〇《魏书·荀彧传》曰："先是，彧言策谋士，进戏志才。志才卒，又进郭嘉。太祖以彧为知人，诸所进达皆称职。"再是由于战争频繁，形势不稳定，不仅

土地城池的得失反复无常，而且人民流亡，士人迁徙，所以要有组织和大规模地选拔官吏是非常困难的。但是，随着曹操集团在军事上的迅速进展，尤其在平定了北方的最大割据势力袁绍和刘表之后，形势开始发生变化，一是北方地区逐步统一和趋于稳定的局面开始出现，再是曹操业已控制了北方大部分地区，并成为现实政权的主持者。要迅速恢复对新控制的地区进行统治，以便从人力、物力等方面支持曹操集团进行的战争，就必须扩大中央和各级地方官吏的来源，借以取得地主阶级各阶层对现实政权的广泛支持。这样，只靠曹操自己临时辟用和依赖荀彧等少数人荐举的办法，显然不适应形势发展的需要。要保证各级官吏的来源，必须迅速地建立地方选举组织，因此，如何恢复在汉末大乱中遭到严重破坏的地方选举组织，就成为亟待解决的大事。

我们知道，两汉的选举成法是察举征辟，即乡举里选，但汉末以来人士流徙的情况非常严重，继续沿用这一成法已不可能。《晋书》卷三六《卫瓘传》载其上疏说："魏氏承颠覆之运，起丧乱之后，人士流移，考详无地，故立九品之制。"《通典》卷一四《选举二》也说："九品之制，初因后汉建安中天下兵兴，衣冠士族多离本土，欲征源流，遽难妄悉。"两汉的乡举里选，主要是依靠乡论，即依靠宗族乡里对士人的道德品行进行考察，作为州郡地方长官察举的依据。汉末之时，士人迁徙流亡，多离本土，人无定居，对其道德品行的考察自然困难。加之豪强混战，地方官也经常随着城池的易主而更动，察举就更不能适用。所以，曹操欲建立地方选举组织，也不可能恢复这一办法。但是，乡举里选沿用近四百年，习俗已久，不仅社会舆论注重乡议，士人更将宗族乡里视为自己进身仕宦的权利保障，因此曹操又不能不照顾到这一旧的传统。那么当时有没有一种既兼顾到注重乡论的旧传统，又适应士人流徙新环境的选举办法呢？回答是肯定的，这就是由名士主持的乡间评议。前面已经提到，自汉末以来，评论人物的舆论已掌握在郭泰、许劭等少数名士之手，士人要有好名声，必须得到他们的好评。主持乡间评议的名士不仅在本州郡负有声望，熟悉士人的行为，而且他们对人物的褒贬又博得乡间舆论的赞同，实际上成了宗族乡里的代言人。及至汉末纷争之际，这种方法在各割据地区甚为流行。换言之，如果我们单纯考察汉末人士流徙这一特定历史条件下选举制度的发展趋势，也只能是沿用汉末以来由少数名士主持的乡间评议的办法。

可是这样问题就发生了。如众所知，曹操的政策是倾向于集权政治，是抑制世族和排斥清议的，而主持乡间评议的名士不仅与世族有着密切的联系，有的往往就是本地的大族。如许劭家族自其从祖许敬之后，三世相继为三公，是为汝南名门大族。这样，主持乡间评议的名士或为大族或与大族有着密切的联系，乡间评议自然也就成为大族操纵的工具。同时，名士的互相标榜和臧否人物又干涉到政府的用人权，是对集权政治的破坏，这些无疑都与曹操的现实政策发生了矛盾。但是，基于客观形势的发展和建立地方选举组织的迫切要求，使得曹操在形式上沿用名士主持的乡间评议和在精神上对之加以改造利用成为必要。而平定荆州之后曹操集团在经济、政治、军事上对世族豪强占据的优势地位，又使得将私家操纵的评议转变为官家的地方选举组织成为可能。因此，一方面照顾到乡间评议的旧传统，一方面委任荆州名士但其实际身份为现任中央官的韩嵩来主持荆州的地方选举，就不仅符合曹操加强集权统治的一贯主张，且又解决了恢复地方选举组织以保证官吏来源的问题。九品中正制萌芽的出现，主要就是发挥了这样一个作用。

总之，九品中正制萌芽的出现，既是由汉末豪强割据而逐步走向北方统一这一历史发展的客观要求，又是汉末士人流徙、两汉以来的乡举里选遭到严重破坏这一特定历史条件下的产物，同时还是曹操抑制世族和排斥清议，旨在加强集权政治这一现实统治政策的必然结果。所以它的出现既有历史的必然性，又与曹操的现实政策有着密切的关联。但是，我们也应看到，曹操不仅有排抑世族、名士的一面，也有笼络世族、名士的一面。九品中正制萌芽的出现，在实质上又是曹操同世族、名士适当妥协的产物。

如前所述，曹操的政策从各方面看都是倾向集权政治，是抑制世族的。他在经济上推行的屯田制和抑制豪强兼并的法令，在军事上实行的士家制度，在政治上施行的唯才是举的选举政策，以及打击以汝南袁绍为代表的地方割据势力，等等，都体现了这一政策。因为曹操既要重建中央集权的封建国家，就必须和地方割据势力做斗争。其时世族既已成为分裂割据势力的中心力量，名士操纵的乡间评议又成为世族在地方上扩大其势力的工具，曹操为了加强中央对地方的控制，也必然要削弱世族、名士在地方选举中的威权，不能允许世族势力无限制地膨胀。

但是，如果我们只看到曹操排抑世族、名士的一面，并将其绝对化，那就未免将复杂的问题简单化了。事实上，曹操在排抑世族、名士的同时，又有笼络世族、名士的一面。曹操于陈留起兵之后，先后笼络了弘农杨彪、颍川荀彧和陈群、河内司马懿等大族为自己的重要谋士，他拉拢大名士孔融、祢衡的事情也为人所熟知。尤其明显的例子，曹操在平定冀州之后，曾对袁绍控制地区的名士清议派下了一道颇具杀气的《整齐风俗令》，对世族地主的腐朽舆论及其代言人名士发出严厉的警告。但与此同时，他又采纳郭嘉的建议，"多辟召青、冀、幽、并知名之士，渐臣使之，以为省事掾属"①。如后来成为丞相东曹掾，主持参掌铨选之一的崔琰，就是这次引用的冀州名士中的一个。曹操平定荆州，除了引用荆州名士韩嵩、邓义等人外，也辟用了不少自北方流寓荆州的士人。《三国志》卷二一《魏书·王粲传》记载他称赞这两件事说："明公定冀州之日，下车即缮其甲卒，收其豪杰而用之，以横行天下；及平江、汉，引其贤俊而置之列位，使海内回心，望风而愿治，文武并用，英雄毕力，此三王之举也。"即指出了曹操笼络世族、名士的这一事实。我们知道，曹操平定袁绍、刘表为代表的割据势力之后，统一北方的最大障碍虽然消除了，但他们所代表的世族地主这一阶层，在社会中仍具有深厚的基础。特别是自东汉以来，世族地主已逐渐成为统治阶级中的一个不可忽视的力量。曹操的现实政权既要代表整个地主阶级对北方地区进行封建统治，就不可能对世族、名士关上

---

① 《三国志》卷一四《魏书·郭嘉传》注引《傅子》，中华书局1959年版，第434页。

大门，加以完全的排斥，相反，他却要联络士族、名士，争取他们对现政权的支持，借以扩大统治政权的阶级基础。这样，在选举制度的制定上，曹操也不能不对世族、名士有所妥协。

上面谈到主持乡间评议的名士与世族有着密切的联系，韩嵩也不例外。《三国志》卷六《魏书·刘表传》注引《傅子》载刘表妻蔡氏谏表曰："韩嵩，楚国之望也。"同书卷四一《蜀书·向朗传》注引《襄阳记》："朗少师事司马德操，与徐元直、韩德高（韩嵩字德高——引者）、庞士元皆亲善。"庞统是荆州地主集团的著名人物，其叔父庞德公为这一集团的首领。韩嵩既号称"楚国之望"，又与庞统、向朗交游甚密，所以他可能也是荆州地主集团的重要人物，至少与这一集团有着密切的关系。再者，在汉末豪强割据中，刘表是世族地主的政治代表，韩嵩曾为刘表的重要谋士，这也可看出他与世族的关系。曹操使韩嵩主持荆州的地方选举，主要原因固然在于他身为现任中央官，但也有因其与世族有密切关系，而加以笼络的一面。《后汉书·刘表传》说曹操"以其名重，甚加礼待"，就是指此而言。由此可见，曹操将名士主持的乡里月旦变成官家的品第，其着眼点固然在于削减世族、名士在选举上的威权，以加强集权统治。可是与此同时，乡里月旦虽由"私法"变成了"官法"，而地方选举仍由名士主持，曹操只不过是强迫与中央有矛盾的世族、名士转而与政府合作，使政府可以直接地控制舆论、掌握选举罢了。这样一来，曹操加强中央对地方控制的努力虽然获得成功，但这一努力充其量只是限制和减轻了世族、名士在选举中的威权，并非完全剥夺他们的权力。主持地方选举的既是名士，他们私家操纵选举的地位也由此得到政府的承认，从而更具有了合法性。所以，曹操用现任中央官但又与世族关系甚密的韩嵩来主持荆州的地方选举，便可以看出九品中正制萌芽的另一作用。

当然，在九品中正制萌芽出现时，世族、名士虽然保留了在选举中的一些权力，但选举标准仍是曹操的唯才是举，不重门第，也即"盖以论人才优劣，非为世族高卑"。并且这一用人标准终曹操之世是坚持不废的，从而为曹魏政权选拔了一些地主阶级各阶层中的才能之士。曹操施行"唯才是举"的选举政策，多少改变了名士臧否人伦，操纵选举的局面，削弱了世族、名士在地方上的特权，这对于选拔较有才干的人来充实各级官僚机构，对于强化中央集权的统治，都起了积极的作用。但是，随着时间的推移，世族、名士在选举中的威权日益加重，而且选举标准也由曹操时的"非为世族高卑"变为"计资定品"，只论门第出身。比至魏末晋初，已经是"上品无寒门，下品无势族"[①]，"台阁选举，涂塞耳目，九品访人，唯问中正。故据上品者，非公侯之子孙，则当途之昆弟也"[②]。九品中正制发展到这一阶段，已完全成为门阀世族控制的工具，它的反动性也越来越明显了。可是，如果我们追根溯源的话，这一反动实质的最初显露，也正是在九品中正制萌芽出现之时。

最后还应该指出，九品中正制萌芽出现的原因，虽然在于保留两汉注重乡议的传统旧例，而使之与当时的客观形势相配合，就是说要照顾到士人流徙的情况与曹操抑制世族、名士的现实政策。可是从汉末开始门阀势力正在滋长，汉末选举事实上已为世族、名士所操纵，因此九品中正制的确立及其发展演变，也必然有其更为深刻的社会基础和阶级根源。东汉以来，世族地主这一阶层已逐渐形成。桓、灵之际，世族地主随着其经济上特殊地位的逐步确立和文化上对儒家经学的垄断，遂进而谋求在政治上控制选举和独霸政权，汉末名士清议之风的兴起和乡里月旦评的出现，实质上就是这种政治形势下的产物。九品中正制萌芽出现时，世族地主虽然暂时受到压抑，可他们在社会上的势力仍具有深厚的基础，因此曹操尽管有将选举权力收归中央控制的企图，事实上又不得不对世族、名士有所妥协。一俟九品中正制确立，随着家世被列为选举的标准和选举逐渐为世族地主所垄断，门阀势力不仅重新抬头而且有了更为迅速的发展。下迨魏晋之际，门阀制度业已确立，一切制度必须为之服务，而九品

---

① 《晋书》卷四五《刘毅传》，中华书局1974年版，第1274页。
② 《晋书》卷四八《段灼传》，中华书局1974年版，第1347页。

中正制则依据门第来保证士庶的区别和清浊的分流，从而也就巩固和维护了门阀世族的统治。因此，从这一角度着眼，魏晋时期的九品中正制，乃是东汉以来世族地主在政治上谋求独占仕途和独霸政权的必然结果。当然，九品中正制萌芽出现时虽然限制和削弱了世族、名士在选举中的威权，但这只是在客观上反映了与门阀制度相配合的九品中正制乃是经历了一个比较曲折的发展过程。如果从其本质来看，九品中正制的萌芽，只是我国中古时期地主阶级的选举制度在汉末建安年间的一种特殊形式，是曹操既要排抑世族、名士而又不能不终于对之妥协的产物。

五、小结

综合上引史料及所做的解释，试作一小结如下：

建安十三年九月，曹操平定荆州，使韩嵩"条品州人优劣"，标志着九品中正制萌芽的出现。这一萌芽，在形式上是对汉末名士主持的乡闾评议和两汉以来流行的品第方法的结合，在制度的精神上则是加强封建的集权统治和防止世族、名士干涉中央用人权。它的出现，既是由汉末豪强割据而逐步走向北方统一这一历史发展的客观要求，又是汉末士人流徙这一特定历史条件下的必然结果，还是曹操既要排抑世族、名士，削减他们在选举中的威权，但又不能不终于对之妥协的产物。所以，它实质上是我国中古时期地主阶级的选举制度在汉末建安年间的一种特殊形式。九品中正制萌芽的出现，是由汉末名士清议到九品中正制确立过程中的一个转折点，起到了强化封建集权统治的作用。在它出现之后又有着一个发展变化过程，从而为九品中正制的正式确立奠定了基础。

魏晋时期中正品评与考察乡论再探讨

一、问题的提出

两汉时期，宗族乡党舆论对于国家选官制度有着非常重要的影响，其时不论是察举孝廉、秀才，均须考察乡党舆论的意见，故史称"乡举里选"。魏晋实行九品中正制，依然沿袭了汉代旧规。《晋书》卷三六《卫瓘传》在追述九品中正创立的原因时说："魏氏承颠覆之运，起丧乱之后，人士流移，考详无地，故立九品之制，粗且为一时选用之本耳。其始造也，乡邑清议，不拘爵位，褒贬所加，足为劝励，犹有乡论余风。"① 据此，汉末大乱之后，因为人士流徙，考详无地，故立九品中正之制，由中正考察乡论，征诸乡评，对本地人物铨衡优劣，评定九品，以此作为吏部选拔官吏的依据。由于九品中正制创立伊始，中正品评人才"犹有乡论余风"，所以日本学者宫崎市定依据《晋书》卷六四《会稽王道子传》所载"乡邑品第"一语，将中正所定九品称为"乡品"②，认为"中正的评价，必须反映乡评"，并在此基础上提出了著名的"乡品与起家官品相差四品说"③。继宫崎市定之后，川胜义雄也认为："九品

---

① 《晋书》卷三六《卫瓘传》，中华书局1974年版，第1058页。
② 关于"乡品"一词，宫崎市定解释说："我使用的'乡品'一词，似乎在史籍中未曾见到。但是，因为没有其他恰当的词，所以，我取《晋书》卷六四《会稽王道子传》中的'乡邑品第'，省略为'乡品'。"（增补：此后，在《史林》四十卷一号发表书评的森鹿三教授垂教，方知《世说新语·尤悔篇》中有"迄于崇贵，犹乡品不过也"。）[日] 宫崎市定著，韩昇、刘建英译：《九品官人法研究》，中华书局2008年版，第57页。
③ [日] 宫崎市定著，韩昇、刘建英译：《九品官人法研究》，第63、66页。

中正制度是建立在民间形成的乡论重层结构之上的，它的制定以民间的乡论作为前提"；"中正参考乡论，对当地人物品定乡品。中央政府在采用这些人物为官吏之际，根据其乡品授予官职。"① 基于中正定品必须考察乡论，对于这种选拔人才的社会管理方式，川胜先生称之为"乡论主义"②。谷川道雄也赞成宫崎市定的观点，认为"通过乡品给予的官职等级，是根据乡里的评价高低来规定的"。并进而指出："在九品官人法实行下的乡论，往往只是贵族阶层内部的人物评价。但是在当时的名望家与乡人之间，乡论的风潮并没有中断。从这种乡里关系，发现当时基层社会构造的是豪族共同体论。"③

从以上论述可知，日本学者普遍认为九品中正制建立以后，中正品评与考察乡论是一致的，即"中正的评价，必须反映乡评"，"中正参考乡论，对当地人物品定乡品"，进而在上述论断的基础上构建了川胜义雄的"乡论主义"理论和谷川道雄的"豪族共同体论"。但是，日本学者的研究成果，曾引起中国学者的质疑。如陈长琦先生就指出：乡品"不是一个科学的概念"，"九品中正制下，评品的权力握于中正之手，不关乡论"④。祝总斌先生也指出："长期以来所惯用的'乡品'一词，似不甚恰当。……因'乡品'与'乡邑品第'并非真由乡邑评定，而是由中正官评定，经司徒府批准，实际上与'官品'之确定出于一源，全都是封建王朝。而称'乡品'则会给人造成是民间评定品第之错觉。"因而主张将中正所定之品称为"人品"⑤。关于乡品与乡论的关系，笔者也曾发表意见，认为"将中正品第称为'乡品'，盖取中正主持

---

① ［日］川胜义雄著，徐谷芃、李济沧译：《六朝贵族制社会研究》，上海古籍出版社2007年版，第46、72页。
② ［日］谷川道雄著，胡宝华译：《内藤湖南的六朝论及其对日本学术界的影响》，《文史哲》1993年第3期。
③ ［日］谷川道雄著，胡宝华译：《内藤湖南的六朝论及其对日本学术界的影响》，《文史哲》1993年第3期。
④ 陈长琦：《魏晋九品官人法再探讨》，《历史研究》1995年第6期；《魏晋南朝的资品与官品》，《历史研究》1990年第6期。
⑤ 白寿彝总主编，何兹全主编，祝总斌著：《中国通史》第五卷《中古时代·三国两晋南北朝时期（上）》丙编·典志·第三章《门阀制度》，上海人民出版社1995年版，第561页注。

乡论清议,并据以评次人才高下、铨定九品之意"。并且,"把中正品第称为'乡品',既符合当时人的习惯用法,也贴近中正考察乡论并据之定品的本意,可以说是一种既形象直观又简洁文雅的称谓"①,从而对"乡品与乡论"的关系给予了肯定。然而,回顾以往的学术史,由于史料匮乏以及关注角度等原因,有些问题至今仍然迷离不清。例如,魏晋时期中正对乡党人士的考察标准是什么?这些考察标准与中正考察乡论有无必然联系?中正考察宗族乡党舆论有哪些方式?如何看待中正考察乡论的发展变化?等等,这些问题均有待于进一步地深入研究。为此,本文拟从宗族史与制度史结合的角度,对魏晋时期中正品评与考察乡论再作探讨,以期对这一问题的研究有所推进。

二、中正对乡党人士的考察标准

汉末魏晋间的士人日常生活与宗族乡里密切相关,个人的行为操守、道德才能是乡党舆论关注的重点,而宗族乡党舆论的评价对于士人的进身之途和仕宦升迁影响极大,是乡邑人士进身国家官僚阶层的重要媒介和仕宦津梁。所以,士人品行、宗族舆论与国家选举制度三者密切相关,其间,宗族乡党舆论所起的作用不可低估。唐长孺先生曾经指出:"东汉的选举制度以乡间清议为基础,而乡间清议则以儒家的道德为标准";"同时在汉末门阀业已形成,家族的联系极为密切,'孝'为家族间的基本道德,而乡间清议主要的标准也在于家族间的道德行为,'孝'、'悌'二事,所以对于孝道的履行在社会上有严格的要求与热心的鼓励。这种道德标准是建立在当时的社会基础上的,由于个人与乡里与家族不可分割,仕宦之始在乡里,进身之途在操行,所以'忠'、

---

① 参见张旭华:《魏晋九品中正制名例考辨》,《中国史研究》2001年第2期,后收入张旭华《九品中正制略论稿》,中州古籍出版社2004年版,第15页。

'孝'义务不能规避，同时也乐于负担。"① 唐先生所说，虽然是就东汉末年的乡间清议而言，但对研究魏晋时期的宗族乡党舆论与中正品评仍具有重要的启迪意义。

魏晋时期，宗族舆论对乡党人物的考察仍然以儒家的道德为标准，而中正则根据乡党舆论的意见，予以升品或降品。杜佑《通典》卷一四《选举二》按曰：

> 按九品之制，初因后汉建安中天下兵兴，衣冠士族多离本土，欲征源流，遽难委悉。魏氏革命，州郡县俱置大小中正，各取本处人任诸府公卿及台省郎吏有德充才盛者为之，区别所管人物，定为九等。其有言行修著，则升进之，或以五升四，以六升五；倘或道义亏阙，则降下之，或自五退六，自六退七矣。是以吏部不能审定核天下人才士庶，故委中正铨第等级，凭之授受，谓免乖失。②

据《通典》所言，九品中正制建立之初，州郡中正由现职中央官兼任③，其职责是"区别所管人物，定为九等"，而考察标准依然是儒家的伦理道德，即"其有言行修著，则升进之"，"倘或道义亏阙，则降下之"。所谓"言行修著"，即东汉以来提倡的"经明行修"，也就是按照儒家提倡的伦理道德规范，能够在现实生活中模范践行并获得宗族乡党舆论褒奖者。而"道义亏阙"，则是违犯儒家的伦理道德规范，在日常生活行为上有重大缺失而被宗族乡党舆论贬损者。因此，九品中正制建立伊始，州郡中正主要是考察乡论，并根据乡邑

---

① 唐长孺：《魏晋南朝的君父先后论》，《魏晋南北朝史论拾遗》，中华书局1983年版，第233、235页。

② （唐）杜佑撰，王文锦等点校：《通典》卷一四《选举二》，中华书局1988年版，第327—328页。

③ 《通典》所说"州郡县俱置大小中正"有误。可参阅张旭华《九品中正制研究》第二章第二节之"州郡皆置中正"，中华书局2015年版，第103—109页。

人士的道德行为，按照"善褒恶贬"的原则予以升品或降品，借以劝励乡党人士和维护儒家名教。是以清代学者顾炎武曾感叹说："官职之升沈，本于乡评之与夺，其犹近古之风乎？"①

齐王芳正始初年，由于中正权力渐盛，已经侵夺了吏部铨选大权，时任散骑常侍、中护军的夏侯玄和司马懿有过一番议论，就如何区分吏部、中正的选举权限，不使其职责错乱提出自己的意见，其中就涉及中正品评与宗族舆论的关系问题，《三国志》卷九《魏书·夏侯尚传附子玄传》载其议论说：

> 夫官才用人，国之柄也，故铨衡专于台阁，上之分也，孝行存乎闾巷，优劣任之乡人，下之叙也。夫欲清教审选，在明其分叙，不使相涉而已。……若令中正但考行伦辈，伦辈当行均，斯可官矣。何者？夫孝行著于家门，岂不忠恪于在官乎？仁恕称于九族，岂不达于为政乎？义断行于乡党，岂不堪于事任乎？三者之类，取于中正，虽不处其官名，斯任官可知矣。行有大小，比有高下，则所任之流，亦涣然明别矣。奚必使中正干铨衡之机于下，而执政柄者有所委仗于上，上下交侵，以生纷错哉？

从夏侯玄所说可知，"铨衡专于台阁"是中央吏部之责，"优劣任之乡人"是州郡中正之职。所以，中正品评应该注重考察乡党舆论，即"孝行存乎闾巷，优劣任之乡人，下之叙也"。而州郡中正对乡党人士的考察标准，仍然是儒家的道德标准，具体说来有"孝行"、"仁恕"、"义断"三项。并且，这三项标准与家庭、宗族与乡里密切相关。在夏侯玄看来，如果一个人在家里是有名的孝子，在官位上必能忠于职守；在宗族中以仁慈宽恕待人，为官后必能练达从政；在乡党中能够做到忠义谋断，在官府做事才能尽职尽责。因此，州郡中正

---

① （清）顾炎武著，黄汝成集释：《日知录集释》卷一三"清议"条，上海古籍出版社2006年版，第766页。

只要注意考察宗族乡党舆论的意见，对被品评者公正评定，就能够为中央吏部提供合适的"官才"，以避免"中正干铨衡之机于下"的不正常局面。据说司马懿对夏侯玄的建议十分满意，报书说："礼乡闾本行，朝廷考事，大指如所示。"① 赞成由中正考察乡论，品评乡人的优劣，再由中央有关部门考察各级官吏的政绩，从而避免"上下交侵，以生纷错"。可见，夏侯玄的议论在于强调中正品评应该注重乡论，并以儒家的孝行、仁恕、忠义作为品评人才的标准，这还是从传统的名教观念立论。

魏元帝咸熙年间，司马氏篡魏之势已成。为了粉饰自己的篡权行径，司马炎在继任晋王之后，仍然以儒家的道德操行作为中正对乡党人士的考察标准。《晋书》卷三《武帝纪》载司马炎于咸熙二年（265）十一月乙未下令曰：

> 令诸郡中正以六条举淹滞：一曰忠恪匪躬，二曰孝敬尽礼，三曰友于兄弟，四曰洁身劳谦，五曰信义可复，六曰学以为己。②

按司马昭初为晋公，封有8郡，后又增加2郡，凡10郡。及咸熙元年（264）司马昭封晋王，又增封10郡，凡20郡。司马炎下令"诸郡中正以六条举淹滞"，就是指晋国所属20郡中正而言，而且举"淹滞"的标准涵盖了儒家宣扬的忠、孝、友、德、信、义，范围更为广泛。由于"淹滞"是沉滞在家、未能获得中正品评而入仕为官者，而上述道德标准又与"家门"、"九族"、"乡里"密切相关。所以，"诸郡中正以六条举淹滞"这一事情本身，就说明中正品评必须考察乡论，征诸乡评，这是诸郡中正"举淹滞"过程中的重要一环。但是，需要说明的是，此时的儒家名教已显得十分虚伪，只是司马氏篡魏的政治工具。司马炎标榜的"忠"已并非忠于魏室，而是忠于司马氏的

---

① 《三国志》卷九《魏书·夏侯尚传附子玄传》，中华书局1959年版，第298页。
② 《晋书》卷三《武帝纪》，中华书局1974年版，第50页。

"家门"。这是魏晋禅代之际,司马炎借中正"举淹滞"之机,名义上将儒家的伦理道德作为选举标准,昭示天下,实则是通过此举以网罗党羽、收买人心,为自己篡魏铺平道路。曹魏时期将中正选举标准公之于天下,这是仅有的一次,也是极为虚伪的一次。

东晋时期,州郡中正除了铨次人才,评定九品之外,也可以按照皇帝的诏令,随时荐举具有儒家道德品质的特科人才。《晋书》卷六《明帝纪》载太宁三年(325)八月诏曰:

> 昔周武克殷,封比干之墓;汉高过赵,录乐毅之后,追显既往,以劝将来也。吴时将相名贤之胄,有能纂修家训,又忠孝仁义,静己守真,不闻于时者,州郡中正亟以名闻,勿有所遗。

这是晋室东渡之后,司马氏王朝发布的一道大量网罗孙吴旧臣和江南大族子弟的诏令,而负责考察并荐举上述人才的,就是各地的中正。这些特科人才的名目包括"能纂修家训",以及"忠孝仁义,静己守真,不闻于时者",也就是沉滞在家未获中正品评者。由于"忠孝仁义"与"家门"、"九族"、"乡里"密切相关,这就需要州郡中正具体考察宗族乡党舆论的意见,然后才能"亟以名闻,勿有所遗"。总之,东晋太宁三年的诏书,与曹魏末年晋王司马炎下令"诸郡中正以六条举淹滞"的性质相似。凡此种种,都说明儒家的道德标准,仍然是中正对乡党人士的考察标准,这不仅在魏晋时期有着明确的规定,而且在选举实践中也得到了贯彻实施。

魏晋时期,宗族乡党舆论除了重视家族成员的道德行为之外,对其才能优劣也十分重视,这也是中正考察乡党人士的重要标准之一。据《三国志》卷二三《魏书·常林传》注引《魏略·清介吉茂传》曰:

> 吉茂字叔畅,冯翊池阳人也,世为著姓。好书,不耻恶衣恶食,而耻

一物之不知。……自茂修行，从少至长，冬则被裘，夏则短褐，行则步涉，食则茨藿，臣役妻子，家如悬磬。其或馈遗，一不肯受。虽不以此高人，亦心疾不义而贵且富者。先时国家始制九品，各使诸郡选置中正，差叙自公卿以下，至于郎吏，功德材行所任。……（王）嘉时还为散骑郎，冯翊郡移嘉为中正。嘉叙茂虽在上第，而状甚下，云："德优能少。"茂愠曰："痛乎，我效汝父子冠帻劫人邪！"

所谓"叙在上第"，是说冯翊郡中正王嘉给予吉茂上品之第；而"状甚下"，则是说王嘉对吉茂的德行评价较高，对其才能评价较差，两项综合为"德优能少"，总体评语不佳。可见中正所作"状"语，在内容上包括道德与才能两项。吉茂获得上品之第，当与其"世为著姓"、"有清名于三辅"的家世渊源及乡里清誉有关，但其家世、德行俱优，而才能不著，以致被郡中正评为"德优能少"，使得吉茂大为恼怒。又据同传注引《魏略·清介时苗传》：

> 时苗字德胄，钜鹿人也。少清白，为人疾恶。建安中，入丞相府。出为寿春令，令行风靡。……还为太官令，领其郡中正，定九品，于叙人才不能宽，然纪人之短，虽在久远，衔之不置。①

中正清定九品，本应考察乡论，客观公正地对"人才"优劣做出评价。但时苗为人疾恶如仇，在铨叙人才、评定九品时不能待人以宽，而是揪住别人的短处不放，以致宽严失衡，品评不当。时苗后来迁任典农中郎将，于齐王芳正始中病亡。可见在曹魏前期，中正品评并非完全依据乡论，有的时候随意性很大，不能客观公正地品评人才。

曹魏时期，一些州郡中正甚至置宗族乡党舆论于不顾，不重道德，只重才

---

① 《三国志》卷二三《魏书·常林传》注引《魏略·清介时苗传》，第662页。

能,如《晋书》卷五六《孙楚传》载:

> 初,楚与同郡王济友善,济为本州大中正,访问铨邑人品状,至楚,济曰:"此人非卿所能目,吾自为之。"乃状楚曰:"天才英博,亮拔不群。"

王济为孙楚作状,时在曹魏末年。据孙楚本传:"楚才藻卓绝,爽迈不群,多所陵傲,缺乡曲之誉。年四十余,始参镇东军事。"① 可见孙楚虽才华出众,然恃才傲物,德行不佳,无法博取宗族乡党舆论的好评。可能由于这个原因,王济之前的州、郡中正均采纳了乡党舆论的意见,未予孙楚定品,以致孙楚"年四十余"仍未出仕。直到孙楚的好友王济为本州大中正,亲自作状为之揄扬,孙楚始脱颖而出,起家为镇东将军参军事。由此可见,如果按照宗族乡党舆论的意见,孙楚很可能还会沉滞乡里,永无出头之日。这也从逆向证明宗族乡党舆论对于家族成员、乡邑人士进入仕途的重要性。

然则,魏晋统治者为何如此重视宗族乡党舆论,强调中正品评必须考察乡党舆论呢?对此,唐长孺先生曾有非常精辟的论述,他说:"我们知道东汉的选举是以道德行为作为评量标准的,而这种道德行为乃是儒家理论的实践,即所谓'经明行修'。儒家所提倡的伦理秩序为由内向外,由亲及疏的扩展,将起点放在作为一个家族成员的道德行为上,然后推及乡党。东汉人认为这是人物观察的基础。这一类的行为不是可以用临时的测验来评量,而要有经常的观察,特别是道德行为所施之对方所作的论断,因此宗族乡党的批评成为选举上最主要的甚至是唯一的凭藉,失去了这个环节,选举就无法进行。"② 因此,从这一意义上讲,魏晋以后的选举制度仍然继承了东汉以来注重乡论的旧传

---

① 《晋书》卷五六《孙楚传》,第1539页。
② 唐长孺:《九品中正制度试释》,《魏晋南北朝史论丛》,生活·读书·新知三联书店1955年版,第86页。

统，夏侯玄所说"孝行著于家门，岂不忠恪于在官乎？仁恕称于九族，岂不达于为政乎？义断行于乡党，岂不堪于事任乎？"已经非常清晰地揭示了儒家所提倡的伦理秩序为由内向外，由亲及疏的扩展，体现了一个家族成员与"家门"、"九族"以及"乡党"之间的密切联系。正因为如此，一个家族成员的道德品行和从政能力如何，只能从宗族乡党舆论那里才能得到正确的评价，这既是中正对乡党人士考察的重要一环，也是儒家提倡的道德标准对于基层社会产生重要影响的深层次社会原因所在。

三、中正考察宗族乡党舆论的方式

魏晋时期，中正考察宗族乡党舆论有哪些方式，这是学术界长期忽略的一个问题，也是本文重点探讨的问题。就史料记载来看，魏晋时期中正考察乡论大体上可以分为两类：一类是制度性的设计与安排，即从制度设计上保证了中正考察乡论能够顺利实施。一类是身份性的规定与要求，即州郡中正既是地方选举的主持者，又是乡邑清议的代言人，这种双重性的身份，决定了中正品评必须兼顾宗族乡党舆论的意见。上述两种类型又各有其不同的表现方式，以下就分别述之。

首先，魏晋时期为了保证中正品评注重考察乡党舆论，也采取了一些制度性的设计与安排，这主要有以下三种方式：

1. 作为一种制度性的设计与安排，魏晋时期实行三年一定品之制，这是中正考察宗族乡党舆论的主要方式。我们知道，魏晋时期实行三年一定品的制度。《晋书》卷一〇六《石季龙载记上》载石虎建武二年（318）下书称："魏始建九品之制，三年一清定之，虽未尽弘美，亦缙绅之清律，人伦之明镜，从尔以来，遵用无改。"可知九品中正制建立以后，一直采用三年一定品，从魏至晋，遵用未改。由于中正是三年一定品，定品时间相对固定，定品人员相对集中，所以在定品之时，州郡中正对于乡邑人士的品、状也是集中品评，成批列上，然后再区分优劣，铨第等级。《太平御览》卷二六五引《傅子》曰："魏司空陈群，始立九品之制，郡置中正，评次人才之高下，各为辈目，州置都而总其议。"① 所谓"辈目"，又称"伦辈"、"辈类"②，指中正品第相同之人。而"各为辈目"，则是指不同品第的人被中正以类相从，列为不同的等级。可见自陈群建立九品中正制，中正品评人才就不是单个进行，而是成批列上，集中品评。其具体过程是，先由郡中正对被品评者区分优劣，按其品第高低排成不同等级，然后再由州中正在总体上审核，裁量各郡的评议，使品评结果与等级高下整然有序，以此作为吏部选官的参考依据。

但是，这里有一个问题，即三年一定品时，中正是如何对乡邑人士进行品评的呢？众所周知，曹魏时期，由于州郡中正例由现任中央官兼领，他们久居京城，与乡里相悬隔，再加上中正所管地域广阔，人士众多，所以州郡中正是否了解乡党人士的情况，并给予客观公正的品评，也一直是个难题。《太平御览》卷二六五引应璩《新论》说："百郡立中正，九州置都士。州闾与郡县，希疎如马齿，生不相识面，何缘别义理。"齐王芳正始年间，司马懿提议"诸中正既未能料究人才，以为可除九制，州置大中正"③，也明确提出了这个问题。但此议遭到曹爽之弟曹羲的反对，他说："伏见明论，欲除九品，而置州中正以检虚实。一州阔远，略不相识，访不得知，会复转访本郡先达者耳。此为问州中正，而实决于郡人。"④ 曹羲认为，一州之地过于辽阔，州中正不可能熟悉所属郡县的情况，在品评人才时还须征询本郡人士的意见，"此为问州中正，而实决于郡人"。那么，这一问题如何解决呢？

其实，魏晋时期州郡中正虽然远居京城，与乡里相悬隔，但根据制度的设计与安排，州郡中正之下均设有属员，名曰"访问"，其具体职责就是负责考

---

① （宋）李昉等撰：《太平御览》卷二六五引《傅子》，中华书局1960年版，第1243页。
② 见《三国志》卷九《魏书·夏侯尚传附子玄传》，第295—296页。
③ （宋）李昉等撰：《太平御览》卷二六五引《晋宣帝除九品，州置大中正议》，第1243页。
④ （宋）李昉等撰：《太平御览》卷二六五引《曹羲集》，第1243页。

察乡党舆论,在定品之时协助中正对乡邑人士进行品评。如前引《晋书·孙楚传》就提到了"访问":"(王)济为本州大中正,访问铨邑人品状,至楚,济曰:'此人非卿所能目,吾自为之。'乃状楚曰:'天才英博,亮拔不群。'"如前所说,王济为孙楚作状,时在曹魏末年。传称"访问铨邑人品状,至楚",说明当时被列上定品的乡邑人士很多,而"访问"则是按照名单上的排列顺序,对乡邑人士逐个进行品评。当"访问"铨叙至孙楚时,王济以其不了解情况,乃亲自作状为之揄扬,孙楚也由此脱颖而出。可见直到曹魏末年,中正品评人才依然是成批列上,集中品评,而且这一工作照例由中正属员访问操作完成。只有当州郡中正对某一乡邑人士特别了解时,这一品评工作也可以由州郡中正做出,如王济为孙楚作状即为一例。

世入西晋,依然坚持三年一定品,《太平御览》卷二六五引《傅畅自序》曰:

> 时请定九品,以余为中正。余以祖考历代掌州乡之论,又兄宣年三十五立为州都,令(今)余以少年,复为此任,故至于上品。以宿年为先,是以乡里素滞屈者,渐得叙也。

按"请定"乃"清定"之讹。所谓"时清定九品",是说当时正值三年一定品之时,所以一些空缺中正的州、郡都在抓紧时间选补中正,以便在定品之年能够及时铨叙乡邑士人的品第,为其日后仕进提供依据。泥阳大族傅畅继其祖、父、兄之后,于西晋初年担任雍州大中正,"掌州乡之论",并在"请定九品"时以"宿年为先",致使那些"乡里素滞屈者"经过铨叙,获得相应的中正品第,并由此进入仕途。据此可见,三年一定品确实是魏晋成法,在定品之年,不仅有成批的乡邑人士要接受中正品评,而且也有一些耆宿高年和"素滞屈者"还要经过多次的品评,才能获得中正品第。然则,就傅畅而言,一个在定品之年才担任本州大中正的青年人,是如何为"乡里素滞屈者"一一品评，使他们"渐得叙也"进入仕途的呢？一般来说，典章制度有其历史传承性，若参考前揭《孙楚传》所载"访问铨邑人品状"的做法，那么，傅畅在品评人物时也应该得到其下属"访问"的协助。这样，以"宿年为先，是以乡里素滞屈者，渐得叙也"，就可以获得合理的解释了。质言之，傅畅并非以一己之力品评雍州人士，而是得到其下属"访问"的协助与支持，所以清定工作才能顺利进行。另据《三国志》卷四二《蜀书·谯周传》载陈寿语曰：

> （晋武帝泰始）五年，予尝为本郡中正，清定事讫，求休还家，往与周别。

据《晋书》卷八二《陈寿传》："巴西安汉人也。少好学，师事同郡谯周，仕蜀为观阁令史。……及蜀平……除著作郎，领本郡中正。"所谓"清定事讫"，也是指三年一定品之事。陈寿时任著作郎，平时公务繁忙，他在定品之时特意从京师返回家乡，主持"清定"之事。按照规定，三年一定品是中正考察乡论的制度性安排，其间中正属员"访问"发挥着十分重要的作用。因此，陈寿能够在返乡之日从容地完成"清定"工作，应该与其下属"访问"的协助有关，并非偶然。

2. 作为一种制度性的设计与安排，西晋时期还专门制定法令，规定大小中正定期聚会，及时交换对乡党人士的考察意见，这也是中正考察乡论的重要表现形式之一。

曹魏时期三年一定品的制度，入晋以后又有新的发展，这就是增加了大小中正每月一会，以便互通声气的规定。《通典》卷三二《职官十四》中正条引《晋令》曰：

> 大小中正为内官者，听月三会议上东门外，设幔陈席。

《晋令》的这一规定,应该是针对九品中正制自身的弊端而发。如前所说,魏晋时期,由于州郡中正多由现任中央官兼领,加之中正所管地域广阔,人士众多,所以州郡中正是否了解乡党人士的情况,给予客观公正的评价,也一直是个难题。进入西晋以后,这种情况依然存在。晋武帝时刘毅在著名的《论九品有八损疏》中指出:"今一国之士多者千数,或流徙异邦,或取给殊方,面犹不识,况尽其才力!而中正知与不知,其当品状,采誉于台府,纳毁于流言。任己则有不识之蔽,听受则有彼此之偏。所知者以爱憎夺其平,所不知者以人事乱其度。"[①] 可见入晋之后,上述情况非但没有好转,反而有愈演愈烈之势。大概有鉴于此,晋武帝时为了加强州郡中正之间的联系,同时也为了及时交换对乡邑人士的评价与看法,避免中正所定"品状"有采誉纳毁、道听途说之嫌,西晋王朝遂以法令的形式规定:凡在中央政府担任现职,又兼领本州郡的大小中正,须定期在洛阳东门外"设幔陈席",聚会一处,及时交流相关信息,以便更好地考察乡党舆论的意见。但是,关于"月三会议"的"三"字,唐长孺先生认为乃"旦"字之误,因为"每月三次开会议太烦,而且也无此必要"[②]。因此,西晋规定大小中正每月一会的制度,是对中正定品制度的进一步发展,其目的仍然是注重考察乡党舆论。由于在三年一定品的周期之内,又增加了大小中正每月一会、共同品评人物的规定,致使定品程序更趋合理,定品制度更加完善,这也是西晋时期九品中正制日趋成熟的重要标志。

3. 作为一种制度性的安排,魏晋时期对一些重要人物的考察也会采取必要的措施,由州郡中正达成共识,以此表示"州里"清议的一致意见,这也是中正考察乡论的重要表现形式。据《晋书》卷四四《郑袤传附子默传》:

---

① 《晋书》卷四五《刘毅传》,第1276页。
② 唐长孺:《九品中正制度试释》,《魏晋南北朝史论丛》,第90页。

初，帝（晋武帝）以贵公子当品，乡里莫敢与为辈，求之州内，于是十二郡中正佥共举默。文帝（司马昭）与袤书曰："小儿得厕贤子之流，愧有窃贤之累。"及武帝出祀南郊，诏使默骖乘，因谓默曰："卿知何以得骖乘乎？昔州里举卿相辈，常愧有累清谈。"

齐王芳嘉平年间（249—254），以司马氏为首的世家大族已逐渐掌握政柄。其时司马炎的祖父司马懿、伯父司马师、父亲司马昭均为当轴执政，权势显赫，故传称司马炎以"贵公子当品"，显然是着眼于他的家族门第，即把"家世"作为中正定品的主要依据。但是，考虑到"州里"乡间清议的影响，在司马炎以"贵公子当品"的同时，也需要在本州选择一些道德才能俱优的贤士加以帮衬，避免给人造成"门选"的印象。可是，由于司马炎的高贵身份，"乡里莫肯与为辈"，所以才有"十二郡中正佥共举默"之事。周一良先生曾经指出："据《晋书》地理志，魏司州只领五郡，晋朝建立后，司州始领十二郡。此处十二郡之云，当是以后来之制追记旧事。"对于"相辈"、"为辈"，周先生则指出："辈是动词，所谓辈、相辈，指列为同品。"① 可见在司马炎"当品"这一问题上，司州中正及诸郡中正煞费苦心，为了使"贵公子"能够顺利地获得中正品第，又避免"门选"之嫌，遂采取了"十二郡中正佥共举默"的方式，既以郑重地表示"州里"清议对郑默的认可与支持，又借以证明司马炎并非只凭"贵公子"的身份，他也同样获得了"州里"清议的好评。因为据郑默本传记载，郑默虽然出身高门旧族，但有"才行名望"，"宽冲博爱，谦虚温谨，不以才地矜物"，颇得宗族乡党舆论的好评。观司马昭所说"小儿得厕贤子之流，愧有窃贤之累"；司马炎对郑默说"昔州里举卿相辈，常愧有累清谈"，就可以看出郑默在宗族乡里享有很高的声誉。因此，《郑默传》所载"十二郡中正佥共举默"，其重要意义就在于：一方面，它说明在一些重大

---

① 周一良：《魏晋南北朝史札记》"相辈与清谈"条，中华书局1985年版，第51—52页。

问题上,州郡中正可以采取临时性措施,达成共识,以郑重地表示"州里"清议的意见。另一方面,它也表明郑默其人已经得到了宗族乡党舆论的认可,这是本郡舆论和"州里"舆论认可的前提条件。因此,在州郡中正达成共识的过程中,首先必须得到宗族乡党舆论的认可,然后才能得到本郡舆论和"州里"舆论的认可,从而形成了宗族、本郡、州里共同组成的乡论三级重层结构。这也以具体的史实证明,川胜义雄提出的"乡论重层结构"理论具有一定的合理性。

其次,州郡中正既是地方选举的主持者,又是乡里清议的代言人,这种双重性身份,也决定了中正品评必须兼顾宗族乡党舆论的意见,即其所作所为并非率性为之、随意为之,而是在某种程度上表现为一种职务行为。这又有以下两种情况:

1. 由于中正主持乡里清议,是乡里清议的代言人,所以在中正定品的过程中,州郡中正可以根据自己对某一乡邑人士的了解,对其道德才能加以品评。前引《魏略·清介吉茂传》云:

> 先时国家始制九品,各使诸郡选置中正。……茂同郡护羌校尉王琰,前数为郡守,不名为清白。而琰子嘉仕历诸县,亦复为通人。嘉时还为散骑郎,冯翊郡移嘉为中正。嘉叙茂虽在上第,而状甚下,云:"德优能少。"茂愠曰:"痛乎,我效汝父子冠帻劫人邪!"①

王嘉父子与吉茂为同郡人,相互之间非常熟悉。汉末建安年间,吉茂以"州举茂才,除临汾令,居官清静,吏民不忍欺"。然生性迂腐,后"坐其宗人吉本等起事被收",及其被收,竟不知原委。但王嘉与其父当官也不清廉,所以王嘉对吉茂的评语为"德优能少",吉茂看后大为恼怒,说:"难道让我像你

---

① 《三国志》卷二三《魏书·常林传》注引《魏略·清介吉茂传》,第661页。

们父子一样去抢劫别人才算有'能力'吗?"正因为王嘉对吉茂十分了解,加之王嘉又是冯翊郡中正,是乡间清议的代言人,所以他的评语实际上等同于乡间清议的意见,在品评人物时起到非常重要的作用。此外,前揭王济为本州大中正,不让访问"品状"孙楚,亲自为孙楚作状,也是因为二人是同郡好友,对其道德才能十分熟悉的缘故。故王济以大中正的名义品状孙楚,可视为代表宗族乡间评价的又一例证。又据《晋书》卷四三《王戎传》载:

> 初,孙秀为琅邪郡吏,求品于乡议。戎从弟衍将不许,戎劝品之。及秀得志,朝士有宿怨者皆被诛,而戎、衍获济焉。

王衍、孙秀同为琅邪郡人,但孙秀人品卑劣,不为乡里清议所重,所以一直没有获得中正品第。及王衍领本郡中正,其从兄王戎害怕得罪地方豪强,劝王衍为孙秀定品,才使孙秀获得了日后仕宦腾达的资本。及至八王之乱,孙秀依附赵王司马伦,"以谄媚自达。既执机衡,遂恣其奸谋,多杀忠良,以逞私欲"①。可见王衍虽然熟知孙秀为人,在执掌乡里清议时不愿为之定品,但最终还是为了一己之私,不得不屈服于邪恶小人。

2. 在中正执掌乡里清议的过程中,也有一些人将自己的家庭成员或是违犯清议的官员上报中正,请求降品处罚,中正通过对乡党舆论的考察,提出自己的处理意见,这也是中正考察乡论的重要方式之一。如《晋书》卷四八《阎缵传》载:

> 父卒,继母不慈,缵恭事弥谨。而母疾之愈甚,乃诬缵盗父时金宝,讼于有司。遂被清议十余年,缵无怨色,孝谨不息。母后意解,更移中正,乃得复品。为太傅杨骏舍人。

---

① 《晋书》卷五九《赵王伦传》,第1600页。

西晋时期，司马氏标榜"以孝治天下"，崇尚孝道尤其受到重视。阎缵盗窃父亲生前财宝，自属不孝。因此，当阎缵被继母诬告，"讼于有司"之后，也受到中正降品处罚，"遂被清议十余年"，失去了仕进资格。但阎缵毫无怨色，对继母孝谨不怠，后来终于获得继母谅解，"更移中正，乃得复品"，由太傅杨骏辟为公府舍人。可见，在中正执掌乡里清议的过程中，一些当事人可以将家庭成员的不孝行为"讼于有司"，或将其改过自新的表现"更移中正"，经中正考察核实后予以降品或"复品"，这也是中正注重考察乡论的实例。

此外，西晋时也有人将违犯清议的官员上报中正，中正则对"乡党"进行考察，并根据乡党舆论提出自己的意见。如晋武帝太康中，尚书令卫瓘上表，列举前太子洗马"济阴郗诜寄止卫国文学讲堂十余年，母亡不致丧归，便于堂北壁外下棺，谓之假葬。三年即吉，奉诏用为征东参军。或以为城市之内，屋壁之间无葬处，不成葬，则不应除服"①。按"假葬"乃世俗所为，并非经制。但是假葬关系到丧主的除服及仕宦问题，所以为社会舆论所重视。从卫瓘上表来看，其时或以为假葬"不成葬，则不应除服"，因此郗诜不应仕宦。其时晋武帝下诏征求朝臣意见，"诏问应清议与否？"吏部尚书山涛、兖州大中正魏舒均认为"郗诜至孝"，"居丧毁瘁，殆不自全"，"访其邑党，亦无有他"②，因而建议不予清议。据此，对于举报有违清议的官吏，州大中正必须"访其乡党"，加以考察核实，然后提出处理意见，而不是随意的贬降其乡品。但据《通典》卷一四《选举二》记载："于时虽风教颓失而无典制，然时有清议，尚能劝俗。陈寿居丧，使女奴丸药，积年沈废；郗诜笃孝，以假葬违常，降品一等。其为惩劝也如是。"可见郗诜最终还是不为社会舆论所宽

---

① （唐）杜佑撰，王文锦等点校：《通典》卷一〇三《礼六十三》"假葬墙壁间三年除服议"条，第2692页。

② （唐）杜佑撰，王文锦等点校：《通典》卷一〇三《礼六十三》"假葬墙壁间三年除服议"条，第2693页。

恕，被中正降品一等，予以清议处罚，反映了其时名教礼法之严峻。

综上所述，魏晋时期中正考察宗族乡党舆论有多种方式，其中最主要的方式是三年一定品制度，由于定品时间相对固定，定品人员相对集中，加之中正属员"访问"具体负责考察宗族乡党舆论的意见，协助中正对乡邑人士进行品评，从而在制度上为中正考察乡论提供了保证。此外，在三年一定品之时，由于州郡中正主持州乡清议，是乡邑清议的代言人，所以州郡中正也可以根据自己对某一乡邑人士的了解，亲自加以品评，这也是中正考察乡论的重要表现形式之一。需要指出的是，曹魏时期对某些重要人物也可以采取必要措施，由州郡中正达成共识，共同推荐某一乡邑人士，借以表示"州里"清议的意见，从而在一定程度上佐证了川胜义雄氏提出的"乡论重层结构"理论具有一定的正确性。而西晋官府制定法令，规定大小中正每月一会，及时交换对乡党人士的考察意见，不仅是中正考察乡论的又一重要表现形式，也是对三年一定品制度的重要补充。通过上述多种考察方式，一方面使家族成员的日常生活及其道德评价与宗族乡党联系起来，另一方面也使宗族乡党舆论与中正品评即国家选官制度联系起来，三者密切配合，成为魏晋时期考察和选拔人才的重要途径。

四、中正考察乡论的历史渊源及其变异

在考察了魏晋时期中正品评与宗族乡党舆论的关系之后，这里再对中正考察乡论的历史渊源及其变异略微述之。

我们知道，九品中正制创立的一个重要原因，就在于保持汉代以来乡举里选的旧传统。特别是汉末兴起的名士清议之风和乡里月旦评，更对这一制度的形成确立产生了直接而深远的影响，以致成为州郡中正职掌乡论和评品人才的历史渊源。早在汉末建安年间，曹操一方面在政治上推行唯才是举、排斥清议的选举政策，另一方面在选拔官吏时又不得不征询当地大族名士的意见，用人

"核之乡闾"①，从而使曹操统治时期的选举政策具有明显的两重性。及至曹丕继任魏王，也继承了曹操在世时所推行的选举政策，且使之更加完善化和制度化。陈群创立的九品中正制，就是曹氏父子致力于使名士清议与朝廷选举相统一，乡里月旦与官府品第相统一的必然产物，它不仅标志着乡论清议官方化地位的奠定，而且也是对汉代乡举里选这一传统旧制的发展及其继续②。因此，九品中正制既是在汉末察举制度遭到严重破坏的历史条件下创立的一种选官新制，同时也保留了汉代乡举里选和注重乡论的旧传统。因为按照汉代选举旧规，人物评价重在考察而非考试，而理论上对人物评价最全面也是最符合实际的，那就是宗族乡党舆论③。所以，将中正品第称为"乡品"，进而考察乡品与乡论的关系，既可以真实地反映出九品中正制与汉代察举制度的因革沿袭及其历史渊源，同时也说明在九品中正制下，中正品评人物仍须考察乡论，征诸乡评，这也是魏晋时期九品中正制最重要的时代特征之一。

但是，我们也应看到，魏晋时期由于门阀士族占据要津，垄断选举，中正定品常常系于门第世资，以致传统的"乡论清议"被蒙上一层浓厚的门阀色彩，实际上已远非汉代之旧。晋武帝时卫瓘在谈到这一变化时就说："其始造也，乡邑清议，不拘爵位，褒贬所加，足为劝励，犹有乡论余风。中间渐染，遂计资定品，使天下观望，唯以居位为贵。"④ 段灼在上表陈事中也说："今台阁选举，涂塞耳目，九品访人，唯问中正。故据上品者，非公侯之子孙，则当途之昆弟也。二者苟然，则荜门蓬户之俊，安得不有陆沈者哉！"⑤ 鉴此，刘毅在《论九品有八损疏》第一条就明确指出："今之中正，不精才实，务依党利。……是以上品无寒门，下品无势族。"可见中正定品，完全以门户高低为

---

① 参阅张旭华：《曹操用人"核之乡闾"试释》，《郑州大学学报》1986 年第 1 期，后收入《魏晋南北朝官制论集》，大象出版社 2011 年版。
② 参阅唐长孺：《东汉末期的大姓名士》，《魏晋南北朝史论拾遗》，第 44—46 页。
③ 参阅唐长孺：《东汉末期的大姓名士》，《魏晋南北朝史论拾遗》，第 45 页。
④ 《晋书》卷三六《卫瓘传》，第 1058 页。
⑤ 《晋书》卷四八《段灼传》，第 1347 页。

依归，凡是列于上品者，皆是当朝权势和高门望族，而列于下品者，则是蓬门之俊和寒门庶族。因此，随着九品中正制的门阀化，中正对乡党人士的考察标准也发生了变化，造成选举只重门第，不重才能，由此产生诸多弊端，加速了西晋选官制度的腐败。诚如元代史家马端临所说："盖乡举里选者，采毁誉于众多之论，而九品中正者，寄雌黄于一人之口。……故徇私之弊，无由惩革。"① 不过，如果我们过分强调中正"计资定品"的一面，而忽略了乡品与乡论密切联系的一面，恐怕也与史实不符。事实上，门阀士族虽然已经控制了"乡论清议"，并使之变成世家大族操纵地方选举的工具，但就其形式而言，州郡中正仍然是"乡论"的代表，而且政府选官依旧要尊重这种与汉代有异的"乡论"②。因为纵观中国古代选官制度史的发展演变，无论是汉代的察举制度，还是魏晋南北朝的九品中正制度，都是只注重考察而不注重考试的选官制度，因而考察乡论始终是官府选举中的一个重要环节，若失去了这一环节，选举就无法进行。所以，我们只有准确地把握九品中正制的这一时代特点，才能进而揭示在门阀制度下，中正操纵"乡论"并"计资定品"的本质特征。

（原载《史学集刊》2019年第2期）

---

① （元）马端临：《文献通考》卷二八《选举一》，中华书局1986年版，第267页。
② 参阅阎步克：《察举制度变迁史稿》，辽宁大学出版社1997年版，第153—154页。

试论国子学的创立与西晋门阀士族的形成

国子学创立于西晋咸宁二年（276），它是以司马氏为首的统治集团为了维护和满足门阀士族的利益，专为士族子弟设置的最高学府。西晋是两汉以来封建教育制度发生重大变化的时期，也是门阀士族形成的重要历史时期。因此，国子学的创立不仅是历史发展的产物，而且对门阀士族的形成有着重要的影响，是门阀士族形成的重要标志之一。

一

国子学创立于西晋并非偶然，它的出现，是有着深厚的社会基础和历史渊源的。

我国封建社会中央学校的设立始于西汉，自汉武帝采纳董仲舒的建议，"罢黜百家，独尊儒术"后，为推行此政策，于元朔五年（前124）置博士弟子员，建立太学。

汉代建立太学的目的在于运用学校教育以"养士"和"求贤"，通过"设科射策，劝以官禄"[①]，以培养和选拔统治阶级所需要的人才。如董仲舒在著名的"三对策"中所言：

> 夫不素养士而欲求贤，譬犹不琢玉而求文采也。故养士之大者，莫大

---

① 《汉书》卷八八《儒林传赞》，中华书局1962年版，第3620页。

乎太学；太学者，贤士之所关也，教化之本原也。……兴太学，置明师，以养天下之士，数考问以尽其材，则英俊宜可得矣。①

汉代的学校教育无疑是为地主阶级统治服务的，就太学而言，博士弟子也大都是地主官僚子弟。然而根据史实，在汉武帝初立太学时，博士弟子的选任并无专门优宠贵族官僚子弟的规定。据《史记》卷一二一《儒林传序》云：汉武帝时博士弟子的选任之制有二：其一是由中央太常选任，"太常择民年十八已上，仪状端正者，补博士弟子"。其二是由地方郡国选送，规定"郡国县道邑有好文学，敬长上，肃政教，顺乡里，出入不悖所闻者，令相长丞上属所二千石，二千石谨察可者，当与计偕，诣太常，得受业如弟子"。马端临在《文献通考》卷四〇《学校一》讲到西汉博士弟子的来源时曾说："乡里学校人不升于太学，而补弟子员者自一项人。公卿弟子不养于太学，而任子尽隶光禄勋，自有四科考试，殊涂异方。"意思是说博士弟子的来源自有太常和郡国选任的那些人，公卿子弟则"不养于太学"，他们另有光禄勋负责，自有考试，和太学是"殊涂异方"。由此可知，汉武帝时博士弟子的选任尚不注重家世，在制度上更无专门选任公卿子弟的规定。

汉成帝时，博士弟子的选任制度开始发生变化。《后汉书》卷二六《伏湛传》载，伏湛于成帝时"以父任为博士弟子"，可见成帝时博士弟子的来源除太常和郡国选任之外，又有以"父任"而入学者。到平帝时，王莽专擅朝政，又增加元士官子弟可受业于太学。《汉书》卷八八《儒林传序》："平帝时王莽秉政，增元士之子得受业如弟子，勿以为员。"颜师古注曰："常员之外，更开此路。"这样一来，贵族官僚子弟可以依凭"父任"和家世而享有荫任特权，"公卿弟子不养于太学"的状况有所改变，而汉武帝制定的博士弟子选任之制遂遭破坏。

---

① 《汉书》卷五六《董仲舒传》，第2512页。

东汉时期，在地主阶级内部逐渐形成了世族地主这一特权阶层，世族地主在政治上世代为官，参与朝政；在经济上广占园田，"徒附"万计；在文化上垄断经学，号称儒宗。随着世族地主势力的不断发展，他们也开始谋求控制教育，企图垄断太学。于是，博士弟子的选任不仅承袭了西汉后期的陋规，而且还扩大了对公卿子弟的优先权，并明确规定公卿官僚子弟可以做太学生。顺帝阳嘉元年（132），左雄就上疏奏请"征海内名儒为博士，使公卿子弟为诸生"①。质帝本初元年（146），"梁太后诏曰：'大将军下至六百石，悉遣子就学，每岁辄于乡射月一飨会之，以此为常。'自是游学增盛，至三万余生。然章句渐疏，而多以浮华相尚，儒者之风盖衰矣"②。由此观之，自东汉中期以后，那些世代累居高位的世家大族子弟皆可依靠门第而受业于太学，太学之中公卿官僚子弟的数量也大为增加。至此武帝所定的博士弟子选任之制破坏殆尽。

太学生的选任偏重家世和门第，迄至曹魏，循而未改。《宋书》卷一四《礼志一》载：

> 魏文帝黄初五年（224），立太学于洛阳。齐王正始中（240—249），刘馥上疏曰："黄初以来，崇立太学，二十余年，而成者盖寡。由博士选轻，诸生避役，高门子弟，耻非其伦，故无学者。虽有其名，而无其实，虽设其教，而无其功。宜高选博士，取行为人表，经任人师者，掌教国子。依遵古法，使二千石以上子孙，年从十五，皆入太学。明制黜陟，陈荣辱之路。"

从刘馥批评曹魏太学之弊的话来看，当时有一些人是无免役特权的中小地主子

---

① 《后汉书》卷六一《左雄传》，中华书局1965年版，第2020页。
② 《后汉书》卷七九上《儒林传序》，第2547页。

弟，其入学盖为避役，非为学业，而高门子弟因耻于和身份卑微的中小地主子弟为伍，就业太学者甚少。因此，刘馥建议应遵循东汉以来成法，明令二千石以上子孙年从十五者皆入太学，以保障高门子弟入学的特权。

从汉魏太学的发展演变来看，汉武帝时制定的博士弟子选任之制并无优宠贵族官僚子弟的规定。东汉时期，由于土地兼并剧烈，大土地所有制迅速发展，世族地主的经济实力不断膨胀，作为封建主义上层建筑的一个重要组成部分的学校教育制度也相应地发生了变化，其突出表现就是汉顺帝以后明确规定公卿官僚子弟可以做太学生，高门大族子弟享有就学太学的荫任特权。曹魏太学虽然沿袭东汉旧制，但由于当时代表世家大族利益的司马氏集团还没有执掌政权，加之士庶区别的等级制度还没有完全确立，因此至少在齐王芳正始年间，除了大族官僚子弟外，中小地主子弟尚能就读于太学。然而，历史的发展趋势是大族门阀专权，因而学校教育归根到底只能为大族门阀的统治服务。一到西晋，随着世族地主发展为门阀士族，士庶之间的等级界限业已建立，而学校教育制度也随之一变，专为世家大族子弟设置的国子学也应运而生。所以我们认为，国子学的创立乃有其深刻的社会基础和历史渊源，它既是东汉以来世家大族基于政治、经济上特权地位的确立，以及在文化上对儒家经学的垄断，进而谋求控制和垄断学校教育事业的产物，同时也是西汉太学博士弟子选任之制屡遭破坏的必然结果。

二

西晋王朝是依靠世家大族的拥护和支持而建立起来的世族地主政权。司马氏本身就是河内温县大族，晋初的一些开国功臣和高级官吏也多出自东汉、曹魏以来的名门大族。为了满足和保障世家大族的既得利益，西晋统治者在政治、经济、文化教育等方面采取了一系列措施，对世家大族倍加扶植，从而加速了东汉以来的世族地主向门阀士族地主的转化，促使门阀士族正式形成。

在政治上，自曹魏初年创立的九品中正制已完全成为培植门阀势力的工具，这是门阀士族形成的政治标志。刘毅在著名的"九品有八损疏"中痛斥选举用人之弊，说是"上品无寒门，下品无势族"①。时人段灼也指出："今台阁选举，涂塞耳目，九品访人，唯问中正。故据上品者，非公侯之子孙，则当途之昆弟也。二者苟然，则荜门蓬户之俊，安得不有陆沈者哉！"② 可见进入西晋之后，在中正九品之中有了一条明显的界线，即"上品"与"下品"。凡列为"上品"的高门称为"势族"，也叫门阀士族；列为"下品"的则为"寒门"，也叫寒门庶族③。这样，门阀士族通过九品中正制把持了选拔官吏的权力，他们依据门第出身划出严格的等级界线，形成了"公门有公，卿门有卿"，"贱有常辱，贵有常荣"④的门阀政治。

在经济上，晋武帝司马炎在平吴之后，于太康元年（280）颁布了"户调式"，也叫"占田制"，其内容包括赋税制度（户调）、田租制度（课田）、土地制度（占田）。依据后一制度的规定，世居高官显位的门阀士族，不仅可以按照官品高低占有五十顷到十顷不等的大量土地，而且还可以庇荫数量不等的亲属和佃客作为自己的依附农民，所荫之人均免除国家的课役。在按官品占田、荫亲、荫客制的保护下，已经占有大量土地和佃客者的利益没有受到丝毫侵害，而尚未占足法定限额的官僚士族，却可以依法占足。因此，西晋统治者制定的按官品占田、荫亲、荫客制，完全是一种保障官僚士族经济利益的制度，它使士族地主享有分割国家土地和人民的法定特权，这是门阀士族在西晋时期形成的经济标志。

在文化教育上，西晋统治者为了适应门阀统治的需要，于太学之外另置国子学，作为培养士族子弟的最高学府。

---

① 《晋书》卷四五《刘毅传》，中华书局1974年版，第1274页。
② 《晋书》卷四八《段灼传》，第1347页。
③ 《晋书》卷四五《刘毅传》，第1274页。
④ 《晋书》卷九二《文苑·王沈传》，第2382页。

晋初无国子学，仍置太学。太学生的选任大体沿袭汉魏之旧，除高门大族子弟外，寒门庶族子弟也可以入学。但是，随着门阀士族的形成和士庶等级制度的建立，这种士庶混杂的学校教育制度已适应不了门阀士族的要求。于是，晋武帝先于泰始八年（272）下诏遣散部分太学生，接着又于咸宁二年（276）创建国子学，规定专门招收"国之贵游子弟"。《宋书》卷一四《礼志一》载此事曰：

> 晋武帝泰始八年，有司奏："太学生七千余人，才任四品，听留。"诏："已试经者留之，其余遣还郡国。大臣子弟堪受教者，令入学。"咸宁二年，起国子学，盖《周礼》国之贵游子弟所谓国子，受教于师氏者也。

西晋统治者创立国子学的主要目的在于依据门第出身，区别士庶，进而维护门阀士族的政治、经济特权，对此前人业已讲得十分清楚。如《南齐书》卷九《礼志上》载萧齐时领国子助教曹思文在所上东昏侯表中就指出：

> 今之国学，即古之太学。晋初太学生三千人，既多猥杂，惠帝时欲辩其泾渭，故元康三年（293）始立国子学，官品第五以上得入国学。天子去太学入国学，以行礼也。太子去太学入国学，以齿让也。太学之与国学，斯是晋世殊其士庶，异其贵贱耳。然贵贱士庶，皆须教成，故国学太学两存之也。

曹思文将国子学的创立时间由晋武帝咸宁二年推迟至晋惠帝元康三年，与上引《宋书·礼志一》记载颇不一致。根据史实，可以认为国子学乃创立于晋武帝时。据《晋书》卷三《武帝纪》咸宁二年条载，是年五月，"立国子学"。又同书卷三五《裴頠传》："时天下暂宁，頠奏修国学，刻石写经。皇太子既讲，释奠祀孔子，饮飨射侯，甚有仪序。"裴頠奏修国学事在晋武帝时，皇太子即惠帝，可见武帝之世已立国子学，非惠帝即位后始立甚明。因此，曹思文所说太学生"既多猥杂"实指晋初而言，而晋武帝创置国学的意图即在于"辨其泾渭"、"殊其士庶"，也就是依据门第来区分士庶，借以维护等级森严的门阀制度。只不过晋武帝时还是原则上规定"国之贵游子弟"许入国子学，至惠帝时进一步明确规定"官品第五以上得入国学"，在制度规定上更具体更明确罢了。此外，东晋孝武帝时国子祭酒殷茂在上疏中也曾说道："臣闻旧制，国子生皆冠族华胄，比列皇储。而中者混杂兰艾，遂令人情耻之。"[1]《隋书》卷二六《百官志上》在谈到国子生的选任时也说："旧国子学生，限以贵贱。"可见国子学创立的目的就是为区别士庶，"等其贵贱"，是为门阀士族的世袭等级制度服务的。自国子学创立之后，两汉以来的学校教育制度为之一变，西晋的中央官学中出现了国子学和太学并存的局面。根据规定，五品官以上子弟许入国学，六品官以下子弟只能入太学，国子学成了专为士族子弟开办的最高学府，而太学则变为寒门庶族子弟的求学之所。

随着国子学的创立，西晋的地方州郡学校也开始专门招收和培养门阀士族子弟。《晋书》卷八二《虞溥传》载晋武帝时溥于鄱阳兴学之事曰：

> 除鄱阳内史。大修庠序，广招学徒。……于是至者七百余人。溥乃作诰以奖训之，曰："文学诸生皆冠带之流，年盛志美，始涉学庭，讲修典训，此大成之业，立德之基也……"

《晋书》卷八六《张轨传》也载：

> （惠帝）永宁初（301），出为护羌校尉、凉州刺史。……征九郡胄

---

[1] 《宋书》卷一四《礼志一》，中华书局1974年版，第365页。

> 子五百人，立学校，始置崇文祭酒，位视别驾，春秋行乡射之礼。

由此可见，在国子学的影响和带动下，西晋时期的学校教育上至中央的国子学，下至地方的州郡学，无一不为门阀士族所垄断，学校教育成了巩固门阀士族封建特权的有力工具。

综上所述，西晋时门阀士族业已形成。所谓门阀士族，是指当时地主阶级中的一个特权阶层，政治上他们把持政权，是最高级的官僚；经济上他们拥有大量的土地和劳动力，是全国最大的地主；文化上他们控制了中央和地方官学，垄断了地主阶级的学校教育。门阀士族不仅残酷地压榨和剥削农民阶级，而且还在严格区分士庶，等其贵贱的原则下，极力排斥和鄙视统治阶级中凡不属于这一最高等级的人，即使是寒门庶族地主，在他们看来也是卑贱的。因此，门阀制度不仅标志着统治阶级和被统治阶级的区别，而且也标志着统治阶级内部上下层的等级差别，是封建社会中等级制度的深刻表现及其制度化。西晋时期，正是通过九品中正制和按官品占田、荫亲、荫客制等专门制度的规定，确保了门阀士族在政治、经济和文化教育上的特权地位，从而加速了门阀士族这一特权阶层的形成。因此，国子学的创立乃是西晋统治者为了培植门阀士族而采取的一项重要措施，它集中反映了门阀士族对文化教育事业的控制和垄断，起到了为巩固门阀统治服务的作用。所以我们认为，国子学本质上是依据门第出身来区分士庶、等其贵贱，并以之保障门阀士族特权的一种教育制度，它和九品中正制以及晋初颁布的按官品占田、荫亲、荫客制一样，同是西晋门阀士族形成的重要标志之一。

（原载《郑州大学学报》1988 年第 4 期）

谈谈南朝清议的发展演变

清议是指汉末以来乡里中形成的关于人物批评的舆论,其内容包括对被评品者道德上优缺点两方面的评价,而评价的标准主要是儒家宣扬的伦理道德规范。曹魏建立九品中正制,中正就根据乡里清议,来区分人物优劣,并厘定、提升或是贬降其乡品,以此作为吏部铨选任官的依据。发展到西晋,清议的内容发生变化,即清议不再包括对被品评者优点的褒扬,而是专指对其违反儒家名教言行的揭发。诸如居丧无礼、居丧婚嫁、事父母不孝,等等,均由中正实行清议。而一玷清议,轻则降品,重则免官,甚至于沉废闾巷,终身禁锢。这样,清议逐渐发展成为一种颇具威力的道德惩罚手段,并对士人的品第升降和仕途进退产生了直接影响,以致成为当时政治生活中的重要事情。

下迄南朝,中正是否主持清议,对此史学界多持否定意见。如著名史家周一良先生就认为南朝时期随着皇权和世家大族势力的消长,中正之职名存实亡,由中正出面反映乡论清议的的作用大为削弱。但我意以为南朝中正仍在主持清议工作,而且南朝清议的发展与变化,并不意味着清议势力的减弱,而是恰恰相反,它标志着清议势力的不断加强。下面就谈谈个人看法。

南朝清议虽然是上承两晋,但也有一些变化与发展,其主要表现有三:

首先,从清议的性质看,它已不是一种单纯的道德惩罚手段,而是发展成为具有法律效力的科条。如《隋书》卷二五《刑法志》载,梁初定律,"士人有禁锢之科,亦有轻重为差。其犯清议,则终身不齿"。又称陈制,"唯重清议禁锢之科。若缙绅之族,犯亏名教,不孝及内乱者,发诏弃之,终身不齿"。可见梁、陈律法都有"清议禁锢之科",这说明清议已经超越了原来乡里舆论的意义和道德惩罚的范畴，而日趋制度化和法典化了，从而成为代表统治阶级意志并体现为国家法律的一个重要组成部分。

其二，就清议的范围与对象看，也处在不断扩大之中。两晋时期，司马氏标榜"以孝治天下"，崇尚孝道尤其受到重视，因此之故，其时也往往把有悖孝道和简忽丧纪作为清议的主要对象。进入南朝，清议的范围与对象明显扩大了，当时除了不遵孝道和有违丧纪者仍要受到清议处罚外，被列入清议的还有"赃污淫盗"、"婚姻失类"、"感思乖错"及"内乱"多种名目。例如，刘宋时规定，"士人犯盗赃不及弃市者，刑竟，自在赃污淫盗之目，清议终身"①。南齐时东海士族王源嫁女于吴郡满璋之之子鸾，御史中丞、吴兴邑中正沈约上章弹奏，称"璋之姓族，士庶莫辨"，"王满连姻，实骇物听"，因而请求官府"以见事免源所居官，禁锢终身"②。梁时定制，"私吊答中，彼此言感思乖错者，州望须刺大中正，处入清议，终身不得仕"③。又陈制清议禁锢之科，将"内乱者"与"犯亏名教及不孝"并列，皆由皇帝"发诏弃之，终身不齿"。这些事例，都表明南朝清议的范围与对象较前代更为广泛，且有着不断扩大化的趋势。

其三，随着清议性质的法律化和清议范围的扩大化，南朝清议的威力与作用也大为增强。由于南朝制定有清议禁锢之科，且法律规定士人犯清议则终身不齿，因而付之清议者欲图洗刷清议之污，也必须由最高统治者封建皇帝颁布特赦诏令，才能解除清议禁锢，重新获得做官的机会。纵观南朝历代皇帝在即位大赦诏书中每每有"其有犯乡论清议，赃污淫盗，一皆荡涤洗除，与之更始"④之语，就可知若无皇帝特殊恩典，遭致清议者必将废弃终生，永无出头

---

① 《宋书》卷四二《王弘传》，中华书局1974年版，第1318页。
② （梁）萧统编，（唐）李善注：《文选》卷四〇《沈休文奏弹王源》，中华书局1977年版，第563页。
③ （唐）张彦远：《法书要录》卷二引庾元威《论书》，上海书画出版社1986年版，第45页。
④ 《宋书》卷三《武帝纪下》，第52页；《南齐书》卷二《高帝纪下》，中华书局1972年版，第32页。

之日。清人顾炎武对此感叹道,"乡论之污,至烦诏书为之洗刷"①,足见清议在维护名教礼法和加强统治秩序方面发挥的重要作用。

总之,南朝中正不仅依然主持乡里清议,且与前代相比,其清议范围之广,处罚之重,威力之大,都已发展到一个新的历史阶段。而通过对南朝清议的发展演变的探究,有助于加深我们对这一时期的世族社会形态、世族政治以及世族统治的认识和理解,从而将魏晋南北朝史的研究推向深入。

(原载《文史哲》1993年第3期"笔谈")

---

① (清)顾炎武著,黄汝成集释:《日知录集释》卷一三《清议条》,上海古籍出版社2006年版,第765页。

萧梁流内十八班与官职清浊

萧梁官班制度是南朝后期最具特色的职官制度，是以区分士庶、分辨清浊为主旨的清浊官制的重要表现形式。对于萧梁官班制度，中外学者已经做了有益的探讨①，但是有些问题仍有隐晦不清之处。本文试对萧梁流内十八班的官职清浊问题作一重新审视，以期对上述问题有一新的认识。

梁代初建，职官制度仍沿用宋齐之旧。天监初，蔡法度受命厘定官品，天监七年（508），徐勉又制定十八班与流外七班，此制后为陈代所沿用。《隋书》卷二六《百官志上》载此事曰：

> 梁武受命之初，官班多同宋、齐之旧。……天监初，武帝命尚书删定郎济阳蔡法度，定令为九品。秩定，帝于品下注一品秩为万石，第二第三为中二千石，第四第五为二千石。至七年，革选，徐勉为吏部尚书，定为十八班。以班多者为贵，同班者，则以居下者为劣。

其下又载陈制云：

---

① 中外学者代表性的论著有（日）宫崎市定著，韩昇、刘建英译：《九品官人法研究》第二篇《本论》第四章"梁陈时代的新倾向"有关部分，中华书局2008年版，第187—207页。阎步克：《品位与职位——秦汉魏晋南北朝官阶制度研究》第七章"北魏对萧梁的官阶制反馈"有关部分，中华书局2002年版，第360—393页。张旭华：《萧梁官品、官班制度考略》，《中国史研究》1995年第2期；《萧梁官班制的渊源、创立原因及性质考释》，《史学集刊》2015年第3期。杨恩玉：《萧梁官班制渊源考辨》，《历史研究》2013年第4期。

陈承梁，皆循其制官……为十八班，而官有清浊。自十二班以上并诏授，表启不称姓。从十一班至九班，礼数复为一等。又流外有七班，此是寒微士人为之。从此班者，方得进登第一班。①

据此，陈代承梁，其所制官也有"十八班"。值得注意的是，《隋志》明确提到"又流外有七班"，以此而论，前此的"十八班"自然处于"流内"。因此，"十八班"又可称为"流内十八班"②，盖与"流外七班"相对而言。

梁武帝制定"流内十八班"与"流外七班"之后，流内十八班内是否还有官职清浊，对此中外学者有不同意见。日本学者越智重明曾提出"新二品"说，认为在南朝特别是梁武帝改革官制以后，"原来只有二品即甲族担任的官职才为清官的情况改变了，出现了凡是二品都作为清官"的局面。换言之，越智氏认为，由于南朝有"二品清官"的规定，而梁制十八班均是"位登二品者"，所以"流内十八班中的二品，都是清官"③，其间不再有清浊之别。唐长孺先生则认为，"南朝后期自梁武帝建立九品十八班制后清浊之分更为显著"，其中，"从十二班以上是最高级官，那都是清官"，"自流内第一班以上有一大段有清有浊"④。其说是。如《隋书·百官志上》就明确谈道："陈承梁，皆循其制官……为十八班，而官有清浊。"又说："凡选官无定期，随阙即补，多更互迁官，未必即进班秩。其官唯论清浊，从浊官得微清，则胜于转。"⑤ 可见流内十八班仍有清浊之别。

然则，在梁武帝制定流内十八班与流外七班，并以之作为区分士庶、辨别清浊的政治分野之后，流内十八班内为何还有官职清浊？这种官职清浊又是如

---

① 《隋书》卷二六《百官志上》，中华书局1973年版，第741页。
② （日）宫崎市定著，韩昇、刘建英译：《九品官人法研究》，第190页。
③ （日）越智重明：《梁陈政权与梁陈贵族制》，《日本学者研究中国史论著选译》第四卷（六朝隋唐），中华书局1992年版，第301页。
④ 唐长孺：《南朝寒人的兴起》，《魏晋南北朝史论丛续编》，生活·读书·新知三联书店1959年版，第98页。
⑤ 《隋书》卷二六《百官志上》，第741、748页。

何区分的呢？笔者以为，从总体上说，唐先生关于"从十二班以上是最高级官，那都是清官"，"自流内第一班以上有一大段有清有浊"的意见是正确的。因为据《隋志》记载，流内十八班可以划分为三个等级层次：一是"自十二班以上并诏授，表启不称姓"；二是"从十一班至九班，礼数复为一等"；① 三是"自八班至一班，礼数又等而次之"。与这三个等级层次相适应，官职清浊的程度与性质也略有不同。一般而言，流内十八班的清浊之别有广义与狭义之分。广义的清浊之别是指士庶之别，这是门阀士族与寒门庶族的等级区别，是等级森严的门阀制度在官班制中的真实反映。狭义的清浊之别是指"清官"中的区别，这是门阀士族内部的等级区别，多为士族好尚和清浊观念所致。就上述三个等级层次来看，前两个层次属于狭义的清浊之别，后一个层次则是狭义与广义相混，不可一概而论。以下就择要述之。

依照梁陈制度，十二班以上诸官由皇帝诏授，礼数最高，皆为清官。其中除了丞相、太宰诸公为十八班，诸将军开府仪同三司、左右光禄开府仪同三司为十七班，其余多为中央台省长官。如尚书省之尚书令、左右仆射、吏部尚书、诸曹尚书，中书省之中书监、中书令，门下省之侍中，集书省之散骑常侍，以及东宫官属如太子少傅、太子詹事，朝廷诸卿如太常卿、太府卿、卫尉卿，等等。宫崎市定指出："梁武帝的十八班官制是以往南朝贵族官僚制的集大成，引人注目。从各班首位的官来看，都是当时之选的清官。"② 如十六班的尚书令，十五班的尚书左仆射，十三班的中书令，十二班的侍中，"只有第十四班里中领护之后的吏部尚书、第十一班中御史中丞之后的吏部郎为例外。……除此二三例外，排在首位的都是闻名的清官"③。宫崎之说是符合史实的。而且考之史籍，上述官职无不既清且要，自晋宋以来即为"清华"、"清显"之职。如《南史》卷三一《张绪传》："王延之代绪为中书令。何点

---

① 《隋书》卷二六《百官志上》，第741页。
② （日）宫崎市定著，韩昇、刘建英译：《九品官人法研究》，第195页。
③ （日）宫崎市定著，韩昇、刘建英译：《九品官人法研究》，第195页。

叹曰：'晋以子敬、季琰为此职，今以王延之、张绪为之，可谓清官。'"《宋书》卷八五《王景文传》载其为尚书左仆射，加东宫詹事，宋文帝手诏曰："尚书左仆射，卿已经此任，东宫詹事，用人虽美，职次正可比中书令耳。"又吏部尚书职掌铨选，历代班秩常尊，不与列曹尚书同，素有"大尚书"之称。陈郡谢庄宋孝武帝时为吏部尚书，庄子瀹齐高帝时为吏部尚书，瀹子览梁武帝时复为吏部尚书，"览自祖至孙，三世居选部，当世以为荣"①。又陈时袁宪，"除散骑常侍，兼吏部尚书，寻而即真。宪以久居清显，累表自求解任"②。此外，侍中为门下长官，世为华选。《南齐书》卷三二《阮韬传》："宋孝武选侍中四人，并以风貌。王彧、谢庄为一双，韬与何偃为一双。"卷末史臣曰："内侍枢近，世为华选，金珰颍耀，朝之丽服，久忘儒艺，专授名家。"因此之故，南朝士族授侍中之职，其年皆早。如宋文帝时王僧绰"迁侍中，任以机密……时年二十九"③。梁武帝时张缵"累迁太尉谘议参军，尚书吏部郎，俄为长兼侍中，时人以为早达。河东裴子野曰：'张吏部在喉舌之任，已恨其晚矣。'"④

值得一提的是十二班的散骑常侍。据《宋书》卷八四《孔觊传》："初，晋世散骑常侍选望甚重，与侍中不异，其后职任闲散，用人渐轻。孝建三年（456），世祖欲重其选，诏曰：'散骑职为近侍，事居规纳，置任之本，实惟亲要，而顷选常侍，陵迟未允，宜简授时良，永置清辙。'……即而常侍之选复卑。"《南齐书》卷一六《百官志》也说："散骑常侍……旧与侍中通官。……宋大明虽华选比侍中，而人情久习，终不见重，寻复如初。"南朝时，尽管散骑常侍不如侍中清显，但这只是清官中的区别。《隋书·百官志上》载梁武帝天监六年"革选"，有意提高散骑诸职的位望，诏"常侍、侍

---

① 《梁书》卷一五《谢朏传附览传》，中华书局1973年版，第265页。
② 《陈书》卷二四《袁宪传》，中华书局1972年版，第313页。
③ 《宋书》卷七一《王僧绰传》，中华书局1974年版，第1850页。
④ 《梁书》卷三四《张缅传附弟缵传》，第493页。

中，并奏帷幄"，"自是散骑视侍中"①，故徐勉分定官班，侍中为十二班首位，散骑常侍为十二班次位，可见散骑常侍仍是清官，只是位望不如侍中清要而已。

十一班至九班诸官，礼数复为一等，但也多为清官。如十一班之尚书吏部郎、秘书监、太子中庶子，十班之给事黄门侍郎、司徒右长史，九班之尚书左丞、中书侍郎，等等，均为清官。如陆仲元为晋太尉陆玩曾孙，宋时"以事用见知，历清资，吏部郎"②。萧齐谢朓迁尚书吏部郎，沈昭略谓朓曰："卿人地之美，无忝此职。"③又琅邪大族王偃，晋丞相王导玄孙、尚书王嘏之子、宋孝武帝王皇后之父，"少历显官，黄门侍郎，秘书监，侍中"④。琅邪大族王锡，"少以宰相子，起家为员外散骑，历清职，中书郎，太子左卫率"⑤。王钊，"世祖大明中，亦经清职，黄门郎"⑥。故《陈书》卷三四《蔡凝传》称："黄散之职，故须人门兼美。"

但是，按照士族好尚与清浊观念，此一层次也有高门甲族不愿充任的官职，如位居十一班之首的御史中丞，位列同班第四的通直散骑常侍，位居十班次席的员外散骑常侍。按御史中丞职掌监察，位望本重，但南朝以降，"中丞虽亦一时髦彦，然膏粱名士犹不乐"⑦。《南齐书》卷三三《王僧虔传》载："迁御史中丞，领骁骑将军。甲族向来多不居宪台，王氏以分枝居乌衣者，位官微减，僧虔为此官，乃曰：'此是乌衣诸郎坐处，我亦可试为耳。'"另据《隋书·百官志上》称："散骑常侍、通直散骑常侍、员外散骑常侍，旧并为显职，与侍中通官。宋代以来，或轻或杂，其官渐替。"不过，所谓"甲族向

---

① 《隋书》卷二六《百官志上》，第722—723页。
② 《宋书》卷五三《张茂度传附陆仲元传》，第1510页。
③ 《南齐书》卷四七《谢朓传》，中华书局1972年版，第827页。
④ 《宋书》卷四一《后妃·孝武文穆皇后传》，第1289页。
⑤ 《宋书》卷四二《王弘传附子锡传》，第1323页。
⑥ 《宋书》卷四二《王弘传附从弟练传》，第1323页。
⑦ （唐）杜佑撰，王文锦等点校：《通典》卷二四《职官六》"中丞"条，中华书局1988年版，第665页。

来多不居宪台"，散骑诸职"或轻或杂，其官渐替"，主要是指第一流的高门甲族不乐为之，并不是说上述官职是由寒门庶族担任的浊官。如《宋书》卷六〇《王准之传》："王准之字元曾，琅邪临沂人。高祖彬，尚书仆射。曾祖彪之，尚书令。祖临之，父讷之，并御史中丞。……宋台建，除御史中丞，为僚友所惮。准之父讷之、祖临之、曾祖彪之至准之，四世居此职。准之尝作五言，范泰嘲之曰：'卿唯解弹事耳。'准之正色答：'犹差卿世载雄狐。'"琅邪大族王准之，四世累居御史中丞之职，可知中丞并非浊官。又同书卷四二《王弘传》载其为尚书仆射，上奏弹劾王准之曰："御史中丞都亭侯王准之，显居要任，邦之司直，风声噂沓，曾不弹举。……岂可复预班清阶，式是国宪。"可见在时人眼中，御史中丞是"显居要任"，"预班清阶"的清官，王准之在中丞任上无所作为，"曾不弹举"，因而遭到王弘弹劾。再者，宫崎市定曾经指出，在流内十八班中，"位居各班首位的都是当时第一流的清官"①，那么，排在十一班首位的御史中丞当然也是清官，只是由于御史中丞"唯解弹事"，容易得罪人，史称此职"里失乡党之和，朝绝比肩之顾"，"怨之所聚，势难久堪"②，所以高门甲族不乐为之。此外，梁武帝"天监六年革选，诏曰：'在昔晋初，仰惟盛化，常侍、侍中，并奏帷幄，员外常侍，特为清显。……通直常侍，本为显爵，员外之选，宜参旧准人数，依正员格。'自是散骑视侍中，通直视中丞，员外视黄门郎"③。故官班制建立之后，散骑常侍与侍中同为十二班，通直散骑常侍与御史中丞同为十一班，员外散骑常侍与黄门侍郎同为十班。诚如唐长孺先生所说："散骑常侍和侍中同在十二班，而常侍不如侍中，但这是清官中的区别。"④ 对御史中丞，通直、员外散骑常侍，也应作如是观。

---

① （日）宫崎市定著，韩昇、刘建英译：《九品官人法研究》，第197页。
② 《南齐书》卷三四《刘休传》，第613页。
③ 《隋书》卷二六《百官志上》，第722、723页。
④ 唐长孺：《南朝寒人的兴起》，《魏晋南北朝史论丛续编》，第98页。

从流内一班至八班这一大段，其官职有清有浊。但若以官职清望与士族好尚论之，又可细分为清官、微清与浊官三大类。

从流内一班至流内八班，史籍明载为"清职"、"清官"者颇为不少，如八班之秘书丞、太子中舍人、散骑侍郎，六班之太子洗马、著作郎，四班之给事中，三班之太子舍人、员外散骑侍郎，二班之秘书郎、著作佐郎，等等，都是南朝以来的第一等清官。梁武帝以吴郡张率为秘书丞，"引见玉衡殿，高祖曰：'秘书丞天下清官，东南胄望未有为之者，今以相处，足为卿誉。'"① 梁武帝以刘孝绰为秘书丞，尝对人说："第一官当用第一人。"② 至于秘书郎、著作郎与著作佐郎，两晋时期已为贵势所垄断，宋、齐以来更为甲族子弟起家美职。如《梁书》卷三四《张缵传》曰："秘书郎有四员，宋、齐以来，为甲族起家之选，待次入补，其居职，例数十百日便迁任。"《唐六典》卷一〇《秘书省》秘书郎条注曰："江左多任贵游年少，而梁代尤甚，当时谚言：'上车不落则著作，体中何如则秘书。'陈著《令》，令、仆子起家为之。"③ 关于甲族起家秘著之例，南朝史籍比比皆是。如《宋书》卷六四《何承天传》："（元嘉）十六年，除著作佐郎，撰国史。承天年已老，而诸佐郎并名家年少，颍川荀伯子嘲之，常呼为姥母。"同书卷八七《萧惠开传》："家虽贵戚，而居服简素。初为秘书郎，著作并名家年少，惠开意趣与人多不同，比肩或三年不共语。"是以史称"盛族出身，不减秘、著"④。

东宫官属，晋代已号称"清选"，世入南朝，选望益重。如《南齐书》卷三八《萧景先传》："子毅，以勋戚子，少历清官。太子舍人、洗马。"《梁书》卷四九《庾于陵传》："拜太子洗马，舍人如故。旧事，东宫官属，通为清选，洗马掌文翰，尤其清者。近世用人，皆取甲族有才望，时于陵与周舍并

---

① 《梁书》卷三三《张率传》，第475页；《南史》卷三一《张裕传附张率传》略同，第816页。
② 《梁书》卷三三《刘孝绰传》，第480页。
③ （唐）李林甫等撰，陈仲夫点校：《唐六典》卷一〇《秘书省》"秘书郎"条，中华书局1992年版，第297页。
④ 《宋书》卷九一《孝义·郭世道传附子原平传》，第2246页。

擢充职,高祖曰:'官以人而清,岂限以甲族。'时论以为美。"又陈代沈君高,"以家门外戚,早居清显,历太子舍人、洗马、中舍人"① 等职。可见自晋迄陈,东宫官属皆为清显之职。

宋齐以来,王侯之子起家给事中,三公之子起家员外散骑侍郎,此二职皆为清官。如《南齐书》卷二二《豫章文献王嶷传》:"第三子子操,泉陵侯。王侯出身官无定,准素姓三公长子一人为员外郎。建武中,子操释褐为给事中,自此齐末皆以为例。"《梁书》卷三五《萧子恪传附弟子显传》:"幼聪慧,文献王异之,爱过诸子。……永元末,以王子例拜给事中。"及至陈代定制:"诸王子并诸侯世子,起家给事。"此外,史载"晋世名家身有国封者,起家多拜员外散骑侍郎"②,降至南朝亦然。如王锡,"少以宰相子,起家为员外散骑"③。太宗王皇后父骞,"以公子起家员外郎,迁太子洗马"④。可见齐梁陈三朝,诸王子例拜给事中,员外散骑侍郎则为"公子"起家之选,其为清官自不待论。

在流内八班以下,也有一些原先清望度颇高,但后来选望渐轻,以致高门甲族不愿担任的官职,如六班之治书侍御史,五班之尚书郎,二班之奉朝请,类皆属之。治书侍御史为御史中丞属官,《梁书》卷五〇《何思澄传》载:"迁治书侍御史。宋、齐以来,此职稍轻,天监初始重其选。"同书卷五〇《谢几卿传》亦载:"天监初,除征虏鄱阳王记室,尚书三公郎,寻为治书侍御史。旧郎官转为此职者,世谓为南奔。几卿颇失志,多陈疾,台事略不复理。"可见自宋、齐以来,治书侍御史已是甲族不愿担任的浊官。奉朝请一职,晋世例由"门地二品"之人担任⑤,但刘宋以后其职"选杂"⑥,故史称

---

① 《陈书》卷二三《沈君理传》,第300页。
② 《宋书》卷五八《谢弘微传》,第1591页。
③ 《宋书》卷四二《王弘传附子锡传》,第1323页。
④ 《梁书》卷七《太宗王皇后传》,第158页。
⑤ 《宋书》卷六〇《范泰传》载其宋初议建国学曰:"昔中朝助教,亦用二品。……今有职闲而学优者,可以本官领之,门地二品,宜以朝请领助教,既可以甄其名品,斯亦敦学之一隅。"
⑥ 《宋书》卷四〇《百官志下》,第1245页。

"朝散用衣冠之余"①。至于尚书郎,西晋时"选极清美,号为大臣之副"②,然南渡后选望渐轻。《晋书》卷七五《王湛传附王坦之传》:"仆射江虨领选,将拟为尚书郎。坦之闻曰:'自过江来,尚书郎正用第二人,何得以此见拟。'虨遂止。"坦之之子国宝,"除尚书郎。国宝以中兴膏腴之族,惟作吏部,不为余曹郎,甚怨望,固辞不拜"③。又《宋书》卷五九《江智渊传》:"元嘉末,除尚书库部郎。时高流官序,不为台郎,智渊门孤援寡,独有此选,意甚不悦,固辞不肯拜。"尚书郎之所以不为高门所重,原因有三:一是台郎职事繁剧,恤俸未优,故齐武帝永明八年(490)十二月诏曰:"尚书丞郎职事繁剧,恤俸未优,可量增赐禄。"④ 二是台郎有杖棰之罚。如宋明帝泰始初,陆澄为尚书殿中郎,"郎官旧有坐杖,有名无实,澄在官积前后罚,一日并受千杖"⑤。三是南朝清浊观念盛行,诸如重文轻武,竞内薄外,"重清闲而轻吏职,重文翰而轻文法"⑥。甲族不居台郎,甲族不居宪台,就是士族好尚使然,是士族清浊观念的集中表现。

但需指出的是,所谓"朝散用衣冠之余"、"高流官序不为台郎",也仅仅是说第一流的高门甲族不愿为奉朝请、尚书郎,并不是说奉朝请、尚书郎就是浊官。如《宋书》卷六六《王敬弘传》:"琅邪临沂人也。……子恢之被召为秘书郎,敬弘为求奉朝请,与恢之书曰:'秘书有限,故有竞。朝请无限,故无竞。吾欲使汝处于不竞之地。'太祖嘉而许之。"按宋时秘书郎四员,奉朝请无员,王敬弘以琅邪大族而为其子求奉朝请,虽因员额不限,无所竞争,然要须奉朝请必为清官,方肯居之。又陈代定制,奉朝请为一般士族子弟的起家官,也可证明奉朝请并非浊职。至于排在五班之首的尚书郎,据《南齐书》

---

① 《南齐书》卷一六《百官志》,第323页。
② (唐)杜佑撰,王文锦等点校:《通典》卷二二《职官四》"历代郎官"条,第605页。
③ 《晋书》卷七五《王湛传附王国宝传》,中华书局1974年版,第1970页。
④ 《南齐书》卷三《武帝纪》,第58页。
⑤ 《南齐书》卷三九《陆澄传》,第681页。
⑥ 阎步克:《南北朝的散官发展与清浊异同》,《北京大学学报》2000年第2期。

卷四一《张融传》载,宋孝武帝大明中制:"二品清官行僮干杖,不得出十。"时张融为尚书仪曹郎,因"请假奔叔父丧,道中罚干钱敬道鞭杖五十"而免官①,可证尚书仪曹郎是"二品清官",进而还可以推知,尚书诸曹郎也都是"二品清官"。又《梁书》卷三三《王筠传》:"琅邪临沂人。祖僧虔,齐司空简穆公。……(筠)除尚书殿中郎。王氏过江以来,未有居郎署者,或劝逡巡不就,筠曰:'陆平原东南之秀,王文度独步江东,吾得比纵昔人,何所多恨。'乃欣然就职。"从王筠"欣然就职"尚书殿中郎,也说明尚书郎乃是琅邪王氏可以接受的官职,只是清望不如吏部郎而已。至于低等士族或是勋臣之后,更以居职台郎为荣。如"宋得其武,梁得其文"的彭城军功勋贵到彦之曾孙到洽,天监五年,"迁尚书殿中郎。洽兄弟群从,递居此职,时人荣之"②。由此可见,诸如治书侍御史、尚书郎、奉朝请等职,虽不为第一流的高门甲族所重,却依然是低等士族引以为荣的清官。

在流内一班至八班这一大段,除了上述清官之外,还有被称为"微清"的官职。如前揭《隋志》说:"从浊官得微清,则胜于转。"可见介于清官与浊官之间,尚有被称为"微清"者。然而何谓"微清",哪些官职属于"微清",史载不详。笔者以为,所谓"微清"是指清望度稍逊一筹的清官,主要包括下列两种情况:

一是《隋志》载陈代起家官有云:"令仆子起家秘书郎。若员满,亦为板法曹,虽高半阶,望终秘书郎下。次令仆子起家著作佐郎,亦为板行参军。"③所谓"高半阶",据《隋志》记述梁大通三年(529)建三十四班军号,称:"遂以定制。转则进一班,黜则退一班。班即阶也。同班以优劣为前后。"④可见"阶"就是"班",那么十八班也可以看作十八"阶"。按秘书郎、著作佐

---

① 《南齐书》卷四一《张融传》,第726页。
② 《梁书》卷二七《到洽传》,第404页。
③ 《隋书》卷二六《百官志上》,第741页。
④ 《隋书》卷二六《百官志上》,第738页。

郎排在二班首位、次位，而"板法曹，虽高半阶"，"亦为板行参军"云云，是指排在三班5位的皇弟皇子府行参军。"高半阶"是说二者所差不足一班，是一种比较精细的计算①。可见法曹参军、行参军虽然排在流内三班，但其清望程度却远在流内二班的秘书郎、著作佐郎之下，在第一流士族的眼里只能属于"微清"之列。

二是《隋志》称："诸王公参佐等官，仍为清浊。或有选司补用，亦有府牒即授者，不拘年限，去留随意。"②可知王公参佐等官亦分"清浊"。但是，与前述中央台省之黄散、秘著以及东宫官属之洗马、舍人相比，王公参佐的清望度显然无法与之相提并论，也当属于"微清"之列。东晋时期，王府参佐用人已重，《晋书》卷七六《王彪之传》载："初除佐著作郎、东海王文学。从伯（王）导问曰：'选官欲以汝为尚书郎，汝幸可作诸王佐邪！'"可知其时诸王佐已优于尚书郎。进入南朝，王府参佐每每"高选府僚"，为人瞩目。如《梁书》卷三四《张缵传》："迁中军宣城王长史，俄徙御史中丞。高祖遣其弟中书舍人绚宣旨曰：'为国之急，惟在执宪直绳，用人本不限升降。晋宋之世，周闵、蔡廓并以侍中为之，卿勿疑是左迁也。'时宣城王府望重，故有此旨焉。"又同书卷四一《王规传》："晋安王纲出为南徐州，高选僚属，引为云麾谘议参军。"《陈书》卷二一《张种传》："武陵王为益州刺史，重选府僚，以种为征西东曹掾。"据此，王公参佐如长史、谘议参军、东曹掾等职皆为一时之选，当亦属于"微清"之列。

除上述清官、"微清"之外，从流内一班至八班这一层次也有不少浊官。我们知道，"西晋以后，清浊之分即士庶之别，官职亦以此为准，凡是士族做的官就是清官，寒人做的官则是浊官"③。以此作为标准衡量，流内十八班中的浊官，主要是指已经跻身二品、进入流内的寒门庶族所担任的一些官职，如

---

① 参见阎步克：《品位与职位——秦汉魏晋南北朝官阶制度研究》，第378页。
② 《隋书》卷二六《百官志上》，第741页。
③ 唐长孺：《南朝寒人的兴起》，《魏晋南北朝史论丛续编》，第97—98页。

四班的中书舍人，二班的五都令史、诸陵令，一班的左右尚方令、太祝令，等等，皆为浊官。

中书舍人一职，宋齐时多任寒人。《南齐书》卷五六《幸臣传》序云："《晋令》舍人位居九品，江左置通事郎，管司诏诰。其后郎还为侍郎，而舍人亦称通事。元帝用琅邪刘超，以谨慎居职。宋文世，秋当、周纠并出寒门。孝武以来，士庶杂选……及明帝世，胡母颢、阮佃夫之徒，专为佞幸矣。齐初亦用久劳，及以亲信。"赵翼《廿二史札记》卷八"南朝多以寒人掌机要"条，即详细记载了宋世秋当、周纠、戴法兴、徐爰、阮佃夫、王道隆，齐世纪僧真、刘系宗、茹法亮、吕文显等人皆寒门出身，而居掌权之中书舍人之职①。下及梁世，仍是如此。《隋书·百官志上》云："梁用人殊重，简以才能，不限资地。"②可见中书舍人依旧选用寒人有"才能"者，即为浊官。

尚书五都令史列流内二班，但据《梁书》卷二《武帝纪中》载，天监九年"革选尚书五都令史用寒流"。《隋志》也说："五都令史，与左、右丞共知所司。旧用人常轻，九年诏曰：'尚书五都，职参政要，非但总领众局，亦乃方轨二丞。顷虽求才，未臻妙简，可革用士流，每尽时彦，庶同持领，秉此群目。'于是以都令史视奉朝请。"③据此，五都令史旧用"寒流"，天监九年始"革用士流"，此前自为浊官。此外，宋齐时期位列二品勋位、三品勋位的一些官职，如诸陵令、左右尚方令、太祝令④，入梁后虽位望上升，并已跻身于流内二班、一班，但这些官职原来皆由寒人担任，门阀士族不屑为之，自然也属浊官无疑。

总之，史称流内十八班"官有清浊"，"其官唯论清浊"，确实反映了流内

---

① （清）赵翼著，王树民校证：《廿二史札记校证》卷八"南朝多以寒人掌机要"条，中华书局1984年版，第172—173页。
② 《隋书》卷二六《百官志上》，第723页。
③ 《隋书》卷二六《百官志上》，第722页。
④ 张旭华：《南朝勋品制度试释》，收入《九品中正制略论稿》，中州古籍出版社2004年版，第223—224页。

十八班的真实情形。那么，上述史实对于南朝后期政治格局有什么意义呢？

我们知道，梁武帝制定的流内十八班和流外七班，是在选举任官的总体格局上构建的一道区分士庶、分辨清浊的分界线，即"位登二品者"进入流内，"位不登二品者"列于流外，借以确保士庶区别和清浊分流。但是，在流内与流外两大任官体系确立之后，流内十八班中复有清浊之分，则具有广义与狭义两层含义。

就广义来说，进入南朝以后，随着政治形势的发展变化，寒门庶族的势力正在兴起，不少寒人业已跻身上品，进入到士族队伍中来，从而使西晋以来形成的"上品无寒门，下品无势族"的政治格局发生了动摇。《梁书》卷四九《钟嵘传》载其梁初上疏说："军官是素族士人，自有清贯，而因斯受爵，一宜削除，以惩侥竞。若吏姓寒人，听极其门品，不当因军，遂滥清级。"据此，一些"吏姓寒门"通过建立军功，已经滥入士人的"清级"、"清贯"之中，充任了本属于门阀士族独享独占的清流之职。因此，流内十八班"官有清浊"，"其官唯论清浊"，正是对业已跻身上品的寒门庶族和"吏姓寒人"的又一重限制。也就是说，寒门庶族即使可以"位登二品"，进入流内为官，也只能做浊官，不能做清官。显然，这是在流内十八班之内设置的又一道限制寒门庶族滥入"清级"的屏障。从这一意义上讲，梁武帝制定的流内十八班与流外七班，可以视为是区分士庶、分辨清浊的第一道防线。通过这道防线，使得大多数的寒门庶族、吏姓寒人被排斥于流内官班之外，无法跻身士流。而流内十八班的清浊之别，具体来说就是八班到一班的清浊之别，可以视为是区分士庶、分辨清浊的第二道防线。通过这道防线，使得那些少数能够跻身上品、进入流内的寒门庶族又被排斥于清流之外，以致无法滥入清级，进入士流。因此，广义的清浊之分是士庶区分，这是等级森严的门阀制度在官班制中的深刻反映。

从狭义的清浊之分来说，史载"甲族向来多不居宪台"，"高流官序不为台郎"，等等，则是清官中的等级区别，这种区别多为士族好尚和"清浊"观念所致，与通常意义上的士庶区别、清浊区分是完全不同的两个概念，实际上是门阀士族内部的等级区分在流内十八班中的一种折射。此外，就流内十八班的清官而言，由于官班制"以班多者为贵，同班者，则以居下者为劣"，并且"同班以优劣为前后"，也就是同班诸官用前后排序来决定高下，所以居上、居下或居前、居后，一方面表明官职的资望不同，另一方面也表明官职的清望程度不同。日本学者宫崎市定曾经指出，流内十八班的官职清浊具有相对性："如果位居各班首位的都是当时第一流的清官，那么，其后的官随着排位后退清的程度也在降低，故末尾的官相对而言是浊官。"① 杨恩玉先生则认为"流内十八班是士族担任的官，为清官；流外官以下为非士族起家官，为浊官。十八班内部的官职也有清浊之分，在同班内的位次前后即体现了官职的清浊程度"②。换言之，杨先生赞成宫崎市定的意见，他说："同班内位置的前后标志官职的清浊差异，即同一班次的官职是依据它们的清浊程度排列的。……正因为如此，所以当时，'其官唯论清浊，从浊官得微清，则胜于转'。即在同班内从浊官转稍微清显的官，胜过晋升上一班末位的浊官。这都有力证实，官班制同一班次的官职依据清浊程度排列而成。"③ 这样的解释虽有其正确的一面，但却忽略了"清浊"观念对于官班排序的影响。例如，依据官职清浊相对论的说法，排在十一班首位的御史中丞，自然要比排在其后的尚书吏部郎（次位）、秘书监（3位）清望度要高；排在五班首位的尚书郎，自然要比排在三班首位的太子舍人、排在二班首位的秘书郎、次位的著作佐郎清望度要高。但实际情况并非如此，因为在高门士族眼里，前者与后者的清望程度正好相反。就此而论，流内十八班内既有广义的清浊之分，也有狭义的清浊之分，或以为流内十八班是士族担任的官，都是清官，没有浊官；流内十八班内部的清浊之分，也仅仅是体现了同班内位次前后的清浊差异，这种看法还值得斟酌。

---

① （日）宫崎市定著，韩昇、刘建英译：《九品官人法研究》，第197页。
② 杨恩玉：《官班制的性质、编制标准与作用考论》，《史学月刊》2012年第10期，第38页。
③ 杨恩玉：《官班制的性质、编制标准与作用考论》，《史学月刊》2012年第10期，第42页。

南朝后期选官制度的变化及科举制度的萌芽

——以萧梁经学生策试入仕制度为中心

南朝后期,特别是梁武帝统治时期,统治阶级一方面将官班制度与九品中正制、勋品制度密切结合,形成了流内与流外两大任官体系,确保了士庶区别与清浊分流。另一方面,梁武帝又以崇尚儒学自居,大力发展学校教育,致使一向不被人们重视的经学生策试制度日渐兴盛。《梁书》卷二《武帝纪中》载天监四年(505)诏曰:"今九流常选,年未三十,不通一经,不得解褐。若有才同甘、颜,勿限年次。"《隋书》卷二六《百官志上》也详载此制:"陈依梁制,年未满三十者,不得入仕。唯经学生策试得第,诸州光迎主簿、西曹左奏及经为挽郎得仕。"据此,萧梁有限年入仕的规定,而经学生只要通儒明经,策试得第,就可以不受入仕年龄的限制。故而传统看法认为,萧梁此制不分甲族后门,一律通过考试公平取士,它破除了宋齐以来"甲族以二十登仕,后门以过立试吏"[①]的陈规,是对不学无术的高门子弟单凭门资入仕的限制,其作用在于为寒门仕进开辟了一条重要渠道,是对传统选官制度的巨大变革。事实上,萧梁的经学生主要有三种人,一是五馆生,一是国子生,一是不在学馆的通儒明经生。所谓经学生策试入仕,就是指经学生通过策试考试,达到一定的标准而被授予官职的制度。但是,由于五馆生、国子生和不在学馆的通儒明经生在出身、策试得第及起家官职等方面存在很大的差异性,因此,要准确地评价萧梁经学生策试入仕制度的实质、作用及其意义,最可靠的办法就是对上述三类经学生进行分类考察,以下即分别论之。

---

① 《梁书》卷一《武帝纪上》,中华书局1973年版,第23页。

一、五馆生策试入仕

"五馆"之名，前代所无。《南史》卷七一《儒林传》序说："天监四年，乃诏开五馆，建立国学，总以《五经》教授，置《五经》博士各一人。于是以平原明山宾、吴郡陆琏、吴兴沈峻、建平严植之、会稽贺玚补博士，各主一馆。馆有数百生，给其饩廪，其射策通明经者，即除为吏，于是怀经负笈者云会矣。"《梁书》卷四八《儒林传》序载天监四年开五馆诏曰："二汉登贤，莫非经术，服膺雅道，各立行成。魏、晋浮荡，儒教沦歇，风节罔树，抑此之由。朕日昃罢朝，思闻俊异，收士得人，实惟酬奖。可置《五经》博士各一人，广开馆宇，招内后进。"依此可知，梁时五馆开建于天监四年。由于其时以硕儒明山宾、陆琏、沈峻、严植之、贺玚等补五经博士，各主一馆，教授弟子，是称"五馆"。又由于五馆乃国家所开，由官府选置学官授以经书，生徒则由官方供给伙食，故又称为"国学"。因此，天监四年所开五馆，既是梁武帝在我国古代学校教育制度史上的一项独创，同时也是有别于国子学的一种正式官学。有些学者以为"开五馆，建国学"，就是兴建国子学，并把五馆生和国子生混为一谈，不作区分，这种看法或有不妥。

五馆初开，生徒颇众。据《梁书·儒林传》载：贺玚，"（天监）四年，初开五馆，以玚兼《五经》博士……玚于《礼》尤精，馆中生徒常百数"。沈峻，"博通《五经》，尤长《三礼》……兼《五经》博士。于馆讲授，听者常数百人"。又严植之，"（天监）四年，初置《五经》博士，各开馆教授，以植之兼《五经》博士。植之馆在潮沟，生徒常百数。植之讲，五馆生必至，听者千余人"。可见各馆生徒常有数百人之多，馆与馆之间，生徒可以自由听课，故严植之在潮沟开馆讲课时，五馆生全来，听者竟达千余人。

然则，这一千多五馆生究竟是什么出身呢？据《隋书·百官志上》载："旧国子学生，限以贵贱，帝欲招来后进，五馆生皆引寒门俊才，不限人数。"

既云"皆引",就表明五馆生大都是寒门子弟,且不受人数限制,这较之两晋宋齐时的国子生"限以贵贱",类以贵游子弟而任之,确实是个很大的变化。

五馆既然是培养和选拔寒门俊才的国家官学,因而梁武帝对五馆生策试入仕也给予了一定的关注。如开设五馆之初,梁武帝就明令五馆生"射策通明经者,即除为吏"。天监八年(509)又下诏说:"朕思阐治纲,每敦儒术,轼间辟馆,造次以之。故负袠成风,甲科间出,方当置诸周行,饰以青紫。其有能通一经、始末无倦者,策实之后,选可量加叙录。虽复牛监羊肆,寒品后门,并随才试吏,勿有遗隔。"① 这一诏令在前面提到自辟五馆以来,"负袠成风,甲科间出",后面则强调吏部铨选要重视明经策试,即便是"牛监羊肆,寒品后门",也同样要依据策试成绩,"随才试吏,勿有遗隔"。因此从选举精神上看,梁武帝确有破除以家世门第取士,而注重以明经策试取士的倾向,这一点是应予充分肯定的。

不过,梁武帝关于五馆生"射策通明经者,即除为吏"的规定,在实际运用中仍有很大的局限性,不能估计过高。如《梁书·儒林·贺玚传》载初开五馆时,以玚兼《五经》博士,"馆中生徒常百数,弟子明经对策至数十人"。又前引天监八年诏书称,自辟五馆以来,"负袠成风,甲科间出",说明当时五馆生明经对策的人数颇为不少。然而遍检史籍,萧梁一代明著为由策试之途入仕者共32人,其中国子生27人,占总数的84.4%;不在学馆的通儒明经生5人,占总数的15.6%;而五馆生经策试一途入仕者,竟无一人可考。按理,梁初五馆生曾多达千人,明经对策的人数亦相当可观,加之五馆开置的时间又早于国子学三年,因而由策试一途入仕者的比例自应超过国子生,可事实却恰恰相反。这种反常现象说明了什么?我以为主要有以下几方面的原因:

第一,尽管梁武帝有招揽寒门俊才的企图,并制定有"射策通明经者","虽复牛监羊肆,寒品后门,并随才试吏,勿有遗隔"的规定,但在等级森严

---

① 《梁书》卷二《武帝纪中》,第49页。

的门阀制度下，高门华阀依旧垄断选举，注重家世，致使出身寒门的五馆生备受压抑，很难脱颖而出。第二，即使是一些五馆生能够以明经策试入仕，也都官位不高，仕途不畅，功业不显，故青史无名。综观《梁书》、《陈书》及《南史》诸传中没有关于五馆生入仕者的任何记载，正是比较客观地反映了这一事实。第三，梁时"五馆"是由于明山宾、陆琏、沈峻、严植之和贺玚五人各主一馆、教授弟子而得名。但从《梁书·儒林传》的记载来看，严植之于天监七年"卒于馆"，贺玚于天监九年"卒于馆"，是五馆开置仅五年光景，已有严、贺二人相继去世，所谓"五馆"顿成虚名。另据《梁书》卷二七《明山宾传》说，自天监十五年以后，他也不再兼任《五经》博士；而《沈峻传》则说普通年间贺琛奉敕撰《梁官》，奏启沈峻补西省学士，助撰录，此后他也不再主持学馆教授事情了。因此，我推测梁时五馆只兴盛了很短一段时间，随着主馆学官的相继谢世或迁任他职，严格意义上的"五馆"在天监九年时即已不复存在，此后仅存的数馆也逐渐衰微，生徒大减，这也是史籍对五馆生及其策试入仕者记载甚少的一个重要原因吧！

从梁代五馆生策试入仕的实际考察，它并未从根本上改变寒品后门仕进困难的局面，也未对传统选官制度产生重要的影响和变革。如果说在五馆开置之初，寒门俊才还能通过明经对策而步入仕途的话，那么在五馆日趋衰落，尤其是天监七年重新恢复国子学，以及高门甲族子弟竞相通过明经策试而跻身宦途的情况下，策试入仕实际上已为门阀子弟所垄断，史籍中已绝少见到五馆生经由策试之途而入仕的记载了。所以，在萧梁一代，五馆生策试在经历了极为短暂的活跃之后，随之又陷入长时期的沉寂之中，而且终萧梁之世并无起色。因此，如从这一角度着眼，五馆生策试在整个萧梁经学生策试中并不占据主导地位，所以它起到的作用也是有限的和微不足道的。

二、国子生策试入仕

与五馆生出身寒微、仕进艰难形成鲜明对照的是,萧梁的国子生大都出身显赫,成绩优异,并能轻易地由某些清官起家,获取高位,因而最能体现出梁代经学生策试入仕制度的本质特征。

众所周知,国子学肇始于西晋,它是以司马氏为首的统治集团为了维护和满足门阀士族的特权利益,在太学之外专为士族子弟设置的国家最高学府。自东晋以至宋齐,由于政权更迭频繁,时局动荡不安,国子学亦兴废无常。史载"自是中原横溃,衣冠殄尽,江左草创,日不暇给,以迄于宋、齐,国学时或开置,而劝课未博,建之不及十年,盖取文具,废之多历世祀,其弃也忽诸"①。

梁武帝即位,首开五馆,天监七年(508),又下诏建立国子学。《梁书》卷四八《儒林传》序载天监七年诏曰:"建国君民,立教为首,砥身砺行,由乎经术。朕肇基明命,光宅区宇,虽耕耘雅业,傍阐艺文,而成器未广,志本犹阙,非以镕范贵游,纳诸轨度……今声训所渐,戎夏同风,宜大启庠教,博延胄子。"于是,"皇太子、皇子、宗室、王侯始就业焉"。又据《梁书》卷二《武帝纪中》载,天监九年(510)三月己丑,"车驾幸国子学,亲临讲肆,赐国子祭酒以下帛各有差"。乙未,武帝诏曰:"王子从学,著自礼经,贵游咸在,实惟前诰,所以式广义方,克隆教道。今成均大启,元良齿让,自斯以降,并宜肄业。皇太子及王侯之子,年在从师者,可令入学。"其年冬,"舆驾幸国子学,策试胄子,赐训授之司各有差"。可见国子学建立伊始,梁武帝除两次下诏敦促贵游子弟从师入学外,还亲临讲肆,策试胄子,奖励学官,为国子学的发展创造了良好条件。

---

① 《梁书》卷四八《儒林传》序,第661页。

萧梁一代，由于政局相对稳定，学校教育比较发达，加之梁武帝崇尚儒学，提倡明经射策，因而国子生由策试一途入仕的人数是相当可观的。据史书统计，萧梁国子生由策试入仕者共有27人，为说明问题起见，兹将其籍贯、家世、科别、策试成绩及起家官职列表如下：

姓名	籍贯	家世及父祖官位	科别	成绩	起家官职	资料来源
萧大临	南兰陵兰陵	梁武帝孙、简文（时为晋安郡王）子	国学明经	甲科	中书侍郎	《梁书》卷四四
萧大连	同上	同上	国学明经	甲科	中书侍郎	《梁书》卷四四
萧孝俨	同上	梁武帝兄孙、长沙王嗣王业子	国子生	甲科	秘书郎	《梁书》卷二三
萧暎	同上	梁武帝弟始兴忠武王憺子	国子生	问策见奇	淮南太守	《南史》卷五二
萧恺	同上	祖巎，齐丞相；父子显，梁侍中、吏部尚书	国子生	高第	秘书郎	《梁书》卷三五
萧乾	同上	祖巎，齐丞相；父子范，梁秘书监	国子周易生	明经	湘东王法曹参军	《陈书》卷二一
张缅	范阳方城	父弘策、武帝母张皇后从父弟、卫尉卿	国子生	不详	秘书郎	《梁书》卷三四
张缵	同上	同上	国子生	不详	秘书郎	《梁书》卷三四
张绾	同上	同上	国子生	高第	秘书郎	《梁书》卷三四
王训	琅邪临沂	父暕，梁尚书仆射	国子生	高第	秘书郎	《梁书》卷二一
王承	同上	同上	国子生	高第	秘书郎	《梁书》卷四一
王质	同上	祖份，梁左光禄大夫；父琳，司徒左长史	国子周易生	高第	秘书郎	《陈书》卷一八
王劢	同上	同上	国子周易生	高第	秘书郎	《陈书》卷一七
王铨	同上	同上	国子生	高第	秘书郎	《梁书》卷二一
王通	同上	同上	国子生	明经	秘书郎	《陈书》卷一七
王锡	同上	同上	国子生	清茂	秘书郎	《梁书》卷二一
袁宪	陈郡阳夏	祖昂，梁司室；兄枢，尚书仆射	国子正言生	高第	秘书郎	《陈书》卷二四
褚向	河南阳翟	祖渊，齐太宰；父蓁，齐太常	国子生	不详	秘书郎	《梁书》卷四一

续表

姓名	籍贯	家世及父祖官位	科别	成绩	起家官职	资料来源
褚翔	同上	祖蓁,齐太常;父向,梁侍中	国子生	高第	秘书郎	《梁书》卷四一
徐孝克	东海郯	祖超之,梁员外散骑侍郎;父摛,侍中	国子周易生	不详	太学博士	《陈书》卷二六
徐仪	同上	祖摛,梁侍中;父陵,秘书监	国子周易生	高第	秘书郎	《陈书》卷二六
刘毅	沛国相	从父王进,齐射声校尉;从兄显,梁浔阳太守	国子礼生	高第	宁海令	《梁书》卷四一
裴之礼	河东闻喜	父邃,梁豫州刺史	国子生	推第	邵阳王国左常侍	《梁书》卷二八
沈不害	吴兴武康	祖总,齐祠部郎;父懿,梁邵陵王参军	国子生	明经	太学博士	《陈书》卷三三
周弘正	汝南安城	伯父捨,梁侍中、护军	国子生	无俟策第	太学博士	《陈书》卷二四
傅岐	北地灵州	祖琰,齐盖州刺史;父翙,梁骠骑谘议	国子明经生	不详	南康王左常侍	《梁书》卷四二
张讥	清河武城	祖僧宝,梁散骑常侍;父仲悦,祠部郎	国子正言生	不详	湘东王国左常侍	《陈书》卷三三

据表可知,萧梁国子生策试入仕有以下一些特征:

首先,从其家世看,梁代国子生的来源主要是王公贵戚和门阀士族子弟。自晋武帝建立国子学,国子生例以"国之贵游子弟"充任,惠帝时又进一步规定,"官品第五以上得入国学"①。东晋孝武帝复置国学,"选公卿二千石子弟为生"②。齐武帝永明三年(485),"诏立学,创立堂宇,召公卿子弟下及员外郎之胤,凡置生二百人"③。可见国子生的选任皆为公卿子弟或士族官僚子弟。梁武帝诏开国学,国子生的选任仍循旧制。据表可知,梁代国子生的来源主要有四:一是王侯之子,如萧大临、萧大连、萧孝俨、萧暎;二是萧齐宗室

---

① 《南齐书》卷九《礼志上》,中华书局1972年版,第145页。
② 《宋书》卷一四《礼志一》,中华书局1974年版,第365页。
③ 《南齐书》卷九《礼志上》,第143页。

子弟，如萧恺、萧乾；三是外戚子弟，如张绾、张缵、张缅；四是门阀士族子弟。而在门阀士族子弟中，又以第一流高门的琅邪王氏子弟最多，计有 7 人，占国子生策试入仕总数的 25.9%。余则河南褚氏 2 人，东海徐氏 2 人，陈郡袁氏、河东裴氏、北地傅氏、汝南周氏、沛国刘氏、清河张氏、吴兴沈氏各 1 人。这表明国子生或出自王侯贵戚之家，或出自世代冠冕之族，其社会地位与门阀等第是相当高的，同时也说明梁代国子生的选任一遵前制，没有丝毫改变。

其次，从其科别看，梁代国子生既有明经生，又有《周易》、《礼》、《正言》等分科学生。《孔子正言章句》为梁武帝所撰，大同七年（541）立博士一人，助教二人，学生二十人。《南史》卷二五《到溉传》载其为国子祭酒，时"表求列武帝所撰《正言》于学，请置《正言》助教二人，学生二十人。尚书左丞贺琛又请加置博士一人"。《陈书》卷二四《袁宪传》亦载："大同八年，武帝撰《孔子正言章句》，诏下国学，宣制旨意。宪时年十四，被召为国子《正言》生。"此外，中大通四年（532），国子博士萧子显曾上表"置制旨《孝经》助教一人，生十人，专通帝所释《孝经》义"①。虽然分了科，但科目太狭，仍不出经书范围，一般国子生多以研习五经为主。

复次，从策试成绩看，有甲科、高第、明经、清茂、推第等名目。一般说来，甲科只授皇室胄子，故梁世明经射策甲科者唯萧大临、萧大连、萧孝俨三例，实为对王侯子弟的一种荣宠。甲科之下，则以策试擢为高第者为优。《陈书》卷三四《岑之敬传》载："年十六，策《春秋左氏》制旨、《孝经》义，擢为高第。御史奏曰：'皇朝多士，例止明经，若颜、闵之流，乃应高第。'梁武帝省其策曰：'何妨我复有颜、闵邪？'因召入面试，令之敬升讲座，敕中书舍人朱异执《孝经》，唱《士章》，武帝亲自论难。之敬剖释纵横，应对如响，左右莫不嗟服。"可见梁时策试得第多为明经，要取得高第并非易事。

---

① 《南史》卷七《武帝纪下》，中华书局 1975 年版，第 209 页。

然而据表所列，萧梁国子生策试举高第者颇为不少，共有 10 人。另据宫崎市定推断，策试成绩不详的张缅、张缵、褚翔三人亦为射策高第[①]，其说是。因张缅、张缵乃张绾兄弟，三人同为"外氏英华"，又俱入国子学，但史载张绾"为国子生，射策高第，起家长兼秘书郎"，而于张缅和张缵却只说"召补国子生，起家秘书郎"[②]，行文中显然是省略了"射策高第"四字。再则梁时国子生射策高第者，其起家官例为秘书郎，仅刘歊除宁海令是个例外，所以从起家官职推论，张缅、张缵、褚翔三人的策试成绩亦应是高第，这样才能与成例相符。假如此说能够成立，则宫崎氏没有注意到的褚翔之父褚向，也同样是由国子生"起家秘书郎"，故其策试成绩也应属于高第之列，这样在策试成绩不明的 7 人中，至少有 4 人可以大体确定为射策高第。国子生策试举明经者，表中所列有萧乾、王通、沈不害 3 人，傅岐的策试成绩虽史载不详，但恐怕亦是明经。因为傅岐是国子明经生，按说策试举明经应是顺理成章之事，因而本传缺载也是可以理解的。至于清茂与推第，只有王锡、裴之礼 2 人，较为稀见。《梁书》卷二八《裴邃传附子之礼传》曰："自国子生推第，补邵陵王国左常侍。"中华书局本校勘记云："'推第'疑是'擢第'之伪。"但未有确据。按《文献通考》卷四〇《学校一》载东汉桓帝时制太学生课试之制有云："学生满二岁试，通二经者，补文学掌故"；"能通三经者，擢其高第为太子舍人"；"能通四经者，推其高第为郎中"；"能通五经者，推其高第补吏，随才而用"。据此，则"推第"二字未必错，抑或就是"推其高第"的省称。然由于证据不足，不敢妄断，姑作存疑，以俟方家详考。

其四，从国子生策试得第后的起家官职看，约可分为三个层次：一是王侯之子射策甲科者，多起家为中书侍郎，列流内九班；二是外戚和第一流高门子弟射策举高第、明经、清茂者，多起家为秘书郎，列流内二班；三是次一等士

---

① （日）宫崎市定著，韩昇、刘建英译：《九品官人法研究》，中华书局 2008 年版，第 219 页。
② 《梁书》卷三四《张缅传附弟缵、绾传》，第 491、493、503 页。

族子弟举明经或推第者，多起家为王国常侍或太学博士，亦列流内二班。不过，依照梁代官班制的规定，流内十八班诸官，"以班多者为贵，同班者，则以居下者为劣"①。因此，秘书郎与王国常侍、太学博士虽同列流内二班，然由于秘书郎位居二班之首，自然也比同列二班而位居其下的王国常侍与太学博士要显赫得多。故就大者而言，萧梁国子生起家官职的高低并非是完全依据策试成绩而定的，而主要是和各人的门阀等级高卑有着密切的联系。如同是射策甲科，萧大临、萧大连因是武帝嫡孙，且受封有县公爵，故可起家为中书侍郎；而萧孝俨为武帝侄孙，又无封爵，只能起家为秘书郎。又同是射策举明经，出身第一流高门的王通可起家为秘书郎，而稍次一等的士族子弟如傅岐、沈不害只能起家为王国常侍和太学博士。可见国子生出身门第高者，其策试成绩及起家官职自高，反之亦然，这是梁代国子生策试入仕的一条基本规律。

其五，从官职清浊看，国子生的起家官职多为清官。如据梁陈制度规定，中书侍郎为诸王子封公者之起家官，其为清官自不待论。而秘书郎一职，自宋齐以来即为甲族子弟的起家之选，清望无比。《通典》卷二六《职官八》"秘书郎"条云："宋、齐秘书郎皆四员，尤为美职，皆为甲族起家之选，待次入补，其居职，例十日便迁。梁亦然。自齐、梁之末，多以贵游子弟为之，无其才实。"又《初学记》卷一二"秘书郎"条亦说："此职与著作郎，自置以来，多起家之选。在中朝或以才授，历江左多仕贵游，而梁世尤甚，当时谚曰：上车不落为著作，体中何如则秘书。"可见梁世高门子弟多自秘书郎起家，而无才实。据表所示，萧梁国子生亦以起家秘书郎一职人数最多，计有16人，占总数的59.3%。其他如王国常侍、太学博士虽是次等士族子弟的起家官，但也皆属清官。因此，国子生由策试一途入仕者，多自清官起家，然后"平流进取，坐至公卿"②，从而迅捷升迁，获取高位。

---

① 《隋书》卷二六《百官志上》，中华书局1973年版，第729页。
② 《南齐书》卷二三"史臣语"，第438页。

值得注意的是，国子学初建，梁武帝曾"舆驾幸国子学，策试胄子"，这表明当时宗室胄子也须策试。然时隔不久，梁武帝又特意下诏有宗室免试之制。据《南史》卷五二《始兴忠武王憺传》载，憺子暎，"年十二，为国子生。天监十七年（518），诏诸生答策，宗室则否。帝知暎聪解，特令问策，又口对，并见奇。谓祭酒袁昂曰：'吾家千里驹也。'起家淮南太守"。据此，天监十七年曾有宗室胄子免于策试的规定，萧暎以问策见奇，起家淮南太守，乃是一种特列。此后何时恢复胄子策试之制，史无明文。但依《梁书》卷四四《南郡王大连传》载，大同七年（541），"与南海王（萧大临）俱入国学，射策甲科，拜中书侍郎"。则至迟在大同七年时，又恢复了胄子策试之制。从梁武帝一度诏令宗室胄子可以免试的情况看，表明萧梁国子生策试对于皇族子弟是格外照顾和优宠的，其明经射策者固然可以荣登甲科而仕进，即使是不经策试者亦可凭其尊贵无二的特殊地位而步入显途，因而所谓策试与否，对于宗室胄子完全是一种形式，根本不影响其仕宦前程。

三、不在学馆的通儒明经者策试入仕

梁代通过明经策试入仕，也有一些不在学馆的通儒明经者。据《陈书》卷三三《儒林传》载：

> 戚衮字公文，吴郡盐官人也。祖显，齐给事中。父霸，梁临贺王府中兵参军。衮少聪慧，游学京都，受《三礼》于国子助教刘文绍，一二年中，大义略备。年十九，梁武帝敕策《孔子正言》并《周礼》、《礼记》义，衮对高第。仍除扬州祭酒从事史。
>
> 王元规字正范，太原晋阳人也。……少好学，从吴兴沈文阿受业，十八，通《春秋左氏》、《孝经》、《论语》、《丧服》。梁中大通元年，诏策《春秋》，举高第……起家湘东王国左常侍。

又《陈书》卷三四《文学传》载：

> 岑之敬字思礼，南阳棘阳人也。父善纡，梁世以经学闻，官至吴宁令、司义郎。之敬年五岁，读《孝经》……年十六，策《春秋左氏》制旨、《孝经》义，擢为高第。御史奏曰："皇朝多士，例止明经，若颜、闵之流，乃应高第。"……梁武帝省其策曰："何妨我复有颜、闵邪？"……乃除童子奉车郎，赏赐优厚。
>
> 徐伯阳字隐忍，东海人也。祖度之，齐南徐州议曹从事史。父僧权，梁东宫通事舍人，领秘书，以善书知名。伯阳敏而好学……年十五，以文笔称。学《春秋左氏》。家有史书，所读者近三千余卷。试策高第，尚书板补梁河东王国右常侍、东宫学士、临川嗣王府墨曹参军。大同中，出为候官令。
>
> ……
>
> 张正见字见赜，清河东武城人也。祖盖之，魏散骑常侍、勃海长乐二郡太守。父修礼，魏散骑侍郎，归梁，仍拜本职，迁怀方太守。正见幼好学，有清才。梁简文在东宫，正见年十三，献颂，简文深赞赏之。简文雅尚学业，每自升座说经，正见尝预讲筵，请决疑义，吐纳和顺，进退详雅，四座咸属目焉。太清初，射策高第，除邵陵王国左常侍。

上述五人，二人受业于当世大儒，二人出自经学世家，一人自幼好学，通经不倦，皆以策试高第入仕。但上述五人的身份是五馆生，还是国子生，则史载不明。宫崎市定推测，上述五人中或有五馆生掺杂其中，但未见确据①。阎步克先生在详细考证后认为，上述五人当为自学应试者，亦即"那种不在学馆，

---

① （日）宫崎市定著，韩昇、刘建英译：《九品官人法研究》，第220页。

而以自学身份申请策试入仕者"①。如《陈书·文学传》所载岑之敬、徐伯阳、张正见三人，"他们之对策，既非因察举，亦未入官学，而且这不像是史传漏记或省略。岑之敬是在家自学《孝经》等典籍；徐伯阳是利用家中的丰富藏书自学史书；张正见亦是自学，尝预太子经筵……他们都以策试入仕"。至于《陈书·儒林传》所载戚衮、王元规二人，"戚衮受学于国子助教刘文绍，王元规之师沈文阿亦国子助教、五经博士。但我认为这二人为私人从师，实未入官学。南朝史籍言从某人受业，一般是指私人从师；而进入官学，则称'召补'。……时国学学官于学内讲授之余，又常于私室授业……戚衮、王元规大约就是这种国学学官的私门弟子"。另外，"国子生策试由个人申请，学司批准，无须诏敕。而戚衮、王元规却是由梁武帝诏敕而策试的，更见他们与国子生不同。他们二人也当属自学就试之列"②。

　　我认为阎先生的意见是正确的，即上述五人既非五馆生，也非国子生，而是属于梁武帝天监八年诏书中所说的"其有能通一经，始末不倦者，策实之后，选可量加叙录"之类的通儒明经者。此类通儒明经者多是自学成才，以自学者的身份参加策试，然后步入仕途。例如，与五馆生相比，上述五人多出自官宦之家，并非"寒门"，这与梁武帝"欲招来后进，五馆生皆引寒门俊才"的规定并不符合。而与国子生相比，上述五人的出身门第、起家官职也存在一些差异。一是从其郡望及父祖官职来看，无一是当时的名门大族。像戚衮是江南土著，张正见系北魏降人，王元规虽系出自太原王氏，但以晚渡伦荒，家世败落，其母意欲与临海郡土豪刘瑱联姻，故其社会地位与家世门第远非出身高门的国子生可比。二是从其策试成绩看，《岑之敬传》称御史上奏说"皇朝多士，例止明经，若颜、闵之流，乃应高第"，说明此类人策试之后，其成绩例为明经，只有少数策文出众、经学水平优异者，方擢为高第。这与国

---

① 阎步克：《察举制度变迁史稿》，辽宁大学出版社1997年版，第244页。
② 阎步克：《察举制度变迁史稿》，第245—246页。阎先生又对《周书》卷四八《蔡大宝传》、《庾子山集序》所叙庾信生平两段资料进行考证辨析，指出此二人亦"皆为自学应试者"。

子生策试后多授高第、甲科，也有明显不同。三是从其策试得第后的起家官看，王元规、张正见、徐伯阳三人起家为王国常侍，戚衮除扬州祭酒从事史，岑之敬除童子奉车郎。依据萧梁官班制，王国常侍为流内二班，扬州祭酒从事史为流内一班，童子奉车郎置于梁武帝天监七年①，《隋志》未载其班次。可见在起家官方面，自学应试者虽然也多为流内官，但是在官职的清浊度上还是存有明显的差别。总之，"梁代除了察举、学校二途之外，还存在着自学之人申请策试入仕之途"②。而此途与五馆生策试入仕一道，共同构成了科举制度诞生的前提与基础。

四、经学生策试入仕制度的实质与科举制度的萌芽

通过上述考察，我们可以看到，萧梁经学生策试入仕之制，虽然表面上并不排斥五馆生策试入仕，似乎为寒门仕进开辟了一条渠道，但在实际上仍然存在着种种限制，尤其是门第的限制，这就使得出身寒微的五馆生在策试入仕方面依然步履艰难，备受压抑，故其生平事迹也难以在史书中反映出来。反过来看，自萧梁国子学建立以后，由策试一途入仕者多是国子生，他们不仅出身高贵，策试成绩优异，而且起家官多是清官，仕途前程更是优越。正是由于明经射策可以确保高门子弟的入仕特权，对他们具有强烈的诱惑力，所以高门甲族子弟也竞相进入国子学，研习儒家经典，以通儒明经为利禄之路，仕宦之途，致使国子生策试入仕被视为十分荣耀的途径。因此，萧梁的经学生策试入仕之制，虽然不像九品中正制那样公然宣称以家世门第作为选官的唯一标准，而是标榜通明经学，策试入仕，极易给人造成一种不分甲族后门，一律经过考试而公平取士的假象，但其在实际运用中仍然具有优宠士族和压抑寒人的特点，因

---

① 《梁书》卷二《武帝纪中》天监七年九月条，第48页。
② 阎步克：《察举制度变迁史稿》，第248页。

而是不公平的。基于上述事实，萧梁的经学生策试入仕之制，本质上是以国子生为主要对象，并从入学、策试、入仕各方面都优宠高门甲族子弟，和借以确保其入仕特权的选官制度；还是把通经与仕宦相结合，以促使高门子弟进入国子学，从儒家经典中汲取治国治民之道，进而为萧梁政权培养和选拔统治人才的用人制度。这一制度之所以盛行于梁代，一方面与梁武帝重视教育及寓选官于教育的现实政策有关，另一方面也是萧梁统治者尊重高门甲族，维护门阀制度，因而在选官制度上格外优宠士族及其子弟的必然结果。

正因为萧梁的经学生策试入仕之制，本质上是以国子生为主要对象，是以维护门阀士族的世袭政治地位为主旨的选官制度，因此它在确保高门子弟的入仕特权及官职升迁方面也发挥着重要的作用。如众所知，宋齐国子生的入学年龄一般在"十五以上，二十以还"①，而梁代国子生的入学年龄则要早得多。因此，入学之年既早，入仕之年亦早，遂成为萧梁国子生策试入仕的通例。如王承，"七岁通《周易》，选补国子生。年十五，射策高第，除秘书郎"②。萧乾，"年九岁，召补国子《周易》生……十五，举明经。释褐东中郎湘东王法曹参军"③。王锡，"（年）十二，为国子生。十四，举清茂，除秘书郎"④。又张缵，"召补国子生。起家秘书郎，时年十七"⑤。张缅，"召补国子生。起家秘书郎，出为淮南太守，时年十八"⑥。由此可知，尽管梁代有限年入仕的规定，但其时国子生多以孩童之龄即已入学，未及弱冠即已步入仕途，故通过明经仕宦，无疑是保障高门子弟提前入仕的重要途径。

不仅如此，国子生策试得第，只是高门子弟起家仕宦的起点，此后他们还可以在仕途上迅速升迁，活跃于政坛，进而对萧梁一代的社会政治产生重要影

---

① 《南齐书》卷九《礼志上》，第143页。
② 《梁书》卷四一《王承传》，第585页。
③ 《陈书》卷二一《萧乾传》，中华书局1972年版，第278页。
④ 《梁书》卷二一《王份传附孙锡传》，第326页。
⑤ 《梁书》卷三四《张缵传》，第493页。
⑥ 《梁书》卷三四《张缅传》，第491页。

响。据史书所载,国子生入仕后大都有迁转东宫官属、王国属佐、诸部曹郎以及宫廷内侍等官的经历,其中起家为秘书郎者,尤以迁转东宫官属居多。依上表所示,萧梁国子生有16人起家为秘书郎,除去张缅、徐仪在释褐不久即出任地方官外,其余14人的迁转官例为太子舍人、洗马、中舍人或中庶子等职。据《梁书》卷四九《庾於陵传》:"旧事,东宫官属,通为清选,洗马掌文翰,尤其清者。近世用人,皆取甲族有才望。"可见东宫官属位望清华,为人瞩目,在迁转诸官中最为荣途。一经仕历东宫,便身价倍增,继而还可以擢迁侍中,入居门下,接近皇帝,参掌枢密,故时人谓之"早达"。如张缵十七岁起家秘书郎,二十三岁迁太子舍人、洗马、中舍人,后"累迁太尉咨议参军,尚书吏部郎,俄为长兼侍中,时人以为早达。河东裴子野曰:'张吏部在喉舌之任,已恨其晚矣。'"①又王训射策高第,起家秘书郎,"迁太子舍人、秘书丞。转宣城王文学、友、太子中庶子,掌管记。俄迁侍中,既拜入见,高祖从容问何敬容曰:'褚彦回年几为宰相?'敬容对曰:'少过三十。'上曰:'今之王训,无谢彦回。'训美容仪,善进止……以疾终于位,时年二十六"②。可见国子生由策试入仕者,大多升迁迅捷,前程优越,并且往往在二十五岁左右便身居显职。而一旦朝廷高级官职出现缺额,他们又可以立即替补,或出宰州郡,或内执朝政,进而在仕途上平步青云,飞黄腾达,成为萧梁统治集团中的显赫人物。据笔者统计,在萧梁一代,由国子生出身担任三省(中书、尚书、门下)长官者17人,诸部尚书者7人,都督军事及有将军号者15人,刺史郡守15人,这说明梁代的许多封疆大吏和朝廷重臣都是国子生出身,也说明他们对萧梁一代的政治、经济、文化、军事等领域产生过重要而深远的影响。因此,通过经学生策试入仕之制,不仅可以确保高门子弟源源不断地补充到各级政府机构中来,有助于萧梁政权选拔统治人才,而且高门华阀也可以借助这一

---

① 《梁书》卷三四《张缵传》,第493页。
② 《梁书》卷二一《王暕传附子训传》,第323页。

制度，世代为官，参与朝政，成为政治上的垄断集团，从而对加强门阀士族的统治起到重要作用。

正因为经学生策试入仕制度具有优宠士族和压抑寒门的特点，本质上是以国子生为主要对象，是以保障和延续门阀士族的特权地位和既得利益为主旨的选官制度，所以当世家大族垄断这一制度后，它也不可避免地产生出种种弊端。萧梁前期，国子生策试还比较严格，营私舞弊的现象也较少见。及至大同年间（535—546），一些高门子弟或贿赂学司，用钱买第，或弄虚作假，顾人答策，致使请托公行，贿赂成风。《陈书》卷二四《袁宪传》说梁武帝大同年间，"时生徒对策，多行贿赂"。《颜氏家训·勉学篇》也说梁世贵游子弟，"明经求第，则顾人答策"。在这种情况下，由于高门子弟不顾廉耻，贿买请代，而国子学官则是贪财纳贿，徇私舞弊，所谓国子生策试已完全流于形式，徒具虚名。下至梁末，策试入仕之制更是腐败不堪，它非但不能为统治阶级遴选真才，反而使得大批无能之辈混迹于官场。颜之推曾说："梁朝全盛之时，贵游子弟，多无学术"；他们只知道"褒衣博带，大冠高履，出则车舆，入则扶侍"；"饱食醉酒，忽忽无事，以此销日，以此终年"[①]。很显然，由这样一些人把持朝政，恐怕除了蠹国殃民，别无他能。因此，随着经学生策试入仕制度的日趋腐败，不仅造成士风颓废，选举混乱，而且也严重腐蚀了整个士族阶层，影响到萧梁政局的稳定，从而加速了南朝门阀士族走向衰亡的历史进程。

萧梁经学生策试入仕制度虽然具有浓厚的门阀色彩，但它在我国古代选官制度发展史上也具有重要的地位，而且在突破门第限制、自由投考等方面开启了科举制度的先河。

首先，萧梁时期，在等级森严的门阀制度下，梁武帝开设五馆，放宽门第限制，通过明经策试延揽寒门才俊，成为南朝后期选官制度的异样景观。虽然

---

① （北齐）颜之推撰，王利器集解：《颜氏家训集解》（增补本）卷三《勉学》、卷四《涉务》，中华书局1993年版，第143、148、322页。

五馆生在策试入仕方面依然受到种种限制，步履艰难，但它毕竟反映了寒人势力的兴起及其政治诉求，并为后来的科举考试、公平取士指明了方向，开辟了道路。这也正如唐长孺先生所说："我们完全可以相信南北朝后期北朝的举孝秀和南朝的明经射策从考试内容上特别是从放宽门第限止上说已经为唐代科举制度开辟了道路。"①

其次，萧梁经学生策试入仕，除了国子生、五馆生等国学学生可以参加策试外，还存在着自学之人申请策试之途。而我们知道，科举制度的一个重要特征，就是王朝设科而士人自由报名投考，即朝廷开科考试，士子投牒自进。萧梁自学之人可以申请策试，是南朝后期选官制度的一个重要变化，标志着自由报名应试制度的萌芽。不止萧梁如此，同时期的北朝也同样出现了自由投考的萌芽。正像阎步克先生指出的那样："在南北朝时期，南朝与北朝都出现了自由投考制度的萌芽。在南朝，这表现在梁代允许自学士人申请参加'明经'科策试之上；在北朝，则表现在士人'求举秀才'而刺史加以推荐之上。"②北朝的"这些变化与南朝的相关变化一起，共同构成了向科举制过渡的先声"③。

其三，萧梁时期，由于梁武帝崇尚儒学，大力发展学校教育，致使一向不被人们重视的经学生策试制度，发展成为一条重要的入仕道路。在明经仕宦的刺激下，一些高门子弟为了猎取高官厚禄，也竞以通儒明经为阶梯，纷纷涌进国子学研习儒家经典，这在客观上也促进了国子学的兴盛与文化教育事业的发展。更为重要的是，在九品中正制占据主导地位的情况下，经学生策试入仕制度把教育、考试和选官三者紧密地结合在一起，反映了选举任官与学校教育合流的发展趋势，对隋唐以后科举取士产生了重要影响。凡此都表明南朝后期的

---

① 唐长孺：《南北朝后期科举制度的萌芽》，《魏晋南北朝史论丛续编》，生活·读书·新知三联书店1959年版，第131页。
② 阎步克：《察举制度变迁史稿》，第299页。
③ 阎步克：《察举制度变迁史稿》，第296页。

经学生策试入仕制度，在我国古代选官制度发展史上具有承上启下的重要地位。

（本文系在拙作《萧梁经学生策试入仕制度考述》的基础上增补而成，后收入《九品中正制研究》第四章，中华书局2015年版）

北魏孝文帝评传

在中国封建社会的历史上,北魏孝文帝是一位有卓越贡献的人物。他在位29年,前期年号延兴(471—476),后期年号太和(477—499)。在太和年间,他先是和临朝称制的文明冯太后一道共同主持了俸禄制、均田制、三长制等重大制度的改革,由此拉开了"太和改制"的序幕。及冯太后病逝后,他亲揽朝政,将改制进一步推向深入,并先后推出了迁都洛阳,提倡汉化等一系列政治、经济、思想、文化等方面的改革措施。这些改革措施,不仅推动了北魏社会经济的恢复和发展,加速了鲜卑拓跋族的封建化进程,而且也促进了北方各民族之间的大融合,对此后中国封建社会的发展产生了重大而深远的影响。因此,北魏孝文帝不愧是中国历史上一位颇有作为的贤明君主,也是一位杰出的政治家和改革家。

一、太后称制,鞠养皇孙

北魏孝文帝是鲜卑族人,姓拓跋,名宏。然而,他的幼年和青年时代,却是在一位汉人祖母的哺育与培养下度过的。这位汉人祖母不仅使拓跋宏自幼就受到先进汉文化的熏陶和营养,而且对于稳定北魏前期政局,以及开创和推动"太和改制"局面的形成,都有着举足轻重的作用,从而以一位女政治家和改革家的形象而彪炳史册。这位汉人祖母,就是北魏第四代皇帝文成帝拓跋濬的皇后冯氏,史称文明冯太后。

冯太后是长乐信都(今河北冀州)人,出身北燕皇族。她的祖父冯弘,是北燕的第二代国君。父亲冯朗，为冯弘次子，封广平公。冯朗兄弟三人，哥哥冯崇，弟弟冯邈。冯弘即位时，北燕政局混乱，国势日蹙。太兴二年（432），北魏太武帝拓跋焘趁机出兵，大举进攻北燕，在魏军咄咄逼人的攻势下，冯崇兄弟因不满北燕的黑暗政治，又迫于慕容皇后的陷害，遂以辽西之地投降了北魏。

冯崇兄弟降魏后，太武帝以冯崇为车骑大将军、领护东夷校尉、幽平二州牧，封辽西王；冯朗也因功为秦雍二州刺史，封西郡公。冯朗在燕时，娶乐浪（今朝鲜平壤市）女子王氏为妻，生有一男一女。归魏后不久，王氏在长安（今陕西西安市西北）又生一个小女儿，这就是后来的文明皇后冯氏。

冯氏的童年时代是在长安渡过的，当时她的父亲、伯父和叔父都是北魏的高级官吏，因此冯氏从小就过着优裕的生活，尽情享受着父母的爱抚。然而，天有不测风云，这种充满欢乐的时光并未持续很久，后来不知道什么缘故，她的父亲坐事被杀，年幼无知的冯氏也被官府籍没入宫。从此，她开始了一种新的生活。

依照北魏制度规定，凡罪犯的家属、子女被籍没入宫，一般有两条出路：一是供驱使杂役，充当宫廷婢女；二是在官府设置的宫廷作坊里，充当机织女工。这两种人的身份地位十分低下，若不经官府放免，则一生囚禁在宫内，永无出头之日。值得庆幸的是，冯氏入宫后避免了这种厄运，一直和姑母生活在一起。她的姑母是在北燕灭亡前夕，被冯弘以"谢罪"为名，遣入北魏宫掖的，后被太武帝立为左昭仪。冯昭仪不仅具有一定的汉族文化知识，熟悉儒家经典，而且"雅有母德"，是一位善良和仁慈的女性。在她的精心抚育和教养下，年幼的冯氏不仅重新获得母爱，同时也有机会接受汉族的传统文化教育。当然，在戒备森严、与世隔绝的宫廷里，冯氏虽然吃穿不愁，应有尽有，但她看到的却是人们相互之间的钩心斗角，尔虞我诈，以及上层社会的种种内幕。因此，从少年时代起，冯氏就学会了如何在复杂的环境中保护自己，并养成一种机智猜忍的性格。

随着时光的流逝,冯氏渐渐长大成人。公元452年,文成帝拓跋濬即位,成为北魏的第四代皇帝。这年冯氏刚满14岁,年轻貌美,便被文成帝选为贵人。文成帝是景穆帝(拓跋余)的长子,太武帝的长孙。太武帝在世时,把这个孙子视为掌上明珠,格外宠爱。文成帝从小就非常聪明,当时国家每有大政,太武帝常让他"参与可否",并对人夸奖说:"此儿虽小,欲以天子自处。"及其即位之后,面对太武帝时连年用兵、国力虚耗、朝野不安的局面,果断地采取"与时休息"的政策。也就是在经济上努力恢复和发展生产,减缓赋役;在政治上不多事,不扰民,给人民以休养生息的机会。结果在较短的时间内发展了经济,稳定了局势。文成帝年长冯氏1岁,彼此年龄相当,趣味相投。故到了太安二年(456),冯氏便被立为皇后。从此,冯皇后与文成帝相亲相爱,在平城(今山西大同市东北古城村)皇宫中又度过了八九年的美好光景。然而,天有不测风云。和平六年(465)五月,25岁的文成帝一病不起,不久便离开了人世。这一打击不啻晴天霹雳,使得冯皇后异常悲恸,大有痛不欲生之情。按照北魏旧制,国君去世,三天后要把生前用过的衣服器物全部烧掉。这天,冯皇后见宫人烧焚文成帝生前用过的器物,不禁触动思念之情,竟悲号哭泣着投身烈火,欲以身殉,结果被左右和朝臣救起。

文成帝死后,由12岁的皇太子拓跋弘继承皇位,这就是北魏的第五代皇帝献文帝,24岁的文成皇后冯氏被尊为皇太后。可是,谁也没有想到,就在幼帝登极,冯太后含悲料理文成帝丧事之际,一场以乙浑为首的阴谋颠覆北魏政权的政治风暴正在来临,而年轻的皇太后,正是在这场政治风暴中经受了锻炼,初步展现了她的政治才能。

乙浑,本姓乙弗氏,后改乙氏。乙弗本是部落名称,晋时世居青海,为鲜卑吐谷浑之支族。十六国时期,乙弗部族或降西秦,或随拓跋鲜卑徙居代北,以后遂散居在关中和代北地区。北魏建国后,乙弗部落酋帅拥众归附,是较早归魏的内迁诸姓之一。乙浑先人何时归魏,史载不明。但文成帝在世时,乙浑已官拜车骑大将军,赐爵东郡公,地位非常显赫。到和平三年,他又晋爵为太原王，成为北魏政权中的重要人物。乙浑素性狂傲，嗜杀贪权。文成帝在位时，由于皇帝严于法治，加之朝中辅佐甚众，因而未敢轻举妄为。及文成帝去世，献文帝即位，他见皇帝幼小，皇太后又不掌朝权，便狼子野心大暴露，阴谋夺取皇位，颠覆北魏政权。

文成帝尸骨未寒，乙浑便大肆诛杀异己，以杀立威。他先是假传圣旨，将尚书杨保年、平阳公贾爱仁、南阳公张天度三位大臣屠戮于禁中，使得朝中人人侧目重足。接着，他又派司卫监（典宫中宿卫之官）穆多侯前往代郡（今山西阳高县）温泉，意欲杀害在那里养病的司徒、平原王陆丽。当时陆丽得知文成帝去世，正要赶赴平城奔丧，当穆多侯把乙浑的阴谋告诉他，并劝说他不要去平城，否则必有不测之祸时，陆丽执意不听。果然，陆丽到平城不久，乙浑就指使心腹党羽杀害了他，穆多侯也同时罹难。

当乙浑滥杀异己，自以为朝中无人敢反对自己之后，便开始一步步地窃取朝中大权。献文帝即位之初，乙浑就横施淫威，逼迫小皇帝将其晋升为太尉，录尚书事，控制了北魏的军政大权。时过不久，他又升任丞相，位居诸王之上。于是"事无大小，皆决于浑"，献文帝却形同虚设，成了傀儡皇帝。自乙浑专擅朝政，遂肆行为虐，作福作威。凡曲意逢迎、阿谀拍马者，则视为心腹亲信，安插在朝中要害部门；而刚正不阿、执正守志者，则视为异己，大加陷害。一时间，闹得内外疑惧，人人自危。

乙浑祸乱朝政，历时半年。在乙浑及其同党肆行为虐的日日夜夜里，居于别宫的冯太后并未袖手旁观，而是表现出异常的镇定。她一面令人严密保护小皇帝的安全，并对乙浑的狂悖行径和非分请求不加斥责，使之造成孤儿寡妇软弱可欺的假象；另一方面却在暗中注视着朝中动向，静观时变，等待有利时机。先是，殿中尚书、顺阳公拓跋郁对乙浑的倒行逆施深为不满，曾密谋杀浑，但因布置不周，反为乙浑所诛。冯太后对此十分惋惜，表面上却又不露声色。及乙浑狂诛滥杀，激起朝中大臣的普遍反对之后，冯太后觉得人心可用，遂暗定灭浑大计。

天安元年（466）二月，乙浑迫不及待地发动叛乱，阴谋夺取北魏政权。当侍中拓跋丕把这一消息奏报到朝廷时，平城宫内一片混乱，不知如何应付这种紧急的局面。在此关键时刻，冯太后急召拓跋丕进宫，详细询问情况，然后果断下令拓跋丕、源贺、牛益得等人率军前往镇压。由于乙浑叛乱不得人心，响应无几，所以拓跋丕等人很快就擒杀乙浑，平息了叛乱。事后，冯太后又对曾经依附乙浑为逆的大臣概不追究，很快稳定了局势。由于冯太后在严峻的政治风暴中果断决策，力挽狂澜，从而平息了一场以颠覆北魏政权为目的的政治叛乱，也初步显露出她作为一个政治家的胆识和才能。

平定乙浑叛乱之后，鉴于皇帝尚小，朝中无人扶持的教训，冯太后作出重大决策，由自己临朝称制，执掌北魏政权。

冯太后第一次临朝称制，约有一年半的时间。其间，她一面重用和提拔拥戴文成帝有功的元老重臣陇西王源贺，命其由冀州刺史入朝，迁升太尉，牢牢地控制军权；一面又擢用在乙浑擅权期间，对北魏政权忠心耿耿的汉族大臣如中书令高允、中书侍郎高闾和贾秀等人入侍禁中，参决大政。这样，冯太后凭其政治谋略，并依靠鲜卑老臣和汉族官僚的支持，终于稳定了政局，使北魏政权渡过了一次严重的政治危机。

就在北魏政权日趋巩固的同时，平城皇宫里又出了一件大喜事。皇兴元年（467）八月，献文帝李夫人在紫宫喜生皇子，取名拓跋宏。婴儿降生时又白又胖，十分惹人喜爱。一时间，皇宫内外洋溢着一派喜庆气氛。冯太后见到此情此景，自然更是喜上眉梢。自皇孙出生，冯太后就把主要精力用来照料和抚养婴儿，随着孩子一天天长大，她又把深沉的母性之爱尽情倾注在孩子身上。于是，时隔不久，冯太后便决定罢令不听政事，躬亲抚养皇孙，把政权交还给献文帝。

在冯太后哺养拓跋宏的最初两年，北魏政局稳定，统治集团上层波动不大。但是，随着时间的推移，冯太后与献文帝的矛盾冲突日益激化，终于酿成宫廷斗争，并迫使献文帝禅位，拓跋宏入继大统，以及冯太后第二次临朝称制。

二、宫闱之争，幼子登基

皇兴五年（471）八月，献文帝拓跋弘突然宣布退位，由不满 5 岁的拓跋宏继承皇位，这就是北魏第六代皇帝——孝文帝。而不满 18 岁的献文帝则移居崇光宫，成为我国历史上最年轻的太上皇帝。

在中国漫长的封建社会里，多少人为了争夺皇位，父子、兄弟之间不惜刀兵相见，骨肉相残，而献文帝正当风华正茂之年，却将皇位让给儿子，这不能不令人生疑。《魏书·显祖纪》说："献文帝不关心时政，常常有遗世之心。"似乎献文帝执政不久，就看破红尘，厌倦政务。北宋司马光在《资治通鉴》中进一步说道：献文帝"喜好黄老、浮屠之学，经常和大臣、道士、和尚谈论佛、道的玄理，无心富贵，却常有出世的念头"。从这些记载来看，献文帝由于深受黄老之学和佛教学说的影响，早有厌世之心恐是事实。不过，献文帝之所以禅位于太子拓跋宏，还有一个更重要的原因，这就是来自冯太后的压力。

献文帝是文成帝的长子，即位后虽尊冯氏为皇太后，却非冯氏所生。他的生母姓李，是顿丘王李峻之妹。兴光元年（454），拓跋弘降生，李氏被立为贵人。太安二年（456），拓跋弘立为皇太子，李贵人则依旧制被赐死。北魏在第一代皇帝拓跋珪时，曾有一条规定：后妃生的儿子一旦被立为太子，其生母就被赐死，目的是为了避免外戚掌权。根据这一规定，使献文帝从小便失去了母爱，一直由常太后抚养。献文帝自幼聪明机智，及其亲临大政，总揽万机，虽只有 14 岁年纪，但已表现出一定的政治才能。

献文帝亲政之后，同冯太后就存在一定的矛盾。当时凡是冯太后所宠爱的人，献文帝就加以排斥和打击，凡是冯太后不满和贬黜的人，献文帝就予以提拔和重用。如薛虎子早年侍奉文成帝，曾任内行长，掌诸曹奏事，权力颇大。

冯太后临朝，将薛虎子出为枋头镇将，后来又因小错免官，黜为镇门士。献文帝亲政时，在一次南巡途中，薛虎子求见，申明自己遭人陷害。献文帝见状感慨地说："你是先帝的旧臣，这么长时间委屈你，真是不应该，应当委你以重任。"当即诏令薛虎子随行侍从，不久又被起用为枋头镇将。最为明显的例子，则是李奕的被杀。文成帝死时，冯太后才24岁，正值青春年华。由于年轻守寡，时间一久，皇宫里自不免有些相貌英俊的男子引起她的注意，后来就成了她的面首。冯太后宠爱的面首很多，李奕也是她十分喜欢的一个。李奕祖上几代都是北魏的高官，其兄弟亲友在朝做官的有十多人，像李奕的哥哥李敷，官至南部尚书，"参与机密，出纳诏命"，倍受重用。李奕长得英俊帅气，是一个多才多艺的人，因此深得冯太后的喜爱。自冯太后内宠李奕，引起献文帝的不满，并伺机加害李奕。恰好，皇兴四年（470）秋，相州刺史李䜣受纳货赂，被人告发。李敷与李䜣俱为仕宦之家，关系很好，案发后，李敷试图掩盖李䜣罪行，不料被献文帝得知。当时主管李䜣一案的官吏知道皇帝对李敷、李奕兄弟不满，但又没有证据，无法下手。于是，便秉承献文帝之意，劝李䜣"揭发"李敷兄弟阴事。当时李䜣为了保全自家性命，竟无端捏造李敷、李奕"隐罪"二十余事，上奏朝廷后，献文帝大怒，随即下令将李氏兄弟打入死囚。其年冬天，李敷、李奕被诛，李奕从弟李显德，妹夫宋叔珍也同时遇难。

　　李奕的被杀，使冯太后失去了一个宠爱的面首，自然也加深了冯太后与献文帝的矛盾。但冯太后毕竟经历了政治风浪，是一个有政治头脑的人。当她看到献文帝日益不听摆布，且以诛杀李奕向自己示威时，并没有废黜献文帝的帝位，而是凭借自己的政治手腕和实力，逼迫献文帝自动让位于年幼的拓跋宏，以实现自己再度临朝称制的目的。面对冯太后的种种压力，献文帝原想作一番抗争，企图通过禅位于叔父京兆王拓跋子推的方法，来阻挠太后掌权的用心。不过，在皇兴五年（471）八月的一次朝议时，群臣都认为父子相传，乃祖宗之法，如果把皇位让给旁支，将来必会出现祸乱，因而坚决反对。这样，献文帝打算禅位于拓跋子推的计划失败了。

皇兴五年八月二十日，献文帝因迫于冯太后的压力，遣太保陆馥、太尉源贺奉皇帝玺绶，册命皇太子继承帝位，并将这一年改为延兴元年。于是，拓跋宏在太华前殿登上了皇帝宝座，而献文帝则移居崇光宫，群臣奏请上尊号为太上皇帝。随着献文帝禅位，幼帝登极，北魏政局顿生波澜，终于导致宫闱之变，冯太后第二次临朝称制。

献文帝禅位以后，平城宫内同时居住着三个显赫人物：一是对平定乙浑叛乱和巩固北魏政权有功的文成冯太后，二是太上皇拓跋弘，三是新即位的孝文帝。在这祖孙三代人中，孝文帝虽然是名义上的皇帝，但因年幼只能是个傀儡，真正有权势的是冯太后和太上皇。因此，围绕着由谁来扶持小皇帝执政这一问题，冯太后与太上皇之间展开了一场更为激烈的权力之争。

本来，冯太后迫使献文帝禅位于拓跋宏，就有利用皇帝年幼，以便再次执掌北魏大权的用意。可是，自献文帝做了太上皇帝之后，并没有安居崇光宫，不问世务，而是凡"国之大事，咸以闻"①。在他做太上皇帝的五年多时间里，不仅屡屡下诏，直接处理政治、经济等方面的国家大事，而且还亲自率领军队，多次进行北讨南巡，这些自然都引起冯太后的疑虑和不满。特别是延兴五年（475）十月，太上皇帝为了显示自己的威望和实力，在平城北郊搞了一次盛大的阅兵活动，对冯太后的地位更加不利。于是，为了铲除重新执政的绊脚石，冯太后决心害死太上皇，夺回称制大权。

延兴六年（476）六月，冯太后利用控制的京师之兵，发动了一场宫廷夺权政变。六月甲子（六月六日/7月13日）这一天，冯太后下令平城内外戒严，把驻守京师的兵力分成三支，在平城外驻扎一部分，以防太上皇的援兵；在平城内驻扎一部分，以之对付太上皇。经过七天的紧张较量，到六月辛未（六月十三日/7月20日），太上皇帝终于丧命。关于太上皇的死因，史书说法不一，有的说太上皇是被冯太后用鸩酒毒死的，有的说太上皇是被冯太后埋伏

---

① 《魏书》卷六《显祖纪》，中华书局1974年版，第132页。

于宫内的刀斧手杀死的。但不论是哪一种说法，太上皇是被冯太后设法害死的，这一点确定无疑。

太上皇被害后，冯太后加紧了控制朝政的行动。太上皇死后的第二天，冯太后就宣布大赦，并将延兴六年改元为承明元年。接着，她又下令将太上皇最亲近的心腹之一，大司马、大将军、安城王万安国赐死。到第五天，即六月戊寅，冯太后又进封事变功臣，以征西大将军、安乐王拓跋长乐为太尉；尚书左仆射、南平公目辰为司空，初步控制了朝政。紧接着，10 岁的孝文帝尊她为太皇太后，并且再一次临朝听政。这样，经过一番惊心动魄的斗争和殊死的较量，冯太后终于重新夺回了称制大权。从此，北魏历史进入到一个新时代，即由冯太后掌权，孝文帝参政的时代。

三、祖孙亲情，共图改制

冯太后重新掌权伊始，北魏政局动荡，社会不安。这一是因为献文帝的亲信和余党还有一定的势力；再是献文帝被害的消息不胫而走，传到民间，更使得朝野上下人心浮动。针对这种严峻的形势，冯太后没有采取高压手段，而是施行安抚政策，以笼络和稳定人心。如献文帝亲信娄提，时任内三郎，侍奉宫中。及献文帝被害，他对人说："圣明的君主已经升天了。我活着还有什么意思！"遂拔刀自刎，幸而未死。当冯太后得知这一事情后，不但不怪罪娄提，反而亲自诏令奖赏，赐帛二百匹，使娄提和献文余党心悦诚服。又恒州（治今山西大同市东北）人王玄威，自听说献文太上皇被害，就在州城门外盖一草庐，整天穿着孝服，吃着素食，哭哭啼啼。到了献文忌日，他又变卖财产，设百僧道场。冯太后听到这一事情，非但不加以斥责，反而派人给他送白绸布，让他做孝服，事后又让地方官予以表彰。冯太后的上述做法，不仅表现了一个政治家的宽阔胸襟和豁然大度，同时也起到安抚笼络民心的作用。

在稳定政局的同时，孝文帝也逐渐长大成人，冯太后从各方面对他进行精心培育。孝文帝 3 岁时被立为太子，其母献文李夫人依旧制赐死，所以孝文帝从襁褓之时就由冯太后抚养。一直到冯太后去世，孝文帝不知道生母是谁。孝文帝从小就非常聪明。一次，他看到父亲身上长了脓疮，就趴到父亲身上，用嘴把脓吸吮出来，因此深得献文帝喜爱。在他继位当皇帝时，曾经大哭一场，人们都不知道原因。当他父亲问他为什么哭时，他问答道："代亲之感，内切于心。"小小年纪能说出这样的话，实在令人吃惊。冯太后觉得这个孩子聪明过人，恐怕长大后难以驾驭，曾想废掉他。在一个寒冷的冬天，冯太后借故把拓跋宏幽闭在一间小屋里，只让他身穿单衣，三天不给他饭吃，企图冻死和饿死他，以后又几次借故废黜他。当时，冯太后曾计划让拓跋宏的弟弟咸阳王拓跋禧继承帝位，取代拓跋宏。后因太尉拓跋丕、尚书左仆射穆泰、尚书李冲等大臣的一再劝谏，才算作罢。太和初年，冯太后还曾命令宫廷宦官监视孝文帝的行动，每十天报告一次，如果发现有所谓的"过错"，就严加重责。一次，宫中宦官谮帝于太后，冯太后不问缘由，就"杖帝数十"，孝文帝默然受杖，并不申理。时间一久，冯太后觉得孝文帝"承事孝敬，动无违礼"，慢慢改变了以往的态度。尤其是冯太后第二次临朝称制以后，"孝文雅性孝谨，不欲参政，事无巨细，一禀于太后"。冯太后逐渐解除了对孝文帝的戒心。当然，作为一个政治家，冯太后不仅考虑到如何巩固自己的权势和地位，同时也考虑到由自己开创的改革事业是否后继有人的问题。因此，从巩固北魏政权这一根本利益出发，冯太后决意精心培养孝文帝，使之成为自己政治上的助手和推行改革事业的接班人。

在冯太后执政的最初几年里，因孝文帝年纪尚小，冯太后让他认真学习历代封建帝王的统治经验，接受汉族传统的文化教育。由于孝文帝天分很高，又"雅好读书，手不释卷"，结果在短短的时间内，孝文帝熟读儒家经典，"五经之义，览之便讲"，"史传百家，无不该涉"。汉族传统的儒家文化，在他脑海里深深扎下了根。随着孝帝一年年长大成人，冯太后又亲自作《劝戒歌》300 余章，告诫他处处事事以儒家的伦理道德规范自己的行为。到太和九年

(485),冯太后又作《皇诰》18篇,详细讲述治国治民的道理。冯太后的《皇诰》18篇内容非常广泛,它是集冯太后的一系列改革思想和为政之道的政治性文件。当时李冲为之注解,吕文祖用鲜卑语译注,在社会上广为流传,这自然对孝文帝产生了重要影响,成为他日后参与改革和推行汉化的思想基础。当孝文帝积累了一定的汉族文化知识,具备了改革思想之后,冯太后又让他参与改革实践,通过实践来培养和锻炼他治理国家的才能。从太和五年(481)开始,孝文帝就逐渐参与了一些国家大政。在冯太后的精心培育下,孝文帝在政治上逐渐成熟起来。

冯太后在政治思想方面对孝文帝精心培育的同时,在生活方面也对孝文帝严格要求。因为冯太后生活俭朴,"不好华饰",所以,孝文帝也提倡节俭,常常穿着洗涤过的衣服,马鞍用铁木制作。冯太后对下人比较"宽慈"。有一次,冯太后身体不适,服用汤药治疗。黄昏时分,厨师将熬好的汤粥端上,因光线昏暗,一只蜻蜓掉落碗中。冯太后并不计较,笑而释之。孝文帝也是如此,不以臣下的小错而乱杀之。给孝文帝送饭的人曾用热汤烫伤了孝文帝的手,并且在食中发现了虫子,孝文帝都笑着宽恕了他。

由于孝文帝从小就由冯太后躬身抚养,长大后又亲蒙鞠诲,深受教育,所以他对冯太后的"养育之恩,诏教之德",自亦有一种发自内心的崇敬之情。太和四年(480),孝文帝下诏罢去皇室所养的鹰鸟及狩猎需要的一大片土地,为冯太后盖起报德佛寺。太和五年(481),冯太后和孝文帝到方山(治今山西大同市北)游览,冯太后见此地风景宜人,山川秀美,便对群臣说:"吾百年之后,神其安此。"孝文帝立即派人在此营建太后寿陵,又起永固石室。寿陵共盖了三年完成,然后刊石立碑,称颂太后功德。太和九年(485),冯太后44岁生日,孝文帝为她隆重祝寿。这一天,在方山之南的灵泉池设下筵席,文武百官、各少数族酋长、藩国使者都来了,孝文帝亲自举杯,为冯太后祝寿,群臣随之齐祝冯太后万寿无疆。冯太后非常高兴,"忻然作歌,帝亦和歌"。孝文帝又命群臣各言其志,于是起而和歌者90多人,气氛十分融洽。

太和十三年（489）冬至，孝文帝率领文武百官为冯太后上寿，他"亲舞于太后前，群臣皆舞"，场面非常热烈。当时高闾目睹这一情景，异常激动，他对孝文帝说："大夫行孝，行合一家；诸侯行孝，声著一国；天子行孝，德被四海。"孝文帝闻言大喜。孝文帝元宏如此孝敬冯太后，可见他们祖孙亲情之浓。

在冯太后第二次执政和孝文帝在政治上逐渐成熟起来的同时，北魏王朝已经历了六代皇帝、将近100年的统治。在这期间，由于北魏统治者的野蛮征服和民族压迫，民族矛盾、阶级矛盾激化，引起北方各族人民的不断反抗。早在太武帝统治时期，就曾爆发盖吴领导的各族人民大起义。文成、献文两朝，农民起义更是此起彼伏。到孝文帝即位以后，农民的反抗斗争几乎年年发生，有时一年多达三四起。阶级斗争的形势，直接威胁着北魏的统治，也促使北魏统治者不得不改弦更张，图谋改制。为此，冯太后和孝文帝为了缓和阶级矛盾，维持北魏王朝的统治，从太和八年（484）开始进行了一系列的改革活动，这就是我国历史上著名的"太和改制"。

"太和改制"如按照主持者来划分，可以分为前后两个阶段。前一阶段从太和八年（484）至太和十四年（490），主持者是冯太后；后一阶段从太和十四年（490）至太和二十三年（499），主持者是孝文帝。两个阶段改制的内容具有连续性。在"太和改制"的前一阶段，虽然冯太后大权在握，是改制的主持者，但这一阶段的改制并非与孝文帝无关。事实上，在冯太后主持并决策实行的一系列改革活动中，孝文帝始终是积极的支持者和参与者，并在改革中发挥着十分重要的作用。如太和十年（486）后的许多诏书都是由孝文帝亲自拟定的，就是最为明显的例证。因此，前一阶段的改制实际上是由冯太后和孝文帝祖孙二人共同完成的。自太和十四年（490）冯太后病逝之后，孝文帝亲揽朝政，将太和改制推向高潮，从而最终完成了改革大业，实现了冯太后的未竟之志。

四、实行班禄,整顿吏治

冯太后和孝文帝主持的一系列改革是从太和八年(484)实行班禄、整顿吏治开始的,由此揭开了太和改制的序幕。

自春秋战国以来,随着封建官僚制度的建立,俸禄制度也应运而生。战国时韩非子曾经说过:"主卖官爵,臣卖智力。"[①] 指出封建的君臣关系是一种雇佣关系,深刻揭示了俸禄制度的实质。因此,做官的享受俸禄,也就成为天经地义的事情。通过这种制度,各级官吏可以按级别享受一定的物质待遇,并且这种制度是封建王朝控制文武百官的重要手段,对保证官吏的忠诚和廉洁也起着一定的作用。可是,在北魏前期,无论中央官和地方官都不给俸禄,结果导致吏治败坏,贪污成风。

建立北魏政权的鲜卑拓跋族,原是我国北方一个以畜牧射猎为业的游牧民族。当他们一出现在历史舞台上,就经常进行以掠夺为目的的战争。战争中,鲜卑将士大肆掳掠人口、牛羊和珍宝。战争后,北魏皇帝就按军功大小,把掠夺来的战利品赏赐给臣下,这就是班赏制。于是,这种以掠夺为主的奴隶制的分配方式,就成为他们分配财富的主要形式。

在经常进行战争的时候,依靠掠夺和班赏来分配财富还是可行的,这对于刚刚步入文明不久的鲜卑人来说,也是正当的和必然的。然而,在北魏政权进入中原地区之后,随着战争的减少,再按照旧的掠夺财富的分配方式,已经无法满足鲜卑贵族的需要了。在这种情况下,各级官吏便利用职权,毫无顾忌地宰割人民,任意搜刮民脂民膏,甚至贪污受贿,经商谋利。如陕城镇将崔宽、乐陵太守张纂、相州刺史李欣等都曾收受贿赂;明元帝时安屈掌管官府库房,

---

[①] 王先慎著:《韩非子集解》卷一四《外储说右下》,《诸子集成》(第五册),中华书局1954年版,第255页。

曾盗窃数石粳米,羊礼任司空辅国长史时,曾盗窃国家财物为自己营建私人住宅。为了赚取更多的钱财,有的地方官还大搞经商活动。他们拿着国家钱作为资本,利用职权进行投机倒把、囤积居奇,在短时间内积聚了大量的财富。而对这种情况,北魏政府只管向地方官征收一定数量的租调,至于他们如何搜刮和搜刮多少,则概不过问。因而,绝大多数地方官都竞相搜刮,激化了阶级矛盾,为此北魏最高统治者多次下诏对地方官提出警告。明元帝、太武帝、文成帝都曾发布过此类诏书,但均未能有效制止住搜刮之风。

冯太后再次临朝称制之时,这种情况不但没有遏制住,反而愈演愈烈。其结果,一方面使统治集团由于分赃不均而发生无穷的纠纷;另一方面也使阶级矛盾迅速发展,直接激起各地的农民起义,阶级矛盾成为当时社会的主要矛盾,吏治问题成了当时各种社会问题的焦点。为了增加国家财政收入,缓和阶级矛盾,太和八年(484),在冯太后和孝文帝的主持之下,北魏开始实行班禄,这是太和改制的先声。

太和八年(484)六月,北魏下诏"始班俸禄"。其百官俸禄,统一由国家筹集,具体办法是在原来的户调之外,每户增收帛三匹,粟二石九斗,由政府定期按照官品高低发给官吏,不许官吏自筹。同时又规定,在俸禄制实行之后,官吏凡贪污绢一匹,一律处死。

实行班禄,是北魏封建化过程中的一项重要改革,必然要触动一部分人的利益,因而在实施过程中并不是一帆风顺的。在班禄后半年,北魏朝廷上对这项改革发生了一场争论。以淮南王拓跋它为首的鲜卑大贵族,坚决主张保持鲜卑人野蛮掠夺的旧风,认为实行班禄限制了他们的利益,因而上书要求依旧"断禄"。冯太后知道班禄深得人心,就召集大臣,对这件事进行公开的辩论。汉族大臣、中书监高闾说:"君班其禄,臣受其俸,这是天经地义的事情。如果不给百官俸禄,那些贪财好利之徒,可以为非作歹,而清白廉洁之官,连基本生活也无法维持。且实行班禄以来,吏治清平,上下无怨,这难道不是最好的证明吗!"高闾的话得到群臣普遍响应,冯太后和孝文帝也很赞赏他的分析。因此,辩论的结果是班禄派获胜,断禄派失败,俸禄制坚持实行。

俸禄制的实行,有着重要历史意义。首先,俸禄制是鲜卑族接受汉族官僚政治制度的表现,这是一个历史的进步。因为魏初的班赏制,是采取以掠夺为主的奴隶制分配方式,而班禄制则是采取中原封建制的分配方式。因而它在一定程度上切断了鲜卑贵族与落后的奴隶制的联系,促进了北魏政权向封建制的转化。其次,俸禄制的实行,从根本上否定了北魏官吏贪污、掠夺的合法性,因而有利于吏治的改善和阶级矛盾的缓和,同时也有利于中央集权的加强。

俸禄制实行后,北魏政府大张旗鼓地进行惩治贪污和整顿吏治的工作。太和八年(484),冯太后和孝文帝就派人到各地巡察,检举犯法的官吏。这年秋天,仅刺史、郡守犯赃处死的就有40多人。其中,秦、益二州刺史李洪之,是献文帝的舅舅,孝文帝的舅公,他自以外戚显贵,多所受纳,"班禄之后,洪之首以赃败"。当李洪之从任上押解到平城时,孝文帝召集百官,亲自审问,然后赐死。又如,太和十二年(488),梁州刺史、临淮王拓跋提因"贪纵"被削去官爵,发配到北方边境充军。太和十三年(489),孝文帝的长辈、章武王拓跋彬,在任统万镇大将、夏州刺史时,因贪污被削去了官爵。同年,孝文帝的叔祖父、怀朔镇将汝阴王拓跋天赐犯"贪残"罪,依律当死;长安镇都大将、雍州刺史南安王拓跋桢因"聚敛肆情",依法当死。冯太后、孝文帝在皇信堂让王公大臣讨论此事,群臣都认为二王托体先皇,宜加宽恕。孝文帝说:"过去任命南安王拓跋桢为雍州刺史时,就曾告诫过他三件事:第一,不能仗着自己是皇亲就骄横,做出违反礼度之事。第二,不能傲慢贪奢,不过问政务。第三,不能整天饮酒作乐,乱交朋友。但他不能廉洁奉公,帮助朝廷宣扬法度,反而大肆贪污,为自己置办私产,罪大难恕。"于是,孝文帝下令削除其封爵,免为庶人,并且终身不得再做官。汝阴王拓跋天赐也被削除了官爵。太和十四年(490),孝文帝叔父、长安镇大将、京兆王拓跋太兴,因"黜货"被免除官爵。

冯太后和孝文帝对惩治贪官污吏毫不手软,即使是皇亲国戚,也决不宽恕。这既需要有极大的勇气，同时也表现出他们整顿吏治的决心。通过惩治犯法的贵族，对普通的官吏也起到了巨大的震慑作用。在冯太后和孝文帝的打击下，贪污之风有所收敛，吏治逐渐好转。

在打击不法官吏的同时，冯太后和孝文帝对廉洁奉公的官吏大加奖励。如定州刺史赵黑勤俭奉公，有人曾向他行贿，他说："高官禄厚，足以自给，卖官营私，本非情愿。"孝文帝知道这一情况后，赐给他帛500匹，谷1500石，以示奖赏。又如郢州刺史韦珍，在任上勤于时政，治绩很好，孝文帝把他升为龙骧将军，又赐给他骅骝2匹，帛50匹，谷300斛。南颍川太守韦崇，因治理有方，孝文帝对其进行嘉奖，赐给他帛200匹。吐京太守刘升、定阳令吴平仁"有政绩"，受到孝文帝的奖励，给予他们升了官。

实行班禄和整顿吏治是相辅相成的政策，前者是手段，后者是目的。冯太后和孝文帝在整顿吏治时，运用了既严惩又奖励的双管齐下的办法，逐渐控制了局势，扭转了"班禄"前的吏治腐败状况。故史称孝文帝"法纪严明，赏罚必行"。通过实行班禄，整顿吏治，不仅使北魏前期业已激化的阶级矛盾有所缓和，政治上出现了一个比较好的局面，而且也为太和年间其他各项改革措施的顺利实施铺平了道路。

五、改革地制，推行均田

继实行班禄之后不久，太和九年（485）十月，冯太后和孝文帝又在经济方面作出一项重大改革，这就是推行均田制。

均田制是我国封建社会一种重要的土地制度，自北魏开始实行，历经北齐、北周、隋、唐各代，将近300余年，可见其影响之大。那么，这样一种重要的土地制度为什么出现在北魏冯太后和孝文帝执政时期呢？这还要从北魏前期的土地占有情况及社会矛盾谈起。

在均田制实行以前，北魏的土地占有大致有三种情况：第一是官府所有的土地；第二是贵族、地主和僧侣占有的土地；第三是自耕农民的私有土地。从土地所有制的形态上说，它们分别属于国有土地制、地主土地私有制和小农土地私有制。在北魏建国初期，由于鲜卑拓跋族刚刚进入阶级社会，还处在由畜牧经济向农业经济的转变过程中，所以传统的畜牧经济比较发达，无论是分布在代北和秦陇一带的国有牧场，还是集中在畿内和近畿地区的公田，其数量都是非常大的。此外，自十六国以来，由于长期的战乱，留下了大量的无主荒地。史载"中原萧条，千里无烟"，就是对这一情况的写照。这些荒地、弃地，在名义上也为官府所有。因此，在北魏初期，国有土地占有相当大的比重。

随着北魏统一北方，特别是占领中原地区以后，地主土地私有制迅速发展，并逐渐占据了主导地位。一方面，留居在中原地区的汉族豪强地主，为了保卫自己的土地和财产，纷纷建立起以坞、屯、壁、堡等军事组织形式出现的地主田庄。在地主田庄里，不仅拥有众多的依附农民，而且占有大量的土地。另一方面，对于鲜卑奴隶主贵族来说，他们对土地私有的欲望也日益增强，并逐渐出现了鲜卑奴隶主贵族地主化的倾向。如道武帝时，大贵族和跋在临死前对其弟弟说："滠北地瘠，可居水南，就耕良田，广为产业。"① 说明一些奴隶主贵族已经有了私有土地。太武帝拓跋焘统治时期，身为储君的拓跋晃也在为占有私有土地而奔忙，当大臣高允劝他把"所在田园，分给贫下"时，他坚决不答应。为了适应大批鲜卑奴隶主贵族的要求，从太武帝开始，北魏以奴隶和牲畜充赏赐的事情逐渐减少，而以田宅充赏赐的例子日益增多，几乎取代了以奴婢和牲畜充赏赐的制度。此后，在中原地区封建生产关系的影响下，鲜卑奴隶主贵族对土地私有的要求日益强烈，这不仅加速了鲜卑奴隶主的地主化进程，而且也促进了地主土地私有制的发展。

自北魏建国以来，小农土地私有制就处在缓慢的恢复与发展之中。如道

---

① 《魏书》卷二八《和跋传》，第682页。

武、明元、太武三朝,曾多次复民租调、奖励耕织和劝课农桑,说明小农经济在一定程度上受到重视。文成帝和献文帝在位时,也屡有奖劝农耕之诏,目的都在于发展小农经济。因为广大农民是国家赋税徭役的主要承担者,小农经济的恢复发展如何,直接关系到北魏的经济收入,也关系到北魏政权的巩固和稳定,所以北魏历代皇帝无不给予高度的重视。然而,随着地主土地私有制的发展,鲜卑贵族和汉族地主往往利用自己的政治权势和经济实力,大量兼并土地,从而使自耕农民纷纷破产。再加上北魏政府繁苛的赋役征发,以及连年的饥馑灾荒,广大农民只有"货易田宅,质卖妻子",有的则因年俭流移,漂居异乡。这样一来,由土地兼并引起的各种社会矛盾日益尖锐,丧失土地的自耕农民或羁旅他乡,成为流民;或亡匿避难,变成豪强地主的包荫户;或铤而走险,参加武装起义。

孝文帝即位后,阶级矛盾日趋紧张,自耕农民的破产、流散也日益严重。如延兴三年(473),北魏统治者颁令,规定县令能镇压一县农民起义者兼治二县,能镇压二县者兼治三县,三年升为郡守。郡太守能镇压农民起义者,也同县令一样兼职升迁。但是,武装斗争的烈火扑不灭,起义的群众杀不完,由此激起的各地农民暴动,反而更多起来。由于农民的逃亡、隐匿,使国家掌握的人口大为减少,严重影响到政府的财政收入,而频繁发生的农民起义,又使阶级矛盾日趋激化,加深了北魏的政治危机。在这种情况下,以冯太后和孝文帝为首的北魏统治集团,为了缓和阶级矛盾,增加政府的财政收入,决心把国家控制的无主荒地授予农民,满足农民对土地的要求,从而使流民安土定居,使荫户脱离豪强地主的束缚。于是,一场旨在与豪强争夺人口,把流民、荫户与国家掌握的荒闲土地结合起来的经济改革,也就适时地产生了。

太和九年(485)十月,北魏政府颁布均田法令,在全国推广实行。均田制的主要内容有:

1. 授田的对象,包括15岁以上的男子和妇女,只要符合这一年龄范围,无论官僚贵族、地主、奴隶主以及自耕农、荫户等,都可以授得一定数量的土地。此外,奴婢和耕牛也可以授田。按均田令规定,奴婢与农民同样授田,一户之内有多少奴婢,就授多少田,不限人数。而耕牛授田有限制,不能超过四头。

2. 授田的土地,分为两种类型,一种叫露田,一种叫桑田。露田多是无主的荒地,规定不能种植桑、榆、枣等果木;桑田是已经种了或者允许种植桑、榆、枣等果木的土地。从土地所有权的形态上看,露田有授有还,不能随意买卖;桑田则有授无还,可以作为"世业",一代代传下去。因此,露田属于国有土地,私人只有使用权而无所有权;桑田则属于私有土地。

3. 授田的数量与还授办法。凡15岁以上的男子,授露田40亩,妇女20亩。为了休耕,另给40亩,称为"倍田";需要休耕两年的,再增加40亩,称为"再倍之田"。直到不能劳动或者死亡时,需将土地交还政府。奴婢的授田数量、还授办法与平民相同,耕牛一头授田30亩。但占有奴婢和耕牛的人家,因为出卖或者死亡失去了对奴婢和耕牛占有的权力,也需把土地交还政府。此外,15岁以上的男子,授桑田20亩,领种后作为"世业",不必交还政府,奴婢相同。

4. 授田原则与土地买卖。按均田令规定,一家之内原有的种了桑树的私田不动,但是要用来抵消应受桑田及倍田的份额。露田不得买卖。原有桑田超过20亩的,其超出部分可以买卖,不足20亩的可买至20亩为止。至于土不宜桑的地方,男子给麻田10亩,妇女5亩,皆从还授之法。

与均田制相适应,北魏政府又制定了新的租调制度。在这之前,北魏政府征收租调时采用"九品混通"的办法。即把应交纳租调的户按贫富不同划分九等,交纳租调时由贫到富逐渐递增。由于征收时官吏往往庇护富者,因而户等往往不均,造成贫者多交、富者少交的状况。新的户调制度废除了户等的差别,规定一夫一妇每年出帛1匹、粟2石;15岁以上的未婚男子4人、从事耕织的奴婢8人、耕牛20头,其租调都分别相当于一夫一妇的数量。

均田制是一种封建的国有土地制的特殊形式。之所以特殊,因为均田制就其土地所有制的性质来看，基本上是属于封建国家的土地所有制，但其中也包含有部分土地私有制的因素。譬如它的露田、倍田与再倍之田，有授有还，所有权都属于国家。而桑田却有授无还，土地所有权归于私有。因此，它是一种封建土地私有制与封建国有土地制相结合的制度。与此同时，均田制还是在不触动封建地主土地私有制的前提下，一方面给地主土地所有制以适当的限制，一方面又促使拓跋奴隶主贵族向封建地主转化的一种土地制度。因为根据均田法令的规定，封建地主仍然可以用原有桑田的名义，保留自己所拥有的私田；而那些拓跋奴隶主贵族，则可以通过对奴婢、耕牛的占有，合法地获得大量的露田、倍田与再倍之田。我们知道，奴隶一般是没有私有财产的，连同他们自身也不过是奴隶主的私有财产。因此，奴隶分得的私有土地——桑田，无疑属于他的主人所有。这样一来，尽管某些奴隶主原来没有或者有很少土地，但通过奴婢授予桑田的方式，就可以成为大量私有土地的拥有者。这岂不是加速了一批鲜卑拓跋奴隶主贵族迅速地转变为封建地主吗？可见均田制的实行，对于加速北魏的封建化进程有着不可忽视的重要作用。

均田制的实质，虽然是在首先满足鲜卑地主、汉族地主利益的前提下，将农民束缚在土地上，以扩大国家租调和徭役的来源。但是，均田制既然是当时阶级斗争形势下的产物，因而在一定程度上也起到缓和阶级矛盾的作用。一方面，均田制推行以后，由于政府对于编户的土地，不管是国家分的还是他们原有的，均有露田、桑田等名义，对于买卖和还授也有明确的规定和限制，这就或多或少地抑制了豪强地主对土地的兼并。另一方面，均田制实行之前，许多自耕农因为丧失土地，沦为豪强地主的荫户。均田制推行以后，不少荫户分得了土地，从豪强束缚下解脱出来，成为政府的编户齐民。均田农民的增多，既有助于扩大国家的财政收入，巩固北魏政权的统治，同时也削弱了豪强地主对农民的政治的、经济的、宗法的控制力量，对发展小农经济、促进生产力的发展起了积极作用。所以，后来高闾在上表称颂冯太后与孝文帝的治绩时说：

"知劳逸之难均,分民土以齐之。"① 可见均田制的推行,是冯太后与孝文帝共同推行的又一重大改革,也是对北魏历史所作的重大贡献。

六、废除宗主,建立三长

在推行均田制的同时,冯太后和孝文帝又对北魏地方基层政权作出了重大改革,即废除了宗主督护制,代之以新的三长制。

自西汉中期开始,中原地区地主大土地所有发展起来,东汉时进一步发展成为豪强地主土地所有制形态。豪强地主拥有大量的土地,形成东汉时期特有的"田庄经济"。在田庄内,豪强地主控制着大量的徒附、部曲、宾客为其耕作,这些依附民和豪强地主的宗法关系极强,不得随意离开田庄。每个田庄都是一个独立的经济体,生产着粮食以及各种日常生活用品,自给自足性极强。永嘉之乱后,周边的各少数民族潮水般地涌入中原,为争夺统治权进行长期混战,给人民带来深重灾难。从这时起,汉族乡间地主便修筑坞、堡、壁、垒等小城实行自卫,收容逃难人口为荫附,小的几十家,大的几千家,边耕边战,形成一个个坞堡经济体,凭私人武装保守着一方土地。在地主坞堡里,坞堡主便是宗主、族长,他们以血缘和地缘相结合,庇荫其近支宗族、同族的依附者,和其他流散人口。这些人在地主的监督下,从事各种生产,满足地方及整个坞堡所需,对官府则不纳赋役。因此,每个坞堡就是一个政治、经济、军事一体化的小小的独立王国。这种坞堡体,对内存在着比以往加重的阶级矛盾,对外与异族来犯者存在着民族矛盾,它们归附某一政权后,又与这个政权存在着地主阶级与国家之间分配利益的矛盾。北魏政权建立后,无力改变这种状况,只好承认事实:一方面承认他们"坞主"的地位;另一方面,在一部分地区,把汉族地主的这种统治方式当作国家的基层政权,即由北魏政府任命坞

---

① 《魏书》卷五四《高闾传》,第1205页。

主为宗主督护，让他们行使基层政权的职能，通过他们向农民征发租调力役，维持统治秩序。这样一来，就形成了宗主督护的制度。

宗主督护制是鲜卑贵族为了取得汉族地主的支持而采取的一种权宜之计，时间稍长，两者之间的固有矛盾就表现出来了。因为宗主督护制是一种"五十、三十家为一户"的合户制，户籍上虽只有宗主一户，但每户究竟有多少家，政府并不了解，因而在官府征发赋役时，隐丁漏口、赋役不均的现象就非常严重。在北魏前期，征收租调是采取"九品混通"的办法，这种办法把一家一户的自耕农民与占有"五十、三十家"为一户的宗主豪强等量齐观，都当作负担租调的单位。按照视定，每户应向政府交纳租粟 20 石，调帛 2 匹，絮 2 斤，丝 1 斤，调外帛 1 匹 2 丈，这叫作常赋。此外，还有杂调。在实行班禄之后，每户又增加粟 2 石 9 斗，帛 3 匹。假如在以宗主为户主的大户之内，由三五十家平均负担这些租调，并不算重，但对一家一户的自耕小农来说，这无疑是一种沉重的负担。再加上坞主、宗主为了躲避赋役，往往利用职权，勾结官府，将赋役负担都转嫁到农民身上。于是，广大农民不堪赋役重压，只好变卖田产，逃亡异乡，有的则寻求宗主坞主庇荫，成为包荫户。这种现象，使国家控制的劳动力日益减少，影响了正常的财政收入。

孝文帝即位之前，北魏政府为了与豪强争夺荫户，曾采取奖励安土定居、检查户口等一系列措施。太武帝时就曾下诏，禁止亡匿避难，羁旅他乡。献文帝时还专门派遣使者数十人，循行州郡，检括户口。如延兴三年（473），被派到冀、定、相等州的韩均，一次就搜括出隐户十多万户，由此可见豪强隐匿人口的严重性。但是，在宗主督护制下，隐匿人口的问题始终无法真正解决。均田制实施后，农民可以依法令得到一定数量的土地，而且租调量也不大，这比在坞堡里所受的剥削程度要轻得多，因而农民也迫切希望能够摆脱宗主的控制。同时，宗主督护制的存在，也使北魏政府无法按照户籍授予农民土地，妨碍了均田制的全面实施。因此，在均田制推行不久，整顿户籍，清查隐户的问题又被提到议事日程上来。

太和十年（486），给事中李冲上书朝廷，建议实行三长制。这一制度规定，五家为一邻，设一邻长；五邻为一里，设一里长；五里为一党，设一党长，合称为"三长"。三长的职责是检查户口，管理农民，征发租调和徭役。李冲是陇西（治今甘肃陇西县东南）人，出身豪族，对汉族封建制度非常熟悉。他建议实行的三长制，实际就是战国、秦汉以来汉族统治者实行已久的"什伍组织"在新的历史时期的变形，其目的是以古法来改编户口，进而取代宗主督护制。

李冲上书后，冯太后和孝文帝都十分欣赏，召集公卿百官讨论。在讨论是否建立三长制时，朝廷中出现了不同意见。以中书令郑羲、秘书令高祐为代表的一些人，极力反对实行三长制，他们说："三长制这个办法，看起来很好，但不一定行得通。如果不信，可以先试行一下，等事情失败了，才知道我们的意见是正确的。"著作郎傅思益则认为："宗主督护实行已久，一旦改制，恐怕会引起骚乱。"言外之意还是反对三长制。郑羲等人之所以公开反对建立三长制，是因为当时的豪强地主都不愿意，而他们正是这些豪强地主的代言人。朝臣中也有不少人赞同三长制，如鲜卑贵族、太尉拓跋丕就认为这个办法很好，实行起来对官府、对百姓都有利。但是也有人认为，这个办法虽好，但眼下正是农忙季节，派人下去清查户口，会影响农时，因而主张到冬天农闲时，再实行不迟。李冲则认为农忙季节清查户口，是最好的时机。因为这时正值交纳租调的月份，农民能够得到均徭省赋的实惠，看到三长制带给他们的好处，有利于改制，所以主张立即实行。在各种意见争执不下的情况下，冯太后和孝文帝权衡利弊，从全局着眼，最后做出结论说："建立三长制，有两大好处：一是可以清查出隐附人口；二是国家在征收租调有依据、有准则。这样，那些企图逃避赋役的人就无隙可乘了。这么好的办法，为什么不可以实行呢？"于是，在冯太后和孝文帝的主持下，太和十年（486）二月，北魏政府正式废除宗主督护制，建立三长制。

三长制的建立，为北魏政府按户籍分配土地提供了依据，直接保证了均田制的顺利推行。同时，通过清查荫户，整顿户籍，也使政府掌握的人口大为增加。据史书记载，到孝明帝神龟末年（520），北魏户口比西晋全盛时期的太康年间（280—289），增加了一倍，达到500多万户，3000多万人口，国家的财政收入也因此得到保障。当然，三长制的建立，还取代了魏初的宗主督护制，使北魏的基层政权组织更趋健全和完善，从而有利于巩固中央集权统治。这些，都是冯太后和孝文帝超越前人的地方，也是他们勇于改革所取得的巨大历史功绩。

三长制、俸禄制、均田制是北魏太和改制前一阶段最主要的三项改革。三者在时间上是连续的，在内容上是相辅相成的。俸禄制否定了合法贪污，变班赐为班禄，主要解决阶级矛盾。三长制恢复了秦汉以来的以地域为单位的乡官系统，代替以宗族为单位的宗主督护制，主要解决豪强地主与封建国家之间的矛盾。均田制则从经济基础上协调以上两种矛盾和民族矛盾，三大矛盾都从这里得到深层次的解决。所以，三长制、俸禄制、均田制的确立和实施，改变了北魏的历史面貌，促进了北魏封建化进程，在中国古代史上书写了光辉的篇章。

七、孝文亲政，迁都洛阳

太和十四年（490）九月，对北魏历史作出重大贡献的文明冯太后，因病在平城去世，卒年49岁。冯太后去世后，孝文帝五天不吃不喝，大有痛不欲生之情。十月，孝文帝将冯太后安葬在方山的永固陵，无论是坟陵的规模，还是葬礼的安排，都按国君的规格特殊对待，表达了他对冯太后的追思和敬仰之情。冯太后去世之后，孝文帝亲政，在太和前一段改制的基础上，又推行了一系列的重大改革措施，将改制进一步推向深入。从此，"太和改制"进入到一个新的阶段，即孝文帝主持改制的阶段。

孝文帝亲政后，根据当时的实际情况，首先作出了迁都洛阳的重大决策。

北魏建国之初，道武帝拓跋珪曾把都城定于盛乐（治今内蒙古和林格尔北），后来又把都城迁至平城（今山西大同市）。到孝文帝时，平城作为北魏的都城，已有近百年的历史了。平城地处北方，生活习惯和气候条件都与鲜卑故土相近。加之当时北魏的国力还不十分强大，而四周却有柔然、高车、库莫奚、北燕、北凉、夏等诸多强敌。平城四面环山，军事上易守难攻，可以有效地抵御外邦的入侵。另外，北魏前期农业经济不发达，主要以畜牧经济为主，而平城属寒温带，气候严寒干燥，不利于农耕却适宜牧草的生长，可以满足北魏畜牧业的需要。所以，无论从地理、气候还是从军事、经济的需要来看，北魏前期建都平城都是适宜的。

但是，随着时间的推移，平城作为都城越来越暴露出它的局限性来。首先，从军事上来说，经过道武帝、明元帝、太武帝等几代人的四处征讨，北方的强敌基本上被消灭。特别是神䴥二年（429），太武帝亲率大军出击柔然，给柔然以重创，并使柔然控制下的30万高车人归降了北魏。太和十六年（492），柔然统治阶级内部为争夺最高经济权发生内讧，自相残杀，势力大减。从此，北方强敌对北魏的威胁基本解除，平城也相应地失去了其军事意义。与此同时，北魏在南方的领土却在不断扩大，到孝文帝延兴年间，已扩展到了淮河一线。而且孝文帝素有"混一南北"的大志，而地处僻远的平城既不利于对南方领土的控制，也不利于对南方用兵。所以从军事上说，平城作为国都已经远不能适应形势的需要了。其次，从经济来说，随着北魏社会的发展，生产方式也发生了变化。畜牧业在社会经济中的比重日益下降，农业经济逐渐跃居主导地位。而平城及其周围地区不宜农耕，不能生产出足够的粟帛来供应京城，以致平城所需的粮帛主要依靠各地的接济和供应。如太武帝拓跋焘始光二年（425），就曾诏令全国各地向平城运粮，不仅要耗费大量的人力、物力、财力，而且由于平城的交通不便，又缺少水路，因而运粮所需的时间长而数量却很小。所以每逢遇到灾年，平城更是危机四起，经常出现"饿死衢路，无人收拾"的局面。这时，统治者不得不把平城的饥民派到其他各州郡去就食，加大了流民的数量，增加了社会的不稳定因素，这种情况迫使北魏统治者不得不考虑迁都问题。其三，从政治上说，平城是鲜卑贵族最集中的地方，这些人思想保守，保留着浓厚的鲜卑族的传统风俗习惯，不愿意接受汉族的先进文化。同时，这些人在平城和平的环境下已生活了几十年，以前的那种剽悍善战的作风逐渐丧失，代之以贪污、受贿，而且形成了盘根错节的关系网。这种状况必然会妨碍孝文帝推行汉化政策，影响改革的进一步深入进行。从以上这些因素考虑，孝文帝毅然决定迁都中原地区。

当时，可作为新都的选择地点有三处：邺、长安、洛阳。邺（今河北临漳县）地处河北，属华北平原地区。曹魏、后赵、前燕都曾定都于此。这里土壤肥沃，盛产粮食和丝绢，经济发达，交通便利，因而中书监高闾等人劝孝文帝把都城迁到此处。孝文帝考虑到邺城的三面是平原，在军事上无险可守，加之邺城又离南部边境较远，不利于对南朝用兵，于是否定了高闾的建议。长安（今陕西西安市）地处关中，西汉、前赵、前秦、后秦都曾定都于此。这里东有函谷关、崤山，西有陇蜀，沃野千里，有"天府之国"的称号。光禄大夫、守度支尚书李冏曾劝孝文帝迁都于此，孝文帝认为长安的地理位置偏西，地虽肥沃，但太狭小，不能满足京师的需要，而且苻坚、姚兴都失败于此，因而不宜作为都城。洛阳（今河南洛阳市）居"天下之中"，气候温和，农业生产发达，交通便利。东汉、曹魏、西晋都曾相继建都于此，是汉文化的中心，这对孝文帝推行汉化政策十分有利。而且洛阳离南部边境较近，有利于对南朝用兵。因此，孝文帝决定把都城迁往洛阳。

迁都洛阳必然会威胁到北方鲜卑贵族的既得利益。这是因为：第一，鲜卑贵族已习惯北方温凉的气候，洛阳气候炎热多雨，他们不易适应；第二，鲜卑贵族长期在北方经营，已拥有家业，迁都会损害他们的经济利益；第三，洛阳是汉族聚居区，汉族地主势力强大，迁都会动摇他们的政治优越地位。为了减少迁都的阻力，使迁都计划得以顺利进行，孝文帝煞费苦心，策划了一次"外示南讨，意在谋迁"的行动。

太和十七年（493）五月，孝文帝召集群臣，宣称要征讨萧齐。他先让太常卿王谌占卜，看是否吉利，结果得了个"革"卦。孝文帝说："此卦说明我们这次南伐就像商汤讨伐夏桀、周武讨伐商纣一样，合乎天意，顺应民心，是非常吉利的。"当时，群臣都不敢反驳。只有任城王拓跋澄说："《易经》中说的'革'有'更替'的意思，指的是臣下取代君主。现在陛下已拥有天下，今天占卜主要看南伐是否吉利，不能用商汤伐桀、周武伐纣的事来解释。"孝文帝听后大怒，厉声斥责拓跋澄："社稷是我的社稷，你怎能妖言惑众？"拓跋澄毫不示弱，对孝文帝说："社稷虽然是陛下的社稷，但我作为臣子，有参政议政的权力，我怎能眼睁睁地看着社稷危亡而坐视不管呢？"孝文帝知道他是个忠臣，缓和一下口气说："咱们各有各的想法，不必再争了。"于是宣布退朝。

退朝之后，孝文帝把拓跋澄单独召入宫中，对他推心置腹地说："我刚才在朝堂上对你发怒，是害怕大臣都反对我，坏了我的大事。你应该明白我的意思。我们的国家兴起于北方，后来定都于平城。但平城是用武之地，不是文治之所。要移风易俗，更是困难重重。所以我想把都城迁到洛阳，并伺机统一华夏，你以为如何？"拓跋澄听了孝文帝的这一番话，恍然大悟，表示支持孝文帝的行动。他说："洛阳居天下之中，要想拥有天下必然占据此地。陛下您有统一华夏的志向，真是可喜可贺呀！"孝文帝见拓跋澄支持他的计划，就和他进一步商量说："如果北方人怀恋故土，不愿意南迁该怎么办呢？"拓跋澄回答道："迁都本来就不是平常小事，当然也不是平庸之辈所能理解的，陛下只要自己拿定主意就行了，其他人不必过分考虑。"孝文帝听后大喜，赞扬拓跋澄说："你真是我的子房。"即把他比作曾赞成汉高祖刘邦迁都的张良。拓跋澄是孝文帝的叔父辈，在当时是一个很有势力和影响的鲜卑贵族，他的支持，坚定了孝文帝迁都的信心。在取得拓跋澄支持的同时，孝文帝又和一批心腹汉族士人如李冲、李韶、张彝、郭祚、崔光等密谋策划，这些人士积极为孝文帝出谋献策，详细制定了迁都的计划。

太和十七年（493）六月，孝文帝宣布南伐萧齐，下令在黄河架桥，准备南进。七月，孝文帝去冯太后陵墓永固陵告辞。接着，命太尉拓跋丕和广陵王拓跋羽留守平城，自己亲率大军30万，从平城出发，浩浩荡荡向南进军。当时，北方正值雨季，一路上阴雨连绵，行军异常艰难。直到九月，大军才到达洛阳古都。在洛阳，孝文帝瞻仰了西晋的宫殿、遗址，看到群雄逐鹿时留下的残垣断壁，心中无限伤感，不禁潸然泪下，随口吟出《诗经·黍离》中的诗句"知我者谓我心忧，不知我者谓我何求"，以抒发自己的情怀。接着，孝文帝又参观了汉魏官学的最高学府——太学，和太学前面刻有儒家经典的熹平石经。他自幼受汉文化的熏陶，对汉文化有着特殊的景仰之情，看到此景此情，更激起了心中的无限情感，同时也更加坚定了迁都洛阳的决心。

在洛阳停留几天之后，孝文帝下令继续南进。他身穿戎装，骑着战马，手执马鞭，摆出出兵的姿态。这时秋雨淅淅沥沥地下个不停，将士经过长途跋涉，已疲惫不堪，又想到继续前进将要与强敌遭遇，生死难料，因而都纷纷跪在孝文帝马前，哀求不要继续南进。孝文帝见此情景，严厉地说："南伐萧齐的计划，是我们在朝廷上商讨后定下来的。现在大军将要南进，你们为什么却又阻止呢？"李冲早已和孝文帝有密谋，这时赶忙上前说："自从离开都城南行，一路上淫雨霏霏，士卒疲惫。前行的路途还很远，雨水更大。这儿的小雨都这么难受，何况南方的大雨呢？"接着又说："这次南伐并不是大家的心愿，只是陛下一个人的主张。我冒死进谏，希望陛下不要继续南进了。"孝文帝听后，故意发怒说："我正艰苦创业，期望统一华夏，你们这些无用的儒生却总是百般阻挠，不要再说了。否则就杀了你。"说完便要驱马前进。这时，鲜卑贵族安定王拓跋休、任城王拓跋澄等人又哭着上前哀求停止南伐。孝文帝见时机成熟，便趁机说道："这次我们兴师动众，声势浩大却有劳无功，怎么向后人交代呢！我身居北方那种恶劣的环境之中，久想迁居中原地区。如果说不南伐，就把都城迁到这里，各位意下如何？同意迁都的请站在左边，不同意的请站在右边。"南安王拓跋桢带头站在左边，他对孝文帝说："自古成大事者不谋于众，非常之人才能建立非常之功。洛阳居天下之中，乃帝室之所。陛下迁都之举，真是英明之至呀。"在拓跋桢的带领下，群臣高呼万岁，表示同意迁都。当时，一些鲜卑贵族心里虽不赞成迁都，但想到不迁都就得去打仗，也只得勉强同意。这样，迁都洛阳的大计终于确定下来了。

迁都大计定下之后，孝文帝命令拓跋澄返回平城，向留守在那里的鲜卑贵族、文武官员宣布迁都一事。接着又派贵族于烈回到平城，担任留守重任。平城的群臣听到迁都的消息时，都惊慌失措。拓跋澄援引古今事例，晓之以理，耐心说服，才使这些人平静下来。此时，大计虽定，但洛阳却很破旧，不宜马上入住。于是，孝文帝任命穆亮、李冲等人负责营建洛阳，自己到各地巡查。这年十一月，孝文帝在邺城遇到了从南朝投降过来的王肃，两人一见如故，谈得十分投机。从此，王肃成为孝文帝改革事业的参与者和支持者。

太和十八年（494）正月，孝文帝回到洛阳。二月，在洛阳发布告示，向全国正式宣布迁都的消息。三月，孝文帝又从洛阳回到平城，亲自对鲜卑贵族做说服工作，给他们详细分析了平城作为都城的弱点，用古代的迁都事例说明想要成大事，必须迁都中原的道理。安抚了平城的鲜卑贵族之后，孝文帝继续北巡。七月，到达北魏祖先的陵地——金陵，凭吊、祭祀了祖先。八月，到达了阴山。阴山是拓跋族发迹的故地。在这里，孝文帝瞻仰了讲武石、讲武碑。接着，孝文帝又巡视了北部边境的怀朔、武川、抚冥、柔玄等军镇，慰问了戍守边疆的将士。随后，孝文帝回到了平城，祭奠了冯太后的永固陵。十月，拜别了太庙，命高阳王拓跋雍、于烈迁宗庙"神主"于洛阳，自己率领平城老百姓，浩浩荡荡，离开平城，回到洛阳。此时，营建洛阳的工程尚未全部竣工。因此，孝文帝这次南迁，王室、六宫及部分官僚并未随行，仍留驻平城。直到太和十九年（495）九月营建洛阳的工程结束，六宫及文武百官才全部迁往洛阳。至此，迁都至洛阳的计划全部完成。

孝文帝迁都，前后共经历了三年，并且遇到了各方面的阻力。孝文帝在这个过程中，深谋远虑，精心策划，巧妙地利用鲜卑贵族既不愿意南迁，更不愿意打仗的矛盾心理，迫使他们同意迁都。之后，先派拓跋澄去平城做说服工作，后又亲自去平城劝说，消除了平城鲜卑贵族的疑虑，稳定了局势，使迁都计划得以顺利实行。迁都洛阳，表现出孝文帝作为政治家的远见卓识和卓越的政治才能，表现出他勇于改革的宏大气魄，对北魏社会的发展有着极其巨大的促进作用。而迁离平城，则使鲜卑贵族离开了旧有的地域，来到了以汉族为主体的中原地区，这样不仅割断了他们与旧势力、旧风俗的联系，为孝文帝进一步推行汉化铺平了道路，而且也加速了各民族的融合，促使北魏鲜卑族生产方式的全面转变，因而有利于北魏社会经济的发展。但是，营建洛阳也耗费了巨额的人力、物力、财力，在一定程度上加重了人民的负担。

迁都洛阳后，鲜卑贵族中的守旧势力并未就此罢休，安居新都，相反却总是伺机作乱，由此造成了一场北魏统治阶级内部守旧势力与革新势力的斗争，这就是太子恂叛逃事件。

太子恂生于太和七年（483），于太和十七年（493）被立为太子。开始时，孝文帝对他寄予了厚望，期望他成为有文化、有知识的储君。然而，太子恂却生性不喜欢读书，性格粗慢。及迁都后，又处处反对其父的改革事业，总想回到平城。迁都洛阳后一年，即太和二十年（496）八月，太子恂趁孝文帝出巡嵩山之机，和亲信密谋逃回旧都。孝文帝得知这一消息后，中途返回洛阳，召太子入宫，历数其罪责，把太子痛打一顿。然后把他囚禁起来，并于当年冬天废掉了太子。不久，又下令毒死了太子。太子恂和平城的守旧势力联系密切，孝文帝废黜并鸩杀太子，实际上是对守旧势力的一次沉重打击。

就在太子恂被废前后，在平城的鲜卑贵族穆泰、陆叡等人纠合边防军镇的一些将领，密谋叛乱，以此来反对迁都和阻挠改革。朔州刺史、平阳王拓跋颐闻讯后，派人告知孝文帝，孝文帝立即召见拓跋澄，命他带兵北上，平定叛乱。由于参加叛乱的人思想不统一，行动不协调，因而很快就被镇压下去。接着，孝文帝亲自到达平城，对叛乱者严惩，即使是像穆泰这样曾有恩于他的元老重臣，也不宽恕，将其处死。太子恂叛逃和穆泰叛乱是北魏统治阶级内部守旧派与革新派矛盾激化的结果，孝文帝不徇私情，坚决予以镇压，在短时间内平定了叛乱，沉重打击了鲜卑贵族中的保守势力，保证了迁都之后其他各项改革的顺利进行。

八、改变旧俗，提倡汉化

孝文帝迁都洛阳后，为了尽快使鲜卑族走出落后，迈向文明，决心加大改革力度，彻底改变鲜卑族的旧传统风俗，进一步学习和采纳汉族的生活方式和典章制度。

一天，孝文帝在朝堂上召见群臣，对他们说："你们想不想让我们魏王朝和殷、周、汉、晋一样闻名于史册？"孝文帝的弟弟拓跋禧说："陛下英明伟大，我们都希望在您的带领下，使我们的王朝超过前代。"孝文帝说："那么，我们怎样才能实现这个目标呢？是移风易俗，实行改革；还是因循守旧，墨守成规呢？"拓跋禧回答道："应该改革我们的旧传统，这样才能不断进步。"孝文帝又问："你们是只求自身的荣华富贵，还是想让我们的基业永世长存下去？"拓跋禧说："我们当然希望我们的基业世代相传下去。"于是，孝文帝说："那好吧，为了达到这个目标，我们必须实行改革。"拓跋禧当即表示愿意服从孝文帝的命令。得到拓跋禧为首的一批贵族官僚支持之后，孝文帝大刀阔斧地进行改革，推行了一系列比较彻底的汉化政策。这些汉化政策有：

禁胡服。太和十八年（494），孝文帝下令，禁止鲜卑人穿鲜卑族服装，一律改穿汉族服装。早先，鲜卑人过着游牧人生活，穿着窄袖短衣。这种服装便于骑马射猎。长期以来，鲜卑人仍保留着这种古老的服饰习惯。孝文帝迁都后，鲜卑人来到了汉族聚居区，这种服装就显得十分特别。为了消除由服装造成的民族差异，减少民族隔阂，孝文帝发布了改穿汉服的命令。命令发布之后，一些人很不乐意接受。但孝文帝冲破了阻力，坚决推行，并认真检查执行的情况。太和二十年（496），孝文帝从前方回到洛阳，看到妇女仍穿着鲜卑服，就责备留京官吏说："我昨天进城的时候，看到有的妇女穿着夹领小袖的鲜卑服，你们为什么不去禁止她们呢？"太和二十三年（499），孝文帝从邺城回到洛阳，看到有少量妇女穿鲜卑服，就责备尚书拓跋澄说："我进城时，看到有的妇女仍穿鲜卑服。你为什么不管呢？"拓跋澄辩解道："现在洛阳城里穿鲜卑服的人数要比穿汉服的人数少得多。"孝文帝听了十分不高兴，反问拓跋澄："难道全城人都穿鲜卑服才能算你督察不严吗？你的话简直是一言丧邦。"说完便让史官记下了这件事。在孝文帝的大力提倡下，鲜卑人逐渐放弃了传统的服饰，穿起了汉族的服装。

断北语。太和十九年（495），孝文帝又下令禁止说鲜卑语，以汉语为北魏的官方语言。在此之前，鲜卑语一直是北魏的官方语言。随着和汉族的交往日益增多，特别是统治中心转移到中原地区后，鲜卑语逐渐不能适应交流的需要，因此孝文帝决定禁止说鲜卑族语言。这次命令规定得很严格：30岁以下的官员在朝廷上必须讲汉语，否则就降职；30岁以上的官员，由于习性已久，不易改变，可以不说汉语。语言是一个民族的重要特征，孝文帝禁止说鲜卑话，表明他要从根本上改变他的民族，这自然引起了许多鲜卑人的不满。但由于孝文帝的决心大，这项改革措施还是取得成效。这以后，鲜卑人逐渐忘掉了自己的语言。孝文帝禁鲜卑语，提倡讲汉语，进一步消除了汉族和鲜卑族在外表特征方面的差异，加速了民族融合的进程，提高了鲜卑人的汉学修养，促进了北魏文化事业的发展。

改姓氏。太和二十年（496），孝文帝下令把所有鲜卑族的复姓改成汉族的单姓。鲜卑族人以前没有姓氏，进入中原以后，才有了姓氏。他们的姓氏大多是从以前的部落名转化过来的，因而往往是几个字连在一块的复姓，比如尉迟、步六孤、侯莫陈等姓以前都是部落名。复姓字数较多，不便记忆，这更不利于和汉人交往，因此孝文帝决定改鲜卑姓。这次改姓，孝文帝先从自己的姓氏改起，他下诏说："北方人称土为拓，后为跋。北魏的祖先是黄帝的子孙，在五行中属土，土是'黄中之色，万物之元'，所以应改拓跋姓为元姓。"在孝文帝的推动下,其他鲜卑贵族也随之改姓,如纥骨氏改为胡氏,普氏改为周氏,拔拔氏改为长孙氏,达奚氏改为奚氏,伊娄氏改为伊氏,丘敦氏改为丘氏,俟亥氏改为亥氏,乙旃氏改为叔孙氏,车焜氏改为车氏,丘穆陵氏改为穆氏,步六孤氏改为陆氏,贺赖氏改为贺氏,独孤氏改为刘氏,贺楼氏改为楼氏,勿忸于氏改为于氏,尉迟氏改为尉氏,等等。在改鲜卑姓氏的同时,以前的鲜卑名也相应地发生改变。如穆泰改名之前叫石洛,孝文帝给他赐汉名为泰。陆叡以前名为贺鹿浑,改名后叫叡。

定籍贯。孝文帝在下令禁鲜卑语的同时,还下令改鲜卑人的籍贯。北魏以前定都平城,平城是代郡的治所,所以,鲜卑拓跋族的籍贯一般都是代北。迁都洛阳后,孝文帝为加速鲜卑人的汉化,规定南迁的鲜卑人都改籍贯为洛阳,死后不能归葬代北。这样,就割断了鲜卑人与代北的联系,使他们从观念上由"胡人"转变为"中原人"。

孝文帝不仅在生活方式方面学习汉族的先进之处,同时,在典章制度方面也提倡汉化。其中,改革官制和建立门阀制度就是最具代表性的两件大事。

北魏前期,鲜卑拓跋部虽然和汉族有一定的联系,但仍保留着浓厚的传统习俗,反映在官制上,既有汉制,又有鲜卑制度,"胡风国俗,杂相糅乱"。官制中的汉制主要是三省制。魏晋以来,尚书、中书、门下三省是中央核心权力机关,掌管着政令的起草、奏章的审批、官吏的任免、军队的调动等重要事务。三省长官由皇帝亲自任命,并直接对皇帝负责,以此来加强中央集权。北魏在天兴元年(398)仿汉制设置三省,由汉族士大夫担任三省长官,但职权不像魏晋时期那么大。北魏前期官制中的鲜卑官制主要是八部大人制和内行官系统。八部大人制是把鲜卑族分为八个部落,每个部落由一个人负责统领,称为大人。八部大人是政治与军事结合的官员,权力极大,他们既是地方官,负责处理地方日常事务,同时也是京官,负责京师周围的农业生产。内侍官也是北魏前期重要的官制,内侍官由鲜卑人充当。内侍官分为文职和武职,文职主要负责皇帝的生活起居,起草诏诰文书,参与军国大政;武职主要负责皇帝和皇宫的安全保卫工作。北魏前期胡汉混合的官制是为了适应当时鲜卑族和汉族生产方式、生活方式的不同而设立的。孝文帝时，随着各项改革措施的推行，鲜卑族与汉族各方面的差异日益缩小，旧的官制也就失去了存在的基础。于是，太和十七年（493），孝文帝任用王肃仿照晋制改革北魏的官制。新的官制规定，取消内侍官系统，由宦官和女官担任皇帝的侍从。尚书省分为六部，秉承皇帝意旨主持朝廷日常工作；中书省负责起草诏书，经皇帝审阅同意后，交给门下省；门下省负责具体的实施过程。与此同时，又增设御史一职，御史负责监察百官，并可以参与商定机密大事，具有很大的权力。各级职位的人选，也改变了过去鲜卑人多、汉族人少的状况，补充了大量的汉人。

孝文帝改革官制，彻底清除了北魏前期官制中的旧的部落制残余，代之以正统的封建官制，进一步推动了北魏的封建化进程。新官制的推行，在一定程度上废除了鲜卑贵族原有的特权，加强了中央集权。

门阀制度的建立也是孝文帝汉化政策中的一项重要内容。门阀制度是魏晋以来建立的一种以区分士庶为主要特征的等级制度，亦即是中国封建社会中等级制度在这一时期的特殊表现形式。当时凡显贵之家被称作"高门"或"门阀士族"，卑庶之家被称为"寒门"或"寒门庶族"。高门士族在政治上占据了中央和地方上的显官要职，并可世代做官；在经济上广占良田，并有免除赋役、荫庇宗族等经济特权。北魏前期，拓跋族统治者对汉族门阀士族地主既有利用的一面，又有排斥的一面，虽给予他们一定的权力，但又不让他们掌握实权，这样双方就产生了一定的矛盾，影响了北魏政局的稳定。孝文帝时，随着北魏社会封建化进程的不断推进，鲜卑贵族由以前的奴隶主逐步转化为封建地主，在剥削方式上和汉族门阀地主逐渐趋于一致，双方进一步勾结的条件成熟起来了。

太和十九年（495），孝文帝颁布定代人姓族的诏书。这次定姓族的诏书规定，鲜卑人的门阀等第区分为姓和族，姓比族高。其中地位最高的是"宗室十姓"：元、胡、周、长孙、奚、伊、丘、亥、叔孙、车。其次是"勋臣八姓":穆、陆、贺、刘、楼、于、嵇、尉,这八姓是最早归附拓跋族的有功之臣。其余人的门阀高低则依道武帝皇始(396—398)以前是否部落大人、皇始以后的官位、爵位来区别,高者入姓,低者入族。凡能入姓或族的鲜卑地主,都是当时的显贵,是地主阶级中的高门。这些人五服以内的亲戚,并且一两代都做过官的,也可以入姓族,五服以外的亲戚就不再入姓族,属于庶族地主。

孝文帝在定代人姓族的同时,对汉族地主的门阀等第也作出了明确规定。汉族门阀士族地位的高低由三世以来先祖的官位高卑来决定,地位最高的是甲乙、丙、丁四姓。如三代先祖中有担任三公、尚书令、尚书仆射、领军将军、护军将军以上者,可入甲姓;有任九卿、方伯及州刺史者,可入乙姓;有任散骑常侍、太中大夫者,可入丙姓;有任吏部郎中、正员郎者,可入丁姓。这四姓被称为"四海大姓"。当时的山东崔氏、范阳卢氏、荥阳郑氏、太原王氏、赵郡李氏属于这四姓。地位次之的是各郡的显贵士族,被称为郡姓。如关中和河东的韦、裴、杨、杜等姓。再次是各县的显贵士族,被称为县姓。

孝文帝定姓族,建立门阀制度,使拓跋贵族在观念上取得了和汉族门阀地主同样的社会地位。从此,鲜卑族和汉族的民族隔阂基本上消失了,胡汉地主进一步联合起来,共同压迫、剥削广大劳动人民。门阀制度建立后,统治阶级内部形成一个特权阶层,门阀士族由于政治、经济上的特权,养尊处优,贪图安逸享乐,加速了他们的腐朽与堕落。此外,由于门阀制度的建立,地主阶级内部形成了森严的等级制度,从而加剧了统治阶级内部的矛盾冲突,客观上加速了北魏王朝的灭亡。

孝文帝建立门阀制度以后,为了使鲜卑贵族和汉族地主更加紧密地联系起来,主张胡汉联姻。他自己就把汉族大地主卢敏、崔宗伯、郑羲、王琼的女儿纳入后宫,充任嫔妃,又把李冲的女儿立为皇后。另外,孝文帝又让他的五个弟弟分别纳汉族地主之女为妻。如拓跋禧娶颍川太守李辅的女儿为妻,拓跋羽娶骠骑谘议参军郑平城的女儿为妻,拓跋雍娶中书博士卢神宝的女儿为妻,拓跋飚娶廷尉李冲的女儿为妻，拓跋祥娶吏部郎中郑懿的女儿为妻。孝文帝的五个弟弟以前都有妻室，孝文帝让他们把前妻都降为妾，把新纳的汉族女作为妻。孝文帝在令鲜卑贵族娶汉族女的同时，还把鲜卑贵族的女儿嫁给汉族地主，如孝文帝的女儿济南长公主嫁给了范阳大族卢道虔，义阳公主嫁给了卢昶的儿子卢元聿，孝文帝的妹妹彭城公主嫁给了王肃。

孝文帝主张胡汉联姻，实质上是想借助婚姻关系，把胡汉地主阶级的政治、经济利益联系在一起，使汉族地主更加效忠于北魏王朝。胡汉联姻，扩大了北魏门阀统治基础，有利于北魏政权的稳定。胡汉联姻，客观上促进了各民族间的交往，推动了民族融合的进程，有利于鲜卑族对先进的文化的学习和吸收。

孝文帝亲政后推行的一系列改革措施，使北魏社会在政治、经济方面完成了封建化。在这场变革中，孝文帝敢于抛弃本民族陋习，勇于向先进的汉民族学习，表现出一个政治家、改革家的博大胸怀和远见卓识。孝文帝的改革，是北魏政治经济发展和鲜卑族封建化的结果，北方内迁各族和汉族融合的一次总结，同时也是落后的征服者被先进的被征服民族所同化的必然结果。这正如恩格斯指出的那样："在长期的征服中，比较野蛮的征服者，在绝大多数情况下，都不得不适应征服后存在的比较高的'经济情况'；他们被征服者所同化，而且大部分甚至还不得不使用被征服者的语言。"[1] 孝文帝的改革正体现了这样的历史发展规律，因而受到后人的称颂。

九、崇尚儒学，昌明礼乐

孝文帝不仅在政治、经济方面提倡汉化，在思想意识形态领域也主张向汉族学习。他亲政后，大力崇尚儒学，昌明礼乐，这是鲜卑拓跋族向汉化方面迈

---

[1] 恩格斯：《反杜林论》，《马克思恩格斯选集》第三卷，人民出版社1972年版，第222页。

出的重要一步。

自汉武帝"罢黜百家，独尊儒术"以来，儒家思想一直是中原地区汉族封建统治阶级的正统思想。鲜卑拓跋族入居中原以后，为了巩固其政权，历代帝王都十分重视儒学。如道武帝初定中原，建立北魏，"虽日不暇给，始建都邑，便以经术为先，立太学，置五经博士生员千有余人"①。明元帝"礼爱儒生，好览史传"，曾亲自采诸经史，撰成《新集》30篇。孝文帝从小受其汉族祖母冯太后的抚养，熟读儒家经典，谙知其中的奥妙。他即位后，出于汉化改革的需要，更加推崇和宣扬儒学。他曾多次和儒生讨论经义，并曾亲自给诸生讲解经义；迁都洛阳时，曾专门到洛阳的太学去参观，并诵读太学门外的熹平石经。即使在出巡、行军途中，孝文帝也总是手不释卷，认真阅读儒家经典。孝文帝不仅自己喜欢儒学，而且还要求宗室子弟认真学习。为了让宗室子弟掌握儒学经义，他特意聘请当时有名的大儒为师傅。李冲是当时很有名气的儒学大师，孝文帝就让他做自己弟弟拓跋禧的老师。在孝文帝的倡导下，北魏王室学习儒学蔚然成风，并取得一定的成效。如孝文帝的弟弟拓跋勰就十分喜欢儒学，整天废寝忘食地读书。另一个弟弟拓跋怿也博览群书，很有文才。汝南王拓跋天赐的儿子拓跋修义也爱儒学，文章写得很好，受到孝文帝的赏识。由于孝文帝重视儒学，因此，一些有造诣的汉族大臣也受到孝文帝的重用。如当时的高允、刘芳、崔光、王肃等人，因学问好，得到孝文帝的重用，常陪伴在孝文帝的左右，为孝文帝出谋划策，参与军政大事。

孝文帝推崇儒学，固然和他自身的汉学修养有关，更重要的还在于他想通过推崇儒学，使更多的鲜卑族人了解汉族文化，进而支持他的改革事业。同时，推崇儒学还可以在思想文化方面使鲜卑族和汉族接轨，有利于鲜卑统治者为广大汉族人民所接纳。

孔子是儒家学派的创始人，自汉武帝以来，封建统治者一直把他奉为偶

---

① 《魏书》卷八四《儒林传序》，第1841页。

像，视为"圣人"，为孔子立庙，封孔子后裔，并定期祭祀孔庙。北魏建国之初，道武帝追谥孔子为"先圣先师"，明元帝、太武帝都曾祭祀孔子。孝文帝大力提倡汉化，崇尚儒学，故而对孔子的尊崇也更为重视。太和十三年（489），孝文帝下令在京师立孔子庙。太和十六年（492），又改谥孔子为"文圣尼父"。迁都洛阳后，又到山东"亲祀孔子庙"，接着，又"诏拜孔氏四人、颜氏二人为官"，"诏选诸孔宗子一人，封崇圣侯，邑一百户，以奉孔子之祀"。同时，又在兖州为孔子起园柏，修饰坟垅，建立碑石，为之歌功颂德。孝文帝如此尊孔，其目的是想唤起全社会的崇儒行动，以更好地进行移风易俗。

学校是传播文化的最主要的基地。北魏最早的学校是道武帝于天兴二年（399）设立的太学和国子学，以此作为北魏的最高学府。明元帝拓跋嗣时，将国子学改为中书学，专门招收和培养鲜卑贵族和汉族官僚子弟。但是，一直至献文帝即位时，北魏只有中央官学，而无州郡乡学，缺乏一套完整的学校教育制度，这对运用教育的方式来培养人才，显然是不够的。冯太后第一次临朝称制时，就十分重视教育。平定乙浑叛乱之后不久，他就让中书令高允召集中书、秘书两省官员，议论郡国兴学事宜。天安元年（466）九月，高允将讨论意见上奏：建议在大郡设立博士2人，助教4人，学生100人；次郡立博士2人，助教2人，学生80人；中郡立博士1人，助教2人，学生60人；下郡立博士1人，助教1人，学生40人。并建议选取"博关经典，世履忠清，堪为人师者"充任博士、助教。冯太后当即采纳了高允的建议，下令在各郡国建立乡学。因此，北魏既有国学，又有乡学。

孝文帝即位后，为了推行汉化政策，培养改革所需要的人才，在前代帝王的基础上，更致力于兴办学校，发展教育。太和十年（486），孝文帝下令将中书学改为国子学，培养胡汉地主阶级子弟。太和十五年（491），又建立了明堂。迁都洛阳后，孝文帝在洛阳建立国子学、太学和四门小学。国子学、太学的建立，完全仿照汉族的传统，设立在原太学的旧址上。四门小学则设立在洛阳的四个城门附近，培养将佐豪右子弟。学校建立后，孝文帝又严格选拔了一批教师，作为教学的骨干力量，并给予他们优厚的待遇。当时学校有很多学官。国子学有国子祭酒、国子博士、国子助教；太学有五经博士、太学祭酒、太学博士、太学助教；四门小学有四门小学博士。这些老师当中，汉人占有很大的比例，如李彦、郭祚、崔亮、房景先、刘芳、李彪、董征等人都曾担任当时的学官，他们在学校里主要教授儒家经书。

孝文帝统治时期，不仅国学有了发展，地方学校也有进一步的发展，除了各郡仍设立乡学外，西兖州刺史高佑又建议郡以下的县党也设立学校。孝文帝采纳了这个建议，"乃县立讲学，党立小学"。至此，北魏的学校系统基本上完备起来。

由于学校的普遍建立，儒家思想越来越深入社会各阶层，儒生也增加了，他们源源不断地补充到官吏队伍，推进了孝文帝的汉化和改革事业。

礼乐是儒家思想的核心内容，它规定了封建伦理关系及与之适应的一整套仪式，因此，它是协调封建制度下人与人之间的关系，维护封建统治秩序的有效工具，所谓"治定功成，礼乐乃兴"。十六国时期，北方战争频繁，人民流离失所，出现了礼崩乐坏的局面。北魏建国之初，政局不稳，无暇顾及礼乐制度，即使有一些礼仪制度，也只是在大的方面有所遵循而已，均系临时性措施，从未制度化。随着北方的统一，经济的发展以及汉化政策的推行，孝文帝时，决心恢复礼乐，以礼作为指导思想来制约各种社会关系，维护其统治地位。孝文帝推重的封建礼制主要有以下几种：

1. 丧礼。丧礼是有关丧葬祭奠的礼仪制度，体现着忠、孝等封建伦理道德和封建等级关系。丧礼规定丧亲之后要穿丧服并有一定时间的居丧期，丧服与居丧期根据与死者关系的亲疏而有不同的规定。一般来说，子为父、臣为君服丧时，要穿"斩衰"，即用粗的生麻做的不缝缉的丧服，居丧期为三年。如母死父在，为父服丧的要穿"齐衰"，即用熟麻布做的缝边整齐的丧服，居丧期为一年，但要"心丧"三年；如父先亡，为母服丧时亦穿齐衰，居丧期为三年。其余的亲戚死后，根据亲疏关系分别穿"大功"即用熟麻布做的比"齐衰"精致一些的丧服，居丧期为九个月。次之穿"小功"，即比"大功"更精致的丧服，居丧期为五个月。再次穿"缌麻"，居丧期为三个月。这五等丧服称为五服，表现了血统亲疏等级，五服以内为亲，五服以外为疏。

孝文帝对丧礼十分重视，曾亲自在清徽堂给臣下讲解丧服，成为我国历史上皇帝讲丧服的第一人。太和十四年（490），冯太后去世，孝文帝要依古礼行"三年丧"，经大臣们苦劝才作罢。太和十八年（494），安定王拓跋休死，孝文帝"自薨至殡，车驾三临"，并且"改服锡衰，素弁加绖"，将葬时，又"亲送出郊，恸哭而返"。太和十九年（495），广川王拓跋谐去世，孝文帝"素服深衣哭之，入室哀恸，抚尸而出"。孝文帝不仅自己身体力行，而且还要求臣下遵守礼法，对违礼者严加惩治。如安定王拓跋休去世后，他的侄子拓跋嵩不遵礼法，不仅没有表现出哀悼之情，反而照旧出游打猎。孝文帝知道此事后，责怪他不遵古礼，不懂丧亲之痛，无情无义，并下令免去官职。

2. 冠礼。冠礼是给年满20岁的男子加冠的礼仪制度。冠礼一般在宗庙里举行，行礼前，先由卜者选行礼日期，然后由主持者确定来宾的人选。行礼时，主持者分三次把冠加于青年头上，先加缁布冠，表示此人有治人的特权；再加皮弁，表示可以服兵役；最后加爵弁，表示有权参加祭祀。贵族男子行冠礼后，就标志着长大成人，可以娶妻生子了。

孝文帝对冠礼很重视。太和十九年（495）五月，太子恂在太庙里举行冠礼，但这时他并未到20岁，只有13岁。礼毕，孝文帝告诫他说："举行冠礼就意味着你已成人了。从今以后，干什么事都要合体适度，要孝敬父母，要和兄弟姐妹和睦相处。"过了几天，孝文帝阅读有关书籍，发现这次冠礼有三失，即：没有作乐；天子之子不应行士冠礼；没有来宾。于是，孝文帝责怪主持者说："我们正在恢复古代的礼乐制度，太子行冠礼却出现这么多失误，你们难道不感到惭愧吗？"主持者赶忙赔礼谢罪，孝文帝才作罢。

3. 婚礼。婚礼是有关结婚迎亲的礼仪制度。北魏前期的婚礼保持着浓厚的鲜卑族风俗习惯。结婚这天，新郎家在家门内外用青布幔作屋，以为拜堂。然后新郎领着百余人或数十人，备车去新娘家迎亲。到了新娘家，随从人员扶车高呼，"新娘子，快出来"，直至新娘登车为止。然后用车载着新娘回到新郎家拜堂成亲。回门之日，新娘家的亲朋好友聚集一堂，新郎到后，"各以竹杖打婿为戏"。

孝文帝即位以后，在婚礼方面也学习汉族的制度，即恢复汉族的六礼。六礼是指士阶层举行婚礼的六道手续。一是纳采，是男家请媒人向女家求婚。二是问名，即男方具书，派人到女方，问女之名；女方复书，具告女的出生年月及其生母姓氏。三是纳吉，就是在送彩礼之前，卜得吉兆，备礼通知女家。四是纳征，即是男方送给女方彩礼，以示定亲。五是请期，向女方请问合婚日期。六是亲迎，即结婚之日，新郎亲往女家迎接新娘。

此外，孝文帝还废除了北魏前期婚姻制度中的同姓相婚制。太和七年（483）十二月，孝文帝下诏严禁同姓通婚，"有犯以不道论"。

4. 养老之礼。赡养老人是中国古代礼制中的一项重要内容，以此来表现晚辈对长辈的孝行。早在周代时，天子就设"三老五更"，以尊养老人，"示天下之孝悌"。这种制度，一直到汉代还保存着。

孝文帝即位后，对养老之礼给予了高度关注。如太和十一年（487），孝文帝下诏恢复地方定期举行的以敬老为中心的酒会仪式。太和十六年（492），孝文帝在明堂拜尉元为三老，游明根为五更，自己亲袒割牲，执爵而馈，肃拜三老五更，并聆听其教诲。孝文帝统治时期，还多次宴请京畿地区 70 岁以上的老人，以行养老之礼。同时，还经常赐给老年人谷帛等，以示尊敬。

孝文帝重视礼法，是想通过儒家的礼仪来改造鲜卑旧俗。在当时的历史条件下，孝文帝恢复礼法，对于稳定统治阶级内部的等级秩序，推行各项改革措施，起到积极的作用。

孝文帝不仅重视礼制，也十分热衷于恢复雅乐。乐是与各种礼仪相配合的舞乐，不同的礼仪演奏不同的音乐，这样才显得和谐、得体。但十六国时期，由于北方大乱，乐官逃散，乐器亡失，一些礼仪音乐因此失传。北魏建国之初，乐声不纯，颇杂以西凉之乐。针对这种情况，从道武帝开始，北魏统治者就致力于恢复雅乐的工作。如道武帝于天兴元年（398）命尚书郎邓渊"定律吕，协音乐"。以后又规定，皇帝祭宗庙、天地或飨群臣、宣政教时，都要奏乐。太武帝时，又曾把许多少数民族的乐舞收入到音乐官署。这为孝文帝恢复雅乐奠定了一定的基础。

孝文帝即位后，更加致力于恢复雅乐的工作。史载"太和初，高祖垂心雅古，务正音声"①，要求恢复雅乐。太和元年（477），孝文帝看到乐章残缺，于是召集中书、秘书省官员议定其事，并下诏访求吏民，请能够解古乐者增修乐器，甄别乐名品位。但因当时无人通晓音律，此事没有成功。

太和十一年（487），孝文帝和冯太后又下令说："先王作乐，所以和风改俗，非雅曲正声不宜廷奏。可集新旧乐章，参探音律，除去新声不典之曲，裨增钟悬铿锵之韵。"②严格禁止在朝廷上演奏不雅之乐。

孝文帝亲政后，于太和十六（492）再次下诏，命懂得音乐的中书监高闾与太乐"详采古今，以备兹典"，考定音律，"厘定雅乐"。参加这次活动的还有皇宗博士孙惠蔚、太常少卿陆琇、太乐祭酒公孙崇、著作郎韩显宗等人。他们一起"修正金石及八音之器"。初有成果后，孝文帝又亲自召集群臣，"共研是非"。经过这次考定之后，北魏的音乐事业有了很大的发展，雅乐基石上得到恢复。到北魏末年孝武帝永熙年间（532—534），录尚书长孙稚与太常卿祖莹等"斟酌缮修，戎华兼采，至于钟律，焕然大备"。

孝文帝之所以重视雅乐，是因为他对音乐的社会功能有明确的认识。太和十五年（491），孝文帝下诏说："乐者所以动天地，感神祇，调阴阳，通人鬼。故能关山川之风，以播德于无外。由此言之，治用大矣。"③太和十六年

---

① 《魏书》卷一〇九《乐志》，第2828页。
② 《魏书》卷一〇九《乐志》，第2829页。
③ 《魏书》卷一〇九《乐志》，第2829页。

（492）又下诏说："礼乐之道，自古所先，故圣王作乐以和中，制礼以防外。然音声之用，其致远矣，所以通感人神，移风易俗。"① 可见在倡导雅乐的过程中，孝文帝始终是以政治家的眼光来对待的，他非常注意"移风易俗"这个根本目的，以此来推动改革事业的深入进行。

孝文帝崇尚儒学，在意识形态领域重新确立儒家思想的正统地位，使鲜卑族和汉族的思想文化趋于一致，有利于北魏政局的稳定，有利于中国古代文明的持续发展。昌明礼乐，明确了尊卑贵贱的封建等级秩序，规范了人们的行为，有利于维护北魏封建统治秩序，同时，也进一步改变了鲜卑族的风俗习惯。

十、任贤纳谏，励精图治

孝文帝统治时期，在政治上励精图治，颇有作为。他整饬吏治，任人唯贤，虚心纳谏，宽简刑政，从而使得太和年间政治比较清明，人民生活比较安定，成为北魏历史上最好的时期之一。

早在太和前期，孝文帝就和其祖母冯太后一起整顿吏治，肃贪奖廉，刹住了北魏前期各级官吏贪赃枉法、行贿受贿的不良风气。及其亲政后，继续惩贪治贪，取得了明显的成效。如太和十五年（491），孝文帝的叔伯父、徐州刺史、济阴王拓跋郁因"赎货"而被孝文帝处死。迁都洛阳后，孝文帝的弟弟、司州牧拓跋干因"贪淫不遵法典"，被孝文帝责打一百杖，并下令免除其官职。经过孝文帝的整顿，北魏的吏治进一步好转。

在用人方面，孝文帝重视人才，坚持任人唯贤的路线，他既不因亲旧关系而取庸劣，也不因关系疏远而舍贤才。例如孝文帝的弟弟拓跋羽，起初被孝文帝委以重任，官至廷尉、尚书，但为官以来，"近小人，远君子，在公阿党，

---

① 《魏书》卷一〇九《乐志》，第2829页。

亏我皇宪，出入无章，动乖礼则"。孝文帝指责他说："汝自在职以来，功勤之绩，不闻于朝；阿党之音，频干朕听。汝之过失，已备积于前，不复能别叙。"①孝文帝当众把他批评一顿，然后免除了他的廷尉、尚书之职，只让他保留特进、少保之职。孝文帝的叔父拓跋澄，是支持孝文帝迁都的重要人物，可以说是孝文帝的功臣，但他"神志骄傲，少保之任，似不能存意"。于是，孝文帝免除了他少保的职务。孝文帝对于这些不称职的王公贵族加以贬黜，对那些有真才实学的士人，却是不拘门第，委以重任。如李彪，出身寒门，但学识渊博，能言善辩，受到孝文帝的重用，官至御史中尉兼度支尚书。李彪性格刚烈，常直言进谏，因而孝文帝称赞他说："李彪之直，是我国家得贤之基。"宋弁和李彪是同乡，亦出身寒微，其家世"自汉魏以来，既无高官，又无俊秀"，但宋弁自幼勤奋好学，颇有才气，受到孝文帝的赏识。孝文帝定姓族，建立门阀制度时，特意指定宋弁负责。宋弁按照孝文帝的意图，圆满地完成了这一任务。可见孝文帝知人善任，官得其人。

为了网罗更多的人才，孝文帝多次要求州郡贡举、大臣荐举各类有才之士。太和十五年（491），孝文帝下诏令各州贡举秀才。太和十九年（495）又下诏令各州郡荐举品行端正、学识渊博、有政治才干之士。太和二十一年（497），孝文帝又下诏令地方贡举能遵守孝道、有文学才干之人。此外，孝文帝还要求在职地方官吏荐举人才，并以此作为衡量官吏政绩的一条标准。对推荐好官有功者，孝文帝加以嘉奖。如李冲推荐李彪等人有功，受到孝文帝的赞扬；汾州刺史穆罴推荐吐京太守刘升、定阳令吴平仁有功，受到"增秩延限"的奖励。相反，尚书、广陵王拓跋羽、尚书令陆叡等人，为官期间"不尝进一贤而退一不肖"，被孝文帝降了职。

为了尽快选拔有用的人才，孝文帝对传统的考核官吏制度做了一些改革。按照传统的考核办法，官吏每三年一考，九年进行三考之后，才决定其升降。

---

① 《魏书》卷二一上《献文六王传·广陵王羽传》，第548页。

这种制度的弊端就在于若待三考后黜陟，"可黜者不足为迟，可进者大成赊缓"。太和十八年（494），孝文帝制定了新的考核办法，规定官吏每三年一考，根据其成绩，决定其升黜，这样就可以使有才能的官员尽快升到高位，更好地发挥其才智，造福国家；无才之官也不至长时间危害国家，鱼肉百姓。孝文帝考核官吏的标准主要有：在职官吏是否能够劝课农桑；是否能够为朝廷举荐人才，"能举者受赏，不言者有罪"；是否积极支持孝文帝的改革事业并贯彻各项改革措施，等等。孝文帝不仅要求有关部门定期对地方官进行考核，即使在自己出巡时，还经常对州郡地方官进行考察并加奖罚。例如太和十七年（493），孝文帝外出巡查，路过并州（今山西太原），看到境内清静，心中甚悦。但看到道路两旁立着许多石碑，上面均是赞美并州刺史王袭之辞时，又不免心中疑虑，就派人去调查王袭的政绩，调查后发现，王袭是弄虚作假。原来是王袭听说孝文帝要经过并州，特意让人刻的石碑。孝文帝得知事情的真相后大怒，当面斥责王袭，并给以降职的处分。由于孝文帝任人唯贤，精选官吏，严格考核，使得人尽其才。因此，太和年间吏治较好，行政工作效率较高。

孝文帝不仅善于任用人才，选拔人才，而且也能够礼贤下士，虚心纳谏。李冲是冯太后的宠臣，才华出众，孝文帝对他倍加敬重，平时称李冲为"中书"而不直呼其名。李冲自然也感恩戴德，竭诚尽力，辅佐孝文帝。李冲去世后，孝文帝又亲自为他治丧，以示哀悼之情。孝文帝不仅尊重朝廷旧臣，对南朝投降过来的官吏也很尊重。原在刘宋做官的刘昶投降北魏以后，孝文帝委之以高官，并让其参与改革朝仪。太和十八年（494），又授予刘昶使持节、都督吴越楚彭城诸军事、大将军等职，同时又赐给他布千匹。刘昶离京上任的时候，孝文帝亲自为他饯行，命令文武百官作诗相赠，并赠送自己所作的《文集》一册作为留念。刘昶大为感动，死心塌地地为北魏王朝效力。王肃原来也是南朝的高级官员，后来其父兄为萧赜杀害，遂于太和十七年（493）逃到北方。恰逢孝文帝在邺城巡查，听说王肃来投，"虚襟待之"，并与之大谈政事，夜半不罢。从此，对王肃非常器重，经常把王肃召入宫中叙谈。又如王清石，原为江南大族，世世代代在江南做官。投降北魏后，总担心孝文帝不信任自己，因而心中常常不安。孝文帝知道这一情况后，对他说："你不要觉得自己原来是南朝人，因而说话办事畏首畏尾。以后想说什么就大胆说，不要顾虑太多。"孝文帝的话打消了王清石的顾虑，他心中十分感谢孝文帝，从此更加替北魏王朝卖命了。孝文帝礼贤下士，笼络住一大批有才之士，他们为感谢孝文帝的知遇之恩，精忠报效，为北魏王朝作出了积极的贡献。

孝文帝重视笼络士人，同时也虚心纳谏，听取臣下的意见。他统治时期，曾多次下诏，要求臣下"直言极谏，勿有所隐"，"直言尽规，靡有所隐"。在一次朝会上，他曾对群臣说："国家要想昌盛，需君臣共同努力，你们一定要尽职守责，报效国家。我对你们的意见，一定认真听取，如果我有失误之处，你们必须及时指出来。"在他的倡导下，群臣都能大胆直谏。如在一次讨论用人问题的会议上，孝文帝问诸官，用人应以门第为主，还是应以才能为主。李冲当即直言反问道："陛下设置百官，是想治理好国家呢，还是想让国家败亡？"孝文帝回答道："当然想把国家治理好。"李冲说："既然想把国家治理好，那么为什么陛下选才只重门第而不重才能呢？"孝文帝说："如果有特殊的人才，不愁不知道。出身高门的人，即使才能不高，但品行一定很好。因此我一般选用这些人。"李冲反驳说："那倒未必，像傅岩、吕望这些济世高才，难道出身都很高吗？"孝文帝说："这种人毕竟太少了。"李冲觉得辩不过孝文帝，对群臣说："你们赶快来帮助我。"于是又有一批大臣参加辩论。李彪说："陛下选才如果专重门第，国家迟早会败亡的。"韩显宗也说："国家兴亡在于人才，不应只重门第高低，选才怎能以贵袭贵、以贱袭贱呢？"这些意见，孝文帝认真考虑后，觉得很有道理，于是改变了一些以前的做法。

另外，有些大臣常当面指陈得失，孝文帝亦不以为意，反而大加礼遇。如李同"性鲠烈，敢直言，常面折高祖……高祖常加优礼"。薛聪任治书侍御史时，"凡所弹劾，不避强御，孝文或欲宽贷者，聪辄争之"。孝文帝经常说："朕见薛聪，不能不惮。"高道悦为治书侍御史，"正色当官，不惮强御"。孝文帝称赞他"居法树平肃之规,处谏著必犯之节,王公惮其风鲠"①。由于孝文帝礼贤下士,虚心纳谏,北魏王朝出现了一批直言进谏的忠臣,如李彪、韩显宗等人都以能直谏而著称于时,因而史书称颂孝文帝"听览政事,莫不从善如流"。孝文帝虚心纳谏,广开言路,减少了执政过程中的失误,这也是太和年间政治比较清明的一个重要原因。

孝文帝在位期间,还多次修订律令,宽简刑政。北魏前期,法律不健全,以致"奸吏用法,致有轻重"。太和元年(477),孝文帝和冯太后诏令"群臣定律于太华殿"。后来又让中书令高闾召集中书、门下两省官吏,参照汉律,修改旧文,经过反复讨论,终于在太和五年(481)冬天新订律令832章,颁布实行。在修订律令的同时,孝文帝和冯太后又针对北魏初年刑法残酷,名目繁多的情况,着手宽简刑政,删除酷刑。如北魏初年规定,犯人行刑时要"去衣裸体",孝文帝和冯太后下令予以废除。又如北魏官吏在断狱时,往往采用野蛮的刑讯逼供的方式,犯人若不招供,就给他套上大枷,然后在其脖子上吊上巨石,直至压伤其内骨为止。犯人受不了这种残酷的肉体折磨,只得违心地承认自己有罪或是诬陷无辜之人。针对这一苛法,北魏规定如果不是犯叛逆之罪,又没有确凿的证据,不能用大枷之刑。这一改革虽未废除这一残酷的刑法,但却在一定程度上限制了滥用酷刑,因而有一定的积极作用。此外,北魏前期有一种残酷的株连法,叫"门房之诛"。门房之诛是门诛、房诛的合称。所谓门诛,诛其一门;房诛,诛其一房。故史称"一人作恶,殃及全族"。太和十一年(487),孝文帝和冯太诏令群臣"更议之,删除繁酷",此后,门房之诛就被废止了。太和十五年(491),在前一次修订律令的基础上,孝文帝又下诏"议改律令",参加这次制律工作的有中书令李冲、尚书令源怀、中书侍郎封琳、侍中冯诞、奉朝请高绰等人。这次修律,孝文帝亲自执笔,李冲负责辞意的修饰润色工作,遇到疑难问题,两人共同商讨,经过反复

---

① 《魏书》卷六二《高道悦传》,第1400页。

推敲，才最后定稿。经过一年的紧张工作，新律于太和十六年（492）完成，并"颁新律令，大赦天下"。新律颁行后，孝文帝又下令废除了对逃亡罪犯亲属的株连法律。当时罪犯徙边服役时多有逃亡，因而法律规定：一人逃亡，合门充役。光州刺史崔挺认为这种做法太残酷，就上书说："《周书》里讲：'父亲犯罪，不能把儿子牵扯进去。'而我们的法律却规定，一个人有罪，他合门的人都要判刑，这难道不是有点过分吗？"孝文帝觉得他说的很有道理，于是接受了崔挺的意见，废除了对罪犯亲属株连的法条。

孝文帝不仅亲自参加讨论，修改律令，宽简刑政，而且还十分注意执法工作，多次亲临刑狱，听冤讼，决疑狱。如太和四年（480），孝文帝到廷尉、籍坊二狱巡查，并听取囚犯的申诉。太和十五年（491），孝文帝巡查全国各行政部门之后，又巡省京邑，听理冤讼。太和十七年（493），孝文帝亲临朝堂，召见公卿百官，共同决疑政、录囚徒。太和二十年（496），孝文帝巡幸华林园，听讼于都亭，并给一些犯人降了罪。孝文帝亲自断狱，并对执法人员严格要求，有利于执法人员的秉公断狱，也在一定程度上防止了冤案、错案的发生。

孝文帝不仅重视立法、执法工作，自己还十分喜欢探讨法理，经常与大臣们一起探讨这方面的问题。有一次，他和大臣高闾讨论"什么是法，什么是刑"的问题。孝文帝问高闾："刑法是统治者都必须使用的统治工具，那么什么是法，什么是刑？具体实施时，哪个在前，哪个在后？"高闾回答说："我听说创建制度，确立规矩，使万众有章可循叫作法；违反制度，不听约束，然后对之进行处罚叫作刑。具体实施的时候，是法前刑后。"孝文帝又问："我们在制定刑法时应依据什么样的原则呢？"高闾指出："我们制定刑法时，必须合理，必须明确，制定之后，必须执行，必须久远，制定法律的目的不是去惩治罪犯，而是去尽可能地制止犯罪。"高闾的话，深受孝文帝的赞赏。孝文帝制定刑法，正是基于这种思想进行的。

孝文帝还注意吸取历史上的法律经验，为现实政治服务。他曾和任城王拓跋澄讨论春秋时期郑国子产铸刑书一事。孝文帝问拓跋澄："春秋时郑国的子产把刑法铸于鼎上，向国人公布，这种做法受到晋国叔向的批评。这两个人都是贤士，那么，他们二人究竟谁对谁错呢？"拓跋澄回答道："郑国当时势力弱小，周边的国家却比较强大，民心不稳，不用刑法就不能够制服民众。"孝文帝说："你也应该成为我们魏国的子产。"拓跋澄说："现在陛下以四海为家，以文德来教化天下，但是海内并未统一，因而，百姓这时候易于用威力制服，难以用礼制来教化。我认为，我们现在也应该像子产一样，大搞法制建设，将来天下太平之后，再用礼法教化民众。"拓跋澄的话实质上是支持孝文帝的改革措施，孝文帝对此深表满意，于是对拓跋澄说："你真是深明大义，我正从事着各项改制，请你与我一道，共创这千秋伟业。"

孝文帝改定律令，严明执法，宽简刑政，为北魏乃至中国封建社会的法制建设作出了杰出的贡献。他在位期间，"吏治清平，断狱省简"，当时京师处死的罪犯，每年不过五六人，各州郡亦大抵如此。这对于缓和阶级矛盾起到了积极的作用。

孝文帝在政治上励精图治，颇有作为，他的个人生活，在宫廷贵族中则是比较朴素的。他认为"粟帛是安国育民之方，金玉是虚华损德之物"，因而吃穿务求俭朴，"轻贱珠玑，示其无设"。有一次他外出巡视，随从看到道路狭窄，就建议修筑大道。孝文帝说："修建道路，为的是能让车马通行，现在我们不是能正常通行吗？何必再去耗资修建呢？"又有一次，孝文帝和大臣们来到华林园，登上园中的景阳山。景阳山是曹魏时修建的，经过战火的涤荡，此时已残破不堪，群臣劝他重新修整园林，孝文帝说："曹魏就是因为奢侈而亡国的，我怎能重蹈覆辙呢？"孝文帝统治时期，不到不得已的情况下，很少大兴土木，以便与民休息。孝文帝不仅自己节俭，还经常告诫臣下不要骄奢淫逸。他曾和大臣们游洛阳宫中的清徽堂、流化渠等地，当走到凝闲堂时，孝文帝对群臣说："凝闲的意思就是恬淡清静，你们切记不可纵奢而忘俭。"正是由于孝文帝提倡节俭，并身体力行，在他统治时期，北魏不仅很少大兴土木，车骑服御无所增益，节省了大量的民力民财，而且对宫廷中以及社会的侈靡之风，也起到一定的制约作用。

十一、文化艺术，成就斐然

孝文帝统治时期，积极推行改革事业，不仅在政治、经济等方面取得了巨大的成就，文化艺术方面也成就斐然。他在位期间，北魏在图书搜集整理、经学、史学、地理学、文学以及书法、绘画、雕刻等方面均取得了长足的发展。

图书资料数量的多寡是衡量一个国家文化事业是否发达的重要依据。北魏建国之初，就注意搜集图书，如道武帝时就曾下令搜集图书，但由于当时尚未统一，战乱不断，因而收效不大。孝文帝时，经济发展，社会安定，文化事业有了发展的可能性和必要性。于是，太和十九年（495）孝文帝下诏"求天下遗书"，并派人专门负责此事，对献书有功者，还要进行奖励。迁都洛阳后，北魏与南朝的交往频繁起来了，孝文帝又向南朝的萧齐政权索要北魏没有的图书。由于孝文帝采取各种措施搜集图书，所以北魏的图书渐渐多了起来，"秘府之中，稍以充实"。

经学是自汉武帝以来历代统治者进行思想统治的重要工具。鲜卑族进入中原后，为了更好地统治人民，大力提倡经学，特别是孝文帝即位以来，尊崇儒术，因而经学有了较大的发展。其中，对北魏以及后世影响最大的经学大师是孝文帝时的徐遵明，他从17岁时就开始外出求学，先后投奔王聪、张吾贵、孙迈德、唐迁等人学习。学成后开始开馆授学，影响颇大，前后学徒多达万人。刘献之、张吾贵等，也是当时的经学大师，都曾拥有千余门徒。这一时期，经学著作也很多。主要有：

刘　芳　《毛诗笺音义证》10卷

　　　　《礼记正义》10卷

卢景裕　《周易注》10卷

李　谧　《明堂制度记》10 卷

信都芳　《乐书》7 卷

贾思同　《春秋传驳》10 卷

房景先　《五经疑问》10 卷

常　爽　《六经略注》

阳承庆　《字统》20 卷

江　式　《古今文字》24 卷

在孝文帝及其后人的大力提倡下，北魏经学事业有了巨大的发展，甚至超过了同时期的南朝政权。

在史学方面，孝文帝时也有一定的发展。北魏前期的史学不发达，有代表意义的只有拓跋珪时尚书郎邓渊著的《国记》10 卷，其中记述了北魏早期的历史。但此书只是按照年代顺序记载皇帝的起居行事而已，"未有体例"，因而太武帝拓跋焘时又下诏重新撰写国史。这次修史的参加者有当时著名的汉族大儒崔浩、崔览、高谠、邓颖、晁继、范享、黄辅等人，经过多年的努力，最后写成编年体史书《国书》30 卷，写好之后，刻在石头上，立于大路旁。因《国书》"尽述国事，备而不典"，触怒了太武帝，崔浩等人遂被灭族。崔浩等被诛后，北魏的史官也随之废除，直到文成帝时才复置。孝文帝时，对修史比较重视。太和十一年（487），孝文帝命秘书丞李彪、著作郎崔光、秘书令高佑等人改写《国书》为纪传体，改写后的《国书》史料翔实，叙事生动，内容广泛，比较全面地反映了北魏前期的历史面貌。这部书成为以后魏收写作《魏书》的重要参考资料。

闻名中外的著名历史地理学著作《水经注》，也是孝文帝时的作品。其作者是郦道元。郦道元在太和年间任尚书主客郎，后任治书侍御史等职。他一生勤奋好学，博览群书，撰成《水经注》40 卷。《水经》约 15000 字，是我国古代的一部记载山川河道的地理学著作。但记叙的详略失当，且有许多失误之处。为此，郦道元为之作注，定成《水经注》一书。《水经注》共 30 万字，相当于原著的 20 多倍，详细叙述了 2596 条河湖陂泽的源流与变迁，并对与之有关的郡县、城邑的沿革兴衰，历史古迹，民间传说，风土人情等作了重点记录，为后世研究有关问题提供了重要的依据。如《水经注》中记录了陕西高奴（今陕西延安市东）、酒泉延行县（今甘肃省玉门市南）的河水有可燃物质，他称为"石漆"，宋代沈括进一步称之为"石油"，以后历代沿用这一称呼，直到今天。《水经注》记载的地理范围也十分广泛，东至朝鲜次水（今朝鲜大同江），西到安西（今伊朗）、西海（今咸海），南至扶南（今越南、柬埔寨附近），北达流沙（今蒙古大沙漠），不仅对中国地理学的发展作出了贡献，也为研究中亚地区的古地理提供了宝贵的资料。《水经注》的文字也十分优美，记事描景，富有韵味，如在描写鹈鹕山之险时，有"猿徒丧其捷巧，鼯族谢其轻工"的名句。

北魏的文学在孝文帝时也取得了很大的成就，史称太和时是"文雅尤盛"的时期。其中孝文帝本人的成就最大。孝文帝从小受汉文化的熏陶，又勤奋好学，手不释卷，因而诗词歌赋都有很深的造诣。他平时很喜欢吟诗作歌，借以抒情。如太和十三年（489），他曾和群臣在灵泉池上游玩，欣然作诗。太和十九年（495）南征萧齐时，至寿阳（今安徽寿县）登八公山，赋诗。冯太后过生日时，孝文帝亲自举杯，为太后祝寿。冯太后非常高兴，欣然作歌，孝文帝亦和歌助兴。孝文帝不仅自己喜欢文学，还要求拓跋贵族努力提高汉文化修养。在他的倡导下，北魏宗室能文者甚多，拓跋勰就是其中之一。有一次，孝文帝与彭城王拓跋勰一起去平城，途经上党（治今山西长治市）的铜堤山，看到路旁有十几棵大松树，孝文帝就让拓跋勰以松树为题，在十步以内作出一诗。拓跋勰边走边作，在十步以内，果然作出一首诗："问松林，松林几经冬？山川何如昔，风云与古同。"成为一时传颂的名作。孝文帝时，著名的文学家还有袁翻、祖莹、郑道昭、常景等人，这些人的诗文都写得很好，得到孝文帝的赞赏。孝文帝经常与他们一起讨论文学问题。孝文帝时，民歌也取得了丰硕的成果，最著名的是《木兰辞》。《木兰辞》以形象细腻的手法，描写了一位年轻女子女扮男装替父从军的故事，全诗语言朴素生动，富有生活气息，具有很高的思想性和艺术性。

北魏的书法在中国历史上享有盛名，我们今天还能够看到一些碑刻。孝文帝时，最著名的书法家是郑道昭。郑道昭书写的《郑文公碑》是魏碑的代表作之一，享誉海内外。此碑共分上下两碑，上碑在山东平度城北50华里的天柱山上，高3.2米、宽1.5米，全文870字。下碑在山东掖县。此外，较有名的还有山西大同的司马金龙墓志、墓表，河南淇县的《吊比干文》。从这些碑刻中，反映出北魏书法"魄力雄强，气象浑穆，笔法跳越，点画峻厚，意态奇远，精神飞动，兴趣酣足，骨法润达，结构天成，血肉丰厚"的特点。

孝文帝时，绘画艺术也有所发展。蒋少游是其中著名的大师之一，可惜其作品今天已看不到了。今天能见到的孝文帝时的绘画作品，只有山西大同出土的北魏司马金龙墓中的五块木板屏风漆画，即列女、将相、孝子、逸人、高士古贤图。此画人物传神，色彩富丽，线条清晰，极具艺术价值，可与"女史箴图"相媲美。

北魏的建筑技术也十分高超。孝文帝时，能工巧匠颇多，其中以蒋少游最出名。蒋少游是乐安博昌（今山东寿光市）人，被北魏俘虏到平城，因"性机巧，颇能画刻"而被孝文帝重视，留在宫中专事雕刻绘画。后受李冲之命主持禁中衣冠设计制造，又受孝文帝之命参与洛阳宫营建工作，贡献很大，受到孝文帝的赏识。与蒋少游同时期的青州刺史侯文"亦以巧闻"，擅长制造舟船。

孝文帝时期，文化艺术领域中成就最大的是石窟寺艺术。北魏皇室信佛者很多，道武帝就很尊崇佛教。在他统治时期，因怀疑佛家弟子与盖吴起义有关，下令灭佛，一时间，全国各地都"焚破佛像"。佛教势力在此打击下，势力有所减弱。但事隔不久，文成帝即位，又重新修复佛事，并在武州塞开石窟五座，这就是云冈石窟开凿之始。献文帝对佛教"敦信尤深"，"好黄老浮屠之学"，他在位时曾兴建永宁寺；又在天宫寺塑佛祖释迦牟尼之像，高41丈，耗费赤金10万斤，黄金600斤。北魏前期对佛教的信仰，对孝文帝影响很大。他即位后，大力提倡佛教，如承明元年（476），他在永宁寺设大法会度男女百余人为僧尼，并施给僧服；同年，又下诏建建明寺。孝文帝自己还十分喜欢探究佛理，常与群臣以及有道名僧讨论佛学义理。为了表示对名僧的尊敬，他于太和十九年（495）下诏建少林寺，供印度名僧跋陀居住传教之用。在兴建佛寺的同时，孝文帝也大建石窟。他统治时期，增建了云冈石窟，修建了龙门石窟。

云冈石窟坐落于今山西大同市西郊约15公里的云冈堡武周山南麓，现存大小洞窟53个，大小佛像51000多躯。文成帝时，由名僧昙曜负责监造的五个洞窟开凿时间最早，其余大部分洞窟完成于和平年间（460—465）至太和十八年（494）。这一时期最著名的是第五窟与第六窟。第五窟是孝文帝为了表达对亡父献文帝的怀念而下令建筑的。此窟顶部为不规则的椭圆形，上刻有线条优美的飞天，中央立释迦牟尼坐像，高达17米，是云冈石窟中最大的一尊佛像。佛像姿态端严宏伟。三壁雕有佛龛造像，形态各异。洞门两侧，又雕刻着一对对坐在菩提树下的佛像。第六窟是为纪念冯太后而开凿的。第六窟平面是一个边长约13米的正方形，顶部刻有33个天神像及各种骑乘，三壁刻有释迦牟尼从诞生到成佛的33幅连环画。此窟气势宏大，雕刻富丽，技法精巧，是石窟群中最华丽的一窟。

龙门石窟位于今河南洛阳市西南约15公里伊水两岸的龙门山和东山。孝文帝太和年间开始建造，石窟主要分布于伊水两岸的崖壁上，长达一公里左右。现存洞窟1353个，佛龛750个，佛塔40余座，全部造像约10万躯。孝文帝时代开凿的洞窟中最著名的是古阳洞，这个洞规模宏大，洞深13.5米，高11.1米，宽6.9米，洞内两壁刻有许多小佛龛，图案纹饰丰富多彩，华丽无比，是龙门石窟艺术成就最高的一窟。这里还保留了许多我国传统书法"魏碑"的精品。

云冈石窟、龙门石窟集文学、艺术、雕塑、绘画于一体，具有重要的艺术价值，是我们古代劳动人民智慧的结晶。

十二、三次南伐，病死谷塘

孝文帝统治时期，北魏周边建有不少割据政权。如北部边境的柔然、高车，西部边境的吐谷浑、高昌，以及西南边境的萧齐政权，等等。在上述各政权中，以萧齐政权对北魏威胁最大，也是与北魏争夺统一天下的最重要的力量。在孝文帝迁都以前，南北之间虽然小有战争，但基本上是处于友好相处的阶段。这种友好交往对双方的社会安定，经济发展，文化交流都是有利的，也为孝文帝改革创造了一个良好的环境。及孝文帝迁都洛阳以后，北魏社会在各方面均有长足发展，国力日盛。孝文帝又素有统一南北的大志，于是，改变了对南朝的政策，大举进攻南朝，先后进行了三次南伐战争。

太和十七年（493），孝文帝在南伐萧齐的名义下进行迁都。迁都大计定下来之后，遂到各地巡查。到达邺城时，适逢萧齐降将王肃投奔，两人一见如故，谈得十分投机。王肃向孝文帝详细介绍了萧齐政权的混乱状况，劝其乘机南下，孝文帝听后，南伐之志更坚。太和十八年（494）七月，萧齐统治集团内讧，萧鸾杀死萧昭业、萧昭文，自立为帝，接着又杀害齐高帝时的重臣，政局动荡。于是，孝文帝决定趁此机会，大举南伐。十二月，孝文帝兵分四路：徐州刺史拓跋衍攻钟离（今安徽凤阳县东北）；大将军刘昶、平南将军王肃攻义阳（今河南信阳市附近）；行征南将军薛真度攻襄阳（今湖北襄阳附近）；平南将军刘藻攻南郑（今陕西南郑区东）。孝文帝又令其弟北海王拓跋详为尚书仆射，和李冲同守洛阳；令弟赵郡王拓跋干为都督中外诸军事，与始平王拓跋勰分统禁军宿卫左右；自己总督各路军马，御驾亲征，沿淮河一线，向萧齐发动全面进攻，拉开了第一次南伐萧齐的序幕。

拓跋衍率军进攻钟离，齐徐州刺史萧惠休坚守城池，并出奇兵袭之，拓跋衍战败。孝文帝亲率大军30万渡淮水救援。太和十九年（495）初，抵达钟离城下。这时,随军的司徒冯诞病死。冯诞是冯太后之侄,从小生活在皇宫内,因和孝文帝同岁,自幼两人就在一起读书、玩耍,及其成人后,又娶孝文帝之妹乐安公主为妻。冯诞性格忠厚,深得孝文帝宠爱,故两人常同坐共食,同席而卧,私交甚好。冯诞死讯传来,孝文帝十分悲痛,但为了南伐大计,仍坚持围攻。钟离的守将萧惠休,智勇双全,据城抗击。齐又派崔慧景、裴叔业来增援。齐军内外呼应,士气很旺。魏军久攻不下,死伤众多。于是,孝文帝下令在钟离城北淮河中的邵阳洲上筑城;又在淮河两岸夹筑二城以阻齐之援军。不久,裴叔业率军攻破二城,魏军伤亡很大。这时天气逐渐转暖,大雨连降,魏军士卒厌战情绪高涨,孝文帝只得下令退兵。退兵途中,齐军派军舰来追杀,试图割断魏军北归之路。孝文帝见情况紧急,赶忙下令应战,并许诺破齐军者拜官为直阁将军。奚康生应声而出,随风放火,烧齐军战船,齐军大败,死伤无数。孝文帝命杨播领步兵 3000,骑兵 5000 作为后卫。在撤退途中,杨播遭齐军包围,猛力搏杀,不得脱围。一天后,杨播军队粮尽,齐军紧围不撤。这时,孝文帝已顺利过河,他见到此种情景,屡想渡淮营救,但河水正涨,又无战船,只得作罢。后河水稍退,杨播率众杀出,夺取齐军战船,齐军见其勇猛,不敢穷追,杨播得以渡河与孝文帝会合。孝文帝见他回来,大加赞扬,任命他为右卫将军,赐爵华阴子。孝文帝大军虽撤回,但邵阳洲上还有万余士兵,他们被齐军包围,无法北归。为了活命,他们不得已只好向齐军求和,贡给齐军良马 500 匹,才借道北归。

刘昶、王肃率军进攻义阳,开始时进展很顺利,击败了齐司州刺史萧诞。齐急派萧来等人救援,两军内外夹击,大败魏军。薛真度和卢渊率军攻襄阳,因卢渊是一介书生,不会打仗,与齐军一战即败。刘藻和拓跋英合攻南郑,节节胜利,但由于其他三路均告失败,这一路也只得班师北返。

这次南伐,历时半年,除了拓跋英取得一些胜利外,其他几路均徒劳无功。这主要是由于孝文帝准备不足,战线太长,用人不当造成的。但这次南伐,在一定程度上打击了萧齐的军事力量,显示了北魏的军事实力。

第一次南伐失败后，孝文帝并未就此作罢，而是继续做积极准备。太和二十一年（497）六月，孝文帝再次下诏征发冀、定、瀛、相、济五州军马30万，准备再次南伐。八月，孝文帝亲率大军，从洛阳出发南伐。同时，派任城王拓跋澄、李冲、李彪留守京都，任命彭城王拓跋勰为中军大将军，随同出征，开始了第二次南伐。

鉴于第一次南伐，东路军受齐军威胁被迫退军的教训，这次南伐，孝文帝把重兵放在了西线。他首先派一部分将士进攻赭阳（今河南方城县东），自己亲率大军进攻南阳（今河南南阳市附近）。不久，攻克南阳外城，齐守将房伯玉退入内城。孝文帝派人去劝降，房伯玉不但不降，反而派人埋伏于城东南角的桥下。一天，孝文帝引兵从桥上通过，伏兵突然窜出袭击，多亏左右射杀伏兵，孝文帝才幸免于难。孝文帝看久攻不下，便下令拓跋禧继续围攻，自己转攻新野（今河南新野县附近）。这时，魏军在赭阳也大败齐军，与孝文帝合攻新野。孝文帝围攻数日，终于在太和二十二年（498）正月，攻克新野，并俘获萧齐新野守将刘思忌。魏军连连得胜，齐军闻风丧胆，齐湖阳戍主蔡道福、赭阳戍主成公期、舞阴戍主黄瑶起、南乡太守席谦等纷纷南逃，北魏遂得齐雍州大片土地。二月，孝文帝回师攻南阳，房伯玉等面缚出降，南阳归魏。随后，孝文帝又率军继续南进，在邓城（今湖北襄阳市西北）与齐将崔惠景、萧衍、刘山阳、傅法宪相遇，齐将见魏军声势浩大，士气高涨，吓得弃城逃走，魏军不费一刀一枪，占据邓城。齐军退守襄阳，孝文帝也不追击，转驻悬瓠（今河南汝南县）。三月，孝文帝在悬瓠下诏征发州郡兵20万，限八月中旬齐集悬瓠，准备从东线大举进攻萧齐。这时，从洛阳传来了李冲和李彪冲突的消息。李彪出身寒微，靠李冲荐举，得孝文帝重用，官至御史中尉，兼度支尚书。孝文帝再次南伐，命其和李冲留守洛阳。李彪性格刚烈，不尊重李冲，李冲十分不满，收罗其罪状，向孝文帝上表告发，说李彪坐车进宫，偷取国家财物，骄横无理，假公济私，请求孝文帝处罚他。孝文帝接到李冲奏章后，心中恼怒，遂罢免李彪的官职。李冲与李彪冲突后，积气生疾，不久暴死，时年

49岁。李彪与李冲的冲突，给孝文帝心中蒙上一层阴影，但他不愿因此而使南伐半途而废，于是决定继续南进。到了七月，各州郡兵马基本上到达悬瓠。在这整装待发之际，国内高车族发动叛乱，原因是高车人不愿随孝文帝南征。在其酋长袁纥树的领导下，反叛北魏。孝文帝急派平北将军、江阳王拓跋继带兵先行前往镇压，紧接着，后宫也出现了问题，有人密报孝文帝冯皇后与宦官高菩萨私通，孝文帝十分恼火。国内连连出事，使得孝文帝无心南伐。正好，这时萧齐皇帝萧鸾病死，太子萧宝卷即位。于是，孝文帝便堂而皇之地以"礼不伐丧"为名，下令全军撤回。

孝文帝第二次南伐，准备比较充分，战术基本正确，因而取得了一些胜利，夺得了南阳、新野等沔北一些州郡，但国内出现了问题，因而只能被迫中止南伐。

由于长期征战劳累，也由于心情不好，孝文帝在撤军途中病倒。彭城王拓跋勰为其请来名医徐謇，经过精心治疗，孝文帝身体有所好转，心中大悦，升徐謇为鸿胪卿、封金乡县开国伯，又赏钱一万贯。十一月，孝文帝回到邺城，亲自布置平定高车叛乱事宜。十二月，高车叛乱被完全平定后，孝文帝遂从邺班师回到洛阳。

太和二十三年（499）正月，萧齐新即位的皇帝萧宝卷派大将陈显达率军进攻北魏，企图收复雍州等失地，由此拉开了孝文帝第三次南伐的序幕。面对齐军的进攻，孝文帝命拓跋英迎战齐军。二月，齐军攻打魏马圈城（今河南南阳市西），40多天后，攻破马圈。此时，孝文帝病情好转，决定亲自出征。三月，孝文帝命于烈留守洛阳，右卫将军宋弁辅佐，自己领军10万从洛阳南下，进行第三次南伐。

为了夺回马圈，孝文帝先进驻梁城（今安徽淮南市田家庵附近），随后带军向西进攻马圈，并派镇南大将军、广阳王拓跋嘉赶至均口（今湖北丹江口市），截断陈显达的归路，魏齐两军在马圈展开激战。拓跋澄的弟弟拓跋嵩脱下盔甲，身先士卒，直冲齐军，众将士紧随掩杀，大败齐军，杀死万余人。陈显达无计可施，决定从均口南逃。他让手下将领用乌色的布幔把自己裹起来，由数人抬着，从均口逃回齐国。军队也四散奔逃，又被杀死三万余人，魏军获得武器马匹无数。由于广阳王拓跋嘉没有守好均口，致使陈显达及一部分士卒逃回萧齐，孝文帝不悦，把拓跋嘉斥责一顿，说他无能，不像拓跋族的子孙。战斗结束后，孝文帝的病情却加重了，遂下令北还。到达谷塘原（今河南邓州市东南）行宫时，孝文帝一病不起。他自感不久于人世，便召见弟弟彭城王拓跋勰托孤，让他尽力辅佐太子恪，拓跋勰流涕受命。为避免日后拓跋恪怀疑拓跋勰，孝文帝又写诏书给太子，诉说拓跋勰乃忠贞之士，要太子放心与之共事。接着，又下诏定辅政六大臣：侍中、护军将军北海王拓跋详为司空，镇南将军王肃为尚书令，镇南大将军广阳王拓跋嘉为左仆射，尚书宋弁为吏部尚书，侍中、太尉咸阳王拓跋禧；尚书右仆射任城王拓跋澄。其中咸阳王禧为六辅臣之首。孝文帝勉励他们竭忠尽智，辅佐太子，振兴北魏王朝。

太和二十三年（499）四月，一代英君孝文帝病逝于谷塘原之行宫，年仅33岁。临终前，仍抱憾不得完成南伐大业。五月，在北魏第七代皇帝——宣武拓跋恪的主持下，葬于邙山的长陵。

纵观孝文帝的一生，可称得上是中国古代一位杰出的改革家和政治家。

太和前期，孝文帝和其祖母冯太后一起主持了班禄制、均田制、三长制等重大制度的改革。班禄制遏制了北魏前期官吏贪污的风气，缓和了阶级矛盾；均田制是北魏社会生产方式方面的一次重大变革，促进了北魏的封建化进程；三长制的推行，改变了豪强地主控制地方政权的局面，同时，也彻底摧毁了内迁各少数民族原有的落后部落组织，加强了中央集权，推动了各民族的融合。

太和后期，孝文帝亲揽朝政，在前期改制的基础上，又进一步推行了一系列的汉化措施，如迁都洛阳，废除旧俗，建立门阀制度，主张胡汉通婚。这些措施，从风俗习惯方面改变了鲜卑族的落后面貌。孝文帝改革后，鲜卑族除了在体貌特征上与汉族略有差异外，其他方面和汉族一般无二，标志着鲜卑族汉化的完成。

作为一名政治家，孝文帝明察大体，从善如流，他励精图治，使得北魏中期社会秩序稳定，经济发展较快，文化事业也取得了灿烂辉煌的成果。孝文帝又素有大志，企图统一华夏，结束南北对峙的局面，这是顺应历史潮流之举。但由于当时南北双方实力相当，最终未能实现其理想，空有"白日光天兮无不曜，江左一隅独未照"的感慨。

当然，金无足赤，人无完人。孝文帝作为一个封建帝王，也不可避免地带有时代和阶级的局限性，如他建立门阀制度，加速了统治阶级的腐朽；他崇尚佛教，大兴佛寺，耗费了大量的人力、财力；他三次南伐，连年征战，加重了人民的徭役负担，也破坏了国内安定的局面。但这些过失和他的贡献相比，始终是第二位的。孝文帝不愧为我国古代历史上的一代英主。

（原名《魏孝文帝小传》，与研究生魏鹏举合写，广东旅游出版社1997年版）

废后戮相的刘腾

关于北魏一代宦官，魏收在《魏书·阉宦传》序论中说："魏氏则宗爱杀帝害王，刘腾废后戮相，其间窃官爵，盗财贿，乘势使气为朝野之患者，何可胜举。"可见北魏宦官对政局影响较大者，前有宗爱，后有刘腾，他们同是北魏黑暗政治的代表人物。

刘腾，字青龙，南兖州谯郡（今安徽亳州市）人，家世无考。刘腾年幼时，其家人犯罪，他坐受腐刑，成为阉人。大约在北魏孝文帝太和初年，刘腾入宫为小黄门，转中黄门，开始了他的宦者生涯。

一、悬瓠告密，一朝发迹

欲知刘腾的发迹史，还需从孝文帝末年发生的一桩宫闱秽事说起。

孝文帝元宏即位之初，年纪尚小，由祖母冯太后临朝称制。冯太后掌权期间，颇有作为。但是随着时光的推移，孝文帝渐渐长大成人。冯太后为了控制小皇帝，同时也为了使冯氏家族累世贵盛，特意挑选自己的哥哥冯熙的两个女儿入宫。冯氏二女入宫后，长女早卒，次女年仅十四岁，生得花容月貌，姿艳娇媚，很得孝文帝喜爱。但时间不长，冯氏次女也身患重病，冯太后只得将她遣送出宫，还家为尼。与此同时，冯熙的三女儿也出落成一个青春少女，冯太后欲使冯氏之女专宠后宫，又将她选入宫掖。及冯太后去世，孝文帝将冯氏少女立为皇后。

自冯氏次女还家为尼，孝文帝对她旧情未了，思念不已。他曾私下里去看望她，嘘寒问暖，关怀备至。迁都洛阳以后，他听说冯氏身体已经痊愈，就派宦官双三念携带玺书前往慰问，不久又把冯氏迎回洛阳。冯氏到洛阳后，孝文帝将其召入宫中，拜为左昭仪，宠爱胜过往昔。不仅如此，冯昭仪自以为是皇后的姐姐，且先入宫掖，深得皇上宠幸，对皇后颇为不敬。皇后因此常有怨恨之色，冯昭仪便趁机在孝文帝面前百般诋毁皇后。久而久之，孝文帝对冯皇后日益疏远，终于在太和二十年（496）夏，将冯皇后废为庶人，徙居宫外的瑶光寺为尼。冯昭仪则于第二年七月被立为皇后，死后谥为"幽皇后"。

然而，孝文帝做梦也没有想到，正是这个幽皇后，作风轻浮，生性淫荡，早在其还家养病之时，就"颇有失德之闻"，及其立为皇后，由于孝文帝频繁南伐，常年在外，她便暗中与侍中高菩萨私通，并且收买中常侍双蒙等人为其心腹。其时，孝文帝正统领北魏军队进行第二次南伐，但在攻占了悬瓠（今河南汝南县）这一军事要地之后，由于戎马劳顿，身染重病。幽皇后得知这一消息，更加肆行淫乱，无所顾忌。她甚至与其母常氏私请女巫求神问卜，说什么"假若皇上一病不起，来日我能像文明太后一样辅佐少主称制，必当加以重赏"。并让人取猪、牛、羊三牲供于宫中妖祠，名为孝文帝祈福，实为暗行诅咒之事。幽皇后为了遮掩宫闱秽行，还对左右侍从进行收买，"殷勤托寄，勿使漏泄"。于是，宫中的知情人慑于幽皇后淫威，无人敢妄加议论。

先是，孝文帝之妹彭城公主嫁于宋王刘昶之子，年少寡居。而幽皇后的弟弟北平公冯夙尚未婚配，幽皇后便乘机向孝文帝求婚，欲使公主和她的弟弟联姻。公主执意不从，幽皇后便强迫二人成婚。一日深夜，彭城公主乘冯家防范不严，秘密与侍婢、家僮等十多人冒着连绵秋雨，星夜兼程，赶赴悬瓠。见到孝文帝后，公主自陈不愿嫁于冯家之意，并且揭发了幽皇后与高菩萨私通之事。孝文帝闻听惊愕不已，但因为没有真凭实据，一时未能全信，将这件事情压了下来。说来也巧，正当孝文帝半信半疑之际，刘腾奉使来到悬瓠行宫，孝文帝忙把刘腾召至住所，当面问及宫中发生之事。刘腾见幽皇后之事已经败露，感到这是他向孝文帝表示忠心，立功受赏，日后能够出人头地的天赐良机,于是便将"幽后私隐"和盘托出。高祖闻听其言,与彭城公主揭发事实正相吻合,遂不再怀疑,并定下废黜皇后的决心。

太和二十二年(498)十月,孝文帝因急于处理宫闱秽事,假借齐明帝萧鸾不久前死亡,以"礼不伐丧"为名,诏令班师回朝。回到京师洛阳,孝文帝派人拘捕高菩萨、双蒙等人询问,迭相证引,获知事实真相。其时孝文帝以冯太后的缘故,未对幽皇后即时废黜,等到孝文帝进行第三次南伐,病死在谷塘原(今河南邓州市东南),才遗诏赐冯皇后自尽,死后谥曰"幽皇后"。而一向鲜为人知的刘腾,正是由于悬瓠告密,揭发幽皇后私隐之功,获得孝文帝的信任。孝文帝回到洛阳之后不久,刘腾就被晋升为冗从仆射,仍在内廷供职,从此打开了青云直上、官运亨通的道路。

二、投靠灵后,始干朝政

孝文帝死后,宣武帝元恪即位。宣武帝在位期间,政事荒疏,贪恋女色,刘腾则利用内侍之机,尽情讨好,刻意逢迎。一次,刘腾与佞臣茹皓出使徐兖,奉命选美,深得宣武帝欢心。事后,刘腾升迁中给事,转中尹、中常侍,特加龙骧将军。到宣武帝去世前,他已做到大长秋卿、金紫光禄大夫、太府卿这些重要的官职,并开始把持内廷和涉足朝政。

延昌四年(515)正月,宣武帝病死于式乾殿,太子元诩继位,时仅六岁,是为孝明帝。孝明帝即位伊始,宣武帝高皇后和元诩生母胡充华便围绕着日后由谁辅佐少主一事,在暗地里展开了一场殊死的较量。在这场争夺权力的斗争中,刘腾将赌注压在了胡氏身上,进一步捞取了政治资本,为日后的擅权乱政铺平了道路。

宣武帝在位时,先立于皇后,后立高皇后。孝明帝生母胡氏本是司徒胡国珍之女,宣武帝时入宫为承华世妇,后生元诩,立为太子,进为充华贵嫔,宫中称为胡充华。及宣武帝驾崩,高后为了将来能临朝称制,掌握大权,遂在暗地里组织力量，准备杀掉胡氏，消除隐患。当时刘腾负责宫廷侍卫，知道高后的阴谋。在中国封建社会，妻以夫荣，母以子贵，刘腾自然懂得这个道理，同时他又亲身经历了孝文帝时文明太后临朝称制故事，深知如果孝明帝生母胡氏得志，必将辅佐幼主听政。刘腾自然不会错过这个机会。为了保护胡氏免遭毒手，刘腾把消息透露给中给事侯刚，侯刚又转告给领军将军于忠，于忠因为中书监崔光曾为太子少傅，对幼主和胡氏忠心耿耿，便又请计于崔光。崔光说："眼下最好的办法是将胡贵嫔安排在一个秘密地方，派人严加守护，使皇后没有下手的机会，这是万全之策。"随后，刘腾、于忠等人把此意转达给胡氏，并采取了严密防范措施，使高后加害胡氏的计划成为泡影。

延昌四年（515）二月，孝明帝尊高皇后为皇太后，尊生母胡氏为皇太妃。三月，在胡氏授意之下，孝明帝让高太后还俗为尼，规定非大节庆不得入宫。同时尊胡太妃为皇太后，因胡氏死后谥曰"灵"，故史称灵太后，居崇训宫。同年九月，在群臣奏请之下，灵太后临朝听政，掌握了北魏政权。

灵太后临朝称制，为了酬谢刘腾的拥戴护卫之功，让刘腾官居崇训太仆，加侍中，封长乐县公，食邑一千五百户。又封刘腾之妻为钜鹿郡君，并时常召入宫内，大加封赏。刘腾所养二子，一为郡守，一为尚书郎，并加重用。一次，刘腾偶患重病，累月不起，灵太后担心救治不及，为了使刘腾在有生之年享受荣华富贵，特意除授刘腾卫将军、仪同三司的高位，以示优宠。不久刘腾病愈，灵太后又让孝明帝亲自临轩拜命，当时正值寒冬季节，灵太后才改遣使持节授之，恩遇之隆，前所未有。

刘腾自幼入宫，目不识丁，只会涂画自己的名字。但他凭借多年的宫廷生涯和官场经验，加之本人诡计多端，善于揣摸人主之意，及其身获高位，便把手伸向内廷之外，逐渐干预朝政。但是在干政之初，刘腾还能矫情自饰，勤于政事，史称其"特蒙进宠，多所干托，内外碎密，栖栖不倦"[①]。当他觉得自

---

① 《魏书》卷九四《阉官·刘腾传》，中华书局1974年版，第2027页。

己的政治地位稳固之后，便开始脱去伪装，不再掩饰，乃至于包庇贪吏，广收养子，受纳贿赂，为人求官，无所不用其极。河间王元琛为定州刺史，以贪纵著名，及其罢任还家，灵太后下诏历数其罪说："琛在定州，唯不将中山宫（后燕都中山所建宫室）来，除此之外，无所不取。像此等贪官污吏，何可再复叙用！"遂罢官免职，废弃于家。元琛见刘腾为灵太后所信用，便卑躬屈膝，不顾人格，求为刘腾养子，并贿赂刘腾金银珠宝数以万计。于是，刘腾在灵太后面前为之说情，果然，没有多久，元琛又官拜都官尚书，出为秦州刺史。又谒者仆射赵俊之，轻薄无行，自求为刘腾养子之后，"以阉官余资，赂遗权门，频历显官"①，均属此例。

由于灵太后掌权期间重用刘腾，刘腾也假灵太后之名为所欲为，致使刘腾操纵枢密，把持政柄，成为炙手可热的一代权阉。

三、勾结元叉，发动政变

正当灵太后大权在握，踌躇满志之时，不料北魏政权内部正酝酿着一场以灵太后为打击目标的宫廷政变，而主谋者就是她所信任的元叉和刘腾。

元叉是江阳王元继之子，娶灵太后的妹妹为妻，依靠这种裙带关系，他在灵太后掌权之后，地位迅速上升。时元叉官拜侍中，加领军将军，兼统禁军，深为灵太后所信任。

随着元叉官职不断升迁，地位不断提高，他的政治野心与权力欲也随之膨胀，很快就和执掌朝政的太傅、清河王元怿发生了矛盾冲突。元怿系孝文帝之子、孝明帝之叔。宣武帝在位时任侍中、尚书仆射，"才长从政，明于断决，割判众劣，甚有声名"②。在北魏统治集团中享有很高的威望。灵太后临朝，

---

① 《魏书》卷九四《阉官列传·赵黑传附俊之传》，第2017页。
② 《魏书》卷二二《清河王元怿传》，第591页。

又以懿叔之重引为辅佐，委以朝政，元怿也尽心竭力地匡辅幼主，留心时政。他对元叉恃宠跋扈的行为十分不满，多次据理力争，裁之以法，元叉遂怀恨在心。与此同时，刘腾之弟无才无德，欲担任郡太守之职，遭到元怿的反对，刘腾对此也心存不满。于是，刘腾和元叉为了扫除掌权道路上的障碍，遂暗中勾结，策划阴谋铲除清河王元怿。

正当刘腾、元叉预谋加害元怿之际，恰好有一件宫闱丑闻流传开来。灵太后掌权之后，生活放荡，她见清河王元怿相貌魁伟，仪表堂堂，遂不顾自己的身份，以威权逼迫元怿满足自己的私欲，对此朝野上下议论纷纷。刘腾、元叉见元怿的名声受到损害，又见灵太后对元怿百般信赖，考虑到如果向元怿开刀，势必引起灵太后的猜忌，搞不好反而会引火烧身，丢掉自家的性命。所以，他们原先预谋铲除元怿的计划，很快就因事态的发展而演变成为一场推翻灵太后的宫廷政变。

正光元年（520）七月，刘腾和元叉诱使主食中黄门（主管御用食物的官吏）胡玄度、胡定出面诬告元怿，称元怿私下里给胡玄度金银财宝，让他把毒药放在御用食物中，企图杀害孝明帝。接着，刘腾又亲自入宫，将自己授意编造的一套谎言上奏孝明帝。当时孝明帝才十一岁，他见刘腾巧舌如簧，遂信以为真。这天，灵太后未到前殿亲政，刘腾、元叉就挟持孝明帝至显阳殿，随后由刘腾关闭了永巷门，封锁后宫与前殿的通道，将灵太后幽禁于后宫的嘉福殿（北宫）。刘腾与元叉控制孝明帝之后，便矫诏行事，肆意胡为。当时元怿正好入朝，经含章殿去徽章东阁，为元叉厉声加以阻止。元怿见状怒斥道："你要谋反吗！"元叉回答说："元叉不反，正要捉拿谋反者。"说完，就命令身边的卫士逮捕元怿，囚之门下，派人严加看守。

随着灵太后被禁，元怿被囚，刘腾又假借孝明帝的名义召集百官议事，借口元怿犯有谋反大逆之罪，议处死刑。当时公卿百官惧怕刘腾、元叉威势，相顾失色，不敢妄置异词。只有尚书右仆射游肇抗言不可，这自然无济于事。于是，刘腾以公卿百官的名义上奏孝明帝，要求处死清河王元怿。孝明帝不明真相，允准其奏，刘腾、元叉遂于当夜杀害了元怿。元怿一死，刘腾和元叉又假借灵太后之名，宣称因病不再临朝称制，还政于皇帝。自此，灵太后被幽禁于北宫宣光殿。宫门昼夜长闭，内外断绝，刘腾亲自掌管宫门钥匙，除了送饭，连孝明帝也不得随便入内。灵太后被幽禁之后，"服膳俱废，不免饥寒"，她回想起以往重用刘腾、元叉之事，追悔莫及，常哀叹说："养虎得噬，我之谓也。"

四、挟帝为虐，擅权乱政

刘腾勾结元叉发动宫廷政变，幽禁灵太后，处死元怿之后，他们又镇压了中山王元熙、右卫将军奚康生等人的反抗活动，逐渐控制了政局。刘腾和元叉为了巩固自己的地位，极力控制孝明帝，以便挟帝为虐。他们一面派心腹宦官贾粲以陪侍皇帝读书为名，对孝明帝严加管控；一面派人对灵太后日夜监视，加强防范措施。就这样，元叉为外御，刘腾为内防，二人迭直禁闼，控制内廷，将孝明帝牢牢地掌握在自己手中。

刘腾、元叉得势之后，遂威福自专，权倾朝野。元叉专管机要，事无巨细，皆自决之。他又耽酒好色，贪得无厌，在禁中自做"别库"，把各地搜刮来的金银财宝尽充其内，归为己有。刘腾的劣迹亦不亚于元叉。当时刘腾官至司空，元叉特命他可以乘步挽出入殿门，以示优礼。每日一早，朝廷高官八座、九卿必须先到他家里听其指示，观其颜色，然后才敢赴各自衙司依其旨意处理政务。在刘腾专权期间，刘家每天都是人来人往，有许多朝官在等候他的接见，即使这样，"亦有历日不能见者"。

刘腾不仅操纵朝中大权，左右政局，而且随着地位的增高和权势的增大，更加贪得无厌，聚敛不已。史载其公私请托，皆视财货多少而定，又"役使嫔御，时有征求；妇女器物，公然受纳"。刘腾甚至逼夺邻居房产，广开屋宇，又到处兼并土地，四处射利，以致"舟车之利，水陆无遗；山泽之饶，所在固护；剥削六镇，交通互市。岁入利息以巨万计……天下咸患苦之"①。

刘腾、元叉专权时期，北魏吏治腐败，贪污公行。凡是贤能忠良、刚直之士，则加以贬黜迫害，而阿谀奉承、进财献宝之人，即使是贪官污吏，声名狼藉，也加以重用提升。刘腾与元叉擅权乱政，首尾将近四年。在此期间，他们互相勾结，狼狈为奸，横征暴敛，百姓怨苦，是北魏历史上最为黑暗的时期。由于他们的所作所为，不仅使北魏政局更加混乱不堪，而且也加剧了统治阶级内部的矛盾。在刘腾死后，这一矛盾日益激化，终于引发了一场新的内讧和权力之争。

五、开棺暴尸，遗臭万年

正光四年（523）三月，刘腾病死于洛阳家中，时年六十。这个曾经显赫一时的人物，丧事搞得十分隆重。朝廷派遣鸿胪少卿主持丧事，并追赠使持节、骠骑大将军、太尉公、冀州刺史。出殡之日，"阉官为义服，杖绖衰缟者以百数，朝贵皆从，轩盖填塞，相属郊野。魏初以来，权阉存亡之盛莫及焉"②。

刘腾死后，北魏政局开始发生微妙的变化。一方面，刘腾生前直接控制着孝明帝和灵太后，是元叉的左膀右臂，刘腾一死，元叉失去了控制宫中的重要力量，防范措施有所削弱。另一方面，灵太后虽然幽禁后宫，却并未死心沉寂，她时时在观察动静，等待时机。刘腾死后，她见宫内防范疏忽，便开始蠢蠢欲动，图谋重新夺回统治权力。

正光五年（524）秋，灵太后提出"若不许其母子相见，便要出家为尼"的借口，逼迫元叉同意她和孝明帝见面，初步摆脱了被幽禁的境况，在政治上

---

① 《魏书》卷九四《阉官·刘腾传》，第2028页。
② 《魏书》卷九四《阉官·刘腾传》，第2028页。

取得了主动。孝昌元年（525）春，元叉同党徐州刺史元法僧据彭城（今江苏徐州）反叛朝廷，自称宋王，年号天启，在北魏引起很大的震动。灵太后抓住这件事不放，指责元叉用人不当，使元叉处于不利的地位。接着，灵太后又趁与孝明帝一起南游洛水的机会，到高阳王元雍府邸，共同密谋铲除元叉之计。一天，灵太后见到元叉，对他说："如今朝野上下都在议论元郎欲反。你若是忠于朝廷，无谋反之心，何不解去领军之职，以余官辅政，以解除别人的猜忌。"元叉闻言不知所措，连忙请求解除所任禁军之职。但是，元叉被剥夺了统领禁军之权，他仍然官居侍中之职，依然可以出入宫廷，参与朝政。于是，一些对元叉不满的宦官如张景嵩、刘思逸等人，又谎称元叉欲加害于孝明帝宠爱的潘贵嫔，并鼓动她在孝明帝面前哭诉。潘氏对孝明帝添油加醋地说："元叉不仅要杀我，也将加害于陛下。"孝明帝闻言大怒，立即下诏解除元叉的侍中职务，不许入宫。至此，元叉丢掉了全部权力，失势下台。

孝昌元年（525）四月，灵太后重新临朝执政，刘腾、元叉擅权的局面宣告结束。灵太后反政以后，一些朝臣和清河王元怿的下属纷纷上书，痛诉刘腾、元叉的罪状。灵太后随即下令追夺刘腾的爵位，挖其坟墓，散露骸骨，籍没家产，杀其养子，以彰显其恶。元叉下台之后，先是以"宗枝舅戚，特加全贷"，除官为民，免于一死。后在朝野上下一致要求诛杀的呼声中，被灵太后赐死于家。

（原载卫文选等主编《历代宦官》，甘肃人民出版社1992年版）

蓄谋篡权的宇文化及

一、家世官宦，隋帝姻亲

宇文化及，代郡武川（今内蒙古武川西）人。说起他的家世，还有一些来历。宇文化及的祖先本不姓宇文氏，也不是武川人，而是姓破野头氏，居于辽东塞外。破野头属匈奴族，是一个以放牧射猎为生的游牧部落。魏晋之际，鲜卑宇文氏强盛，宇文化及的祖先归附宇文部落的俟豆归，为其放牧牲畜，并将自己的姓氏改为宇文氏。晋末永嘉之乱，俟豆归被前燕慕容晃所灭，远逃漠北，其部人五万余落被迁徙至昌黎（今辽宁义县）。后燕时，俟豆归之子宇文陵投奔慕容宝，官至驸马都尉；后燕亡，宇文陵又率甲骑五百归于北魏。天兴初年（398），道武帝拓跋珪徙豪杰于代都（今山西大同市北），宇文陵随迁到武川。约在此时，宇文化及的祖先也跟随宇文陵迁到武川，此后他们便世代居住在那里，变成了代郡武川人。后来宇文化及杀死隋炀帝，率部北窜至中原时，李密曾说他"卿本匈奴皂隶破野头耳"①，就是指宇文化及祖先的种族、姓氏和出身而说的。

宇文化及的祖先虽是"皂隶"，身份地位十分低下，但自从他们世居武川之后，家世便逐渐发达起来。宇文化及的高祖长寿、曾祖文孤，北魏时均以骁勇善骑射而担任沃野镇（今内蒙古五原县北）军主。祖父宇文盛，始为宇文

---

① 《隋书》卷七〇《李密传》，中华书局1973年版，第1630页。

泰帐前侍卫，后随宇文泰入关，西魏、北周时官至上柱国，是帮助宇文泰在关中建立政权的重要人物之一。从宇文化及的家世，可以看出其祖上三代同以宇文泰为首的北魏六镇集团特别是武川军人集团有着密切的关系，无论是在地域关系上还是在担任的官职上，都是这个集团中的骨干。因此，随着这个军人集团进入关中，并建立了西魏、北周政权之后，宇文氏家族的势力也随之扩大和发展。到了宇文化及的父亲时，不仅官职越来越高，权力越来越大，而且还跟隋炀帝结成了儿女亲家。于是，宇文氏家族更加飞黄腾达。

宇文化及的父亲叫宇文述，北周时袭父爵为上柱国，封为濮阳郡公。隋初为右卫大将军，因依附于晋王杨广，靠帮助杨广夺取太子位置而深得宠信，成为朝中权贵。杨广为了感谢宇文述的拥戴之功，特将自己的大女儿南阳公主许配给宇文述的第三子宇文士及。杨广即皇帝位，又将宇文述升为左翊卫大将军，封许国公，后又命他与苏威并典选举，参与朝政。宇文述在朝廷供职，善于逢迎拍马，阿谀顺旨，"又有巧思，凡有所装饰，皆出人意表。数以奇服异物进献宫掖，由是帝弥悦焉。时述贵幸，言无不从，势倾朝廷"[①]。这样，宇文述一跃而为皇帝姻亲，当朝权贵，成了隋朝统治集团中的重要人物。这种家世，对于宇文化及不能不发生一定的影响，后来甚至决定了他一生中的命运。

二、骄横无赖，秉性难改

宇文化及从小生长在大官僚大贵族家庭。他的父亲宇文述尽管身居高位，俸禄优厚，又经常得到隋炀帝的赏赐，家中聚集了大量的财富，但仍不满足。他利用政治上的权势，贪图贿赂，巧取豪夺，家中"曳罗绮者数百，家僮千余人，皆控良马，被服金玉"[②]，过着骄奢淫逸、享乐腐化的生活。在这样的

---

① 《隋书》卷六一《宇文述传》，第1465页。
② 《隋书》卷六一《宇文述传》，第1466页。

家庭环境熏陶下，宇文化及不仅从小就过着舒适奢靡的公子哥儿生活，沾染了满身的纨绔习气，而且也亲眼看见了统治阶级上层贪残腐败的黑暗内幕，养成了贪婪与骄横的本性。随着年龄的增长，他的纨绔习气和无赖行径也充分暴露出来。

宇文化及自幼性情凶险，不循法度。他经常带领家丁骑乘高头大马，挟弓持弹，狂奔急驰于长安道中。因此，当时长安城中称之为"轻薄公子"。隋炀帝为太子时，宇文化及领千牛（官名，掌执千牛刀，宿卫东宫），后升为太子仆。在东宫时，他贪求财货，屡受贿赂，被隋文帝多次免官。但由于太子杨广的宠爱嬖昵，为之庇护，旋即复职。事过之后，宇文化及不但不思改过，接受教训，反而依仗太子的宠爱和自己父亲的权势，更加贪婪骄横。他每见民间有美貌女子，或狗马珍玩，便强行抢夺，据为己有；又常和长安城中的市井无赖与屠鸡宰狗者交游鬼混，以规取其利。他还凭借其弟与隋帝有姻亲，狂妄自大，目中无人，"处公卿间，言辞不逊，多所陵轹"①。及隋炀帝即位，宇文化及升为太仆少卿，他依恃着东宫旧恩，益加凶险贪残。

宇文化及的弟弟宇文智及也是个浪荡公子，宇文化及和他习性相近，臭味相投。宇文智及从小性情凶顽，平日所结交的尽是一些无赖之徒，他们相聚一处，不是狂饮滥赌、斗鸡走狗，就是与人群斗。宇文智及还喜好女色，沾花惹柳，宿娼拥妓，淫声四闻。其父宇文述知道他的这些丑恶行径后，大为愤怒，每每大加鞭笞，又多次要亲手杀死这个不肖之子以泄愤。宇文智及因娶隋炀帝之女，平日里看不起自己的这个二哥，但出事之后，家中唯有宇文化及为之营护，再三求情，故智及得以免于一死。宇文化及与智及本来就是一对无赖，此后他们兄弟二人更加臭味相投，无法无天，终于闯出一场大祸来。

大业三年（607），隋炀帝北巡榆林（今内蒙古准噶尔旗东北十二连城），至突厥启民可汗帐，宇文述随行。宇文化及兄弟趁炀帝北巡和其父不在家之

---

① 《隋书》卷八五《宇文化及传》，第1888页。

际，私自派人入蕃，违犯禁令与突厥交易。隋时对国外和边境少数民族的贸易，主要是操控在政府手中，由政府设置的交市监和四方使者来掌管，私人交易是违法的事，依律当斩。宇文化及兄弟违法交易的事情败露之后，隋炀帝大怒，下令将他们兄弟二人收捕入狱，关押起来。隋炀帝自榆林还至长安，仍怒气未消，意欲斩化及兄弟之后方肯入城。宇文述为了保全长子化及的性命，向炀帝苦苦哀求，炀帝宽解衣带，手抚辫发，沉思良久，终因两家是儿女亲家的缘故，才同意免除化及兄弟死罪。但为了表示惩戒，炀帝又下令将化及和智及免官，并把二人赐予其父宇文述为奴。

宇文化及和智及自大业三年被免官之后，一直戴罪在家，沉寂了九年。在这九年当中，隋朝的土地兼并加剧，社会矛盾加深。尤其是炀帝上台以后，荒淫残暴，倒行逆施，他对内大兴土木，滥用民力，穷奢极欲，巡游不息，靡费了大量的人力财力；对外，他为了显示自己的声威，穷兵黩武，大事扩张，三次攻打高丽，发动"扫地为兵"的对外战争。在隋炀帝的残暴统治下，无数农民流离失所，家破人亡，形成"耕稼失时，田畴多荒，天下死于役，而家伤于财"①的悲惨景象。广大农民再也无法忍受沉重的兵役、徭役，再也无法忍受这样残暴的统治，他们被迫揭竿而起，举起反隋的义旗。大业七年（611），邹平（今山东邹平）人王薄首先在山东的长白山（今山东邹平、章丘境内）起义，此后，各地的贫苦农民纷纷响应。到大业十一年（615），全国各地的农民起义军已发展到一百多支、几百万人，起义的地区也从山东扩大到河北、河南以及淮南、岭南和关中等地，形成了全国范围大规模的农民战争。到大业十二年（616）时，各地起义军逐渐走向联合，初步形成了以翟让、李密领导的瓦岗军，窦建德领导的河北起义军和杜伏威、辅公祏领导的江淮起义军三支力量，以瓦岗军为中坚，河北和江淮起义军为两翼，再加上全国各地起义军的配合，从根本上动摇了隋朝的反动统治。

---

① 《资治通鉴》卷一八一《隋纪五》炀帝大业七年十二月条，中华书局1959年版，第5656页。

面对全国性的农民大起义，隋炀帝一面派兵残酷镇压，一面又命人赶造龙舟，准备南游江都（今江苏扬州市江都区），以逃避人民对他的惩罚。大业十二年七月，江都的龙舟造成，送到东都洛阳。以宇文述为首的一批佞臣"观望帝意，劝幸江都"①。于是，在农民起义的猛烈冲击下，隋炀帝率领文武百官仓皇逃往江都。在到江都后的一年多时间里，炀帝益发荒淫，他整天寻欢作乐，沉湎于酒色之中，他对萧后说："外间大有人图侬，然侬不失为长城公（陈后主降隋后受封的官爵），卿不失为沈后（陈后主妻），且共饮乐耳。"②炀帝自知作恶多端，死期将至，还常照着镜子对萧后道："好头颈，谁当斫之？"③他又用小瓶子贮存毒药，让左右侍从随身携带，并吩咐宠爱的姬妾说："若贼至，汝曹当先饮之，然后我饮。"④所有这些，都充分暴露了隋炀帝在农民起义力量打击下的一副狼狈相。

宇文述随驾到江都不久，便身得重病，卧床不起。隋炀帝以宇文述有拥戴之功，又是儿女亲家，便特派司宫魏氏前往探望，并问及后事。时宇文化及兄弟仍然戴罪在家，宇文述遂上奏炀帝说："化及是臣的长子，早年曾在东宫侍奉陛下，愿陛下哀怜之。"炀帝听闻之后，也为之落泪说："我没有忘记这件事。"大业十二年十月，宇文述病死江都。宇文述死后，炀帝追思前言，遂重新起用宇文化及兄弟，任命宇文化及为右屯卫将军，宇文智及为将作少监，并让化及袭父爵为许国公。可是，炀帝做梦也没有想到，在一年多之后，也就是在大业十四年（618）三月，正是宇文化及和宇文智及策动了江都兵变，用一条巾带结束了自己的性命。

---

① 《隋书》卷六一《宇文述传》，第1467页。
② 《通鉴》卷一八五《唐纪一》高祖武德元年条，第5775页。
③ 《通鉴》卷一八五《唐纪一》高祖武德元年条，第5775页。
④ 《通鉴》卷一八五《唐纪一》高祖武德元年条，第5782页。

三、发动兵变，图谋篡逆

江都兵变是腐朽反动的隋王朝在农民大起义的打击下，以宇文化及和司马德戡为首的隋朝禁军将领利用骁果卫士的思乡怨愤情绪，发动的一次大规模的武装叛乱。

大业十三年（617）末，隋王朝已面临土崩瓦解之势。当时瓦岗军在翟让、李密的领导之下，先是消灭了隋朝在中原地区的反动主力军队，击毙了河南道十二郡讨捕黜陟大使张须陀；继而又打败了隋炀帝由江南派往中原镇压起义的王世充，并接连攻克了隋朝东都洛阳外围的兴洛仓、回落仓和黎阳仓，以及金墉城（今河南洛阳市东）和偃师等地，形成了包围洛阳的大好形势。

时炀帝在江都，他见中原地区的瓦岗军声势浩大，"惧留淮左，不敢还都"①，并慌忙命人修筑丹阳宫（今江苏南京市），预备继续南逃，徙都丹阳，以实现"保据江东"的美梦。但是，他招募的禁卫军和从驾至江都的骁果卫士大多是关中人，他们久客异地，思念家乡，见炀帝不打算西还，便"人人耦语，并谋逃去"②。在骁果思归怨愤的情况下，虎贲郎将司马德戡看到隋朝行将灭亡，也想乘机率部西归。司马德戡是扶风雍（今陕西凤翔）人，为人"进止便僻，俊辩多奸计"③，深得炀帝重用。时炀帝让他统领左、右备身府骁果卫士一万多人，驻守江都东城，警卫江都宫。司马德戡见统领的骁果卫士相继叛逃，又无法制止，就和自己关系密切的虎贲郎将元礼、直阁裴虔通密谋说："听说陛下已命人修丹阳宫，无西还之意，如今骁果人怀异志，密谋逃亡。此事若让陛下知道，你我必受牵连，大祸旦夕将至。我们的一家老小都在关中，不如趁此机会胁迫骁果，率众西走，此乃求生之计。"司马德戡三人密

---

① 《隋书》卷八五《宇文化及传》，第1888页。
② 《隋书》卷八五《宇文化及传》，第1888页。
③ 《隋书》卷八五《司马德戡传》，第1893页。

谋之后，便四下活动，煽风点火。于是，虎牙郎将赵行枢、鹰扬郎将孟秉、直长许弘仁和薛世良、城门郎唐奉义、医正张恺、勋侍杨士览等人皆与之同谋。他们歃血为盟，决定在大业十四年（618）三月十五日劫持十二卫人马，掳掠江都城中的财物，举兵同叛，率众西归。

虎牙郎将赵行枢原是太常乐户，家富于财，与宇文化及兄弟交从甚密。勋侍杨士览则是宇文兄弟的外甥，二人遂将司马德戡的密谋告诉了宇文兄弟。宇文化及兄弟素性狂悖，眼见得隋王朝大厦将倾，心中早存异图，只是没有合适的机会。他们得知司马德戡等人有谋叛之议，便认为是可以利用来篡夺帝位的时机已到，闻听大喜。于是，宇文智及当即和赵行枢一起去见司马德戡，并且说："足下顺百姓之心，谋非常之事，实在令人钦佩。但是，如果你们仅仅是率众西归的话，恐怕还不是长久之计。"司马德戡见状问道："那该如何？"宇文智及趁机煽动说："今主上虽说荒淫无道，但朝臣还畏服朝廷。假如你们率众西归，主上知道后必定派遣大军追讨，这岂不是自取一死？如今天下已乱，英雄并起，现同心反叛者已有几万人之多，我们不如乘机胁迫骁果，打入宫中，对外宣称废除昏君，另立明哲，以安天下。这才是长久之计，帝王之业呀！"司马德戡等人正愁没有合适的人来当主谋，听宇文智及一说，自然欣然同意，并趁势说道："明哲之望，岂惟杨家，众心实在许公。"① 于是，赵行枢、薛世良等人请推立宇文化及为主。待众人商定之后，司马德戡才把他们的计划告诉宇文化及。宇文化及虽然骄横凶险，是个无赖之徒，而且早怀异心，欲图不轨，但他生性怯懦，庸愚无能，一听众人推他为主，脸色大变，汗流不止，沉默了半响，但终因狼子野心的发作，还是定下了谋反叛逆的决心。

宇文化及被推为兵变的首领之后，便在暗地里加紧活动。司马德戡担心胁迫骁果兵变，人心不一，又阴使谲诈，暗中派遣许弘仁、张恺到左、右备身府散布谣言："陛下听说骁果欲行叛逃，已备下毒酒，打算在宴会时尽行鸩杀北

---

① 《通鉴》卷一八五《唐纪一》高祖武德元年条，《考异》引《蒲山公传》，第5778页。

人，独与南人留守江都。"此言一出，骁果辗转相告，人人恐惧，霎时间弄得满城风雨。司马德戡见计已得逞，便于三月十日召集骁果军吏，发布宣言，煽动兵变。

三月十日黄昏，司马德戡率领所部骁果从御厩牵出马匹，潜厉兵刃，待机而发。这天夜里，恰好由元礼和裴虔通直阁守夜，警卫殿内，由唐奉义主守城门。唐奉义与裴虔通早已暗通声气，约定诸门虚掩，皆不下钥。三更时分，司马德戡在东城召集骁果数万人，举火把与城外相应。宇文智及与孟秉见城中起火，也在宫城之外聚集千余人，并劫持巡夜的候卫武贲冯乐普，布置兵力，把守衢巷。炀帝在宫中见外面火光冲天，又听有喧哗之声，急问发生何事？正在殿内直阁守卫的裴虔通欺骗他说："外面草坊被烧，众人救火，故此喧嚣。"时宫中城外皆串通一气，炀帝信以为真。到五更时分，司马德戡将所领的亲信骁果交与裴虔通指挥，以替换把守宫门的卫士。裴虔通打开宫门，率领数百骑直奔成象殿，正在殿中宿卫的兵士，皆丢弃兵杖，四散而走。只有右屯卫将军独孤盛率领左右十多人拒战，因寡不敌众，为乱兵所杀。炀帝在寝殿内闻听外面有乱，慌忙改换服装，逃往西阁，裴虔通等率兵搜捕，至西阁擒获炀帝。

十一日晨，孟秉率甲骑迎接宇文化及。其时宇文化及不知兵变是成功还是失败，浑身战栗，口不能言，有前来谒拜者，唯在马上垂首据鞍，口中不住喃喃地说道："罪过，罪过。"宇文化及行至江都宫城门，司马德戡等人前往迎谒，宇文化及方知叛乱之事已成，于是在众人簇拥之下，步入朝堂，自称丞相。裴虔通等人准备将炀帝牵出江都宫门示众，宇文化及见状厉声喝道："何用持此物出，亟还与手（即与之毒手而杀害之意）。"① 炀帝见状问道："我何罪至此？"宇文化及的亲信马文举历数炀帝的罪恶说："陛下违弃宗庙，巡游不息，外勤征讨，内极奢淫，使丁壮尽于矢刃，女弱填于沟壑，四民丧业，盗

---

① 《通鉴》卷一八五《唐纪一》高祖武德元年条，第5781页。

贼蜂起；专任佞谀，饰非拒谏；何谓无罪！"① 炀帝听后说道："我实在是对不起天下百姓，至于像你们这些人，高官厚禄，富贵已极，我又何尝亏待了你们。"司马德戡与裴虔通举刀欲杀炀帝，炀帝死到临头还说："天子死自有法，何得加以锋刃，取鸩酒来！"宇文化及不允许，派校尉令狐行达到寝殿用一条练巾勒死了炀帝。一代暴君未受到农民起义军的清算，却先死在叛逆者之手。

江都兵变时，隋朝的宗室、外戚死者无数，炀帝宠幸的佞臣虞世基、裴蕴等人也同时被杀。炀帝死后，萧后与宫人撤床板为小棺，草草殡葬。到这年八月，隋朝故江都太守陈稜才将他改葬于江都宫西的吴公台下。

江都兵变是在隋末农民大起义胜利发展的大好形势下，在隋朝统治集团内部发生的一次分裂。以宇文化及为首的一伙叛军杀死的虽然是个暴君，但他们的用心与目的，同广大起义农民对隋炀帝的反抗斗争毫无共同之处。他们不过是一伙利用农民起义造成的形势，火中取栗、图谋篡逆的奸人贼子。

四、挟帝为虐，篡位自焚

随着隋炀帝的被杀，隋王朝的统治也宣告结束。但是宇文化及野心勃勃，蓄谋篡权称帝，取而代之。

隋炀帝死后，宇文化及令炀帝的侄子秦王杨浩为帝，他自称大丞相，总揽朝政。他让自己的弟弟宇文智及任左仆射，领十二卫大将军，掌管军政大权；让宇文士及任内史令，掌管草拟和颁布诏令。这样，朝中大权尽入宇文化及兄弟手中。宇文化及虽然还打着隋朝的旗号，实际上是在利用杨浩做傀儡皇帝，玩弄挟主擅权的把戏，一待时机成熟，就一脚踢开杨浩，由自己来篡夺隋朝的政权。

大业十四年三月底，宇文化及让左武卫将军陈稜为江都太守，留守江都。

---

① 《通鉴》卷一八五《唐纪一》高祖武德元年条，第5781页。

自己率领炀帝在江都招募的江淮骁果和关中禁军共十多万人，取彭城（今江苏徐州）水路西归，扬言要返回关中。出发之时，宇文化及篡逆称帝的野心已暴露无遗。时"皇后六宫皆依旧式为御营，营前别立帐，化及视事其中，仗卫部伍，皆拟乘舆"①。行至显福宫后，宇文化及又"据有六宫，自奉养一如炀帝"②，可见随从的兵卫仪从之盛。在西归途中，他又命卫士监视杨浩，不许百官朝见，自己则在大帐中南面端坐，接受朝臣奏事，俨然皇帝。

四月，宇文化及到彭城。因水路不通，他下令军队抢掠当地人民的牛车，得两千多辆。然后用牛车运载宫人和珠宝，戈甲戎器则让士兵们背负，道远疲极，三军始怨。这时，就连司马德戡与赵行枢等人，对宇文化及的专权行为也心怀不满，他们企图利用军士的怨愤情绪，以所统领的后军袭击宇文化及，更立司马德戡为主。但因事情败露，被宇文化及用计所擒杀。司马德戡的被杀，是宇文氏集团的一次公开分裂，它不仅反映出这个集团内部存在的争权夺利、尔虞我诈的复杂矛盾，也使宇文化及的实力遭受严重削弱。

宇文化及剪除司马德戡之后，让裴虔通镇守彭城，自己则带领军队改由陆路北上。但是，当他走到中原地区时，被瓦岗军阻挡在成皋至洛口（今河南巩义市）一线，不能西进。宇文化及由于缺乏粮草，军粮不足，又无法西进而返回关中，便率部北渡黄河，占据了东郡（今河南滑县），妄图以东郡作为立足点，争霸中原。

不过，宇文化及要称霸中原并非易事，他当时面对着两个强敌：一是据守在隋东都洛阳的皇泰帝和王世充，一是占据着巩洛的瓦岗军。隋炀帝死后，留守东都的隋朝官员推立炀帝的孙子越王杨侗做皇帝，改元皇泰，史称"皇泰帝"，但实际掌握兵权的是野心家王世充。与东都隋军相对峙的则是李密的瓦岗军。宇文化及率军北上，对瓦岗军造成威胁，对东都的杨侗和王世充也极为

---

① 《通鉴》卷一八五《唐纪一》高祖武德元年条，第5784页。
② 《通鉴》卷一八五《唐纪一》高祖武德元年条，第5787页。

不利。于是，杨侗和王世充设下圈套，他们封李密为太尉、尚书令、东南道大行台行军元帅、魏国公，诱使他攻打宇文化及。然后又阴谋乘两败俱伤之机，趁机出兵打败瓦岗军。其时李密东拒宇文化及，西与东都隋军相持，害怕两面受敌，就接受了隋皇泰帝的官职和封爵，公开背叛了农民起义军。

七月，李密率领瓦岗军的精锐准备和宇文化及决战，宇文化及因军粮将尽，也引兵渡永济渠，和李密大战于洛阳附近的童山。童山之战，李密重创宇文化及，但他本人也被流矢射中，身负重伤，特别是瓦岗军的骁将锐卒多死，损失很大。这时，困守在洛阳的王世充见瓦岗军实力受挫，便趁机袭击瓦岗军，李密战败，投降了唐朝。盛极一时的瓦岗军就这样被李密葬送了。

童山之战以后，宇文化及率领残部逃至汲郡（今河南卫辉市西南），同时又派人回东郡拷掠吏民，催促粮草。东郡留守王轨不堪忍受宇文化及的残暴虐民行径，便以东郡投降了李密。东郡是宇文化及争霸中原的立脚点，东郡一失，宇文化及十分恐惧，其部下见大势已去，也纷纷逃亡。将领陈智略率岭南骁果一万多人，张童儿率江东骁果数千人，樊文超率江淮排䎖数千人皆投降了李密，宇文化及的势力崩溃了。

九月，宇文化及率残余之众两万多人自汲郡流窜到魏县（今河北大名）。到魏县后，其亲信张恺和将领陈伯又密谋叛走，事情败露，被宇文化及所杀。时心腹已尽，兵势日蹙，宇文化及兄弟无计可施，每天只管相聚酣饮，借以麻醉自己的神经。宇文化及喝醉酒便埋怨其弟智及说："江都兵变之事，都是由你首谋，然后强来推我为主。如今人马离散，所向无成，又背有弑君叛上的恶名，天下所不容。将来身死族灭，不全是你造成的吗？"说完，便抱其二子泣嘘不已。宇文化及自知必败，喟然叹息道："人生固当死，岂不一日为帝乎！"[①] 不久，他就派人毒死了杨浩，自己在魏县即皇帝位，国号许，改元天寿，署置百官。

---

① 《隋书》卷八五《宇文化及传》，第1891页。

然而，宇文化及称帝只是日暮穷途、聊以自慰的举动，他建立的割据政权犹如建筑在沙滩上的宫殿，顷刻就要倒塌。唐武德二年（619）二月，唐高祖李渊派淮安王李神通进击宇文化及，宇文化及无力抵抗，自魏县败走聊城（今属山东）。时窦建德占有河北，称夏王。窦建德虽是河北农民起义军的领袖，但他的头脑里仍有浓厚的封建正统思想。宇文化及到聊城后，窦建德对其部下说："我是隋朝的百姓，隋朝是我的君主，宇文化及杀死炀帝是大逆不道，是我的仇人，我非讨不可。"于是，窦建德出兵攻破聊城，生擒宇文化及。城破之后，窦建德将宇文智及、杨士览、孟秉、许弘仁等人枭首军门之外以示众，然后用槛车将宇文化及并其二子载至河间（今河北河间）杀死。随着宇文化及的被杀，宇文氏集团及其所建立的割据政权也随之一起灭亡了。

（原载高敏主编《奸臣传》，河南人民出版社 1988 年版）

附录 教学、科研体会

开学寄语：学习、继承与创新

（在历史学院 2014 级新生开学典礼上的发言）

各位领导、各位老师、各位同学：

大家上午好！金秋九月，惠风和畅。在这秋高气爽的美好季节，我们来到少林文化的发源地嵩山，来到中国古代四大书院之一的嵩阳书院。九月是金秋的季节、收获的季节，也是迎新的季节、开学的季节。在历史悠久、环境优美的嵩阳书院，我们举行"国学会讲暨 2014 级新生开学典礼"，作为历史学院的一名教师，我谨对同学的到来表示热烈的欢迎。

历史学科是郑州大学的优势学科，拥有中国史、世界史、考古学三个一级学科博士点，学术积淀丰厚，大家名家众多。仅以中国古代史来说，老一辈学者嵇文甫先生、秦佩珩先生、史苏苑先生、高敏先生、李民先生先后在历史学院执教，在先秦思想史、秦汉魏晋南北朝史、隋唐史、明清史等学术领域取得引人瞩目的成就，为我院历史学科的建设与发展做出了重要贡献。新郑州大学成立以来，在历史学院党政班子的正确领导下，广大教师继承老一辈学者的优良学风，辛勤工作，开拓进取，无论在人才培养、科学研究还是学科建设方面都取得了丰硕的成果，为历史学院的进一步发展做出了积极贡献。

嵩阳书院是我国古代著名四大书院之一，也是洛派理学传播和发展的中心，历代有许多知名学者到此讲学和学习，在中国教育史上具有重要的地位。今天，我们身处这座曾经书声琅琅、书香四溢的古代学府，面对着刚刚进入历史学院学习的莘莘学子，我想结合自己多年来的教学体会，谈一谈高等学校历史学人才培养的三个发展阶段及其特点。也就是说，我今天的演讲不是学术讲座，而是迎接发言、迎新寄语。目的是想让同学们更好地了解本科生的学习任务、培养目标与发展方向,并从宏观上了解高等学校历史学人才培养的基本模式和发展规律,作为同学们在学习成长道路上的参考。因此,我的发言题目是:"开学寄语:学习、继承与创新",副标题是"论高等学校历史学人才培养的三个阶段及其特点"。不当之处,敬请大家批评指正。

从高中步入大学,是同学们人生历程的一个新起点,也是区分基础教育和高等教育的分水岭、分界线。高等学校的首要任务是培养人才,就我国高等教育的情况看,大体上可以分为本科、硕士、博士三个培养阶段。今年历史学院招收了170多名本科生,80多名研究生,15名博士生。按照郑州大学的学制规定,本科生4年,研究生3年,博士生4年,三个培养阶段加起来一共11年。可见,在高等教育的不同阶段,无论是本科生、硕士生和博士生,在学校规定的学习期限内,都有自己的学习任务和奋斗目标。

那么,本科生、研究生和博士生各有什么样的学习任务和奋斗目标呢?结合自己的教学体会,我认为本科生阶段以学习掌握系统扎实的历史专业知识为主,研究生阶段以学习掌握历史研究的基本方法为主,博士生阶段以学术研究与学术创新为主。也就是说,本科生阶段主要是学习已有的知识;博士生阶段主要是探索未知的领域;研究生处在掌握"已知"和探索"未知"之间,属于继承"已知"和探索"未知"的过渡阶段。因此,"学习、继承、创新"这三个关键词,分别代表了高等学校历史学人才培养的三个不同发展阶段,并大体上反映了各自阶段的学习任务和基本特点。明确和了解高等学校历史学人才培养的三个发展阶段,对于刚刚踏入高校学习的大学生来说,有助于明确自己的学习定位,制定符合自身发展方向的奋斗目标,最终实现自己的人生价值和人生梦想。下面,我就按照高等学校历史学人才培养的三个阶段,就本科生、研究生、博士生的学习任务分别来谈。

首先,谈谈本科生阶段的学习任务。本科生阶段的学习任务主要有三:

其一,夯实专业基础。就是加强专业基础课与专业选修课的学习。目前历史专业的教学计划是:一、二年级以历史专业基础课为主,包括中国通史、世界通史、史学理论、历史文选等课程。通过两年通史课程的学习，同学们基本上掌握了中外历史的概貌和发展线索，了解了历史的连续性和各地区历史发展的不平衡性，对历史上发生的重大事件和重要历史人物也有了一定的认识，对史学理论、古典文献的内容也有一定了解，初步掌握了历史专业知识和基础理论知识。三、四年级以历史专业选修课为主，包括断代史、专题研究、中国史学史等课程。选修课的大量开设，可以开阔视野，提高同学们的学习积极性和主动性。同学们可以根据自己的兴趣和爱好来选择课程，确定研究领域和研究方向，为日后的深入钻研打好基础。这样的课程设置，既注重了专业基础知识的学习，也扩大了选修课的范围，给同学们以较大的自主选择空间，对专业知识结构和综合素质的形成具有重要的作用。此外，夯实古代文献基础，也是加强专业基础知识学习的重要方面。通过历史文选课程的学习，正确理解与阅读古典文献，学会利用《说文解字》等历史工具书，掌握目录学、版本学等基础知识，也是历史专业的学生必备的专业素质。

其二，拓宽知识领域。主要包括以下内容：一是作为历史专业的学生，除了学习历史知识外，还要选修一些文学、哲学、法学等专业的课程，甚至选修一些自然科学史或自然科学概论方面的课程，只有这样，才能做到文史兼通，文理渗透，全面提高自己的人文素质和学术素养。二是课堂学习是本科生学习的主要环节，除此之外，还要注重自学。著名历史学家白寿彝先生曾经说过："历史学家不是听出来的。"学生一定要有自学的时间，"没有自学的时间，一切都是空的"。因此，大学生一定要学会自学，通过广泛阅读专业书籍、学术期刊，扩大学术视野，提高自身素质，并从阅读中加深理解已有的知识，体会治学的方法。在阅读时应该注意精与博的关系，读书以精读为主、博览为辅。以专精为主，就是先打好基础，不急于求成，然后循序渐进，在精读的基础上，博览群书，进一步了解和汲取人类优秀文明成果。三是在大学学习期间，学校和各个院系都会邀请国内外的一些知名专家、学者举办各类学术讲座，通过学术讲座，可以及时了解国内外的最新学术动态，沟通世界各国学术前沿信息，将自己培养成具有世界眼光，适应新世纪社会发展需要的杰出人才。

其三，注重能力训练。大学生应该具备一定的科研能力，特别是写作能力，这就需要经过综合的写作能力训练。这也包括以下几点：一是了解学术论文写作的基本规范与具体要求。如论文"题目"如何定，"关键词"怎么选，"摘要"怎么写，正文的章节体例如何安排，引用文献如何注释，等等，都要符合学术规范。二是资料搜集的训练。要多读书、勤思考，在读书中发现问题，收集史料，积少成多，用于学术论文的写作。特别是要学会利用数字化史料和数据库，像二十五史全文检索系统、四库全书电子版，等等，便于检索和阅读，可以极大地节省时间，同学们应该掌握相关的检索、摘抄和分类方法。三是写作能力的训练。要多动笔，勤练习，提高文字表达能力，能够写出文理清晰、观点明确、结构完整的学术论文来。四是理论训练。通过学习哲学、政治经济学、马克思主义史学理论，以及阅读马恩原著，提高自身的理论水平，培养运用马克思主义的立场、观点、方法分析解决历史问题的能力。

总之，夯实专业知识，拓宽知识领域，注重能力训练，是对本科生的培养目标和基本要求。当然，高等教育又是一种通识教育，素质教育，我们学习历史，就是要培养大家的历史感、时代感，让同学们自觉地认识历史，认识时代，看清整个社会前进的方向，对社会发展富有责任心和创造精神。学习历史，还可以提高大家的人文素质，培养具有独立从事科研工作、教学工作以及其他社会工作所需要的各种人才。同学们可以根据自己的条件和兴趣选择毕业后的发展道路，或从政或从商，或选择自己喜爱的研究领域和研究方向，在学业上继续深造，这就涉及我要讲的第二个问题了。

其次，谈谈研究生阶段的学习任务。研究生阶段的学习任务主要有二：

其一，继承前人研究成果。一个学者的治学之路，应该以继承为起点。一个研究生的学习之路，也应该以继承为起点。继承是创新的基础。研究生既然确定了自己的研究方向，就应该对本方向的著名专家学者及其研究成果十分熟悉。以魏晋南北朝史来说，二十世纪以来，我国涌现了一大批享誉海内外的大家、名家，如中山大学的陈寅恪先生、武汉大学的唐长孺先生、北京大学的周一良先生、山东大学的王仲荦先生，以及我们郑州大学历史学院的高敏先生，他们对魏晋南北朝史的研究，涉及领域广泛，学术成果丰硕，学术地位和学术影响很大。他们的许多论文、论著，都堪称学术经典。作为一名魏晋南北朝史研究生，如果不了解前辈学者的研究成果，不汲取他们的治学方法和成功经验，就不是一名合格的研究生。这是因为，只有站在巨人的肩膀上，我们才能看得更高、更远。因此，研究生的首要任务就是学习和继承前人的研究成果，把一些经典论著作为自己案头的必备参考书，反复阅读，精心研读，通过阅读和学习，了解前辈史学家的学术思想和学术观点，学习他们的治学方法和创新意识。只有这样，才能继承老一辈学者的优良学风，将他们的学术成果发扬光大，薪火相传。

其二，掌握史学研究方法。研究生阶段的学习，除了熟悉学术规范，遵守学术规范外，还必须掌握史学研究方法。历史学的研究方法，简言之就是实证研究的方法。所谓实证研究，即言必有据，实事求是。史学论文中的每一个判断，每一个论点，每一个结论，都必须要有史料依据，真实可信，这就是人们常说的"有一分材料说一分话"。由于史料是史学研究的基础，所以，历史研究的过程，就是收集史料、解读史料，进而理解历史、还原历史、说明历史的过程。要做到这一点，就要经过一定的学术训练。研究生的学术训练，其基本程序是：选题—资料—研究—写作。就是选定一个课题，然后收集资料，研究资料，最终形成研究成果。选择题目、收集资料是一种训练，研究资料、撰写论文也是一种训练。训练的目的是为了养成学术规范，掌握做学问的基本路径，培养具有独立从事历史科学研究的能力。这就是研究生的培养目标和基本要求。

再次，谈谈博士生阶段的学习任务。博士生阶段的学习任务，主要是学术研究与学术创新。

我们知道，学术研究贵在创新。近几年来，党和国家在发展科学技术，在研究生的教育和培养方面，特别强调创新意识、创新精神、创新思维、创新能力。任何科学研究都是与创新联系在一起的，创新是学术发展的灵魂，史学研究也不例外。一名博士生，由于经过了本科生、研究生学习阶段，业已具备了较为扎实的专业基础知识和理论知识，掌握了史学规范和研究方法，从而也就具备了学术研究与学术创新的能力。学术创新是多方面的，多层次的。解决一个问题，填补一个空白，是创新。在别人研究的基础上，提出新的观点，将学术推进了一步，也是创新。另外，下面两点也值得注意：

一是选题创新，即选题要具有原创性。所谓原创性，就是论文选题是前人从未涉及过的研究课题，正因为如此，此类选题无论在体例上、史料上、内容上、观点上都具有原创性和开创性。原创性的选题，能够在更宽广的知识领域、更多的知识点以及证明手段等方面有整体的创新，往往会引起学科学术空间的扩大和整体知识结构的变化，因而也具有重要的学术价值和参考价值。一篇博士论文，如果仅仅在局部内容或者个别问题上有所推进，显然是不够的。

二是研究视角和研究方法创新。创新有不同层面的创新，视角与方法的创新，或者说理论上的创新，无疑也是一种创新。视角创新有各种各样，或以小见大，见微知著，或以文化视野、社会视野、国家视野来观照历史研究，都可以算作视野的创新。一篇优秀的博士论文，应该能够提出新的分析框架和理论框架，能够构建新的学术理论体系和逻辑体系。它所提出的分析框架和理论框架，可以是借鉴西方史学的理论而来，也可以是借鉴其他人文社会科学的理论和方法而来。换言之，通过中西贯通，多学科的交叉渗透，以西方史学或是其他社会科学的理论和方法来关照历史学研究，都是创新。具体问题的解决，可能不会能引起太多的共鸣。只有视野、方法的创新，才能引起更多人的关注，对学术发展的影响力也更大。

各位领导、各位老师、各位同学，以上就高等学校历史学人才培养的三个阶段谈了一点自己的看法。上述三个发展阶段，从基础到专精，从继承到创新，也充分体现了高等学校人才培养的基本规律，即注重专业基础教育，探索和培养创新人才。通过对高等学校人才培养机制和发展规律的认识，希望同学们能够树立牢固的专业思想，热爱历史专业，在大学期间找准自己的学习定位，明确自己的学习任务，制定符合自身特点和发展方向的奋斗目标，努力成为适应新世纪社会发展需要的杰出人才，最终实现自己的人生价值和人生梦想。

2014 年 6 月 21 日

关于本科生教学的一点体会
——与历史学院青年教师座谈会提纲

前段时间,戴庞海老师说要召开一个青年教师座谈会,让我给大家谈谈自己的教学经验。对于戴老师的盛情邀请,我既感到诚惶诚恐,同时也觉得是个难得的机会。说诚惶诚恐,是自己觉得没有什么经验可谈,害怕谈得不好,起不到"传帮带"的作用。说难得的机会,是自己从事高等教育工作已经30多年,这些年来,自己还从没有机会静下心来,把30多年来的教学经验认真总结、梳理一下。这次座谈会,让我有机会把多年来的教学体会梳理一下,向大家谈一谈,作为一名老教师,这自然是责无旁贷的事情。下面我主要就本科生教学谈一点自己的体会。

我从事本科生教学已有30多年。1981年研究生毕业后,我留在历史系当老师,正式走上了大学讲台。1984年郑州大学成立历史研究所,我到历史所工作,此后主要从事科研工作和研究生教学,不再承担历史系的本科生教学工作了。但是,20世纪80年代,社会上各类电视大学很多,自己也承担了不少电大的教学任务。此后直到2000年建立新的郑州大学,历史系与历史所又合为一家,自己又重新承担起历史学院本科生的教学工作,直到今天。

自己的本科教学任务主要是讲授《中国古代史》,讲授内容根据情况而定,大体可以分为三种情况:第一种情况是由我一个人讲授中国古代通史,即从原始社会一直讲到1840年清代鸦片战争以前;第二种情况是将《中国古代史》分为上下两段,由两名老师分别讲授,自己讲授上段,即原始社会至魏晋南北朝一段;第三种情况是将《中国古代史》分为六个断代时期(先秦、秦汉、魏晋南北朝、隋唐、宋元、明清),分别由六名老师讲授,自己主要讲授魏晋南北朝时期。由于自己的专业是魏晋南北朝史，所以除了第三种情况，无论是讲授中国古代通史，还是讲授原始社会至魏晋南北朝这段历史，对于自己都是一次挑战，也是一次重新学习中国古代史，并对中国古代史的诸多知识内容进行吸收、融合、组织、编排的过程。

中国历史包罗万象，林林总总，头绪繁杂，内容众多。就上述第一种情况而言，如何把中国古代通史讲得条理清晰、清楚明白，在备课时就需要我们认真思考，精心组织。通过多年来的教学，我的体会有以下四点：

第一，讲述头绪繁多、内容杂乱的历史时，首先要把这一历史时期的历史发展线索勾勒清楚。我在讲述中国原始社会时，就采取了这种方法。

大家知道，中国原始社会从公元前 200 万年至公元前 2070 年，不仅时间长，内容也很多，包括了人类自脱离动物界以来，从发明用火、制造石器直到制造金属工具，从原始人群到氏族公社以至氏族公社解体和私有制的出现，等等。在讲述旧石器时代早、中、晚期的中国猿人—古人—新人的发展演变时，我就始终围绕着四个发展线索来谈：即人类体质形态的发展演变、生产工具的发展演变、人类社会组织形态的发展演变、人类婚姻形态的发展演变。

例如，讲旧石器时代早期的中国猿人，即以北京猿人为例，先谈北京猿人的体质形态，已具备了人类的基本特征，但还保留了若干古猿的特点（手和四肢比较发达，头部还保留较多的原始性）；再谈北京猿人使用的生产工具，特点是多使用粗糙的打制石器，过着采集和渔猎的生活；三谈北京猿人的社会组织，过着原始的群居生活，属于原始人群时期；四谈北京猿人的婚姻形态，还处在原始的杂婚状态。

讲述旧石器时代中期的古人，仍然按照上述四大线索展开。先谈古人的体质特征，比猿人进步，更接近于现代人，但仍具有一些原始性；再谈古人使用的生产工具，除第一步打击外，还经过第二次加工，打制技术进步；三是古人阶段的社会组织，已经从流动分散的原始群发展为比较固定持久的人类团体；四是古人阶段的婚姻形态，已从杂乱的婚姻状态进入到血族群婚阶段。

在讲述旧石器时代晚期的新人时，也是按照上述四大发展线索展开，如体质形态上已变成现代人，制造生产工具已经使用钻孔、磨制等新技术，婚姻形态已从血族群婚转变为族外婚，人类社会组织已从原始群转变为氏族公社。

在讲完人类体质演变的三阶段后，接下来讲述新石器时代的母系氏族公社和父系氏族公社，除了人类体质形态这一线索已经完结外，还紧紧围绕着其他三大发展线索，即生产工具与经济生活的发展演变、人类社会组织形态的发展演变、人类婚姻形态的发展演变这三大线索来谈。如母系氏族公社繁荣期，婚姻形态由族外群外婚过渡到对偶婚；父系氏族公社时期，又由对偶婚转变为一夫一妻制，等等。

通过上述线索，一方面可以将中国原始社会史梳理清楚，另一方面还可以结合一些重要经典理论，如"劳动创造了人本身"，原始氏族制度的基本特征、家庭、私有制和国家的起源等，使同学们对中国原始社会史有一个完整清晰的认识。

第二，在讲述一些重要的历史事件或典章制度时，要将其历史特征讲清楚，并加以纵向比较。例如，历史上的农民起义曾是中国古代史的重要讲述内容。但一般的大学讲义只是围绕每次农民起义发生的原因、经过、作用和意义来谈，很少讲历次农民起义的特点与异同，并将其进行纵向比较。自己在讲述历史上的农民起义时，就重点讲述其异同。如以西汉末年的绿林、赤眉起义与秦末的陈胜、吴广起义相比，二者既有不同点，也有相同点。

不同点有四：一是参加农民起义的阶级成分，汉末比较简单，秦末比较复杂；二是农民起义的区域范围，汉末农民起义按不同的区域分成几个系统，秦末农民起义基本上形成一个中心；三是秦末农民起义提出鲜明的政治口号"伐无道，诛暴秦"，汉末农民起义则没有提出鲜明的纲领和口号；四是秦末农民起义敢于蔑视封建帝王（"王侯将相，宁有种乎"），汉末农民起义具有较浓厚的"皇权主义"色彩（"反莽复汉"、"拥刘"）。

相同点有三：一是两次农民起义都建立了农民政权（张楚、更始），拥立了自己的皇帝；二是两次农民起义的结果是相同的，即农民起义的胜利成果都被地主阶级篡夺了去，当作他们改朝换代的工具；三是起义失败之后，新政权的出处也基本相同，无论是刘邦建立的西汉政权，还是刘秀建立的东汉政权，都是由参加起义的一个方面转化而来（刘秀被称为"铜马皇帝"）。

东汉末年的黄巾起义也有自己的特点：其一，黄巾起义是我国历史上第一次利用宗教来发动组织的农民起义；其二，黄巾起义是经过长期准备，有组织、有纲领、有计划的农民起义；其三，黄巾起义提出了"太平均等"的革命思想；其四，黄巾起义参加者的阶级成分更为单纯。

通过这样的对比，同学们对秦汉三次农民起义的特点有了更深入的认识，也了解到什么是比较研究的方法，对历史研究有了新的感知。

在讲授典章制度时，也可以采用纵向对比的方法。如均田制始建于北魏，后为东魏、北齐和西魏、北周以及隋唐所沿用。北魏、北齐和隋、唐的均田制，在授田年龄、授田类别、授田对象、授田数量、土地买卖、授田土地的性质等方面，既有相同之处，也有不同之处，不可一概而论。通过纵向对比的方法，就可以讲得清清楚楚。

此外，府兵制始建于西魏，后为隋、唐所沿用，隋唐的府兵制对前代既有继承也有变异。如"府兵"之"府"，最初是指将军府，隋文帝时指骠骑府，隋炀帝是指鹰扬府，到了唐代是指折冲府，仅"府兵"名称就有一个发展演变过程。至于府兵的组织、职责、府兵与均田制的关系，等等，前后都有变化。这些都可以通过列异明同，纵向对比来讲清楚。

第三，在讲述一些重点、难点时，可结合学术界的研究成果，将不同学术观点介绍给大家，使同学们对学术界尚存争议的学术问题产生兴趣，进而培养其学习历史、研究历史的兴趣。

讲授中国古代史有很多重点、难点问题。如中国古史分期问题，就是学术界长期争论的问题，也是同学们很感兴趣的问题。我在讲述"战国时期封建社会的开端"这一章时，为使同学们对战国封建说有一了解，会首先介绍国内学者的不同意见及其分期标准。

例如,以范文澜为代表的西周封建说,把生产关系的变更和发展作为奴隶社会和封建社会分期的标准;以李亚农为代表的春秋封建说,把阶级关系的发展和变更作为分期的标准;以郭沫若为代表的战国封建说,把地主阶级的有无作为分期的标准;以金景芳为代表的秦统一封建说,把经济形态和政治斗争结合起来作为分期标准;以尚钺为代表的魏晋封建说,认为汉武帝以后封建的生产关系逐渐萌芽和成长,自魏晋开始中国才进入封建社会,等等。

类似的重点、难点问题还有很多。适当地介绍学术界的不同意见,既可以拓宽同学们的学习视野,也可以培养同学们对历史研究的兴趣,真正认识到讲义中的相关表述只是一种学术观点,而并非是金科玉律。

第四,从板书时代到多媒体时代,也有一些值得关注的问题。

在板书时代,老师很辛苦,不仅课前要认真备课,上课时还有大量的板书,一堂课要吃不少的粉笔末。但是,在板书时代,老师能够感觉到自己是三尺讲台的真正主人,面对学生,纵论历史,侃侃而谈,洋洋洒洒,有一种讲课欲望和畅快淋漓的感觉。到了多媒体时代,老师不用板书了,而是改用课件了,这样讲授的内容更趋生动直观、丰富多彩,也深受同学们的欢迎。不过,在多媒体时代,大家总感觉自己不是三尺讲台的主人,有点沦为课件的附庸,甚至完全被课件绑架、被课件指挥的感觉。如何解决这一问题,本学期开学后,学校党委书记郑永扣曾经深入课堂听课,他在总结听课感悟时认为:"PPT的使用使讲授要点、重点更加清晰突出,便于学生做笔记。但也存在一定的局限性,弱化了教师在课堂上的主导地位,希望老师们在以后的课堂教学中加以注意。"可见,如何使现代化的先进教学手段,和传统的以教师为中心的教学方式更好地结合起来,充分发挥教师在课堂上的主导地位、核心地位,还值得大家高度的关注,并在以后的教学实践中不断探索、不断完善。

回顾自己多年来的本科生教学生涯,既付出了辛勤汗水,也获得同学们的认可和国内知名专家学者的好评。自己曾在郑州大学网上评教活动中被评为

"学生最满意的教师",2006年教育部组织专家对郑州大学本科教学工作进行评估,在预评估和正式评估期间,预评估专家组组长朱勇教授、正式评估组组长杨叔子院士都选听了我讲授的《魏晋南北朝史研究》课程。听课之后,朱勇教授在历史学院举行的本科教学工作汇报会上说:"上午听了张老师的课,课讲得很好,有丰富的历史文化底蕴,讲课技巧娴熟,听课效果非常好。"给予了高度评价。

目前,《中国古代史》是省级精品课程,这是经过历史学院几代教师的辛勤努力,通过长期的教学实践与学科建设所取得的成果。现在,青年教师已经成为本课程的主力军,相信通过大家的不断努力,《中国古代史》课程一定能够办成教学特色鲜明、教学方法先进、教学效果良好、深受同学欢迎的省级精品课程。

谈谈问题意识、学术意识与创新意识

(在 2014 年郑州大学历史学院青年教师学术沙龙上的发言)

各位老师,大家下午好:

上个星期,李晓敏老师说要召开一个青年教师学术沙龙,让我给大家讲讲。对于晓敏老师的盛情邀请,我既感到十分荣幸,十分高兴,又感到有些惶恐。说十分高兴,十分荣幸,并不是客套话,而是实话实说。因为今天的历史学院,汇集了来自全国各地著名高校的青年才俊,这几年通过吸引人才,历史学院引进了一大批富有朝气、才华横溢的博士,可以说是英才荟萃,人才济济。这不仅给历史学院增添了新鲜血液,极大地推动了历史学院教学、科研工作的发展,而且也使历史学院的面貌焕然一新。今天在座的各位青年教师,在教学、科研工作方面非常出色、非常优秀,已经成为历史学院的生力军。这几年来,一些青年教师在网上被同学们评为"最受欢迎的教师",一些青年教师在科研方面取得令人瞩目的成就,像吴漫老师、李晓敏老师,在短短几年间,每人都拿到了两项国家社科基金项目,真是可喜可贺。

作为历史学院的一名老教师,看到大家这样优秀,年轻有为,成果累累,真是从心眼里感到高兴。我是 1973 年进入郑州大学历史系学习的,1976 年毕业留校任教,1978 年又考上中国古代史专业的研究生,师从高敏先生学习魏晋南北朝史。屈指算来,我进入郑州大学已经有 40 多年了。说句玩笑话,可能今天在座的一些青年教师,有的人的年龄还没有我的教龄长吧。在郑州大学历史系学习、工作的 40 多年,我亲眼看见了历史系的发展变化,亲眼看见了历史学科的快速发展,同时也送别了很多对历史系的发展做出过重要贡献,并且亲自关心、指导和培养我的一些老师,如秦佩珩先生、史苏苑先生、高敏先生，等等。我留校的时候，当时的老师大多是20后、30后、40后、50后已经算是年轻人了。抚今追昔，看看今天，在座的青年教师大多是70后、80后，有的甚至是90后，相差整整三代人啊！因此，作为历史学院的一名老教师，看到大家年轻有为，英姿勃发，一方面真切地感受到社会在发展，时代在前进，感受到"长江后浪推前浪"的巨大力量，另一方面也为历史学院的教师队伍后继有人，为历史学院的发展前景一片光明，充满希望，从心底里感到高兴，感到欣慰。

但是，对于参加今天的学术沙龙，我又有些惶恐。自己虽然是一名老教师，可是在教学、科研工作方面也没有什么经验可谈，害怕谈得不好，起不到传帮带的作用。当然，作为一名老教师，能够和大家一起谈谈心，互相交流，互相切磋，取长补短，这又是义不容辞的事情。而且，能够参加青年教师学术沙龙，对自己也是一次难得的学习机会。我也想通过这次机会，把自己的科研、教学体会梳理一下，和各位老师做一个交流。

自从留校任教以来，自己一直从事科研和教学工作。在科研方面，自己先后出版了几部书，今年年底还有一部书稿（《九品中正制研究》）即将由中华书局出版，在《历史研究》、《中国史研究》、《文史》等权威期刊发表了一些文章，并承担了国家社科基金项目和河南省社科规划项目。在教学方面，自己长期从事本科生、研究生和博士生的教学和培养工作，获得了郑州大学教学优秀奖、郑州大学研究生优秀指导教师奖，等等。因此，在科研、教学工作中也取得了一些成绩，积累了一些经验，对科研和教学工作中存在的问题也有一定的了解。特别是最近几年，自己先后参加了国家级、省部级社科项目的评审和鉴定工作，如国家社科基金项目评审、国家社科基金后期资助项目评审、教育部人文社科项目，河南省社科规划项目评审，等等，以及国家社科基金项目成果鉴定。同时，还应邀作为《历史研究》的外审专家、《史学月刊》的外审专家，参与了对一些历史稿件的评审工作。在参加国家、省部级科研项目的评审、鉴定工作中，在参与历史稿件的评审过程中，自己也了解到国内史学界的研究动态，对史学研究中存在的一些问题，像如何遵守学术规范，如何提高问题意识、学术意识和创新意识，也都有了更为直观的认识和了解。因此，我想结合自己在科研和教学方面的经验，以"问题意识、学术意识与创新意识"为题，谈谈我的粗浅体会，不当之处，请大家批评指正。

我们知道，学术规范与学术创新，是学术发展的两大动力。最近十多年来，我校的科研工作和研究生教育工作蓬勃发展，成绩斐然。但是，在发展过程中也存在一些问题，其中最主要的是学术规范问题。所谓学术规范，有技术层面的，也有学术层面的。技术层面的是指史学论文写作的基本规范与具体要求：像论文"题目"如何定，"关键词"怎么选，"摘要"怎么写，正文的章节体例如何安排，引用文献、参考文献如何注释、如何标注，等等，这些都要符合论文写作的基本规范。学术层面的主要涉及"三个意识"，即问题意识、学术意识和创新意识。关于创新意识，大家谈论的比较多，这里我重点谈谈问题意识与学术意识，附带谈一下创新意识问题。

一、问题意识

问题意识是史学研究者必须具备、也是最重要的学术品质之一，是否具备问题意识，不仅与研究者本人的知识储备与学术积淀密切相关，而且也影响到研究者的创新意识和创新能力。在参加国家级、省部级科研项目的评审、鉴定过程中，在历史学院进行的博士生、研究生的毕业论文答辩中，经常发现一些选题、一些论文缺乏问题意识，或是自觉不自觉地忽略了问题意识。其表现在于：论文的选题或大同小异、题目雷同，使人有似曾相识之感；或是没有新史料，结论陈旧，对学术研究没有任何推进。在写作风格上，往往采用叙述体的写作风格，看起来面面俱到，实际上既未提出新问题，又未解决老问题，在学术上并无创见。这些问题的产生，都和"问题意识"淡薄有关。

所谓问题意识，是说在史学研究的过程中，要有发现问题和提出问题的思想意识和研究理念。不论是写一篇文章,还是写一部专著,都要不断地问自己,我为什么要写?我想说明什么问题?因此,"问题的提出"就成为文章开始时必须交代清楚的一个问题。一般说来,一篇文章是从问题开始,通过发现问题,提出问题,提出自己的观点,然后再围绕自己的观点来列举史料,并对史料进行考证、分析与论证,最后在实证研究的基础上进行理论归纳与概括,从深层次探讨事物发展的内在规律,将自己的观点升华为一种理论或理论体系。这是史学研究的基本理路。所以学术界流行一句话:"有了好的问题,就等于成功了一半。"可见问题意识不仅是历史研究的出发点,是激发历史研究的内在活力,而且也是构成学术创新的重要前提要件之一。

那么,如何培养问题意识?这主要有几种方法:

一是多读书,勤思考,善思考,这是培养问题意识的基本途径。在读书和思考时,一定要有"问题意识"。"问题意识"的核心是怀疑精神,不迷信权威和成说,不被动地接受已有的知识。古代不少学者都提倡读书"有疑"。如宋代学者程颐说,"学者先要会疑";陆九渊也说,"为学患无疑,疑则有进"。他们所强调的都是要带着疑问来读书,这样才能发现问题,有所收获。明代李贽还谈到学问"由疑而悟"的过程:"学人不疑,是谓大病。唯其疑而屡破,故破疑即是悟。"在李贽看来,"疑"是提出问题的先导,"悟"则是找到了解答问题的思路。

二是充分占有史料,在掌握史料的基础上提出问题和发现问题。详尽地占有史料,是进行史学研究的基础与前提。没有或缺少史料,就无法进行研究。学术界常说,"有一分材料说一分话","没有史料,就没有发言权"。可见占有史料的多少,是我们研究问题和解决问题的关键所在。在占有史料的过程中,要尽量做到两点:一是"全"。所谓"全",就是关于某一方面、某一专题的史料,要尽量做到没有遗漏或基本没有遗漏。这就是傅衣凌先生所说的,对史料的收集要做到"竭泽而渔"和"一网打尽"。二是要"细"。所谓"细",是指对收集的史料要仔细分类,认真研究,看看这些史料有无歧异和不同之处。例如，关于同一典章制度或同一历史事件，在不同的史书中都有记载。但是，如果我们认真比较，就会发现这些史料有的大体相同，有的则存在细微的差别，还有的可能存在很大的差别，甚至是完全相反的记载。如果我们粗枝大叶，不细心甄别，只是简单选择其中的一种，就不利于发现问题。因为有时候恰恰是一两个字的差别，往往能够启发我们去思考更多、更大的问题。因此，在充分占有史料的过程中，要注意培养自己的问题意识，既要全，又要细，要善于将收集的史料一一排队，进行分析、比较与鉴别，看看其间有无差别，并从这些差别中发现问题，提出问题。

三是全面继承和梳理前人的研究成果，在进行学术史回顾的过程中发现问题、提出问题。研究任何一门学科，都是依靠一代又一代人的经验积累。前辈学者的研究成果，为后人的研究创造了条件、奠定了基础。如果不好好地继承前人的研究成果，或者置前人的研究成果于不顾，对一切问题的研究都是从头开始，另起炉灶，那么，即使你的研究能力再强，也只能是重复前人已经得出来的结论，有时甚至还达不到前人的研究水平，只能徒劳而无功。因此，真正的科学研究，必须在前人的基础上有所前进。只有站在巨人的肩膀上，我们才能看得更远，取得更大的成就。但是，对于前人的研究成果，也不是说要顶礼膜拜，盲目赞同，而是要持分析的态度，即区别何种是正确的，何种是不足的或者是错误的，然后继承和发扬正确的部分，补充不足或者订正错误的部分。所有这些，都有赖于对前人的研究成果十分熟悉，并且有着较为深入的认识和理解。如前所说，关于同一典章制度或同一历史事件的史料，在不同的史书中可能存在大体相同的记载，也可能存在比较大的差异甚至是完全相反的记载。那么，前人对于这些歧异的记载是如何解释的？存在着几种说法？这些说法同你自己对史料的理解是否一致？你认为这些说法哪些是正确的，哪些是错误的？哪些属于薄弱环节？哪些还属空白？哪些还有待于继续推进？所有这些，都要在进行学术史回顾的时候，做出全面系统的检讨。因为按照学术规范，我们在撰写学术论文时，必须对以往的学术史做一回顾。这样做既是表明尊重前贤之意，同时也便于发现问题，实际上是对自己学术积累和问题意识的一种展示。因此，对于前人的研究成果予以充分了解，并从中发现问题和提出问题，也就成为我们涉足学术研究的起点。

四是在选题的过程中要具备明确的问题意识。选题的确定是一个相当复杂的过程，在选题过程中，除了进行必要的"学术史定位"，即重点考虑选题是否有新意，是否值得研究之外，它还受到许多因素的影响：例如，突破常规的思考，就是一种有助于提出新问题的重要素质，具有这种素质的人，相对容易发现他人未能看到的问题。对于同一个事物，如果换一种角度，或不按常规来思考，可能有新的发现。这方面的例子俯拾皆是，无须列举。需指出的是，与男生相比，女生在性格、生理、思维方面都有一些局限，更需要加强理论修养，培养对理论的兴趣。因为女同学多数是感性思维、顺向思维，要打破顺向思维的习惯，培养逆向思维、反向思维的能力。这样有助于突破常规思考，培养发现问题的能力。又比如，选择有争议的问题进行研究，也是常见的选题途径。史学界经常就某些问题展开讨论，形成不同的看法与观点，这对深化历史认识具有重要的作用。但是，别人的研究通常有所侧重，因而也就存在局限，如果能够找到不同的角度，或掌握了新的材料，提出新的问题，就会形成不同的研究思路。所以，关注史学界的研究热点，也是一条有效的选题途径。

由于"问题"在历史研究中占有非常重要的地位，学术创新的关键，就在于能否提出新的问题，因此，一些国外学者甚至提出"没有问题，就没有史学"的说法，形成了"问题史学"的理念。可见，现代史学就是"问题史学"，在历史研究中增强"问题意识"，是提高研究生的综合素质和研究能力的一个重要方面。

二、学术意识

所谓学术意识，主要涉及如何对待第二手资料和前人的研究成果问题。

我们知道，史料是史学的基础，是史学研究者认识和重建过去的中介，没有史料就无从谈及治史，也就等于没有历史。因此，研究历史必须从史料出发，史料占有的多少和质量的优劣，决定一项研究的价值。

资料又可以分为文献性资料和研究性资料两大类，文献性资料即第一手资料，也就是史料；研究性资料即第二手资料，也就是后人的研究论著。第一手资料和第二手资料，在研究中是相辅相成、不可或缺的两个环节，不可偏废。之所以要重视第二手资料，因为现代学者的治学之路，一般以继承为起点。史学研究无论选择什么课题，首先都必须面对前人留下的大量研究成果，如果不对这些研究成果做出全面的了解和适当的评估，就无法清楚地界定自己的课题，也不可能找到新的切入点。因此，就本课题做一番学术史的梳理，就成为一项必不可少的工作。

学术史的梳理主要依靠收集和阅读第二手资料，但是，第二手资料对于一个课题的意义，绝不仅仅限于学术史的范围。

首先，第二手资料的增多，在一定程度上改变了历史研究的方式。浩繁的第二手资料不仅构成专题研究的基础，而且极大地增添了学术创新的难度。尤其是在论文写作时，如何在不断积累、急剧增长的知识中寻找突破口，如何在各家学说的缝隙中插入自己的一家之言，就成为一个无法回避的现实问题。

其次，研究一个课题，离不开一定的学术基础，需要借鉴他人已经取得的研究成果。阅读和评阅第二手资料，相当于同先行的同行专家进行对话，可以从中得到启发，借鉴有用的方法，激活自己的思想，推动思路的开拓，最终形成自己的观点。论述一个问题往往需要借助理论、概念和其他知识，而这些大都来自第二手资料。另外，在论述时也需要引述他人的论点作为论据，在今天的史学写作中，来自第二手资料的论据和来自原始材料的论据，都是不可或缺的。因此，学术要创新，研究要避免重复，就必须很好地利用第二手文献资料。

但是，在如何利用第二手资料的问题上，史学界也存在着一种偏向，即不重视或有意识地忽略第二手资料的学术价值，这一问题在中国史研究领域表现得尤为突出。有人认为，只引用第一手资料即原始资料才是开创性的研究，所以在写作中不屑于引用第二手资料。有的论著几乎没有提到相关的研究成果，也未引述他人的论点，似乎对这一问题前人从未涉猎过。这种做法有两种可能：一是确实没有参考别人的研究成果，自己的论文完全是依据原始史料写成的；二是实际上借鉴了相关的研究成果，或者受到他人的启发，只是没有做出说明和标注。如果是第二种情况，就属于学术舞弊，违反了基本的学术道德。

那么，在论文写作时，应该如何对待第二手资料和前人的研究成果呢？这就涉及加强学术意识的问题。

所谓学术意识，就是要把自己的研究置于学术史的流程之中加以考察，在引证上，要尽量多地反映前人的研究成果，使自己的研究进入学术流程。以往国内学术界流行的那种只有原始注释，没有今人论著的引证风格，只会抹杀前人的学术成就，没有学术史的感觉。例如，一些从国外留学回来的学者，对国内学术界最大的意见就是：相关研究不是置于学术史流程，一看注释，全是第一手资料，没有今人研究论著。这似乎是说，作者写文章的时候，没有参考过别人的论著，全是从第一手资料中发掘的。其实非也。作者写文章的时候，可能参考过别人的论著，只是缺乏应有的学术道德，没有如实注明而已。

在使用第二手资料时，如何对待"纷纭"的"众说"，也是研究中经常遇到的问题。有的人对相关的争论和分歧采取回避的态度，根本不提及学术界存在的不同见解；有的人对各种观点不进行认真地分析鉴别，而是随意采信其中的一种，并且不说明取舍的理由；还有的人只是把各种意见加以调和拼凑，以显示自己的全面和公允。上述做法都不符合学术规范。比较可取的办法是，交代各种不同的意见，认真比较各种说法，然后采取其中的某种观点，并说明取舍的理由；也可以不接受任何一种观点，转而提出自己的看法。这样，就涉及用学术讨论的方式写作的问题。

用学术讨论的方式写作，也是体现学术意识的重要方法之一。在具体的写作过程中，要尽量使用讨论的风格。凡是遇到同行学者的论文、论著，可加以讨论。同意者，就直接引用其观点；不同意者，应该就其论据、论点及论证逻辑分别加以讨论，平心静气，让事实说话。学术论著不可能没有讨论，没有讨论，就不是学术论文，而是变成了叙述型的教材。但如何讨论，一定要讲究方式方法。学术问题应在学术范围内解决，就事论事，不作过多的延伸。学术批评的唯一标准，应该看是否有利于学术进步。凡是有利于学术进步的，我们就要肯定；反之，不利于学术进步，只会伤人的批评，应该坚决杜绝。只有这样，才能推动学术的不断进步。另外，即使是纯学术批评，也要注意方式方法。要将对方设想为自己的朋友，而不是对手，这样才不会出口伤人。尊重别人的人格、自尊心，是做学术批评的第一要义。

用讨论风格写作，也有利于学术的进步。长期以来流行的叙述体写作风格，看起来似乎面面俱到，实际上容易失去思考价值。任何一篇文章、一部论著，都不可能解决所有的问题。就是知名专家，也有解决不了的问题。把这些问题提出来，留下一个缺口，给别人以启迪，这既是实事求是的表现，是一个成熟学者应该做的事情，同时也是对后人负责的态度，是对学术的一大贡献。后人在专家提出问题上进一步思考，就有可能解决问题。这样一代一代将问题传下来，学术的进步就大有希望。所谓"有如积薪，后来居上"，就是这个道理。

三、创新意识

近年来，党和国家在发展科学技术，在研究生的教育和培养方面，特别强调培养创新意识。我们知道，任何科学研究都是与创新联系在一起的，创新是学术发展的灵魂，史学研究也不例外。如果史学研究不能在前人的基础上有所发展，有所创新，完全是前人研究成果的重复，那么这样的研究，从本质上说算不上研究，也失去了研究的意义。相反，只要能提供一点新内容，不论多少，都是有意义的，属于科学研究的成果。因此，科学研究的核心问题，是能否创新的问题。

既然史学研究贵在创新，那么，我们应当如何衡量创新标准、如何遵循创新意识呢？对于史学研究来说，衡量能否创新的标准是很难确定的。对此，我的老师高敏先生在《治学琐谈》一文中，曾提出以下八条标准，凡具备下列情况之一者，才算得上有所创新。

第一，在理论上有超出前人或今人所概括的地方，即提出新的理论或理论体系。第二，在史料运用上，有为前人或今人未曾使用过的史料，即提供了新史料。第三，在研究的课题或领域方面，是前人或今人所未曾研究过的，即开辟了新的研究领域或研究课题。第四，如果研究前人研究过的问题，必须在论述的深度、广度和见解等方面超过前人，即在以往研究的基础上有所突破、有所推进。第五，能提出有意义的或者前人未曾提出过的问题，即提出新问题。第六，能从多方面复证前人已经提出过的问题。（注：如果前人的观点不完善，说服力不强，可以从多层面、多视角加以复证，使之更完善，更具有说服力）。第七，在对史料理解方面，有不同于前人或今人的地方，即对传统史料提出新见。第八，在现实的应用方面，能提出具有科学性的见解，或者在政治上具有某种现实意义，即经世致用，为现实服务的问题。

总之，正如高先生所说："通过研究所得的结论，必须是在历史学科领域有所前进，有所发展，不论其内容或多或少，新见解或高或低和新思想的重要程度如何，都可以算作是学术上的创新。"（《秦汉魏晋南北朝史论考》，中国社会科学出版社2004年版，第338—339页）

高敏先生提出的八条标准，可以作为我们对创新意识的参考。

此外，创新也有不同层面的创新。解决一个问题，填补一个空白，是创新。在别人研究的基础上，提出新的观点，将学术推进了一步，也是创新。而研究方法与研究视角的创新，或者说是理论上的创新，无疑也是一种创新。视角创新有各种各样，或以小见大，或以社会科学的方法和理论来观照历史研究，也都是创新。如以文化视野、社会视野、国家视野之类，都可以算是视野的创新。具体问题的解决，不可能引起太多的共鸣。只有视野、方法的创新，才能引起更多人的关注，其学术影响力也更大。

总之，在现代史学研究日益发展的今天，我们应该更加注重学术规范，遵守学术规范，努力增强问题意识、学术意识和创新意识，以共同促进中国史学的繁荣与进步。

我今天的发言，只是谈了一点个人的经验与体会，不当之处，还请批评指正。

2014 年 11 月 6 日

作者主要著述目录

（一）著作

1.《魏晋南北朝经济史》（上、下），高敏主编，上海人民出版社1996年版。经济日报出版社1998年再版，更名为《中国经济通史·魏晋南北朝经济卷》（上、下）。

2.《九品中正制略论稿》（以下简称《略论稿》），中州古籍出版社2004年版。

3.《魏晋南北朝官制论集》（以下简称《官制论集》），大象出版社2011年版。

4.《九品中正制研究》，中华书局2015年版。

5.《中古时期清浊官制研究》，人民出版社2017年版。

6.《制度、经济与中原历史——魏晋南北朝史研究文集》（以下简称《研究文集》），人民出版社2018年版。

7.《魏晋南北朝史文存》（以下简称《文存》），中州古籍出版社2019年版。

（二）论文

1.《九品中正制萌芽初探》，《中国古代史论丛》1982年第二辑，福建人民出版社1982年版。

2.《东吴人口问题初探》，郑州大学历史研究所编《史学论集》，中州古籍出版社1985年版，收入《研究文集》。

3.《曹操用人"核之乡闾"试释》,《郑州大学学报》1986年第1期,收入《官制论集》。

4.《试论国子学的创立与西晋门阀士族的形成》,《郑州大学学报》1988年第4期;《人大复印报刊资料:魏晋南北朝隋唐史》1988年第6期全文转载,收入《文存》。

5.《窃权误国的黄皓》,高敏主编《奸臣传》,河南人民出版社1988年版,收入《研究文集》。

6.《蓄谋篡权的宇文化及》,高敏主编《奸臣传》,河南人民出版社1988年版,收入《文存》。

7.《河南省史学研究综述——魏晋南北朝史研究》,《河南社会科学手册》,河南人民出版社1989年版。

8.《北魏州中正在定姓族中的作用与地位——兼论孝文帝定姓族的意义》,《郑州大学学报》1989年第6期,收入《官制论集》。

9.《关于曹魏九品中正制的几个问题》,《郑州大学学报》1991年第3期,收入《略论稿》。

10.《西魏、北周时期的九品中正制及其作用》,《北朝研究》1991年上半年刊,收入《略论稿》。

11.《略论两晋时期的司徒府典选》,《许昌师专学报》1991年第4期,收入《略论稿》。

12.《从孝文帝清定流品看北魏官职之清浊》,《北朝研究》1992年第1期,收入《略论稿》。

13.《废后戮相的刘腾》,卫文选等主编《历代宦官》,甘肃人民出版社1992年版,收入《文存》。

14.《杀帝害王的宗爱》,王兴亚主编《宦官传》,河南人民出版社1993年版,收入《研究文集》。

15.《关于东晋南朝清议的几个问题——与周一良先生商榷》,《郑州大学学报》1993 年第 1 期；《人大复印报刊资料：魏晋南北朝隋唐史》1993 年第 4 期全文转载；收入《略论稿》。

16.《梁代无中正说辨析——与万绳楠先生商榷》，《许昌师专学报》1993 年第 3 期；《人大复印报刊资料：中国古代史（一）（先秦至隋唐）》1994 年第 1 期全文转载；收入《官制论集》。

17.《谈谈南朝清议的发展演变》（笔谈），《文史哲》1993 年第 3 期，收入《文存》。

18.《魏晋时期的上品与起家官品》，《历史研究》1994 年第 3 期；《人大复印报刊资料：中国古代史（一）（先秦至隋唐）》1994 年第 10 期全文转载；收入《略论稿》。

19.《萧梁经学生策试入仕制度考述》，《史学月刊》1994 年第 4 期；《人大复印报刊资料：中国古代史（一）（先秦至隋唐）》1995 年第 1 期全文转载；收入《官制论集》。

20.《人间卧龙嵇康》，高敏主编《隐士传》，河南人民出版社 1994 年版，收入《研究文集》。

21.《杰出的画家、雕塑家戴逵》，高敏主编《隐士传》，河南人民出版社 1994 年版，收入《研究文集》。

22.《试论北魏的九流三清与官职清浊》，《郑州大学学报》1994 年第 1 期。

23.《萧梁官品、官班制度考略》，《中国史研究》1995 年第 2 期，收入《略论稿》。

24.《论魏晋时期的清途与非清途两大任官体系》，《许昌师专学报》1995 年第 4 期；《人大复印报刊资料：魏晋南北朝隋唐史》1996 年第 1 期全文转载；收入《官制论集》。

25.《南朝勋品制度试释》，中国魏晋南北朝史学会编《魏晋南北朝史研究——中国魏晋南北朝史学会第五届年会论文集》，湖北人民出版社 1996 年版，收入《略论稿》。

26. 《魏晋南北朝时期的商品构成与经营方式》，《郑州大学学报》1996年第1期，收入《研究文集》。

27. 《试论北魏前期的奴隶主贵族官职世袭制》，《郑州大学学报》1997年第4期；《人大复印报刊资料：魏晋南北朝隋唐史》1997年第6期全文转载；收入《官制论集》。

28. 《两晋时期的"资品"与官职升迁制度》，《六朝文化国际学术研讨会暨中国魏晋南北朝史学会第六届年会论文集》，《东南文化》1998年增刊2，收入《略论稿》。

29. 《南朝九品中正制的发展演变及其作用》，《中国史研究》1998年第2期；《人大复印报刊资料：魏晋南北朝隋唐史》1998年第5期全文转载；收入《略论稿》。

30. 《魏晋南北朝时期北方商业的曲折发展》，《郑州大学学报》1998年第4期；《人大复印报刊资料：经济史》1998年第6期全文转载；收入《研究文集》。

31. 《魏晋南北朝时期北方商业都会的兴衰》，《许昌师专学报》1998年第2期，收入《研究文集》。

32. 《试论西晋九品中正制的弊病及其作用》，《郑州大学学报》1999年第6期，收入《略论稿》。

33. 《"吴四姓"非"东吴四姓"辨》（合著），《许昌师专学报》2000年第4期，收入《研究文集》。

34. 《两晋时期的奢侈性消费对社会经济的影响》（合著），《南京晓庄学院学报》2001年第2期，收入《研究文集》。

35. 《高敏先生七十华诞学术座谈会祝辞》（代前言），《高敏先生七十华诞纪念文集》，中州古籍出版社2001年版，收入《研究文集》。

36. 《魏晋九品中正制名例考辨》，《中国史研究》2001年第2期，收入

《略论稿》。

37.《东吴九品中正制初探》,《郑州大学学报》2001 年第 1 期;《高等学校文科学报文摘》2001 年第 2 期摘要转载;收入《略论稿》。

38.《汉末东吴时期的江南名士清议》,《江海学刊》2001 年第 2 期,收入《略论稿》。

39.《南朝典签制度考略》(上、下)(合著),《文史》2001 年第 4 期、2002 年第 1 期,收入《官制论集》。

40.《吴简"户调分为九品收物"的借鉴与创新》,《许昌师院学报》2002 年第 4 期;《人大复印报刊资料:魏晋南北朝隋唐史》2002 年第 6 期全文转载;收入《略论稿》。

41.《北齐流内比视官分类考述》(上、下),《郑州大学学报》2002 年第 3 期、第 4 期,收入《官制论集》。

42.《后赵九品中正制杂考》,《许昌师院学报》2003 年第 6 期,收入《略论稿》。

43.《魏晋南北朝时期冶铁业的发展及其技术成就》,郑州大学历史学院编《中国经济史研究文集》,科学出版社 2004 年版,收入《研究文集》。

44.《北魏中央与地方中正组织的分张及其意义》,《郑州大学学报》2004 年第 5 期;《人大复印报刊资料:魏晋南北朝隋唐史》2005 年第 2 期全文转载;收入《略论稿》。

45.《魏晋时期的下品与任职官品之关系》,初刊于《略论稿》,中州古籍出版社 2004 年版。

46.《试论晋代九品中正制主导地位的确立》,初刊于《略论稿》,中州古籍出版社 2004 年版。

47.《东魏、北齐九品中正制述论》,初刊于《略论稿》,中州古籍出版社 2004 年版。

48.《北魏中正职权的扩大与分定姓族》,初刊于《略论稿》,中州古籍出版社 2004 年版。

49.《〈魏官品〉产生时间及相关问题试释——兼论官品制度创立于曹魏初年》,《郑州大学学报》2006 年第 5 期,收入《官制论集》。

50.《北魏中正职权考》,《社会与国家视野下的汉唐历史变迁》,华东师范大学出版社 2006 年版,收入《研究文集》。

51.《魏晋南北朝时期的豫商》,陈义初总主编《豫商发展史》,河南人民出版社 2007 年版。

52.《前燕、前秦、南燕九品中正制拾零》,吉林大学古籍研究所编:《"1—6 世纪中国北方边疆·民族·社会国际学术研讨会"论文集》,科学出版社 2008 年版,收入《官制论集》。

53.《曹魏九品中正制再探讨》,《文史哲》2008 年第 6 期,收入《官制论集》。

54.《汉末襄阳名士清议》,《襄阳学院学报》2008 年第 10 期,收入《官制论集》。

55.《北朝时期的佛教造像及其思想内涵》(合著),《开封大学学报》2008 年第 4 期。

56.《官渡之战及其地望考释》,《官渡之战与原阳历史文化研究》,大象出版社 2009 年版,收入《研究文集》。

57.《九品中正制性质刍议》,中国魏晋南北朝史学会、武汉大学中国三至九世纪研究所编《魏晋南北朝史研究:回顾与探讨——中国魏晋南北朝史学会第九届年会论文集》,湖北长江出版集团·湖北教育出版社 2009 年版,收入《官制论集》。

58.《隋及唐初九品中正制的废除》,《史学月刊》2009 年第 8 期,收入《官制论集》。

59.《魏晋南北朝皇帝征召制度述略》,《华北水利水电学院学报》2009 年第 6 期,收入《官制论集》。

60.《魏晋南北朝时期的河南》，徐光春主讲《一部河南史半部中国史》，大象出版社 2009 年版，收入《研究文集》。

61.《名称与内涵——简评宫崎市定〈九品官人法研究〉》，《史林》2010年第 1 期，收入《官制论集》。

62.《九品中正制的发展演变与历史分期》，初刊于《官制论集》，大象出版社 2011 年版。

63.《再论梁官品不分正、从、上、下——阎步克〈品位与职位〉第七章读后》，初刊于《官制论集》，大象出版社 2011 年版。

64.《关于九品中正制"九品"等级的一点意见》，武汉大学三至九世纪研究室所编《魏晋南北朝隋唐史资料——唐长孺先生百年诞辰纪念国际学术研讨会专辑》第二十七辑，武汉大学文科学报编辑部编辑出版 2011 年版，收入《研究文集》。

65.《两晋时期的丧礼实践与中正清议》，《史学月刊》2011 年第 12 期；《人大复印报刊资料：魏晋南北朝隋唐史》2012 年第 2 期全文转载；收入《研究文集》。

66.《"周氏以降，选无清浊"辨》，《史学集刊》2012 年第 4 期；《人大复印报刊资料：魏晋南北朝隋唐史》2012 年第 6 期全文转载；收入《研究文集》。

67.《"州郡皆置中正"与"晋宣帝加置大中正"辨正》，《郑州大学学报》2012 年第 5 期，收入《研究文集》。

68.《略论南朝寒人势力的兴起——以宋齐时期寒人跻身上品为中心》，中国魏晋南北朝史学会、山西大学历史文化学院编《中国魏晋南北朝史学会第十届年会暨国际学术研讨会论文集》，山西出版传媒集团·北岳文艺出版社 2012 年版，收入《研究文集》。

69.《宾阳中洞帝后礼佛图供养人身份考释》（合著），《中原文物》2012第 2 期。

70.《萧梁官班制的渊源、创立原因及性质考释》《史学集刊》2015年第3期,收入《研究文集》。

71.《曹魏南阳郡领县辨正》,《魏晋南北朝史的新探讨——中国魏晋南北朝史学会第十一届年会暨国际学术研讨会论文集》,中国社会科学出版社2015年版,收入《研究文集》。

72.《魏晋清官探源:贵势垄断"秘著"新论》,《史学月刊》2016年第2期,收入《研究文集》。

73.《在发展中追求卓越——我所认识的〈史学月刊〉》,《坚守与求新——纪念〈史学月刊〉创刊65周年》,河南大学出版社2016年版,收入《研究文集》。

74.《魏晋南北朝时期中原城市与聚落的变迁》,《东岳论丛》2018年第3期,收入《研究文集》。

75.《情系东山的风流宰相谢安》,初刊于《研究文集》,人民出版社2018年版。

76.《南朝清官制度探微——以"二品清官"、"三品清资官"为中心》,初刊于《研究文集》,人民出版社2018年版。

77.《高敏先生对魏晋南北朝经济史的研究及其启示》,初刊于《研究文集》,人民出版社2018年版。

78.《魏晋时期中正品评与考察乡论再探讨》,《史学集刊》2019年第2期,收入《文存》。

79.《魏晋南北朝时期的历史特征与历史地位》,初刊于《文存》,中州古籍出版社2019年版。

80.《改革开放以来的魏晋南北朝史研究》,初刊于《文存》,中州古籍出版社2019年版。

81.《魏晋南北朝的门阀士族与门阀制度》,初刊于《文存》,中州古籍出版社2019年版。

82.《魏晋南北朝选官制度》，初刊于《文存》，中州古籍出版社 2019 年版。

83.《中国古代选官制度概述》，初刊于《文存》，中州古籍出版社 2019 年版。

84.《试论九品中正制由萌芽到确立的历史演变》，初刊于《文存》，中州古籍出版社 2019 年版。

85.《萧梁流内十八班与官职清浊》，初刊于《文存》，中州古籍出版社 2019 年版。

86.《北魏孝文帝评传》，原名《魏孝文帝小传》（合著），广东旅游出版社 1997 年版，收入《文存》。

87.《谈谈问题意识、学术意识与创新意识》，初刊于《文存》，中州古籍出版社 2019 年版。